प्रथम और अंतिम मुक्ति

प्रथम और अंतिम मुक्ति

जे. कृष्णमूर्ति

अनुवादक
डॉ. दयाल शरण वर्मा

संशोधित संस्करण : 2008

ISBN : 978-81-7028-752-0

Pratham Aur Antim Mukti
Hindi Translation of *'The First and Last Freedom'* by J. Krishnamurti

Translation : Dr. Dayal Sharan Verma
Edited by Translation & Publication Cell, J. Krishnamurti Prajna Parishad, Varanasi

For the Original English Text
© 1954 Krishnamurti Foundation of America,
P.O. Box No. 1560 Ojai, California 93024 U.S.A.
E-mail: kfa@kfa.org

For the Hindi Translation
© Krishnamurti Foundation India
Vasant Vihar, 124-126 Greenways Road,
Chennai-600028
For the teachings of J. Krishnamurti in Hindi log on to :
www.j-krishnamurti.org/hindi

राजपाल एण्ड सन्ज़, कश्मीरी गेट, दिल्ली-110 006
website : www.rajpalpublishing.com
E-mail : mail@rajpalpublishing.com

प्राक्कथन

मनुष्य एक ऐसा उभयधर्मी प्राणी है जो एक साथ दो विश्वों में रहता है एक विश्व तो वह है जो प्रकृति से मिला हुआ है, जो पदार्थ, जीवन और चेतना का विश्व है; और दूसरा मनुष्य द्वारा रचित प्रतीकों का विश्व है। अपनी विचार प्रक्रिया में हम भाषात्मक, गणितीय, चित्रात्मक, संगीतात्मक, कर्मकांड संबंधी एवं अन्य विभिन्न प्रकार की प्रतीक-प्रणालियों का प्रयोग करते हैं। इस प्रकार की प्रतीक-प्रणालियों के अभाव में न केवल कला, विज्ञान, विधि अथवा दर्शन ही असंभव होते, बल्कि हमारी सभ्यता का आरंभ ही नहीं हो पाता। दूसरे शब्दों में कहें तो हम पशु मात्र ही रह जाते।

तो प्रतीक अपरिहार्य हैं। परंतु जैसा कि हमारे अपने युग तथा दूसरे युगों के इतिहास से भली-भांति स्पष्ट होता है, ये प्रतीक घातक भी हो सकते हैं। उदाहरणार्थ, एक ओर विज्ञान तथा दूसरी ओर राजनीति एवं धर्म के क्षेत्र पर विचार कीजिए। एक वर्ग के प्रतीकों की शब्दावली में विचार करके तथा उनके अनुसार चल कर हम अब किसी सीमा तक प्रकृति की मूलभूत शक्तियों को समझ पाए हैं तथा उन पर नियंत्रण कर पाए हैं। दूसरे वर्ग के प्रतीकों की शब्दावली में विचार करके तथा उनके अनुसार क्रिया करके हम इन्हीं शक्तियों का प्रयोग नरसंहार एवं सामूहिक आत्महत्या के लिए करते हैं। पहले वर्ग में व्याख्यात्मक प्रतीकों का सोच-विचार कर चयन तथा भली-भांति विश्लेषण किया गया एवं भौतिक अस्तित्व के उद्घाटित होने वाले तथ्यों के साथ उनका उत्तरोत्तर सामंजस्य किया गया। दूसरे वर्ग के प्रतीकों का चयन दोषपूर्ण रहा, उनका कभी-भी ठीक से विश्लेषण नहीं हुआ और मानव अस्तित्व के उद्घाटित होने वाले तथ्यों के साथ सामंजस्य करने के लिए उनको कभी-भी पुनः प्रतिपादित नहीं किया गया। यही नहीं, भ्रम पैदा करने वाले इन प्रतीकों को सर्वत्र एक ऐसा सम्मान दिया गया जो सर्वथा अनुचित था, मानो किसी रहस्यमय ढंग से वे उन वास्तविकताओं से भी अधिक वास्तविक हों जिनकी ओर उन्होंने संकेत किया था। धर्म एवं राजनीति के संदर्भों में, वस्तुओं एवं घटनाओं का यथोचित निर्देश शब्द नहीं कर पाए, बल्कि हुआ यह कि वस्तुओं एवं घटनाओं को ही शब्दों के विशेष दृष्टांतों के रूप में माना जाने लगा।

अब तक प्रतीकों का यथार्थवादी ढंग से प्रयोग केवल उन क्षेत्रों में हुआ है, जिन्हें

हम सर्वाधिक महत्त्व का नहीं समझते। ऐसी सभी परिस्थितियों में, जिनका हमारी अपेक्षाकृत गहन प्रेरणाओं से संबंध है, हमने प्रतीकों के प्रयोग पर ज़रूरत से ज़्यादा ज़ोर दिया है; न केवल यह प्रयोग अवास्तविक ढंग से हुआ है, बल्कि हमने इसमें प्रतीक-पूजकों की सी श्रद्धा बना ली है और पागलपन की हद तक चले गए हैं। परिणाम यह हुआ कि जिन कामों को पशु थोड़े ही समय के लिए, और वह भी क्रोध, वासना अथवा भय की चरम अवस्था में ही किया करते हैं, हम उन्हें लंबे समय तक एवं बड़ी निष्ठुरता के साथ करने में समर्थ हो गए हैं। चूंकि मनुष्य प्रतीकों का प्रयोग करते हैं और उनकी उपासना करते हैं, वे आदर्शवादी बन सकते हैं; और आदर्शवादी हो जाने के कारण वे पशु में बीच-बीच में दिखने वाली लालसाओं को किसी रोड्ज़ अथवा जे. पी. मॉर्गन के भव्य साम्राज्यवादों में बदल सकते हैं; दूसरों को भयाभिभूत करने की पशु में बीच-बीच में दिखने वाली प्रवृत्ति को स्टालिनवाद में अथवा स्पेन के ईसाई जांच-न्यायालय, इंक्वीज़ीशन में रूपांतरित कर सकते हैं; अपने इलाके के प्रति पशु में प्रायः दिखने वाली आसक्ति को राष्ट्रवाद के सुनियोजित उन्माद में बदल सकते हैं। यह सौभाग्य ही है कि हम पशु में कभी-कभी होने वाली दयालुता को भी किसी एलिजाबेथ फ्राई अथवा विंसेंट डी पाल की जीवन-पर्यंत दीनवत्सलता में बदल सकते हैं; और इसी प्रकार अपने जीवन-संगी एवं अपनी संतानों के प्रति पशु में होने वाली निष्ठा को एक ऐसे तर्क-बुद्धि युक्त, स्थायी सहयोग में रूपांतरित कर सकते हैं जिसने अब-तब एक अलग तरह के विनाशकारी आदर्शवाद के परिणामों से विश्व की रक्षा करने में अपने को समर्थ सिद्ध किया है। क्या इससे विश्व की सदा इस प्रकार रक्षा हो पाएगी? इस प्रश्न का उत्तर नहीं दिया जा सकता। हम बस इतना ही कह सकते हैं कि राष्ट्रवादी आदर्शवादियों के पास अणु बम हो जाने से सहयोग एवं उदारता के आदर्श को मानने वालों का पलड़ा एकदम से हल्का पड़ गया है।

पाकविद्या की सर्वोत्तम पुस्तक भी खराब-से-खराब भोजन की जगह नहीं ले सकती, यह एक सर्वविदित तथ्य है। फिर भी युगों-युगों से अत्यंत गंभीर दार्शनिक, बड़े-से-बड़े विद्वान एवं धर्मशास्त्री अपनी शुद्ध शाब्दिक रचनाओं को तथ्यों से एकरूप समझने की निरंतर भूल करते रहे हैं; यही नहीं इससे भी भयंकर भूल उनकी यह कल्पना रही है कि प्रतीक किसी-न-किसी प्रकार उससे अधिक यथार्थ है जिसकी ओर वह संकेत करता है। उनकी इस शब्दोपासना की आलोचना भी हुई है। सेंट पॉल ने कहा है, ''केवल आत्मा ही प्राण देती है; शब्द तो प्राण को हरने वाला है।'' ऐकहार्ट का प्रश्न है, ''और क्यों ईश्वर का प्रलाप करते हैं? आप जो कुछ ईश्वर के विषय में कहेंगे वह असत्य होगा।'' विश्व के दूसरे सिरे पर, महायान सूत्रों के एक रचयिता का प्रतिपादन है, ''यह देखकर कि सत्य का आपको अपने भीतर ही साक्षात्कार करना होता है, बुद्ध ने कभी-भी सत्य का उपदेश नहीं दिया।'' ऐसे कथन बेहद विध्वंसक माने गए और प्रतिष्ठित वर्ग ने उनकी उपेक्षा की। प्रतीकों एवं आदर्श-चिह्नों को अतिशय श्रद्धा से देखा जाना तथा उन्हें आवश्यकता से अधिक गौरव दिया जाना बना रहा और उसे रोका न गया। धर्मों का पतन हो गया; परंतु विश्वासों को प्रतिपादित करने का तथा रूढ़ प्रतिपादनों में विश्वासों

को लादने का वह पुराना अभ्यास बना ही रहा, यहां तक कि अनीश्वरवादियों में भी।

इधर के वर्षों में तर्कशास्त्रियों तथा शब्दार्थविदों ने उन प्रतीकों का बड़ा गंभीर विश्लेषण किया है जिनकी शब्दावली में मनुष्य विचार करता है। भाषाशास्त्र एक विज्ञान बन गया है; यही नहीं आज वह विषय भी पढ़ा जा सकता है जिसे स्वर्गीय बेंजामिन वोर्फ ने अधिभाषाविज्ञान की संज्ञा दी है। यह सब है तो बहुत अच्छा, लेकिन यह पर्याप्त नहीं है। तर्कशास्त्र हो या शब्दार्थविज्ञान, भाषाशास्त्र हो या अधिभाषाविज्ञान—ये विशुद्ध बौद्धिक शास्त्र हैं। सही अथवा गलत, सार्थक अथवा निरर्थक, ये उन अनेक प्रणालियों का विश्लेषण करते हैं जिनके अंतर्गत वस्तुओं, प्रक्रियाओं एवं घटनाओं से शब्दों का संबंध बिठाया जा सकता है। परंतु जहां तक एक ओर मनुष्य की मनोवैज्ञानिक समग्रता का तथा दूसरी ओर उसके दो विश्वों का अर्थात् प्रदत्तों एवं प्रतीकों का संबंध है, जो कि कहीं अधिक बुनियादी सवाल हैं, वे तमाम शास्त्र हमारे किसी काम के नहीं।

विश्व के प्रत्येक भाग में एवं इतिहास के प्रत्येक युग में व्यक्तिगत रूप से कई पुरुषों तथा स्त्रियों ने बार-बार इस समस्या का समाधान किया है। यहां तक कि इन व्यक्तियों ने जब कभी कुछ कहा अथवा लिखा, उन्होंने किसी विचार-प्रणाली की रचना नहीं की, क्योंकि वे जानते थे कि प्रत्येक विचार-प्रणाली इसके लिए जीता-जागता प्रलोभन है कि प्रतीकों को आवश्यकता से अधिक महत्त्व दिया जाये, कि तथ्यों-विषयों के स्थान पर उन शब्दों को अधिक महत्त्व दिया जाये जो उनके लिए तय माने जाते हैं। इन व्यक्तियों का यह मकसद कभी-भी न था कि वे कोई पूर्वनिर्धारित व्याख्या या रामबाण औषधि प्रस्तुत करें; वे लोगों को अपनी व्याधियों का स्वयं निदान और उपचार करने के लिए प्रेरित करना चाहते थे; वे मनुष्य को वहां तक ले जाना चाहते थे जहां मनुष्य की समस्याएं तथा उनके समाधान अनुभव के आलोक में उजागर हों।

कृष्णमूर्ति की रचनाओं एवं ध्वन्यंकित वार्ताओं के इस संग्रह में पाठक को मनुष्य की मूलभूत समस्या की एक स्पष्ट समकालीन अभिव्यक्ति मिलेगी, साथ ही उस समस्या का समाधान करने के लिए उसे आमंत्रण मिलेगा, और वह समाधान केवल एक ही है : व्यक्ति अपने लिए स्वयं ही समस्या का समाधान कर सकता है। सामूहिक समाधान जिनसे अनेक व्यक्ति अपनी आस्था जोड़ लेते हैं, कभी भी पर्याप्त नहीं होते। ''उस क्लेश एवं भ्रांति को समझने के लिए हमें सबसे पहले अपने ही भीतर स्पष्टता को खोजना होगा और वह स्पष्टता सम्यक् चिंतन से आती है। इस स्पष्टता को आयोजित नहीं किया जा सकता, क्योंकि इसका किसी दूसरे से विनिमय नहीं हो सकता। संगठित सामूहिक विचार तो घिसा-पिटा होता है। स्पष्टता शाब्दिक कथनों से नहीं आती, वह गहरी आत्म-सजगता और सम्यक् चिंतन का परिणाम होती है। सम्यक् चिंतन बुद्धि या उसके पोषण का परिणाम नहीं है और न ही यह किसी आदर्श के साथ तालमेल है, वह आदर्श चाहे जितना महान एवं मूल्यवान क्यों न हो। सम्यक् चिंतन स्व की समझ से आता है। बिना खुद को समझे आपके पास विचार का कोई आधार नहीं है; स्वबोध के अभाव में आप जो सोचेंगे वह सत्य नहीं होगा।''

यही आधारभूत विषय-वस्तु है जिसका परिच्छेद-दर-परिच्छेद, परत-दर-परत कृष्णमूर्ति ने खुलासा किया है। ''आशा मनुष्यों से है, समाज से, व्यवस्था-तंत्रों से, संगठित धार्मिक प्रणालियों से नहीं, बल्कि आपसे और मुझसे है।'' संगठित धर्म और उनके बिचौलिये, उनके धर्मशास्त्र, उनके सिद्धांत, उनकी परंपरा और कर्मकांड इस मूलभूत समस्या का केवल मिथ्या समाधान प्रस्तुत करते हैं। ''जब आप भगवद्गीता को, बाइबिल को, अथवा किसी चीनी धर्मशास्त्र को उद्धृत करते हैं, तो बेशक आप उसे दोहरा भर रहे होते हैं। और जिसे आप दोहराते हैं वह सत्य नहीं होता। वह झूठ ही है, क्योंकि सत्य को दोहराया नहीं जा सकता।'' झूठ का विस्तार किया जा सकता है, उसका प्रतिपादन किया जा सकता है, उसकी आवृत्ति की जा सकती है, परंतु सत्य के विषय में यह सब मुमकिन नहीं है। और जब आप सत्य को दोहराते हैं, वह सत्य नहीं रहता और इसीलिए धर्मशास्त्र अनावश्यक हैं, बेमानी हैं। किसी दूसरे के प्रतीकों में विश्वास के द्वारा नहीं, बल्कि स्वबोध के द्वारा ही कोई व्यक्ति उस शाश्वत यथार्थ को स्पर्श कर पाता है जो उसके अस्तित्व का आधार है। यह विश्वास कि कोई प्रदत्त प्रतीक-प्रणाली पूर्णतः उपादेय है तथा उसका परम महत्त्व है, हमें मुक्ति की ओर न ले जाकर इतिहास की ओर यानी उन्हीं प्राचीन विपत्तियों की ओर ही अधिक ले जाता है। ''विश्वास अनिवार्यतः विभाजित करता है। यदि आपका कोई विश्वास है अथवा आप अपने किसी विशिष्ट विश्वास में सुरक्षा ढूंढ़ रहे हैं, तो आप उन व्यक्तियों से अलग पड़ जाते हैं जो किसी दूसरे प्रकार के विश्वास में सुरक्षा खोज रहे हैं। सभी संगठित विश्वास अलगाव पर आधारित हैं, यद्यपि वे भाईचारे का उपदेश देते हैं।'' जिस व्यक्ति ने प्रदत्तों एवं प्रतीकों के दो विश्वों के साथ अपने संबंध की समस्या का समाधान कर लिया है, वह वही व्यक्ति हो सकता है जो विश्वास से मुक्त है। जहां तक उसके व्यावहारिक जीवन की समस्याओं का संबंध है, वह कार्यवाहक प्राक्कल्पनाओं की शृंखला को स्वीकार करता है; वे उसकी आवश्यकताओं को पूरा करती हैं, परंतु वे प्राक्कल्पनाएं उसके लिए एक माध्यम, एक साधन से अधिक महत्त्वपूर्ण नहीं हैं। अपने साथी प्राणियों के संदर्भ में तथा उस यथार्थ के संदर्भ में जिसमें कि वे सब अवस्थित हैं, प्रेम एवं अंतर्दृष्टि की उस व्यक्ति की अपनी प्रत्यक्ष अनुभूति होती है। यह विश्वासों से अपनी रक्षा करने के लिए ही था कि कृष्णमूर्ति ने ''किसी धार्मिक साहित्य को नहीं पढ़ा, न तो भगवद्गीता को और न उपनिषदों को''। बाकी हम लोग तो धार्मिक साहित्य पढ़ते ही नहीं हैं, हम तो अपने प्रिय समाचार-पत्रों को तथा जासूसी कहानियों को पढ़ा करते हैं। अर्थात् अपने युग के संकट का सामना हम प्रेम एवं सूझ से नहीं करते, बल्कि 'रूढ़ियों एवं विचार-प्रणालियों से' करते हैं और ये रूढ़ियां एवं विचार-प्रणालियां इसमें समर्थ हैं नहीं। परंतु ''सहृदय व्यक्तियों को रूढ़ियों का सहारा नहीं लेना चाहिए,'' क्योंकि रूढ़ियां हमें अनिवार्यतः 'अंधविश्वासी सोच' में ले जाती हैं। रूढ़ियों का आदी होना एक बहुत आम बात है, और ऐसा क्यों न हो, क्योंकि ''हमारा पालन-पोषण हम *क्या* सोचें इस पर आधारित होता है, इस पर नहीं कि हम *कैसे* सोचें''। साम्यवादी, ईसाई, मुसलमान, हिंदू, बौद्ध, फ्रायडवादी जैसे किसी-न-किसी प्रकार के संगठन के सक्रिय अनुयायियों के

रूप में हम पले-बढ़े हैं। परिणामस्वरूप, ''आप किसी भी चुनौती के प्रति जो सदा नयी होती है, किसी प्राचीन प्रारूप के ही अनुसार प्रतिक्रिया करते हैं, और इसलिए प्रतिक्रिया में उस चुनौती के अनुरूप वैधता, नवीनता और ताज़ापन नहीं होता। यदि आप कैथोलिक या साम्यवादी के रूप में प्रतिक्रिया करते हैं, तो आप किसी ढांचे के अनुरूप बनाए गए विचार के अनुसार ही प्रतिक्रिया करते हैं। अतः आपकी प्रतिक्रिया की कोई सार्थकता नहीं है। और क्या हिंदू ने, मुसलमान ने, बौद्ध ने, ईसाई ने यह समस्या निर्मित नहीं की है? जैसे कि राज्य की उपासना एक नया धर्म हो गया है, उसी प्रकार किसी विचार की उपासना प्राचीन धर्म था। यदि आप पुराने संस्कारों के अनुसार किसी चुनौती का उत्तर देते हैं, तो आपका उत्तर आपको उस नयी चुनौती को समझने में सक्षम नहीं बनाएगा। इसलिए, ''नयी चुनौती का सामना करने के लिए यह आवश्यक है कि व्यक्ति स्वयं को आवरणों से पूर्णतया मुक्त कर ले, अपनी पृष्ठभूमि का पूर्णतया परित्याग कर दे और इस प्रकार उस चुनौती का नये सिरे से सामना करे।'' दूसरे शब्दों में, प्रतीकों को रूढ़ सिद्धांतों का दर्जा कभी नहीं देना चाहिए, और किसी भी विचार-प्रणाली को एक कामचलाऊ सुविधा से अधिक महत्त्व नहीं मिलना चाहिए। रूढ़ियों में विश्वास करने से तथा इन विश्वासों के अनुसार कर्म करने से हमें समस्या का समाधान नहीं मिल सकता। ''अपने बारे में सर्जनशील बोध के द्वारा ही एक सर्जनशील संसार, एक सुखी संसार, एक ऐसा संसार जिसमें विचार प्रणालियां न हों, संभव है।'' वह विश्व जिसमें विचार प्रणालियां नहीं हैं, एक सुखी विश्व होगा क्योंकि वह एक ऐसा विश्व होगा जिसमें संस्कारग्रस्त करने वाली प्रबल शक्तियां नहीं होंगी जो व्यक्ति को अनुचित कार्य के लिए बाध्य किया करती हैं; वह एक ऐसा विश्व होगा जिसमें पवित्र माने गए वे रूढ़ सिद्धांत न होंगे जिनकी दुहाई देकर जघन्य से जघन्य अपराधों को न्यायोचित ठहराया जाता है, बड़ी-से-बड़ी मूर्खताओं को विस्तार से विवेक-सम्मत बनाया जाता है।

जो शिक्षा हमें कैसे सोचें न सिखा कर यह सिखाती है कि हम क्या सोचें, एक ऐसी शिक्षा है जो पादरियों और स्वामियों के शासक वर्ग को पैदा करती है। लेकिन, ''दूसरे का नेतृत्व करने का यह विचार अपने आप में ही समाज-विरोधी और अध्यात्म-विरोधी है।'' नेतृत्व करने वाले व्यक्ति की शक्तिलोलुपता को तो इससे तुष्टि मिलती ही है, और जिनका नेतृत्व किया जाता है उनकी निश्चितता और सुरक्षा की आकांक्षा के लिए भी यह संतोषदायी होता है। और गुरु इसमें एक प्रकार से मादक द्रव्य का कार्य करता है। परंतु यहां यह पूछा जा सकता है, *''आप क्या कर रहे हैं? क्या आप गुरु की भूमिका नहीं निभा रहे?''* कृष्णमूर्ति का उत्तर है, ''निश्चय ही, मेरी भूमिका गुरु की नहीं है, क्योंकि सबसे पहली बात तो यह है कि मैं आपको कोई परितुष्टि, कोई तसल्ली नहीं दे रहा हूं। क्षण-क्षण, दिन-प्रतिदिन आपको क्या करना चाहिए यह मैं आपको नहीं बता रहा, मैं केवल किसी ओर संकेत कर रहा हूं, आप उसको लें या छोड़ दें, यह आप पर निर्भर करता है न कि मुझ पर। मैं आपसे आपकी उपासना, आपकी चाटुकारिता, आपके अपमान,

आपके देवता, कुछ भी नहीं चाहता। मेरा कहना है, यह एक तथ्य है, इसे स्वीकार करें या छोड़ दें। आपमें से अधिकांश इसे छोड़ देंगे, कारण यह कि आपको इसमें कोई संतुष्टि नहीं मिलने वाली।''

वास्तव में वह क्या है जिसे कृष्णमूर्ति हमारे सामने रखते हैं? वह सच में है क्या, जिसे हम चाहें तो ले सकते हैं, लेकिन संभावना इसी की अधिक है कि उसे हम लेना ही पसंद न करें। जैसा कि हमने देखा, वह न तो विश्वासों की कोई प्रणाली या रूढ़ सिद्धांतों की कोई सूची है, न बने-बनाये विचारों एवं आदर्शों का कोई ढांचा। वे न तो कोई नेतृत्व देते हैं, न कोई ध्यान-पद्धति और न कोई आध्यात्मिक दिशा-निर्देश, यहां तक कि वे कोई अनुकरणीय उदाहरण भी नहीं देते। उनसे न तो कोई कर्मकांड मिलता है, न कोई संप्रदाय, न कोई व्यवहार-सूत्र, न उद्धार हो जाने की अनुभूति और न ही किसी प्रकार का प्रेरक प्रतीत होने वाला शब्दजाल।

तो क्या बात आत्म-अनुशासन की है? नहीं, क्योंकि यह बड़ा कठोर सत्य है कि आत्म-अनुशासन भी हमारी समस्या के समाधान का मार्ग नहीं है। यह समाधान तभी संभव है, जब हमारा मन यथार्थ की ओर उन्मुख हो और बिना किन्हीं पूर्वधारणाओं एवं प्रतिबंधों के बाह्य एवं आंतरिक विश्वों की यथास्थिति का सामना करे। (ईश्वर की सेवा में ही पूर्ण स्वतंत्रता है। इसी प्रकार इसका विलोम भी सत्य है कि पूर्ण स्वतंत्रता में ही ईश्वर की सेवा है।) अनुशासित होने से मन में कोई मौलिक परिवर्तन नहीं होता, रहता वह पुराना ही है, पर ''नियंत्रण में बंधा और जकड़ा हुआ''।

आत्म-अनुशासन उन बातों की सूची में आ जाता है जिन्हें कृष्णमूर्ति हमें नहीं देते। तो क्या जो वे देते हैं, उसे प्रार्थना कहा जा सकता है? उत्तर फिर नहीं में होगा। ''प्रार्थना आपको वही उत्तर दे सकती है जिसे आप खोज रहे हैं; लेकिन वह उत्तर तो उस अचेतन से अथवा उस समष्टि स्रोत से आ सकता है जो आपकी समस्त तृष्णाओं का भंडार है। वह उत्तर ईश्वर का मौन स्वर तो नहीं होता''। ज़रा सोचें, कृष्णमूर्ति कहते हैं, ''उस समय होता क्या है जब आप प्रार्थना करते हैं। किन्हीं शब्दों को निरंतर दोहराने से, और अपने विचारों पर काबू पा लेने से मन शांत हो जाता है, नहीं हो जाता? कम-से-कम चेतन मन तो शांत हो ही जाता है। आप ईसाइयों की तरह प्रार्थना में झुकते हैं अथवा हिंदुओं की तरह आसन लगाकर बैठते हैं और आप कुछ-न-कुछ दोहराते जाते हैं, जब तक कि मन चुप नहीं हो जाता। तब उस शांति में किसी तरह का संकेत आपको मिलता है। आपकी प्रार्थना के फलस्वरूप मिलने वाला वह संकेत आपके अचेतन से आ सकता है, या वह आपकी स्मृति की प्रतिक्रिया भी हो सकता है। परंतु वह आवाज़ निस्संदेह यथार्थ की नहीं है, क्योंकि यथार्थ की आवाज़ तो स्वयं ही आपके पास आती है, उससे निवेदन नहीं किया जा सकता, उससे प्रार्थना नहीं की जा सकती। आप पूजा और भजन के द्वारा, फूल चढ़ाकर उसे खुश करके, अपना दमन करके या औरों का अनुकरण करके, ऐसे किसी भी प्रलोभन के द्वारा उसे अपने छोटे से पिंजड़े में कैद नहीं कर सकते। यदि एक बार आपने शब्दों की आवृत्ति से मन को शांत करने की और उस शांति में संकेतों को प्राप्त

करने की चतुराई सीख ली, और यदि आप इस बारे में पूर्णतया सतर्क नहीं रहे कि वे संकेत कहां से आ रहे हैं, तो खतरा यह है कि आप इसमें फंस जायेंगे और तब यह प्रार्थना ही सत्य की खोज का स्थान ले लेगी। जो आप मांगते हैं वह आपको मिलता तो है, लेकिन वह सत्य नहीं होता। यदि आप कुछ चाहते हैं और उसके लिए निवेदन करते हैं तो उसे पा भी लेते हैं, लेकिन अंत में आपको उसकी कीमत चुकानी पड़ती है।''

प्रार्थना से हम योग पर आते हैं, और योग भी उन्हीं चीज़ों में से है जो कृष्णमूर्ति हमें नहीं देते। क्योंकि योग एकाग्रता है और एकाग्रता बहिष्करण है। ''किसी एक विचार को चुन कर उस पर एकाग्रचित्त होकर आप प्रतिरोध की दीवार खड़ी कर लेते हैं और इस प्रकार आप सभी दूसरे विचारों से बचते हैं।'' जिसे प्रायः ध्यान कहा जाता है, वह ''प्रतिरोध का संवर्धन है, उसमें अपनी इच्छा के किसी विचार पर पूरी तरह से एकाग्र हुआ जाता है।'' परंतु आप यह चुनाव करते क्यों हैं? आप यह क्यों कहते हैं कि यही विचार अच्छा है, सत्य है, महान है, और बाकी विचार ऐसे नहीं हैं? स्पष्ट है कि यह चुनाव सुख पर, पुरस्कार या उपलब्धि पर आधारित है; यह भी हो सकता है कि यह चुनाव व्यक्ति की संस्कारबद्धता एवं परंपरा की प्रतिक्रिया हो। आप चुनाव करते ही क्यों हैं? क्यों नहीं आप प्रत्येक विचार का परीक्षण करते? जब आपकी रुचि अनेक में है तो क्यों आप एक ही का चुनाव करते हैं? प्रत्येक का निरीक्षण क्यों नहीं करते? प्रतिरोध खड़ा करने के स्थान पर अथवा केवल एक विचार में, केवल एक रुचि में एकाग्रचित्त होने के बजाय प्रत्येक रुचि का, जैसे-जैसे वह उभरती है, अध्ययन क्यों नहीं करते? आखिरकार आप अनेक रुचियों से बने हैं; आपके अनेक मुखौटे हैं, चाहे वे चेतन हों अथवा अचेतन। तो आप क्यों एक को ही चुनते हैं और बाकी का परित्याग कर देते हैं? यही है वह संघर्ष जिसमें आप अपनी सारी शक्ति खर्च कर देते हैं और इस संघर्ष से प्रतिरोध, द्वंद्व एवं कलह पैदा किया करते हैं। दूसरी ओर, यदि आप प्रत्येक विचार पर, जैसे-जैसे वह आता-जाता है, ध्यान दें, प्रत्येक विचार पर, न कि कुछ थोड़े से विचारों पर, तो कोई भी विचार ध्यान की परिधि से बाहर नहीं रहता। लेकिन प्रत्येक विचार का निरीक्षण करना अत्यंत कठिन है, क्योंकि जब आप एक विचार को देख रहे होते हैं, तो दूसरा चुपके से आ जाता है। परंतु यदि आप बिना ज़ोर-ज़बरदस्ती के, बिना पक्षपात के सजग हैं, तो आप पाएंगे कि उस विचार को देखने मात्र से ही वहां कोई दूसरा विचार प्रवेश नहीं करता। दूसरे विचार तभी प्रवेश करते हैं जब आप निंदा करते हैं, तुलना करते हैं, ज़बरदस्ती करते हैं।''

''दूसरों का मूल्यांकन न करें, ताकि आपका भी मूल्यांकन न हो।'' बाइबिल का यह वाक्य दूसरों के साथ व्यवहार करने में तो उपयोगी है ही, अपने साथ व्यवहार करने में भी उपादेय है। जहां मूल्यांकन होता है, जहां तुलना होती है, जहां निंदा होती है, वहां मन के खुलेपन का अभाव होता है, प्रतीकों और विचार-प्रणालियों की खतरनाक जकड़ बनी रहती है; अतीत एवं परिवेश से बचने का तब कोई रास्ता नहीं मिलता।

पहले से निश्चित किसी प्रयोजन से अंतर्निरीक्षण करना, किसी परंपरागत विधान

अथवा पवित्र मानी गई किन्हीं अभिधारणाओं की सीमा में आत्म-निरीक्षण करना हमारी सहायता नहीं करता, कर ही नहीं सकता। जीवन की एक सहजता है, जो अतींद्रिय है और जिसे कृष्णमूर्ति 'सर्जनशील यथार्थ' कहते हैं, और जो सहजता अंतर्निहित रूप में केवल तभी अभिव्यक्त होती है जब द्रष्टा का मन एक 'सतर्क निष्क्रियता' की, 'निष्पक्ष सजगता' की अवस्था में होता है। पक्ष अथवा विपक्ष में निर्णय लेने से, तुलना करने से हम अनिवार्यतः द्वैत से बंध जाते हैं। केवल चुनावरहित सजगता ही हमें द्वैत से मुक्ति की ओर ले जा सकती है, केवल वही विरोधों का सामंजस्य समग्र बोध एवं समग्र प्रेम में कर सकती है। यदि आप प्रेम करते हैं तो आप चाहे जो कर सकते हैं। लेकिन यदि आपकी शुरुआत किसी परंपरागत विचार-प्रणाली या धारणाओं अथवा किन्हीं आदर्शों या विधि-निषेधों की आज्ञानुसार कुछ चाहने और कुछ न चाहने से होती है तो आप प्रेम कभी नहीं कर पाएंगे। आप जो भी संकल्प करते हैं तथा आपकी जो भी प्रतिक्रिया होती है—उन प्रतीक-प्रणालियों के संदर्भ में जो आपको यह बताती हैं कि आपको कैसा संकल्प करना चाहिए और कैसा नहीं—इस सबके प्रति सहज सजगता में ही मुक्ति की प्रक्रिया का आरंभ है। जैसे-जैसे यह सहज सजगता परत-दर-परत अहं तथा उससे संबंधित अवचेतन में प्रवेश करती जायेगी, प्रेम तथा बोध आता जायेगा। परंतु वह प्रेम एवं बोध हमारे सामान्यतः परिचित प्रेम और समझ से भिन्न प्रकार का होगा। जीवन की प्रत्येक परिस्थिति और प्रत्येक क्षण में होने वाली यह सहज सजगता ही एकमात्र वास्तविक ध्यान है। सभी दूसरे प्रकार के योग हमें उस अंधविश्वासी विचारणा तक ले जाते हैं, जो या तो आत्म-अनुशासन का परिणाम होती है या स्वप्रेरित आनंद अथवा मिथ्या समाधि का कोई रूप। 'सर्जनशील यथार्थ की आंतरिक स्वतंत्रता' ही वास्तविक मुक्ति है। यह ''किसी के द्वारा मिलने वाला उपहार नहीं है; इसे खोजना और अनुभव करना होता है। यह कोई उपार्जित उपलब्धि नहीं है जिसका आप अपने यश के लिए संग्रह करते हैं। यह एक अवस्था है, जैसे मौन एक अवस्था है, जिसमें कुछ होना या बनना नहीं होता, जिसमें पूर्णता होती है। यह आवश्यक नहीं है कि यह सर्जनशीलता अभिव्यक्ति का कोई मार्ग खोजे; यह कोई प्रतिभा नहीं है जो बाह्य अभिव्यक्ति की मांग करे, इसके लिए आपको कोई महान कलाकार बनने की आवश्यकता नहीं होती और न इसके लिए श्रोतागण ही चाहिएं; यदि आप यही सब खोज रहे हैं तो आप उस आंतरिक यथार्थ को खो देंगे। यह न तो आपको मिलने वाला कोई उपहार है, न आपकी किसी विलक्षण योग्यता का परिणाम; यह अक्षय कोष तभी उपलब्ध होता है जब विचार स्वयं को वासना, दुर्भावना एवं अज्ञान से मुक्त कर लेता है, जब विचार स्वयं को सांसारिकता से तथा कुछ बनने की वैयक्तिक लालसा से मुक्त कर लेता है। सम्यक् विचार तथा ध्यान से इसकी अनुभूति की जा सकती है।'' निष्पक्ष आत्म-सजगता हमें इस सर्जनात्मक यथार्थ तक लाएगी, जो हमारे तमाम विनाशकारी मिथ्या विश्वासों के पार है; ऐसी सजगता हमें तमाम अज्ञान के बावजूद, उस तथाकथित ज्ञान के बावजूद जो कि अज्ञान का ही रूप है, उस प्रशांत प्रज्ञा तक ले जाने में सक्षम है। ज्ञान प्रतीकों

का ही एक व्यापार है और प्रज्ञा के लिए वह प्रायः सदा ही अवरोध का कार्य करता है, वह स्व के क्षण-प्रतिक्षण उजागर होने में बाधा डालता है। जो मन प्रज्ञा की स्थिरता तक पहुंच गया है ''वही सत् को, होने को जान पाएगा, वही जानेगा कि प्रेम करना किसे कहते हैं। प्रेम न तो वैयक्तिक होता है, न अवैयक्तिक। प्रेम प्रेम है; जोड़ने या छोड़ने की प्रक्रिया के ज़रिये उसकी परिभाषा या व्याख्या करना बेमानी होगा। प्रेम अपनी चिरंतनता स्वयं है; वह यथार्थ है, सर्वोपरि है, असीम है।''

—ऑल्डस हक्सले

क्रम

विषय-प्रवेश

हम भले ही एक-दूसरे को भली-भांति जानते हों, फिर भी आपस में संवाद हो पाना बड़ा कठिन होता है। हो सकता है मैं कुछ शब्दों का प्रयोग करूं जिनका आपके लिए जो अर्थ है, वह मेरे अर्थ से भिन्न हो। जब हम, आप और मैं एक ही समय में एक ही स्तर पर मिलते हैं, तभी समझना हो पाता है। ऐसा तभी होता है जब व्यक्तियों में, पति और पत्नी में, अंतरंग मित्रों में, वास्तविक स्नेह हो। वही वास्तविक संवाद है। तत्काल बोध तभी संभव है जब हम एक ही समय में एक ही स्तर पर मिलते हैं।

एक-दूसरे के साथ सरलता से, सार्थक तथा सुनिश्चित कर्म के साथ अंतरंग संवाद कर पाना बड़ा कठिन है। मैं उन शब्दों का प्रयोग कर रहा हूं जो सरल हैं—जो शास्त्रीय नहीं है, क्योंकि मेरे विचार से कोई भी शास्त्रीय शब्दावली हमारी कठिन समस्याओं के समाधान में सहायक नहीं हो सकती; इसलिए चाहे वे मनोविज्ञान के शब्द हों या विज्ञान के, मुझे शास्त्रीय शब्दों का प्रयोग नहीं करना है। सौभाग्य से मैंने न तो मनोविज्ञान पढ़ा है और न किन्हीं धार्मिक पुस्तकों को। बड़े सरल शब्दों के द्वारा, जिन्हें हम अपने नित्य के जीवन में प्रयोग करते हैं, मैं एक गहरे अर्थ को व्यक्त करना चाहूंगा; लेकिन यदि आप इस बात से परिचित नहीं हैं कि सुना कैसे जाता है तो यह करना भी बड़ा कठिन होगा।

सुनना एक कला है। वास्तव में सुनने में सक्षम होने के लिए व्यक्ति को अपने समस्त पूर्वाग्रहों का, पूर्वमान्यताओं का तथा रोज़मर्रा की आदतों का परित्याग करना होगा, उन्हें एक तरफ कर देना होगा। किसी भी चीज़ को उसी समय आसानी से समझा जा सकता है जब मन ग्रहणशील अवस्था में होता है; आप सुन तभी पाते हैं जब किसी चीज़ पर आप सचमुच ध्यान देते हैं। परंतु दुर्भाग्य से अधिकांश व्यक्ति प्रतिरोध के आवरण के पीछे से सुनते हैं। हम पूर्वाग्रहों से घिरे रहते हैं—वे धार्मिक हों अथवा आध्यात्मिक, मनोवैज्ञानिक हों अथवा वैज्ञानिक; या फिर दैनिक चिंताएं, आकांक्षाएं और आशंकाएं हमें घेरे रहती हैं। इस प्रकार के आवरण के पीछे से हम सुनते हैं। अतः वास्तव में हम स्वयं अपने ही शोर को, अपनी ही आवाज़ को सुनते हैं, उसे नहीं जो कि कहा

जा रहा है। अपने शिक्षा-संस्कारों का, अपने पूर्वाग्रहों का, अपने रुझान और प्रतिरोध का परित्याग कर एवं शाब्दिक अभिव्यक्तियों के परे जाकर इस प्रकार सुनना कि हमें तत्क्षण बोध हो सके, बड़ा दुष्कर है और यही हमारी कठिनाइयों में से एक होगी।

यदि इस वार्ता के दौरान कुछ भी ऐसा कहा जाये जो आपकी विचार-प्रक्रिया और विश्वास से अलग हो तो उसे ज़रा सुनें, उसका प्रतिरोध न करें। आप सही हो सकते हैं, और मैं गलत हो सकता हूं; लेकिन परस्पर सुनते एवं विचार करते हुए हम पता लगा लेंगे कि सत्य क्या है। सत्य ऐसा कुछ नहीं जो कोई आपको दे सके। उसे आपको ही खोजना है; और उस खोज के लिए मन की एक ऐसी अवस्था आवश्यक हो जाती है जिसमें प्रत्यक्ष बोध हो सके। किसी भी तरह के प्रतिरोध, आवरण, संरक्षण के होते हुए प्रत्यक्ष बोध नहीं हो सकता। 'जो है' उसके प्रति जागरूक होने पर ही वह बोध संभव है। 'जो है' को, यथार्थ को, जैसा वास्तव में है उसको ठीक-ठीक जानना, बिना उसकी कोई व्याख्या किए, बिना निंदा या तरफदारी के निस्संदेह यही प्रज्ञा का आरंभ है। जब हम अपनी संस्कारबद्धता के अनुसार, अपने पूर्वाग्रह के अनुसार व्याख्या करने लगते हैं, रूपांतरण करने लगते हैं, तब हम सत्य को खो देते हैं। अंततः यह एक प्रकार का अनुसंधान ही है। कोई वस्तु क्या है, अपने वास्तविक रूप में वह क्या है, यह जानने के लिए अनुसंधान ज़रूरी है, आप उसे अपने मन की भावदशाओं के अनुसार परिभाषित नहीं कर सकते। इसी प्रकार यदि हम 'जो है' उसका ठीक-ठीक अवलोकन कर सकें, उसका निरीक्षण कर सकें, उसका श्रवण कर सकें, तो समस्या हल हो जाती है। और अपनी इन सब वार्ताओं में हम यही करने वाले हैं। 'जो है' उसकी ओर मुझे बस इशारा करना है, न कि अपनी मर्ज़ी से उसे परिभाषित करना; इसी प्रकार आपको भी अपनी पृष्ठभूमि अथवा शिक्षा-संस्कार के अनुसार निष्कर्ष नहीं निकालने, न ही उसकी व्याख्या करनी है।

तो क्या प्रत्येक वस्तु के प्रति, जैसी कि वह वास्तव में है, सजग होना संभव नहीं है? निश्चित ही समझ के लिए आरंभ वहीं से करना होगा। जैसा वास्तव में है उसे स्वीकार करना, उसके प्रति अवधानपूर्ण होना, उस तक पहुंचना, संघर्ष का अंत कर देना है। यदि मैं जानता हूं कि मैं झूठा हूं और यह एक ऐसा तथ्य है जिसे मैं देख लेता हूं, तो संघर्ष समाप्त हो जाता है। स्वयं व्यक्ति क्या है उसके प्रति अवधान होना, उसे स्वीकार करना ही प्रज्ञा का, बोध का आरंभ है और यह आपको समय से मुक्त कर देता है। समय को बीच में ले आना हानिकारक है, वह भ्रांति पैदा करता है; यहां समय से अभिप्राय ऐतिहासिक काल-क्रम वाले समय से नहीं है, बल्कि एक माध्यम, एक मनोवैज्ञानिक प्रक्रिया अर्थात् मन की क्रिया से है।

इस प्रकार जब हम 'जो है' उसे बिना निंदा या तरफदारी के, बिना तादात्म्य के पहचान लेते हैं तो हम वास्तविकता को समझ पाते हैं। मैं किस अवस्था में हूं, किस हालत में हूं यह जानना ही मुक्ति की प्रक्रिया है। परंतु एक ऐसा व्यक्ति जो अपनी अवस्था से, अपने संघर्ष से परिचित नहीं है, अपनी वास्तविकता से हटकर कुछ और होने की कोशिश करता है, जो एक आदत बन जाती है। अतः इसका ध्यान रखें कि 'जो है', हमें उसका

अवलोकन करना है; बिना उसे किसी प्रकार का रूप प्रदान किए, बिना किसी प्रकार की व्याख्या किए, केवल वास्तविकता का ठीक-ठीक निरीक्षण करना है और उसके प्रति सचेत होना है। वास्तविकता के प्रति, 'जो है' उसके प्रति सजग होने के लिए और उसे समझने के लिए एक असाधारण मेधावी मन की, एक असाधारण नमनीय हृदय की आवश्यकता होती है। क्योंकि 'जो है' वह निरंतर गतिशील है, उसमें निरंतर परिवर्तन हो रहा है और यदि मन विश्वास द्वारा संचित ज्ञान से जकड़ा रहता है तो वह 'जो है' उसकी तीव्रगति का अनुशीलन नहीं कर पाता, उसे समझ नहीं पाता। 'जो है', यकीनन वह स्थिर नहीं है, वह निरंतर गतिशील है, जैसा कि आप उसका बड़ी निकटता से निरीक्षण करने पर पाएंगे। उसे समझने के लिए एक फुर्तीले मन की और एक नमनीय हृदय की आवश्यकता होती है। और जब मन स्फूर्तिहीन होता है, किसी तादात्म्य, पूर्वाग्रह अथवा किसी विश्वास में जकड़ा होता है, तब यह सब संभव नहीं होता। 'जो है' उसका सहज-सरल अनुगमन एक ऐसे मन एवं हृदय के लिए संभव नहीं है, जो शुष्क है।

मैं समझता हूं कि हम यह जानते हैं कि आज व्यक्तिगत एवं सामूहिक दोनों ही स्तरों पर अशांति, अव्यवस्था, एवं क्लेश का बोलबाला है और इस बात के एहसास के लिए अधिक वाद-विवाद की, शब्दाडंबर की ज़रूरत नहीं है। ऐसा भारत में ही नहीं, बल्कि सारे विश्व में है; चीन, अमेरिका, इंग्लैण्ड, जर्मनी, सारे विश्व में अशांति और दुःख है, जो निरंतर बढ़ता जा रहा है। यह केवल राष्ट्रीय स्तर पर ही नहीं है, यह विशेषतः यहां ही नहीं, सारे विश्व में है। एक असाधारण दारुण दुःख है, और वह व्यक्तिगत ही नहीं, सामूहिक भी है। यह विनाश विश्वव्यापी है और इसे केवल किसी भौगोलिक क्षेत्र में, मानचित्र के किसी रंगे हुए अंश में सीमित करना मूर्खता है, क्योंकि ऐसा करने से हम इस विश्वव्यापी एवं व्यक्तिगत व्यथा के पूरे अर्थ को समझने से वंचित रह जायेंगे। अब इन हालात से हम कैसे निपटेंगे। हमारा क्या प्रत्युत्तर होगा।

दुःख तो है, राजनीतिक, सामाजिक और धार्मिक भी, हमारा समस्त मनोवैज्ञानिक व्यक्तित्व भ्रांत है और सभी नेताओं ने, चाहे वे राजनीतिक हों या धार्मिक, हमें दिग्भ्रमित किया है; सभी ग्रंथों ने अपना महत्त्व खो दिया है। भगवद्गीता या बाइबिल का अथवा राजनीति या मनोविज्ञान पर लिखे किसी भी आधुनिकतम ग्रंथ का अध्ययन करने पर आप देखेंगे कि उन्होंने सच्चाई के उस जज़्बे को, उस गुण को खो दिया है; वे कोरे शब्द बनकर रह गए हैं। आप स्वयं जो कि उन शब्दों को निरंतर दोहराते रहते हैं, भ्रांत और अनिश्चित हैं, और शब्दों को दोहरा देने भर से तो कुछ भी व्यक्त नहीं होता। अतः शब्दों और ग्रंथों का कोई मतलब नहीं रह गया। तात्पर्य यह है कि जब आप बाइबिल, या मार्क्स या भगवद्गीता को उद्धृत करते हैं और चूंकि आप स्वयं ही अनिश्चित और भ्रांत हैं, आपका उद्धरण, आपकी यह पुनरावृत्ति एक झूठी चीज़ बनकर रह जाती है क्योंकि वहां जो लिखा है वह केवल प्रचार भर रह जाता है और प्रचार सत्य नहीं होता। इसलिए जब आप दोहराते हैं, तब स्वयं अपनी अवस्था को देखने-समझने की प्रक्रिया में विराम लग जाता है। आप किसी शब्द-प्रामाण्य के पीछे अपनी भ्रांति को छिपाते हैं। परंतु हम इस

भ्रांति को समझने का प्रयत्न कर रहे हैं, न कि उसको उद्धरणों से ढंकने का। तो इस बारे में आप क्या सोचते हैं? इस असाधारण अस्त-व्यस्तता एवं भ्रांति के प्रति, अस्तित्व की इस अनिश्चितता के प्रति, आपकी क्या प्रतिक्रिया है? इस चर्चा के दौरान आप उस प्रतिक्रिया के प्रति सावधान रहें : मेरे शब्दों को नहीं, बल्कि अपने भीतर क्रियाशील विचार को देखें। हममें से ज़्यादातर लोग दर्शक ही बनने के आदी हैं, खेल में शामिल नहीं होते। हम पुस्तकें पढ़ते हैं, पर लिखते कभी नहीं। यह हमारी परंपरा हो गई है, हमारी राष्ट्रीय एवं सामान्य आदत हो गयी है कि हम दर्शक बने रहें, फुटबाल के खेल को, सार्वजनिक राजनीतिज्ञों को और वक्ताओं को देखते रहें, सुनते रहें। हम केवल बाहरी व्यक्ति हैं, दर्शक मात्र, हमने अपनी सर्जनात्मक क्षमता खो दी है। बस दूर खड़े रहकर ही हम सहभागी बन जाना चाहते हैं।

परंतु यदि आप केवल मुआयना कर रहे हैं, दर्शक भर हैं तो आप इस वार्ता के तात्पर्य से वंचित रह जायेंगे, क्योंकि यह उस प्रकार का कोई व्याख्यान नहीं है जिसे आपको आदतन सुनना है। मैं आपको किसी विषय का विवरण देने नहीं जा रहा, वह तो आप किसी भी विश्वकोश में देख सकते हैं। हम यहां पर एक-दूसरे के विचारों को समझने का प्रयत्न कर रहे हैं, हमारी चेष्टा है कि जितना अधिक-से-अधिक संभव हो सके, जितनी गहराई से संभव हो सके, हम अपने मनोभावों के संकेतों और प्रत्युत्तरों को समझ सकें। अतः कृपया यह जानने की चेष्टा करें कि आपकी इस दुःख के बारे में, इस वेदना के बारे में क्या प्रतिक्रिया है; इस विषय में कोई अन्य क्या कहता है यह नहीं, बल्कि आप स्वयं कैसे प्रतिक्रिया करते हैं इसे जानने की चेष्टा करें। यदि आप इस दुःख से, इस अशांति से लाभान्वित हो रहे हैं, यदि आप उससे आर्थिक, सामाजिक या मनोवैज्ञानिक लाभ उठा रहे हैं, तो उस दुःख के प्रति आपकी प्रतिक्रिया उपेक्षा की हो सकती है। उस हालत में यह अशांति बनी भी रहे तो आप उसकी चिंता नहीं करते। निस्संदेह विश्व में जितना अधिक संकट होता है, जितनी अधिक अशांति होती है व्यक्ति उतनी ही अधिक सुरक्षा खोजता है। क्या आपने इस पर गौर नहीं किया? जब विश्व में अस्त-व्यस्तता होती है, तो मनोवैज्ञानिक रूप से, हर तरह से आप अपने को किसी न किसी प्रकार की सुरक्षा में कैद कर लेते हैं, वह सुरक्षा चाहे बैंक के खाते की हो या किसी विचार-संप्रदाय की। या फिर आप प्रार्थना करते हैं, मंदिर जाते हैं। यह सब तो विश्व में जो कुछ हो रहा है उससे पलायन ही है। अधिकाधिक संप्रदाय बनाए जा रहे हैं, सारे विश्व में अधिकाधिक 'वाद' पैदा हो रहे हैं। क्योंकि जितनी अधिक भ्रांति फैली होती है उतनी ही अधिक आपको किसी नेता की आवश्यकता होती है, किसी ऐसे व्यक्ति की जो आपको इस अशांति से निकाले और इसलिए आप धार्मिक पुस्तकों की ओर या नये से नये गुरु की ओर दौड़ते हैं; अथवा आप उस दक्षिणपंथी या वामपंथी विचार-व्यवस्था के अनुसार प्रतिक्रिया एवं कार्य करते हैं जिसके विषय में आप यह समझते हैं कि वह समस्या का हल कर देगी। सर्वत्र यही हो रहा है।

जैसे ही आपको इस अस्तव्यस्तता का, वस्तुतः 'जो है' उसका पता चलता है, आप

उससे बचना चाहते हैं। वे संप्रदाय जो आर्थिक, सामाजिक या धार्मिक दुःख के समाधान के रूप में कोई व्यवस्था देते हैं और भी खतरनाक हैं; क्योंकि तब व्यवस्था महत्त्वपूर्ण हो जाती है न कि मनुष्य—चाहे वह कोई धार्मिक व्यवस्था हो, वामपंथी हो अथवा दक्षिणपंथी। व्यवस्था महत्त्वपूर्ण हो जाती है, वह दर्शन या विचार महत्त्वपूर्ण हो जाता है न कि मनुष्य; और उस विचार के लिए, उस विचार-संप्रदाय के लिए आप समस्त मानवजाति का बलिदान करने को तैयार हो जाते हैं। ठीक यही आज विश्व में हो रहा है। यह मेरी व्याख्या मात्र नहीं है। यदि आप निरीक्षण करें, तो आप देखेंगे कि ठीक यही तो हो रहा है। व्यवस्था-प्रणाली महत्त्वपूर्ण हो गयी है। चूंकि व्यवस्था-प्रणाली अहम हो गई है अतः मनुष्यों ने, आपने और मैंने, महत्त्व खो दिया है; और उस व्यवस्था-प्रणाली का नियंत्रण करने वाले, चाहे वे धार्मिक हों या सामाजिक, चाहे वे वामपंथी हों या दक्षिणपंथी, अधिकार जमाने लगते हैं, सत्ता ग्रहण कर लेते हैं और इस प्रकार आपकी, यानी व्यक्ति की, आहुति दे देते हैं। ठीक यही हो रहा है।

तो इस भ्रांति का, इस क्लेश का कारण क्या है? केवल अंदर ही नहीं बल्कि बाहर भी, यह दुःख, यह क्लेश कैसे पैदा हुआ है? युद्ध की यह आशंका और भय, तीसरे विश्व-युद्ध की आहटें, यह सब क्योंकर हो रहा है? उसका कारण क्या है?

निस्संदेह यह हमारे नैतिक और आध्यात्मिक मूल्यों के पतन का एवं ऐंद्रिक मूल्यों के आडंबरपूर्ण अतिमहत्त्व का सूचक है, यह भौतिक वस्तुओं के मूल्य के महिमामंडन का सूचक है, चाहे वे वस्तुएं हाथ की बनाई हुई हों या मन की। मन, हाथ या मशीन द्वारा निर्मित वस्तुओं या भौतिक, ऐंद्रिक वस्तुओं के मूल्यों के अलावा जब और कोई मूल्य हमारे पास नहीं रह जाते तब क्या होता है? जितना अधिक महत्त्व हम वस्तुओं के ऐंद्रिक मूल्य को देते हैं, उलझन उतनी ही अधिक बढ़ती जाती है। यह मेरी कोई निजी अवधारणा नहीं है। आपके मूल्य, आपकी समृद्धि, आपका आर्थिक और सामाजिक अस्तित्व मन या हाथ की बनी वस्तुओं पर आधारित है, यह जानने के लिए आपको पोथियों के प्रामाण्य की दुहाई देने की आवश्यकता नहीं है। हम ऐंद्रिक मूल्यों में ही जीते और कार्य करते हैं, उसमें अपने अस्तित्व को हमने डुबो दिया है। इसका अर्थ है कि मन की, हाथ की और मशीन की बनी वस्तुएं महत्त्वपूर्ण हो गई हैं; और जब वस्तुएं महत्त्वपूर्ण हो जाती हैं, तो मान्यताओं को ही सबके ऊपर गौरव मिल जाता है। जो विश्व में हो रहा है ठीक यही तो है, नहीं क्या?

अतः ऐंद्रिक मूल्यों को अधिकाधिक महत्त्व प्रदान करना भ्रांतिजनक है; और चूंकि हम भ्रांत हैं, हम तरह तरह से पलायन की कोशिश में लग जाते हैं, यह पलायन चाहे धार्मिक हो, आर्थिक हो, सामाजिक हो, किसी महत्त्वाकांक्षा के रूप में हो अथवा ताकत या यथार्थ की खोज के द्वारा। परंतु यथार्थ तो निकट है, उसे खोजने की आवश्यकता नहीं होती; जो व्यक्ति सत्य को खोजता है, वह उसे कभी नहीं पाएगा। 'जो है', सत्य उसी में विद्यमान है और यही उसका सौंदर्य है। परंतु जैसे ही आप उसके विषय में अवधारणा बनाते हैं, जैसे ही आप उसे खोजने लगते हैं, आप संघर्ष शुरू कर देते हैं; और जहां संघर्ष

है, वहां बोध संभव नहीं है। अतः यह आवश्यक है कि हम शांत, सजग और निश्चेष्ट रूप से जागरूक हों। हम देखते हैं कि हमारा जीवन, हमारा कर्म, सदा विनाश की परिधि के अंदर होता है, सदा दुःख के दायरे में रहता है; भ्रांति और अव्यवस्था सागर की लहरों की तरह सदा हम पर हावी हो जाती हैं। अस्तित्व के इस विभ्रम में हमें कहीं भी अवकाश नहीं मिलता।

अभी हम जो कुछ भी कर रहे हैं, ऐसा लगता है उससे हम अशांति की ओर, क्लेश और दुःख की ओर ही बढ़ रहे हैं। अपने जीवन को देखिए और आप पाएंगे कि हमारा जीवन सदा ही दुःख के कगार पर है। युद्ध को रोकने के लिए होने वाले हमारे सभी प्रयत्न, हमारी सामाजिक गतिविधि, हमारी राजनीति, राष्ट्रों के अनेकानेक सम्मेलन, ये सभी और अधिक संघर्ष ही पैदा करते हैं। जीवन के पीछे-पीछे विनाश चल रहा है; हम जो कुछ भी कर रहे हैं, वह हमें मृत्यु की ओर ले जा रहा है। यही है जो वास्तव में हो रहा है।

क्या इस क्लेश को हम तुरंत समाप्त कर सकते हैं, और क्या उलझन और दुःख की जकड़ से मुक्ति पा सकते हैं? बुद्ध अथवा ईसा जैसे महान व्यक्ति आए, उन्होंने किसी आस्था को स्वीकार किया और संभवतः अपने को भ्रांति और दुःख से मुक्त कर लिया। परंतु वे कभी भी दुःख का निवारण नहीं कर पाए, कभी-भी भ्रांति को समाप्त नहीं कर सके। भ्रांति बनी हुई है, दुःख बना हुआ है। इस सामाजिक और आर्थिक भ्रांति को, इस अशांति और क्लेश को देखकर आप अपने को तथाकथित धार्मिक जीवन में समेट लें और संसार का परित्याग कर दें, तो आपको यह अनुभव हो सकता है कि आप इन महानुभावों में सम्मिलित हो रहे हैं; लेकिन विश्व अपनी अशांति में, अपने क्लेश और विनाश में, धनिकों और निर्धनों के अंतहीन दुःख-भोग में, बना रहता है। अतः हमारी समस्या, आपकी और मेरी समस्या यह है कि क्या इस क्लेश से हम तत्क्षण ही बाहर निकल सकते हैं? यदि इस विश्व में रह कर भी आप उसका अंग बनना अस्वीकार कर दें तो आप इस अशांति से निकलने में औरों की सहायता करेंगे—भविष्य में नहीं, कल नहीं, बल्कि अभी, इसी क्षण। निस्संदेह यही हमारी समस्या है। संभवतः युद्ध आता दिखता है, जिसका रूप कहीं अधिक विनाशकारी, कहीं अधिक भयावह होगा। निस्संदेह हम उसे रोक नहीं सकते। क्योंकि झगड़े कहीं अधिक शक्तिशाली हैं, सिर पर मंडरा रहे हैं। परंतु आप और मैं तुरंत ही उस भ्रांति और क्लेश को देख-समझ सकते हैं, क्या नहीं? हमें उनको महसूस कर लेना होगा, और तब हम उस स्थिति में होंगे कि दूसरों में भी सत्य के उस बोध को जगा सकें। दूसरे शब्दों में, क्या आप तत्क्षण मुक्त हो सकते हैं? क्योंकि इस क्लेश से निकलने का यही एक मार्ग है। प्रत्यक्ष बोध केवल वर्तमान में हो सकता है; परंतु यदि आप कहें, ''मैं इसे कल करूंगा'', तो भ्रांति की लहरें आप पर अधिकार जमा लेंगी और आपको सदा के लिए भ्रांति की गिरफ्त में रहना होगा।

तो क्या उस अवस्था का घटित होना संभव है जब आप सत्य का स्वयं, तत्काल ही प्रत्यक्ष बोध कर लें और इस प्रकार भ्रांति का पूरी तरह से अंत कर दें? मेरा निवेदन

है कि अवश्य ही, और केवल यही एक संभावना है। मेरा मानना है कि यह किया जा सकता है, और किया जाना चाहिए, पर किसी विश्वास या मान्यता के आधार पर नहीं। इस असाधारण क्रांति को लाना—जिसका अर्थ पूंजीपतियों से पीछा छुड़ा कर दूसरे वर्ग को स्थापित करना नहीं है—इस अद्भुत आमूल परिवर्तन को लाना जो कि एक सच्ची क्रांति है, यही एक चुनौती है। जिसे प्रायः क्रांति कहा जाता है वह दक्षिणपंथी विचारों का ही वामपंथी विचारों के अनुसार संशोधन अथवा सातत्य है। अंततः वामपंथी विचार का तात्पर्य दक्षिणपंथी विचारों को ही संशोधित रूप में बनाए रखना है। यदि दक्षिणपंथी विचार ऐंद्रिक मूल्यों पर आधारित हैं तो वामपंथी विचार भी ऐंद्रिक मूल्य ही हैं, अंतर केवल मात्रा या अभिव्यक्ति का है। अतः सच्ची क्रांति तभी हो सकती है जब आप, यानी व्यक्ति, दूसरों के साथ अपने संबंध के प्रति सचेत हों। वास्तव में दूसरे के साथ संबंध, अर्थात् अपनी पत्नी के साथ, अपने पुत्र के साथ, अपने अधिकारी के साथ, अपने पड़ोसी के साथ संबंध में आप जो कुछ हैं, वही तो समाज है। समाज अपने में कुछ नहीं है। जो आपने और मैंने अपने संबंधों में निर्मित किया है, वही समाज है। समाज हमारी अपनी तमाम आंतरिक मनोवैज्ञानिक अवस्थाओं का ही प्रक्षेपण है। इसलिए अगर आप और मैं स्वयं को नहीं समझते, तो केवल उस बाह्य को रूपांतरित करने का कोई महत्त्व नहीं रह जाता जो भीतर का ही प्रक्षेपण है। तात्पर्य यह है कि समाज में तब तक कोई महत्त्वपूर्ण बदलाव संभव नहीं है, जब तक मैं आपके साथ अपने संबंध को नहीं समझ पाता। अपने संबंध में भ्रांत होने के कारण मैं एक ऐसे समाज का निर्माण करता हूं जो मेरा ही प्रतिरूप है, जो मेरी ही वास्तविकता की बाहरी अभिव्यक्ति है। यह एक स्पष्ट तथ्य है, जिस पर हम चर्चा कर सकते हैं। इस मुद्दे पर हम विमर्श कर सकते हैं कि क्या समाज ने, इस बाह्य अभिव्यक्ति ने मुझे निर्मित किया है, अथवा मैंने समाज को निर्मित किया है।

इसलिए क्या यह एक स्पष्ट तथ्य नहीं है कि दूसरों के साथ अपने संबंध में जो कुछ मैं हूं, उसी ने समाज को निर्मित किया है और बिना स्वयं में आमूल परिवर्तन लाए समाज की आधारभूत कार्यप्रणाली में कोई रूपांतरण संभव नहीं है? जब हम समाज में परिवर्तन के लिए किसी व्यवस्था-प्रणाली को खोजते हैं तो हम समस्या को बस टाल रहे होते हैं, क्योंकि कोई भी व्यवस्था मनुष्य में आमूल परिवर्तन नहीं ला सकती। मनुष्य ही व्यवस्था को बदलता है। इतिहास यही दर्शाता है। जब तक आपके साथ संबंध में मैं स्वयं को नहीं समझ पाता, मैं ही इस अशांति का, क्लेश, विनाश, भय और बर्बरता का कारण बना रहूंगा। अपने को समझने के लिए समय की आवश्यकता नहीं होती; मैं ठीक इसी क्षण अपने को समझ सकता हूं। यदि मैं यह कहता हूं, 'मैं खुद को कल समझूंगा', तो मैं अव्यवस्था और क्लेश ही पैदा करूंगा, मेरा कार्य विनाशकारी होगा। जिस क्षण मैं यह कहता हूं कि 'समझूंगा', मैं समय को बीच में ले आता हूं और इस तरह मैं भ्रांति और विनाश के तूफान में फंस जाता हूं। बोध तो तत्क्षण होता है, कल नहीं। कल आलसी मन के लिए, प्रमादी मन के लिए होता है, उस मन के लिए जो निरुत्साही है।

जब आपकी किसी चीज़ में सचमुच रुचि होती है, तब आप उसे तुरंत करते हैं, वहां तुरंत बदलाव आ जाता है। यदि आप अभी, इसी क्षण नहीं बदलते हैं तो आप कभी नहीं बदलेंगे, क्योंकि वह परिवर्तन जो कल होता है, एक संशोधन मात्र है, वह मौलिक परिवर्तन नहीं होता। रूपांतरण केवल तत्काल ही हो सकता है। क्रांति इसी क्षण है, कल नहीं।

ऐसा होने पर आप समस्या से पूर्णतया मुक्त हो जाते हैं, क्योंकि तब स्व अपने विषय में चिंतित नहीं होता; तब आप विनाश की पहुंच से परे होते हैं।

हम क्या खोज रहे हैं?

वह क्या है जिसकी खोज में हममें से अधिकतर व्यक्ति लगे हैं? वह क्या है जिसे प्रत्येक व्यक्ति चाहता है? इस बेचैन संसार में हर कोई किसी न किसी तरह की शांति, किसी खुशी, किसी आश्रय को पाने के लिए तरस रहा है। ऐसे में, हम आखिर क्या ढूंढ़ रहे हैं, क्या पाना चाह रहे हैं, इसका पता लगाना ज़रूरी है। संभवतः हममें से अधिकांश लोग किसी प्रकार की प्रसन्नता की, किसी प्रकार की शांति की खोज कर रहे हैं; अशांति, युद्ध, संघर्ष, कलह से भरे इस संसार में हम एक ऐसा आश्रय चाहते हैं, जहां कुछ शांति हो। मुझे लगता है अधिकांश व्यक्ति यही चाहते हैं। इसीलिए हम खोज में लगे हैं, हम एक के बाद दूसरे नेता के पीछे, एक धार्मिक संगठन से दूसरे धार्मिक संगठन की ओर, एक गुरु से दूसरे गुरु की ओर दौड़ते रहते हैं।

तो, क्या वास्तव में हम खुशी की खोज कर रहे हैं या किसी प्रकार की परितुष्टि की, मौज-मज़े की, जिससे हम खुशी पा लेने की उम्मीद रखते हैं? खुशी और तुष्टि में अंतर है। क्या खुशी को खोजा जा सकता है? आप संभवतः तुष्टि प्राप्त कर सकते हैं, लेकिन खुशी नहीं। खुशी आनुषंगिक है, वह तो किसी और चीज़ के साथ अनायास चली आती है। यहां तीव्र जिज्ञासा की, ध्यान देने की, सोच की, ख्याल की ज़रूरत है, ऐसी किसी चीज़ की खोज में लगने से पहले हमें पता लगाना होगा कि हम पाना क्या चाहते हैं; खुशी या तुष्टि? मुझे लगता है कि हममें से अधिकांश व्यक्ति तुष्टि की तलाश कर रहे हैं। हम संतुष्ट होना चाहते हैं, अपनी खोज के अंत में पूर्णता का एहसास करना चाहते हैं।

आखिरकार यदि कोई व्यक्ति शांति खोज रहा है तो उसे वह बड़ी आसानी से पा सकता है। एक व्यक्ति आंखें मूंद कर अपने आप को किसी उद्देश्य, किसी विचार के लिए समर्पित कर सकता है, और उसी में आश्रय ले सकता है। निस्संदेह ऐसा करने से समस्या का हल नहीं होता है। किसी विचार के घेरे में अपने को अलग-थलग कर लेने से द्वंद्व से मुक्ति नहीं मिलती। अतः हमें अपने भीतर और बाहर पता लगाना होगा कि वह क्या है जिसे हममें से हर कोई चाहता है। यदि हम इस बारे में स्पष्ट हैं, तो हमें कहीं भी, किसी गुरु के पास, किसी गिरजाघर में, किसी संगठन में जाने की ज़रूरत नहीं है।

अतः हमारी कठिनाई अपने अंदर अपनी मंशा के बारे में साफ होने की है। क्या इस बारे में हम स्पष्ट हो सकते हैं? क्या वह स्पष्टता खोजने से, या दूसरों ने क्या कहा है इसका पता करने से आएगी—चाहे ये 'दूसरे' ऊंचे दर्जे के शिक्षक हों या गली के किसी चर्च के पादरी? क्या इसके लिए आपको किसी के पास जाना पड़ेगा? फिर भी हम यही तो कर रहे हैं, है न? हम अनगिनत पुस्तकें पढ़ते हैं, अनेक सभाओं में जाते हैं और चर्चा करते हैं, विभिन्न संगठनों में शामिल होते हैं और इस प्रकार उस दंद का, अपने जीवन के क्लेशों का हल ढूंढ़ते हैं; और यदि हम यह सब नहीं भी कर रहे हों, तो सोचने लगते हैं कि हमने पा लिया है; यानी हम कहते हैं कि कोई विशेष संगठन ऐसा है, कोई विशेष आचार्य, कोई विशेष ग्रंथ ऐसा है जो हमें संतुष्ट करता है; हम जो कुछ चाहते हैं, हमने उसमें पा लिया है। और हम उसमें जड़ होकर, कैद होकर रह जाते हैं।

क्या इस सारी भ्रांति के द्वारा हम कुछ ऐसा नहीं खोज रहे जो नित्य है, शाश्वत है, जिसे हम यथार्थ, ईश्वर, सत्य या ऐसा ही कुछ कह देते हैं? नाम से कोई फर्क नहीं पड़ता, क्योंकि निश्चय ही शब्द उसके द्वारा इंगित वस्तु नहीं है। अतः हम शब्दों में न फंसें, यह काम शास्त्रविदों के लिए छोड़ दें। हम शाश्वत की तलाश में हैं, क्या ऐसा नहीं है? कुछ ऐसा जिससे हम चिपके रहें, जो हमें आश्वासन, आशा, एक स्थायी उत्साह, एक टिकाऊ निश्चितता दे सके, क्योंकि हम अपने आपमें ही बिलकुल अनिश्चित हैं। हम अपने आप को नहीं पहचानते। तथ्यों के बारे में, पोथियों ने क्या कहा है इसके बारे में तो हम बहुत कुछ जानते हैं, लेकिन हम खुद से कुछ नहीं जानते, हमें किसी भी चीज़ का सीधा अनुभव नहीं है।

और वह क्या है जिसे हम स्थायी कहते हैं? वह क्या है जिसकी हम तलाश कर रहे हैं, और जिससे हम स्थायित्व की उम्मीद करते हैं? क्या हम स्थायी प्रसन्नता की, स्थायी परितुष्टि की, स्थायी सुनिश्चितता की खोज नहीं कर रहे? हम कोई ऐसी वस्तु चाहते हैं जो शाश्वत हो और जो हमें संतुष्टि देती रहे। यदि हम अपने को सभी शब्दों और शब्दावलियों से मुक्त कर लें और वास्तव में इसे देखें, तो यही है जो हम चाहते हैं। हम स्थायी सुख, स्थायी परितुष्टि चाहते हैं और उसी को हम सत्य, ईश्वर या और कोई नाम दे देते हैं।

अच्छी बात है, हम मज़ा चाहते हैं। शायद कहने का यह कुछ असंस्कृत ढंग है, लेकिन वास्तव में हम यही चाहते हैं—सुख-भोग देने वाला ज्ञान और अनुभव, कल आने पर भी जो लुप्त न हो ऐसी तुष्टि। और हमने तुष्टि के कई तरीकों को आजमाया है, पर वे सब बेअसर हो गए। इसलिए हम अब यथार्थ में, ईश्वर में स्थायी तुष्टि पाना चाहते हैं। निस्संदेह यही है जिसे हम सब खोज रहे हैं—चतुर और मूढ़, सिद्धांतवादी और तथ्यवादी जो किसी न किसी हेतु संघर्षरत है। क्या स्थायी तुष्टि संभव है? क्या कुछ ऐसा है जो हमेशा बना रहेगा?

यदि आप ईश्वर या सत्य या और किसी नाम से तुष्टि की खोज कर रहे हैं—नाम चाहे कुछ भी हो—तो आप को पता होना चाहिए कि वह चीज़ असल में क्या है जिसे

आप पाना चाहते हैं। जब आप कहते हैं, ''मैं स्थायी खुशी की तलाश कर रहा हूं''—ईश्वर, या सत्य, या कुछ और पाना चाहता हूं—तो आपको उस खोज करने वाले को भी समझना होगा जो इस तलाश में लगा है। क्योंकि संभव है कि स्थायी सुरक्षा, स्थायी खुशी नाम की कोई चीज़ ही न हो। हो सकता है कि सत्य पूर्णतया भिन्न हो; और मुझे लगता है कि आप जो देखते हैं, सोचते हैं, प्रतिपादित करते हैं, सत्य उन सबसे पूर्णतया भिन्न है। इसलिए किसी स्थायी चीज़ को खोजने से पहले क्या यह ज़रूरी नहीं लगता कि पहले खोजने वाले को समझा जाये? क्या खोजने वाला उस चीज़ से अलग है जिसे वह खोज रहा है? जब आप कहते हैं, ''मैं सुख खोज रहा हूं'' तो क्या खोज करने वाला खोज के लक्ष्य से भिन्न है? क्या विचारक विचार से भिन्न है? क्या वे अलग-अलग प्रक्रियाएं न होकर एक सम्मिलित घटना नहीं हैं? इसलिए यह जानने से पहले कि खोजने वाला क्या खोज रहा है, खोजने वाले को समझना ज़रूरी है।

अब हम उस स्थिति में आ गए हैं जहां हम सत्यता एवं गंभीरता के साथ अपने से यह प्रश्न करें कि शांति, सुख-चैन, यथार्थ, ईश्वर या इसे आप जो भी कहना चाहें, भूला कोई दूसरा हमें दे सकता है। स्वयं को वास्तव में समझ लेने के साथ यथार्थ और सर्जनात्मकता का जो अलौकिक बोध होता है, क्या वह इस अनवरत खोज व उत्कंठा से हमें मिल सकता है? क्या स्वबोध खोजने से, किसी का अनुगमन करने से, किसी विशेष संप्रदाय का सदस्य बनने से, या फिर पुस्तकें पढ़ लेने से होगा? अंततः मुख्य समस्या यही है कि जब तक मैं अपने को नहीं समझता, विचार के लिए मेरे पास कोई आधार नहीं है और मेरी समस्त खोज व्यर्थ होगी। मैं भ्रमों में पलायन कर सकता हूं, मैं झगड़ों से, कलह एवं संघर्ष से भाग सकता हूं, मैं अन्य की उपासना कर सकता हूं, मैं किसी दूसरे की कृपा से मुक्ति की अभिलाषा कर सकता हूं, लेकिन जब तक मैं स्वयं से ही अनभिज्ञ हूं, जब तक अपनी समस्त प्रक्रिया के प्रति मैं असजग हूं, तब तक मेरे विचार का, स्नेह का, कर्म का कोई आधार नहीं है।

परंतु अपने आपको जानने में ही हमारी कोई रुचि नहीं है, जबकि केवल वही एक आधार है जिस पर कोई निर्माण संभव है। लेकिन इससे पहले कि हम कुछ बनाएं, कुछ बदलाव करें, किसी चीज़ की निंदा करें या उसको नष्ट करें, यह जानना आवश्यक है कि हम क्या हैं। खोजने के लिए निकलना, आचार्यों, गुरुओं को बदलते रहना, योग और प्राणायाम का अभ्यास करना, कर्मकांडों में लगे रहना, महात्माओं के पीछे चलना, और इसी प्रकार की ओर बातें एकदम व्यर्थ हैं, है कि नहीं? इनका कोई अर्थ नहीं है चाहे वे ही व्यक्ति जिनके हम पीछे चल रहे हैं, कहते हों, ''स्वयं का अध्ययन करो''; क्योंकि जो हम हैं, संसार वही है। यदि हम क्षुद्र हैं, ईर्ष्यालु हैं, घमंडी हैं, लोभी हैं तो हम अपने चारों ओर *यही* निर्मित करते हैं, *यही* है वह समाज जिसमें हम रहते हैं।

मुझे लगता है कि यथार्थ या ईश्वर की खोज शुरू करने से पहले, इस बारे में कुछ भी करने से पहले, दूसरों के साथ अपना संबंध, जो कि समाज है, बनाने से पहले, हमें शुरुआत स्वयं को समझने से करनी होगी। मैं उसी व्यक्ति को गंभीर समझता हूं जिसका

पहला सरोकार इसी बात से है, न कि उसे जो किसी विशेष लक्ष्य तक पहुंचने के लिए परेशान है, क्योंकि यदि आप और मैं अपने को ही नहीं समझते तो कैसे समाज में, संबंध में या जो कुछ भी हम करते हैं उसमें व्यावहारिक स्तर पर कोई मूलभूत परिवर्तन ला सकेंगे? इसका अर्थ यह नहीं है कि स्वबोध संबंध से पृथक् या उसके विरुद्ध है। स्पष्ट है कि इसका अर्थ समुदाय या दूसरों के विपरीत व्यक्ति विशेष को, अपने को महत्त्व देना भी नहीं है।

अतः बिना स्वयं को जाने, बिना अपनी सोच के तौर-तरीकों को समझे, बिना अपनी संस्कारबद्धता की पृष्ठभूमि को समझे, बिना इसे जाने कि कला, धर्म, देश, पड़ोसी तथा अपने बारे में आपके तमाम विश्वास क्यों हैं, आप किसी भी चीज़ की सही-सही परख कैसे कर सकेंगे? यदि आप अपनी पृष्ठभूमि को नहीं जानते हैं, यदि आप यह नहीं जानते कि आपके विचार का तत्त्व क्या है और उसका स्रोत क्या है, तो निस्संदेह आपकी खोज एकदम व्यर्थ है और आपके कृत्य का कोई अर्थ नहीं है। आप अमरीकी हैं या हिंदू, या किसी और धर्म को मानने वाले, उस सबका कोई मतलब नहीं है।

जीवन का अंतिम लक्ष्य क्या है? इस तमाम अस्त-व्यस्तता का, युद्ध का, राष्ट्रों के बीच संघर्ष एवं कलह का अर्थ क्या है?—इस सबको जानने से पहले अपने आपको जानना ज़रूरी है। यह बड़ा सरल प्रतीत होता है, लेकिन है यह *अत्यंत* दुष्कर। यह देखने के लिए कि हमारे भीतर विचार- प्रक्रिया कैसे कार्य करती है, व्यक्ति को असाधारण रूप से सतर्क होना होगा। व्यक्ति जैसे-जैसे अपने सोच-विचार, प्रत्युत्तरों एवं भावों की जटिलता के प्रति अधिक सतर्क होता जायेगा, वैसे-वैसे उसकी सजगता केवल अपने प्रति ही नहीं, अपने से जुड़े हुए लोगों के प्रति भी बढ़ती जायेगी। अपने को जानने का अर्थ है क्रिया-कलाप के दौरान अपना अध्ययन करना, और यही संबंध है। कठिनाई यह है कि हम इतने अधीर हैं कि हम बस आगे बढ़ जाना चाहते हैं, हम किसी लक्ष्य को हासिल कर लेना चाहते हैं, और इसलिए हमारे पास अध्ययन के लिए, निरीक्षण के लिए न तो समय है और न ही अवसर। इसके विकल्प के तौर पर हमने विविध गतिविधियों की—जीविकोपार्जन की, बच्चों के पालन-पोषण आदि की—ज़िम्मेदारी ले ली है अथवा विभिन्न संगठनों के दायित्वों को अपने ऊपर ओढ़ लिया है; तमाम तरह की ज़िम्मेदारियों का ऐसा बोझ हमने सिर पर रख लिया है कि सोचने-विचारने के लिए, निरीक्षण के लिए, अध्ययन के लिए हमें समय ही नहीं मिलता। अतः वास्तव में प्रतिक्रिया का दायित्व हमारे ही ऊपर है, किसी दूसरे पर नहीं। सारे विश्व में गुरुओं और उनकी पद्धतियों की ऊहापोह, किसी विषय पर आधुनिकतम पुस्तक का अध्ययन, यह सब मुझे एकदम खोखला, एकदम व्यर्थ प्रतीत होता है, क्योंकि चाहे सारे विश्व में आप घूम लें, अंत में आपको अपने तक ही आना है। और चूंकि अधिकांश व्यक्ति अपने से पूर्णतया अनभिज्ञ हैं, अतः अपनी विचार-प्रक्रिया, भावना और अपने कर्म को साफ-साफ देख पाना हमारे लिए अत्यधिक कठिन हो गया है।

जितना अधिक आप अपने को जानेंगे, उतनी ही अधिक स्पष्टता होगी। स्वबोध

का कोई अंत नहीं है–उसमें आप किसी उपलब्धि या किसी निष्कर्ष पर नहीं पहुंचते। वह एक अनंत सरिता है। जैसे-जैसे व्यक्ति उसका अध्ययन करता है, जैसे-जैसे उसमें प्रवेश करता जाता है, उसे शांति मिलती जाती है। जब मन ठहरा होता है–स्व की समझ के द्वारा, न कि किसी आरोपित अनुशासन के द्वारा–केवल तभी, उस शांति में ही, उस मौन में ही यथार्थ अभिव्यक्त हो सकता है। केवल तभी आनंद संभव होता है, सर्जनात्मक कर्म संभव होता है। और मुझे ऐसा महसूस होता है कि बिना इस बोध के, बिना इस अनुभव के, पुस्तकों को पढ़ना, वार्ताओं में शामिल होना, प्रचार करना बहुत ही बचकाना है; उसका कुछ मतलब नहीं है। दूसरी ओर यदि कोई व्यक्ति अपने आप को समझ कर सर्जनात्मक आनंद का या ऐसी अनुभूति का एहसास कर लेता है, जो मन की उपज नहीं होती, तब शायद उसके नज़दीकी रिश्तों में, और साथ-ही-साथ, उस संसार में जिसमें हम रहते हैं, रूपांतरण फलित हो सकेगा।

व्यक्ति और समाज

अधिकांश व्यक्तियों के सामने यह समस्या है कि व्यक्ति समाज का साधन मात्र है, या वह उसका साध्य है। क्या आप और मैं व्यक्तियों के रूप में समाज व सरकार के द्वारा इस्तेमाल किए जाने, निर्देशित, शिक्षित व नियंत्रित किए जाने तथा किसी सांचे में ढाले जाने के लिए हैं अथवा स्वयं समाज या राज्य का अस्तित्व ही व्यक्ति के लिए है? क्या व्यक्ति समाज का साध्य है, अथवा वह मात्र एक कठपुतली है जिसको युद्ध के साधन के रूप में शिक्षित किया जाये, इस्तेमाल किया जाये, खत्म कर दिया जाये? बहुत सारे व्यक्तियों के सामने यह प्रश्न है। यह हमारी ही नहीं, विश्व की समस्या है कि क्या व्यक्ति समाज का एक साधन मात्र है, परिस्थितियों से निर्मित और संचालित एक खिलौना मात्र है या समाज व्यक्ति के लिए ही बना है?

इसका पता आप कैसे लगाएंगे? क्या यह गंभीर समस्या नहीं है? यदि व्यक्ति समाज का केवल एक साधन भर है तो समाज व्यक्ति से कहीं अधिक महत्त्वपूर्ण हो जायेगा; और अगर यह सही है तो हमें वैयक्तिकता को छोड़कर समाज के कार्य में लग जाना चाहिए, समस्त शिक्षा-व्यवस्था में क्रांतिकारी परिवर्तन लाना चाहिए और व्यक्ति को एक ऐसे उपकरण में बदल देना चाहिए जिसका आवश्यकतानुसार उपयोग किया जा सके और जब आवश्यकता न हो, तब उसे नष्ट कर उससे पीछा छुड़ाया जा सके। परंतु यदि समाज का अस्तित्व व्यक्ति के लिए है तो समाज का कार्य व्यक्ति को किसी सांचे के अनुरूप बनाना नहीं बल्कि उसमें मुक्ति का एहसास और प्रेरणा भरना है। इसलिए हमें यह पता लगाना होगा कि इनमें से कौन सी बात गलत है।

आप इस समस्या की जांच-पड़ताल कैसे करेंगे? क्या यह एक मूलभूत समस्या नहीं है? यह समस्या किसी विचारधारा पर आधारित नहीं है, चाहे यह वामपंथी हो अथवा दक्षिणपंथी; और यदि यह किसी विचारधारा पर आधारित है तो वह सिर्फ एक राय है। धारणाएं सदा शत्रुता को, भ्रांति को, द्वंद्व को जन्म देती हैं। यदि आप पुस्तकों का आश्रय लेते हैं तो आप केवल सम्मतियों पर निर्भर करते हैं। इससे कोई अंतर नहीं पड़ता कि वे पुस्तकें वामपंथी हैं, दक्षिणपंथी हैं, या धार्मिक हैं, वे सम्मतियां बुद्ध की हैं या ईसा की, पूंजीवाद की हैं या साम्यवाद की। वे केवल धारणाएं हैं, सत्य नहीं। किसी तथ्य

का कभी भी निषेध नहीं किया जा सकता; किसी तथ्य *के बारे में* बनी राय को तो नकारा जा सकता है। यदि हमें बात की सच्चाई का पता लग सके तो हम सम्मतियों से स्वतंत्र होकर काम कर सकेंगे। इसलिए दूसरों ने इस या उस बारे में क्या कहा है, इसको छोड़ ही देना क्या आपको जरूरी नहीं लगता? अभिमत चाहे किसी का भी हो, वामपंथियों का हो या किसी और का, वह उनकी प्रतिबद्धता का ही नतीजा होता है। इसलिए यदि अपनी खोजबीन के लिए आप पुस्तकों में लिखी हुई बातों पर निर्भर करते हैं तो फिर आप किसी मत को मान भर रहे हैं। उसे ज्ञान नहीं कहा जा सकता।

तो फिर सच्चाई का पता कैसे लगाया जाये? क्योंकि कार्य तो हमें उसी के आधार पर करना है। सच्चाई का पता लगाने के लिए सभी प्रकार के प्रचार से मुक्त होना ज़रूरी है, जिसका अर्थ है कि आप अपनी समस्या को बिना किसी सम्मति के देख सकें। शिक्षा का सारा काम ही व्यक्ति को जाग्रत करना है। इस सच्चाई को देखने के लिए आपको बिलकुल स्पष्ट होना होगा, जिसका अर्थ है कि आप किसी की भी अगुवाई का आसरा न देखें। जब आप अपनी भ्रांत दशा के कारण किसी नेता को चुनते हैं तो आप जिनको चुनते हैं वे भी भ्रांत ही होते हैं। यही सारी दुनिया में हो रहा है। अतः आप मार्ग-निर्देशन या सहायता के लिए किसी नेता पर निर्भर नहीं रह सकते।

मन यदि किसी समस्या को समझना चाहता है, तो यह ज़रूरी है कि वह न केवल पूर्णता व समग्रता से उस समस्या को समझे, बल्कि उस समस्या पर लगातार नज़र रख पाए, क्योंकि समस्या कभी स्थिर नहीं रहती। समस्या चाहे भूख की हो, मनोवैज्ञानिक हो या कोई और, वह सदा नवीन ही होती है। विपदा कोई भी हो हमेशा नयी होती है; अतः उसे समझने के लिए मन को सदा ताजा, सुस्पष्ट और तीव्रग्राही होना होगा। मुझे लगता है हममें से अधिकतर व्यक्ति एक आंतरिक क्रांति की तत्काल आवश्यकता का अनुभव करते हैं, ऐसी क्रांति जो बाहरी जगत का, समाज का आमूल परिवर्तन कर सके। यही वह समस्या है जिससे कि मेरा अपना और तमाम गंभीर मंशा वाले लोगों का सरोकार है। हमारी समस्या है कि समाज में कैसे आमूल एवं आधारभूत परिवर्तन लाएं, और बाह्य स्तर पर यह परिवर्तन आंतरिक क्रांति के बिना नहीं हो सकता। चूंकि समाज सदा यथास्थिति में रहना चाहता है, इसलिए प्रत्येक कर्म, प्रत्येक सुधार, जो बिना इस आंतरिक क्रांति के किया जाता है, वैसा ही यथास्थितिवादी हो जाता है। इसलिए इस सतत आंतरिक क्रांति के अलावा कोई रास्ता नहीं है, क्योंकि बिना उसके बाह्य क्रिया केवल एक पुनरावृत्ति, एक आदत बन कर रह जाती है। समाज तो हमारे और आपके बीच का संबंध और उसमें घटने वाली क्रिया है; और वह समाज जड़वत व मृतप्राय हो जाता है, उसमें जीवंतता नहीं होती, जब तक कि यह सतत आंतरिक क्रांति न हो, हमारे भीतर एक सर्जनशील, मनोवैज्ञानिक परिवर्तन न हो। इसके अभाव में ही समाज निरंतर गतिहीन व जड़ हो रहा है और इसीलिए उसे लगातार भंग करने की ज़रूरत है।

आपमें तथा आपके चारों ओर होने वाले क्लेश और भ्रांति में क्या संबंध है? ज़ाहिर है, यह भ्रांति, यह कष्ट अपने आप ही नहीं आ गए। आप और मैं ही इन्हें लाए हैं,

पूंजीवादी, साम्यवादी या फासिस्ट समाज नहीं। इन्हें आपने और मैंने अपने परस्पर संबंधों में निर्मित किया है। आप जो भीतर से हैं वही बाहर, विश्व पर प्रक्षेपित हुआ है। आप जो हैं, आप जो सोचते हैं, आप जो अनुभव करते हैं, अपने रोजमर्रा के जीवन में आप जो कार्य करते हैं उसी का बाहर प्रक्षेपण होता है और उसी से संसार बनता है। यदि हम अंदर से कंजूस, भ्रमित, अशांत और क्षुब्ध हैं, तो प्रक्षेपण के द्वारा वैसा ही संसार, समाज बन जाता है, क्योंकि आपके और मेरे बीच का संबंध ही समाज है—समाज हमारे संबंधों का ही तो नतीजा है—और यदि हमारे संबंध गड्डमड्ड, अहं-केंद्रित, संकीर्ण, संकुचित और राष्ट्रवादी हैं, तो हम उसी को प्रतिबिंबित करेंगे और संसार में अव्यवस्था लाएंगे।

आप जैसे हैं वैसा ही संसार है, अतः आपकी समस्या संसार की समस्या है। क्या यह सीधा-सा और मूलभूत तथ्य नहीं है? अपने संबंधों में इस तथ्य की हम सदा अनदेखी कर देते हैं। हम किसी विधि के ज़रिये या विचारों और मूल्यों में विधिजनित क्रांति के ज़रिये बदलाव लाना चाहते हैं। और हम यह भूल जाते हैं कि मैं और आप ही हैं जो समाज बनाते हैं, जो अपनी जीवन पद्धति से अस्त-व्यस्तता या व्यवस्था लाते हैं। इसलिए हमें शुरुआत अपने निकट से करनी होगी, यानी हमारा जो दैनिक जीवन है उसी से हमारा सीधा सरोकार होना चाहिए। जीविका कमाते वक्त, धारणाओं व विश्वासों के साथ अपने संबंधों आदि में किस प्रकार हमारे विचार, भावनाएं व क्रियाएं प्रकट होती हैं, उस सबसे हमारा सीधा संबंध होना चाहिए। क्या आपको नहीं लगता कि यही हमारा दैनिक जीवन है? जीविका, नौकरी, पैसा कमाना, हम इन्हीं सब में तो लगे हुए हैं; धारणाएं व विश्वास, परिवार व पड़ोसियों के साथ हमारे रिश्ते—ये हैं हमारी दिलचस्पी के विषय। अब यदि हम अपने व्यवसाय की बारीकी से परीक्षा करें तो हम पाएंगे कि वह मूलतः ईर्ष्या पर आधारित है; यह मात्र जीविकोपार्जन का मामला नहीं है। समाज इस प्रकार से रचा गया है कि वह एक अंतहीन द्वंद्व की, निरंतर कुछ बनने की कोशिश भर रह गया है; वह लोभ पर, ईर्ष्या पर, हमसे जो आगे है उसके प्रति जलन पर आधारित है; एक क्लर्क मैनेजर बनना चाहता है, यानी उसका वास्ता सिर्फ जीविका कमाने या निर्वाह के साधन जुटाने से ही नहीं है, बल्कि पद और प्रतिष्ठा पाने से है। स्वभावतः यह दृष्टिकोण समाज में, संबंध में, तबाही लाता है, लेकिन यदि आपका और मेरा सरोकार सिर्फ जीविकोपार्जन से होता तो हम उसके लिए कोई-न-कोई उचित साधन ढूंढ़ ही लेते, ऐसा साधन जो ईर्ष्या पर आधारित नहीं होता। संबंधों में ईर्ष्या सर्वाधिक विनाशकारी तत्त्वों में से एक है क्योंकि यह इस बात की सूचक है कि सत्ता और पद की लालसा बनी हुई है जो आखिरकार राजनीति की ओर ही ले जाती है। दोनों का निकट का संबंध है। वह क्लर्क, जो मैनेजर बनना चाहता है, सत्तालोलुप राजनीति का एक कारण बन जाता है जो युद्ध को जन्म देती है; अतः युद्ध के लिये यह क्लर्क सीधे-सीधे ज़िम्मेदार है।

हमारे संबंधों की बुनियाद क्या है? आपका और मेरा संबंध, आपका और दूसरों का संबंध, जो कि समाज है, किस पर आधारित है? ज़ाहिर है कि प्रेम पर तो आधारित नहीं है, हालांकि हम उसकी बड़ी चर्चा करते हैं। क्योंकि यदि ऐसा होता तो आपके और

मेरे बीच सामंजस्य होता, शांति होती, और सुख होता। लेकिन हमारे पारस्परिक संबंधों में बड़ी दुर्भावना है, जिसने सम्मान का रूप धारण कर रखा है। यदि हमारे भाव एवं विचार मेल खा रहे हैं, तो न तो सम्मान का प्रश्न उठेगा और न दुर्भावना का, क्योंकि तब मिलने वाले दो व्यक्ति होंगे, न कि गुरु और शिष्य, और न ही एक दूसरे पर आधिपत्य जमाने वाले पति या पत्नी। जब दुर्भावना होती है तो आधिपत्य की इच्छा होती है और उससे ईर्ष्या, क्रोध, आवेग पैदा होते हैं। ये सब हमारे संबंधों में लगातार द्वंद्व पैदा करते हैं जिससे हम बचने का प्रयास करते रहते हैं, और इससे हालात और भी बिगड़ जाते हैं।

जहां तक रोज़मर्रा के हमारे जीवन को प्रभावित करने वाली धारणाओं, विश्वासों और नियम-संहिताओं का संबंध है, क्या आपको नहीं लगता कि इनसे हमारा मन विकृत हो रहा है? आखिर मूढ़ता क्या है? मनोनिर्मित या मनुष्य निर्मित वस्तुओं को अनुचित मूल्य प्रदान करना ही तो मूढ़ता है। हमारे ज़्यादातर विचार आत्म-सुरक्षा की मूल प्रवृत्ति से पैदा होते हैं। हमारे विचार, बाप रे, कितने ढेर सारे हैं! क्या उनको मिथ्या गौरव नहीं मिल जाता, ऐसा गौरव जिसके योग्य वे हैं ही नहीं? अतः जब हम किसी प्रतीक में, चाहे वह धार्मिक हो, आर्थिक हो या सामाजिक, जब हम ईश्वर में, धारणाओं में अथवा मनुष्य को मनुष्य से अलग करने वाली समाज-व्यवस्था में, राष्ट्रीयता में या इसी प्रकार की किसी और चीज़ में विश्वास करते हैं, तो ज़ाहिर है कि हम विश्वास को एक मिथ्या गौरव दे देते हैं, और यह हमारी मूढ़ता का सूचक है क्योंकि विश्वास लोगों को अलग करता है, उनमें एकता नहीं लाता। इस प्रकार हम देखते हैं कि व्यवस्था या अव्यवस्था, शांति या द्वंद्व, सुख या दुःख हमारे जीने के ढंग पर निर्भर करता है, हम ही उसे निर्मित करते हैं।

अतः हमारी समस्या यह है कि क्या यह संभव है कि एक तरफ तो यथास्थिति में जीने वाला समाज हो और दूसरी तरफ वह व्यक्ति भी हो जिसके भीतर सतत क्रांति घटित हो रही हो? यानी सामाजिक क्रांति की शुरुआत व्यक्ति के आंतरिक, मानसिक परिवर्तन से ही हो सकती है। अधिकांश व्यक्ति समाज-संरचना में आमूल परिवर्तन देखना चाहते हैं। पूरे विश्व में सारा संघर्ष इसी बात को लेकर हो रहा है कि कैसे साम्यवादी या अन्य तरीकों से एक सामाजिक क्रांति लाई जाये। अब यदि कोई सामाजिक क्रांति होती है, अर्थात् ऐसी क्रिया जिसका संबंध केवल मनुष्य की बाह्य संरचना से है, और व्यक्ति में कोई आंतरिक क्रांति नहीं होती, कोई मनोवैज्ञानिक परिवर्तन नहीं होता, तो वह सामाजिक क्रांति चाहे जितनी मूलभूत क्यों न हो, अपने स्वरूप से ही जड़वत होगी। अतः एक ऐसा समाज बनाने के लिए जो मशीन की तरह पुनरावृत्ति में नहीं लगा है, जो विघटनशील नहीं है, जो गतिशील है, जो निरंतर जीवित है, यह आवश्यक है कि व्यक्ति की मनोवैज्ञानिक संरचना में एक क्रांति हो, क्योंकि बिना आंतरिक, मनोवैज्ञानिक क्रांति के बाहरी परिवर्तन का कोई महत्त्व नहीं है। तात्पर्य यह कि समाज निरंतर कोई रूप लेता जा रहा है, गतिहीन होता जा रहा है, और इसीलिए निरंतर विघटित हो रहा है। ऐसी हालत में चाहे जितनी संख्या में और चाहे जितनी बुद्धिमानी से कानून बनाए जायें, समाज सदा पतनोन्मुख ही रहेगा। क्योंकि क्रांति अपने भीतर होनी चाहिए, न कि केवल बाह्य स्तर पर।

मुझे लगता है कि यह समझना बहुत ज़रूरी है और इसे टालना ठीक नहीं। बाह्य क्रिया अपने लक्ष्य पर पहुंचकर समाप्त हो जाती है, वह स्थैतिक हो जाती है। यदि व्यक्तियों के बीच संबंध, जो कि समाज है, आंतरिक क्रांति का परिणाम नहीं है, तो वह जड़वत् सामाजिक संरचना व्यक्ति को आत्मसात् कर लेती है और उसे अपने जैसा ही जड़ और दोहरावभरा बना देती है। यदि हम इसे समझ लेते हैं, इस तथ्य के असाधारण महत्त्व को देख लेते हैं तो फिर इस पर सहमति या असहमति का कोई सवाल ही नहीं उठता। यह एक वास्तविकता है कि समाज निरंतर जड़ता को प्राप्त हो रहा है और व्यक्ति को आत्मसात् कर रहा है, और यह भी कि एक सतत सर्जनात्मक क्रांति केवल व्यक्ति में हो सकती है, समाज या बाहरी संरचना में नहीं। इसका मतलब सर्जनात्मक क्रांति केवल वैयक्तिक संबंधों में ही हो सकती है, और यही तो समाज है। यह साफ दिखाई दे रहा है कि कैसे भारत में, यूरोप में, अमेरिका में, विश्व के प्रत्येक भाग में आधुनिक समाज तेज़ गति से विखंडित हो रहा है। इसे हम अपने जीवन में ही होता हुआ देखते हैं, हर गली-कूचे में यह नज़र आता है। यह बताने के लिए कि हमारा समाज टुकड़े-टुकड़े हो रहा है, हमें महान इतिहासकारों की ज़रूरत नहीं है। हमें तो ज़रूरत है नवीन शिल्पियों की, नवीन निर्माताओं की, जो एक नये समाज की रचना कर सकें। इस नवीन रचना के लिए एक नई बुनियाद की ज़रूरत होगी। उसे नवीन अन्वेषित तथ्यों एवं मूल्यों पर खड़ा करना होगा। ऐसे शिल्पी अभी दिखाई नहीं दे रहे हैं। ऐसे निर्माता अभी नहीं हैं, एक भी नहीं, जो यह देखकर कि पूरा ढांचा ढह रहा है, स्वयं को शिल्पियों में रूपांतरित कर रहे हों। यह है हमारी समस्या। हम ही समाज को जीर्ण-शीर्ण होते हुए, विखंडित होते हुए देखते हैं; और वे हम ही हैं, आप और मैं, जिन्हें शिल्पी बनना होगा। आपको और मुझे मिलकर मूल्यों को फिर से खोजना पड़ेगा और अधिक मूलभूत एवं स्थायी आधार का निर्माण करना होगा, क्योंकि यदि हम पेशेवर शिल्पियों पर, राजनीतिक एवं धार्मिक निर्माणकर्ताओं पर निर्भर रहे, तो हम ठीक उसी हालत में बने रहेंगे जिसमें कि हम पहले थे।

चूंकि आप और मैं सर्जनशील नहीं हैं, हमने समाज को इस दुर्दशा में पहुंचा दिया है, और समस्या की विकटता को देखते हुए आपको और मुझे सर्जनशील होना ही होगा। आपको और मुझे समाज के इस पतन के कारणों के बारे में सचेत होना पड़ेगा और एक ऐसी नवीन संरचना करनी होगी जो केवल अनुकरण पर नहीं, बल्कि हमारे सर्जनशील बोध पर आधारित हो। अब क्या इसमें निषेधात्मक चिंतन निहित नहीं है? निषेधात्मक चिंतन समझ का सर्वश्रेष्ठ रूप है। अभिप्राय यह हुआ कि सर्जनशील चिंतन क्या है, यह समझने के लिए हमें समस्या पर निषेधात्मक दृष्टिकोण से ही विचार करना पड़ेगा, क्योंकि समस्या के प्रति विधिपरक दृष्टिकोण अनुकरण की ओर ले जाता है, और समस्या, आप जानते हैं, यही है कि समाज की एक नवीन संरचना के लिए आपको और मुझे सर्जनशील होना है। विखंडित हो रही चीज़ को समझने के लिए हमें उसका परीक्षण, उसका अन्वेषण, निषेधात्मक रूप में शुरू करना होगा, किसी विधिपरक विचार-प्रणाली, सूत्र या निष्कर्ष को मान कर नहीं।

समाज निस्संदेह जीर्ण-शीर्ण हो रहा है, टूट रहा है। परंतु ऐसा क्यों है? उसके मूलभूत कारणों में से एक यह है कि व्यक्ति की, आपकी सर्जनशीलता कुंठित हो चुकी है। मैं अपना आशय थोड़ा स्पष्ट कर दूं। आप और मैं केवल अनुकरण करने वाले बनकर रह गए हैं। बाहर से और भीतर से हम नकल ही कर रहे हैं। बाहर से जब हम कोई तकनीक सीखते हैं, जब शाब्दिक स्तर पर हम एक-दूसरे से कहते-सुनते हैं तो स्वभावतः वहां कुछ अनुकरण होता है, नकल होती है। मैं शब्दों को दोहराता हूं। इंजीनियर बनने के लिए मुझे पहले तकनीक सीखनी पड़ती है और तब मैं उस तकनीक का पुलों के निर्माण में प्रयोग करता हूं। बाह्य तकनीक में किसी सीमा तक अनुकरण या दोहराव ज़रूरी हो जाता है। परंतु जब आंतरिक, मनोवैज्ञानिक अनुकरण होता है, तब निस्संदेह हम सर्जनशील नहीं रहते। आज हमारी शिक्षा, हमारी सामाजिक संरचना, हमारा तथाकथित धार्मिक जीवन, सभी अनुकरण पर आधारित हैं; इसका अर्थ यह हुआ कि हमें किसी विशेष सामाजिक या धार्मिक फार्मूले के अनुकूल बनना होता है। वास्तव में मेरा व्यक्तिगत अस्तित्व ही समाप्त हो जाता है, मनोवैज्ञानिक दृष्टि से मैं कुछ संस्कारबद्ध अनुक्रियाओं वाला, पुनरावृत्ति करने वाला एक यंत्र भर बन जाता हूं, चाहे वे अनुक्रियाएं हिंदू की हों या ईसाई की, अथवा बौद्ध, जर्मन या अंग्रेज की। हमारे प्रत्युत्तर समाज के ढांचे के अनुसार संस्कारित होते हैं, चाहे वह प्रारूप पश्चिमी हो या प्राच्य, भौतिकवादी हो या धार्मिक। इसलिए अनुकरण समाज के विघटन के मूलभूत कारणों में से एक है और इस विघटन को क्रियान्वित करने वाले अनेक कारकों में से एक कारक है नेता, जिसका आधार ही अनुकरण है।

विघटित होते समाज के स्वरूप को समझने के लिए क्या इसका अन्वेषण आवश्यक नहीं है कि आप और मैं, यानी व्यक्ति, सर्जनशील हो सकते हैं या नहीं? हम देख सकते हैं कि जहां कहीं भी अनुकरण है, विघटन होता ही है; और जहां कहीं भी सत्ता है, वहां अनुकरण अवश्य है। और चूंकि हमारी समस्त मानसिक, मनोवैज्ञानिक संरचना सत्ता-प्रामाण्य पर आधारित है, अतः हमें सर्जनशील होने के लिए इनसे मुक्त होना होगा। क्या आपने ध्यान नहीं दिया कि सृजन के क्षणों में, जीवंत रुचि के उन सुखद क्षणों में, पुनरावृत्ति का, अनुकरण का, कोई भाव नहीं होता? ऐसे क्षण सदा नये, ताज़े, सर्जनशील एवं सुखद होते हैं। इस प्रकार हम देखते हैं कि समाज के विघटन के आधारभूत कारणों में से एक कारण अनुकरण है और अनुकरण सत्ता की, प्रामाण्य की उपासना है।

स्वबोध

विश्व की समस्याएं इतनी प्रचंड और जटिल हैं कि उनको समझने और इस प्रकार उनके समाधान के लिए यह आवश्यक है कि हम उनका सामना सरल एवं प्रत्यक्ष रूप से करें, और सरल एवं प्रत्यक्ष होना न बाहरी परिस्थितियों पर निर्भर करता है और न ही हमारे अपने पूर्वाग्रहों एवं मनोभावों पर। उनका समाधान न तो सभाओं द्वारा, न योजनाओं द्वारा, और न पुराने नेताओं को बदल कर नये नेताओं की स्थापना करने से मिलने वाला है। स्पष्ट है कि समाधान समस्या निर्मित करने वाले में ही निहित है, जो सारे उपद्रव का, घृणा का एवं मनुष्यों के बीच अपार नासमझी का कारण है। इन तमाम उपद्रवों को, समस्याओं को पैदा करने वाला और कोई नहीं, व्यक्ति ही है, आप और मैं हैं, न कि यह संसार, जैसा कि हम सोचा करते हैं। आपका दूसरों के साथ जो संबंध है, वही संसार है। आपसे और मुझसे अलग कोई संसार नहीं है; संसार या समाज वह संबंध ही है जो हम परस्पर स्थापित करते हैं या स्थापित करने का प्रयत्न करते हैं।

अतः समस्या यह संसार नहीं, बल्कि आप और मैं हैं, क्योंकि यह संसार हमारा ही प्रक्षेपण है और उसे समझने के लिए हमें अपने को समझना होगा। संसार हमसे पृथक् नहीं है; हम ही संसार हैं, और हमारी समस्याएं ही संसार की समस्याएं हैं। इस बात को बार-बार दोहराने की ज़रूरत नहीं पड़नी चाहिए, लेकिन पता नहीं क्यों हम इतने सुस्त और बेजान हैं कि हम समझते हैं कि संसार की समस्याओं से हमारा कोई सरोकार नहीं है, उन्हें तो संयुक्त राष्ट्रसंघ हल करेगा या पुराने के बजाय नये नेता उनका हल निकालेंगे, लेकिन ऐसा सोचना बेहद संकुचित मानसिकता है, क्योंकि संसार में होने वाले इस भयानक कष्ट के लिए, इस भ्रांति के लिए, युद्ध के अनवरत बने रहने वाले इस खतरे के लिए हमारे अलावा और कोई ज़िम्मेदार नहीं है। दुनिया को बदलने के लिए हमें शुरुआत खुद से करनी होगी और खुद से शुरू करने के लिए सर्वाधिक महत्त्व की बात है हमारी मंशा। हमारी मंशा स्वयं को समझने की होनी चाहिए, न कि बात दूसरों के ऊपर छोड़ने की, कि वे अपने को बदलें अथवा क्रांति द्वारा दक्षिणपंथी या वामपंथी परिवर्तन लाएं। यह आपका और मेरा, हम सबका दायित्व है। क्योंकि जिस विश्व में हम रहते हैं वह चाहे

जितना भी छोटा क्यों न हो, यदि हम अपने को बदल सकें, अपने नित्य-प्रति के अस्तित्व में मूलतः भिन्न दृष्टिकोण ला सकें, तो शायद पूरे विश्व को यानी दूसरों के साथ अपने विस्तृत संबंध को हम प्रभावित कर सकें।

जैसा कि मैंने कहा, हमें अपने आपको समझने की प्रक्रिया की छानबीन करनी है। यह कोई अलगाव की प्रक्रिया नहीं है। यह संसार से संन्यास नहीं है क्योंकि आप अलग-थलग नहीं रह सकते। होने का अर्थ ही है संबंधित होना, संबंधहीन जीवन नाम की कोई चीज़ नहीं है। यह उचित संबंध का अभाव ही है जो द्वंद्वों को, कष्ट और कलह को जन्म देता है। हमारा संसार चाहे जितना छोटा हो, लेकिन अगर हम उस छोटे-से संसार में अपने संबंधों में बदलाव ला सकते हैं, तो वह परिवर्तन एक ऐसी तरंग की तरह होगा जो निरंतर बाहर की ओर फैलती चली जाती है। मेरे विचार से इस विषय को समझना आवश्यक है कि विश्व हमारा संबंध ही है, चाहे वह संबंध कितना ही सीमित क्यों न हो; और यदि उस संबंध में हम परिवर्तन ला सकते हैं, सतही नहीं बल्कि एक आमूल परिवर्तन, तो हम सक्रिय रूप में विश्व को बदलना शुरू कर देंगे। वास्तविक क्रांति दक्षिणपंथी या वामपंथी जैसे किसी विशेष प्रारूप के अनुसार नहीं होती। वास्तविक क्रांति तो मूल्यों की क्रांति है, वह एक ऐसी क्रांति है जो ऐंद्रिक मूल्यों से उन मूल्यों की ओर अग्रसर होती है जो न ऐंद्रिक हैं, न ही परिवेशजनित। आमूल क्रांति, रूपांतरण या नवजीवन का संचार करने वाले सही मूल्यों को खोज निकालने के लिए यह अनिवार्य है कि व्यक्ति स्वयं को समझे। स्वबोध प्रज्ञा का और इस प्रकार आमूल परिवर्तन या नवजीवन का आरंभ है। अपने आपको समझने के लिए समझने की मंशा ज़रूरी है, लेकिन यहीं मुश्किल आ जाती है। हालांकि हममें से अधिकतर लोग असंतुष्ट हैं और हम तुरंत परिवर्तन लाना चाहते हैं, लेकिन हमारा असंतोष केवल कुछ परिणामों की उपलब्धि तक ही सीमित होकर रह जाता है; असंतुष्ट होने के कारण या तो हम कोई दूसरा काम खोजने लगते हैं या परिस्थितियों के आगे हार मान लेते हैं। वह असंतोष हमें अंदर से प्रज्ज्वलित करने के, इस जीवन के विषय में, अस्तित्व की समस्त प्रक्रिया के विषय में सवाल उठाने के लिए प्रेरित करने के बजाय एक दूसरी दिशा में ही मुड़ जाता है और हम एक औसत दर्जे के व्यक्ति रह जाते हैं, जिसमें अस्तित्व के पूरे तात्पर्य को खोजने की कोई प्रेरणा, कोई तीव्रता नहीं होती। अतः खुद से ही इन चीज़ों का पता लगाना ज़रूरी है क्योंकि कोई दूसरा हमें स्वबोध नहीं करा सकता। यह कुछ ऐसा नहीं है जिसे किसी पुस्तक के द्वारा हासिल किया जा सके। इसकी खोज हमें ही करनी होगी और इस खोज के लिए संकल्प, अनुसंधान, अन्वेषण आवश्यक हैं। और जब तक इस खोज का, गंभीरतापूर्वक अन्वेषण करने का इरादा शिथिल है, या वह है ही नहीं, तो अपने को जानने की किसी आकस्मिक इच्छा का या उस बारे में किसी कथन मात्र का कोई महत्त्व नहीं है।

इस प्रकार, संसार में परिवर्तन स्वयं में परिवर्तन से ही संभव होगा, क्योंकि यह स्व ही मानव अस्तित्व की समस्त प्रक्रिया का परिणाम एवं अंग है। अपने आपको बदलने के लिए स्वबोध अनिवार्य है। बिना यह जाने कि आप क्या हैं, सही विचार का कोई

आधार नहीं रहता और स्वयं को जाने बिना किसी प्रकार का परिवर्तन संभव नहीं है। हम जैसे हैं वैसा ही स्वयं को जानें, न कि जैसे होना चाहते हैं जो केवल एक आदर्श मात्र होगा और इसीलिए भ्रामक एवं अयथार्थ होगा; जो है, परिवर्तन केवल उसी में किया जा सकता है, आप जो होना चाहते हैं उसमें नहीं। आप जैसे हैं उस यथार्थ को जानने के लिए यह ज़रूरी है कि आपका मन असाधारण रूप से सजग हो, क्योंकि 'जो है' वह निरंतर बदल रहा है और उसे तुरंत तभी समझा जा सकता है जब मन किसी खास रूढ़ि या विश्वास से, किसी खास कार्य-पद्धति से बंधा नहीं हो। यदि आप किसी चीज़ को समझना चाहते हैं तो कहीं बंधे रहना उपयोगी न होगा। अपने आपको जानने के लिए एक ऐसी सजगता, मन की एक ऐसी सतर्कता आवश्यक है जिसमें सभी प्रकार के विश्वासों से, सभी प्रकार की आदर्शवादिता से स्वातंत्र्य निहित हो, क्योंकि विश्वास और आदर्श तो बस आपकी दृष्टि पर अपना रंग चढ़ा देते हैं, यथार्थ बोध को विकृत कर देते हैं। यदि आप यह जानना चाहते हैं कि आप क्या हैं, तो आप किसी भी ऐसी बात की कोरी कल्पना नहीं कर सकते या उसमें विश्वास नहीं कर सकते जो आप नहीं हैं। यदि मैं लोभी, ईर्ष्यालु, हिंसक हूं, तो अहिंसा एवं निर्लोभ के आदर्श को बनाए रखने का कोई मूल्य नहीं है। परंतु यह जानने के लिए कि हम लोभी या हिंसक हैं, इसे जानने और समझने के लिए असाधारण दृष्टि की आवश्यकता होती है, नहीं? उसके लिए चाहिए ईमानदारी, विचारों की स्पष्टता, जब कि 'जो है' उससे अलग किसी आदर्श के पीछे चलना एक पलायन है; यह पलायन आप जो हैं उसका पता लगाने और उस पर सीधे कार्य करने से रोकता है।

आप क्या हैं इसे समझना—आप जो कुछ भी हों, चाहे सुंदर हों, कुरूप हों, दुष्ट हों, शरारतपूर्ण हों—आप जैसे हैं उसे जस-का-तस बिना तोड़े-मरोड़े समझना ही सदाचार की शुरुआत है। सदाचार अनिवार्य है क्योंकि वह मुक्त करता है। सदाचार के होने पर ही आप कुछ खोज सकते हैं, जी सकते हैं; किंतु सदाचार का *संवर्धन* करने से यह संभव नहीं होता क्योंकि वैसा करना हमें सिर्फ सम्मान तो दिला सकता है, पर बोध और मुक्ति नहीं दे सकता। सद्गुणी होना और सद्गुणी बनना, इन दोनों में फर्क है। सदाचारी होना, 'जो है', उसको समझ लेने से संभव होता है जब कि सदाचारी बनना एक प्रकार का स्थगन है; उसमें हम जैसा होना चाहते हैं उससे 'जो है' को ढंक देते हैं। अतः सदाचारी बनने का मतलब हुआ कि आप 'जैसे हैं' उस पर प्रत्यक्ष क्रिया से बचना चाहते हैं। किसी आदर्श को पोषित कर 'जो है' उससे बचने की इस प्रक्रिया को सदाचार की संज्ञा दे दी जाती है, परंतु यदि आप इसे निकटता से एवं सीधे-सीधे देखें, तो आपको पता चलेगा कि उसमें सदाचार जैसा कुछ नहीं है। वह 'जो है' उसका सामना करने से बचना है, उसे टाल देना है। जो नहीं है वह बनना सदाचार नहीं होता; सदाचार का अर्थ है, 'जो है' उसे समझना और इस प्रकार उस 'जो है' से मुक्त हो जाना। ऐसे समाज में जो तीव्र गति से विघटित हो रहा है, सदाचार अत्यावश्यक है। एक नये विश्व के निर्माण के लिए, प्राचीन से भिन्न एक नवीन संरचना के निर्माण के लिए खोज करने की स्वतंत्रता अनिवार्य है और स्वतंत्र होने के लिए सदाचार अनिवार्य है, क्योंकि बिना सदाचार के मुक्त होना

संभव नहीं है। क्या कोई दुराचारी जो कि सदाचारी बनने की कोशिश में लगा है, कभी भी यह जान सकता है कि सदाचार क्या है? जो व्यक्ति नैतिक नहीं है वह कभी भी स्वतंत्र नहीं हो सकता और इसलिए वह कभी भी यथार्थ को नहीं जान सकता। यथार्थ को तभी पाया जा सकता है जब हम 'जो है' उसे समझ लें, और 'जो है' उसे समझने के लिए स्वतंत्रता, यानी 'जो है' के डर से मुक्ति ज़रूरी है।

इस प्रक्रिया को समझने के लिए 'जो है' उसको जानने की मंशा होनी आवश्यक है, प्रत्येक विचार, भावना और क्रिया को समझना आवश्यक है। लेकिन 'जो है' उसे समझना अत्यधिक कठिन है, क्योंकि वह स्थिर, गतिहीन कभी नहीं रहता, वह सदा ही गतिशील होता है। 'जो है', आप वही हैं, न कि जो कुछ आप बनना चाहते हैं; वह कोई आदर्श नहीं है, क्योंकि आदर्श कल्पित, मनगढ़ंत होता है; वास्तविकता वही है जो आप हर क्षण कर रहे हैं, सोच रहे हैं, महसूस कर रहे हैं। 'जो है', वह वास्तविक है और उसे समझने के लिए सजगता की, सतर्कता की और एक तीव्रग्राही मन की आवश्यकता होती है। लेकिन यदि हम 'जो है' उसकी निंदा करना, उस पर दोषारोपण करना या उसका प्रतिरोध करना शुरू कर दें, तो हम उसकी गति को नहीं समझ पाएंगे। यदि मैं किसी व्यक्ति को समझना चाहता हूं तो उसके प्रति विरोध का भाव नहीं रख सकता; मुझे उसका निरीक्षण करना होगा, अध्ययन करना होगा। जिसका मैं अध्ययन कर रहा हूं, उससे प्रेम होना ज़रूरी है। यदि आप किसी बच्चे को समझना चाहते हैं, तो उससे आपको प्रेम करना होगा, न कि उसकी आलोचना। आपको उसके साथ खेलना होगा, उसकी चाल-ढाल का, उसकी स्वभावगत खूबियों का, उसके व्यवहार का अध्ययन करना होगा। लेकिन यदि आप केवल निंदा ही करें, उसका प्रतिरोध करें या उस पर दोष लगाएं तो आप उस बच्चे को नहीं समझ सकेंगे। इसी प्रकार 'जो है' उसे समझने के लिए व्यक्ति को यह देखना चाहिए कि वह क्षण-प्रतिक्षण क्या सोचता है, क्या अनुभव करता है और क्या क्रिया करता है; यही तो वास्तविकता है। कोई भी और कार्य, कोई भी आदर्श या आदर्शप्रेरित कार्य, वास्तविक नहीं होता; वह केवल एक चाह है, 'जो है' उससे अलग होने की एक झूठी अभिलाषा।

'जो है' उसे समझने के लिए मन की एक ऐसी अवस्था की ज़रूरत होती है जिसमें न तो कोई तादात्म्य हो और न ही तिरस्कार; जिसका अर्थ है एक ऐसा मन जो सतर्क है किंतु निष्क्रिय है। मन की उस स्थिति में हम तब होते हैं जब हम सचमुच कुछ समझना चाहते हैं; जब गहरी दिलचस्पी होती है, तभी मन की यह स्थिति होती है। 'जो है' उसको, यानी मन की वास्तविक स्थिति को समझने में जब किसी की दिलचस्पी हो, तो उसे किसी दबाव, अनुशासन या नियंत्रण की ज़रूरत नहीं होती; इसके विपरीत उस समय एक निष्क्रिय सतर्कता, एक जागरूकता होती है। सजगता की यह अवस्था तभी आती है जब गहरी दिलचस्पी होती है, जब समझने की मंशा होती है।

अपने आपको मौलिक रूप से समझना ज्ञान या अनुभवों के संचय से नहीं होता, वह तो केवल स्मृति का संवर्धन है। अपने आपको समझना तो क्षण-प्रतिक्षण होता है; यदि हम स्व के विषय में केवल ज्ञान संचित करें, तो वही ज्ञान बोध में बाधक बनेगा,

क्योंकि संचित ज्ञान और अनुभव एक केंद्र बन जाता है, ऐसा केंद्र जिसके माध्यम से विचार घनीभूत होता है और उसी में उसका अस्तित्व होता है। विश्व हमसे और हमारी क्रियाओं से भिन्न नहीं है, क्योंकि हम जैसे हैं ऐसा होना ही विश्व की समस्याओं को जन्म देता है। हममें से अधिकांश की कठिनाई यह है कि हम सीधे तौर पर स्वयं को नहीं जानते, और हम किसी ऐसी प्रणाली, ऐसी पद्धति, ऐसे तरीके को खोजते रहते हैं जिसके ज़रिये हमें तमाम मानवीय समस्याओं से निजात मिल जाये।

अब क्या स्वयं को जानने का कोई उपाय, कोई विधि है? कोई भी चतुर व्यक्ति या कोई भी दार्शनिक किसी विधि या पद्धति का आविष्कार कर सकता है, लेकिन यह भी तय है कि उस विधि के अनुसरण का परिणाम भी उसी विचार-प्रणाली के दायरे में होगा, है कि नहीं? यदि मैं अपने आपको जानने की किसी विशेष पद्धति का अनुसरण करूं तो मुझे वही परिणाम प्राप्त होगा जो उस पद्धति में सन्निहित है; और स्पष्ट है कि वह परिणाम मेरा स्वयं को समझना नहीं है। इसका अर्थ है कि अपने को समझने के लिए किसी पद्धति को अपनाकर मैं एक प्रारूप के अनुसार अपनी सोच को, अपनी क्रियाओं को ढालता हूं, लेकिन किसी ढांचे को अपनाना, खुद को समझना नहीं है।

अतः अपने आपको जानने की कोई पद्धति नहीं है। किसी पद्धति को खोजने का सिर्फ एक ही अर्थ है कि हम किसी परिणाम को हासिल करना चाहते हैं; और वही तो हम सभी को चाहिए। हम किसी सत्ता-प्रामाण्य का अनुसरण करते हैं—यदि यह किसी व्यक्ति का नहीं है तो किसी पद्धति या विचारधारा का हो सकता है, क्योंकि हम कोई ऐसा परिणाम चाहते हैं जो संतोषजनक हो और हमें सुरक्षा दे सके। हम वास्तव में अपने को, अपने आवेगों एवं अपनी प्रतिक्रिया को, अपने सोचने की समस्त प्रक्रियाओं को, चाहे वे चेतन हों अथवा अचेतन, समझना नहीं चाहते, बल्कि हम उस प्रणाली का अनुसरण करना पसंद करते हैं जो हमें किसी परिणाम का आश्वासन दे सके। परंतु किसी विधि का अनुसरण निश्चित तौर पर सुरक्षा एवं निश्चितता को पाने की हमारी अभिलाषा का परिणाम है, और स्पष्ट है कि कोई भी परिणाम स्वयं की समझ नहीं है। जब हम किसी पद्धति का अनुसरण करते हैं, तो हमें आप्त व्यक्ति, आचार्य, गुरु, उद्धारक, महात्मा की आवश्यकता पड़ती है जो हमें हमारी इच्छा के अनुकूल आश्वासन दे सके; और निस्संदेह यह स्वबोध का मार्ग नहीं है।

सत्ता या प्रामाण्य हमें स्वयं को समझने से रोकते हैं। क्या ऐसा नहीं है? या फिर किसी मार्गदर्शक की शरण में जाने से आपको अस्थायी रूप से सुरक्षा का, अपने कल्याण का बोध हो सकता है, लेकिन यह स्वयं की समूची प्रक्रिया को समझना नहीं है। प्रामाण्य का स्वरूप ही ऐसा है कि वह आपको अपने प्रति पूर्णतया सचेत नहीं होने देता और इस प्रकार अंततः स्वतंत्रता छीन लेता है, और सर्जनशीलता तो केवल स्वतंत्रता में ही संभव है। सर्जनशीलता केवल स्वबोध से ही आ सकती है। हममें से अधिकांश लोग सर्जनशील नहीं हैं; हम दोहराने वाली मशीनें हैं, केवल ग्रामोफोन के रेकॉर्ड, जो बार-बार अपने या दूसरों के किन्हीं अनुभवों, निष्कर्षों या स्मृतियों के गीत गाते हैं। दोहराना सर्जनशील

होना नहीं है, पर हम दोहराते रहना चाहते हैं। चूंकि हम भीतर से सुरक्षित होना चाहते हैं, हम निरंतर इस सुरक्षा के लिए पद्धतियों और विधियों की खोज में लगे रहते हैं और इस प्रकार हम किसी सत्ता या प्रामाण्य को स्थापित कर लेते हैं, किसी दूसरे की पूजा करने लगते हैं। इससे समझ और सूझ-बूझ, मन की वह सहज शांति नष्ट हो जाती है जो सर्जनशील अवस्था के लिए अपरिहार्य है।

निस्संदेह हमारी कठिनाई यही है कि हममें से अधिकांश व्यक्तियों ने सर्जनशीलता के इस बोध को खो दिया है। सर्जनशील होने का यह अर्थ नहीं है कि हम चित्रकारी करें, कविताएं लिखें और प्रसिद्ध हो जायें। यह सर्जनशीलता नहीं है; यह केवल किसी विचार को अभिव्यक्त करने की क्षमता है जिसकी लोग प्रशंसा करते हैं या उपेक्षा करते हैं। अभिव्यक्ति की क्षमता और सर्जनशीलता दो अलग बातें हैं। वैसी क्षमता सर्जनशीलता नहीं है। सर्जनशीलता पूर्णतया एक दूसरी ही अवस्था है, नहीं? यह ऐसी अवस्था है जिसमें स्व मौजूद नहीं रहता, जिसमें मन हमारे अनुभवों, हमारी महत्त्वाकांक्षाओं, हमारी दौड़ और हमारी इच्छाओं का केंद्र नहीं बना रहता। सर्जनशीलता कोई निरंतरता की अवस्था नहीं है, यह क्षण-प्रतिक्षण नवीन होती है, यह एक ऐसी गति है, जिसमें 'मैं', 'मेरा', कुछ नहीं रहता, जिसमें विचार किसी विशेष अनुभव, महत्त्वाकांक्षा, उपलब्धि, प्रयोजन और अभिप्राय पर केंद्रित नहीं रहता। सर्जनशीलता केवल वहीं होती है, जहां स्व का अभाव है, और यही वह अवस्था है जिसमें वह यथार्थ संभव होता है जो सभी वस्तुओं का सर्जक है। परंतु इस अवस्था की न तो कल्पना ही की जा सकती है और न ही अवधारणा बनायी जा सकती है। इसे न तो सूत्रों में बांधा जा सकता है और न इसका अनुकरण किया जा सकता है; इसे किसी भी विधि, दर्शन या अनुशासन के द्वारा नहीं पाया जा सकता; यह अवस्था तभी संभव होती है जब हम अपने स्व की समूची प्रक्रिया को समझ लेते हैं।

स्वयं को समझना कोई परिणाम, कोई चरम अवस्था नहीं है; वह है प्रतिक्षण स्वयं को पारस्परिक संबंध के दर्पण में देखना—संपत्ति से, वस्तुओं से, व्यक्तियों से, और विचारों से अपने संबंध के दर्पण में। लेकिन इतना सतर्क होना, इतना सचेत होना हमें दुष्कर लगता है और हम किसी पद्धति को अपनाकर, सत्ता या प्रामाण्य को, अंधविश्वासों तथा तुष्ट करने वाले सिद्धांतों को स्वीकार कर, अपने मन को मंद बना लेना पसंद करते हैं, इसलिए हमारा मन क्लांत, क्षीण और असंवेदनशील हो जाता है; ऐसा मन सर्जनशीलता की अवस्था में नहीं हो सकता। सर्जनशीलता की यह अवस्था तभी आती है जब कि स्व जो कि पहचानने और संचित करते जाने की प्रक्रिया है, लुप्त हो जाता है; क्योंकि अंततः 'मैं' के रूप में चेतना ही पहचानने का केंद्र है; और पहचान लेना अनुभव के संचय की प्रक्रिया भर है। लेकिन हम सब कुछ-न होने से भयभीत हैं क्योंकि हम सभी कुछ बनना चाहते हैं। छोटा आदमी बड़ा आदमी होना चाहता है, दुर्गुणी सद्गुणी होना चाहता है, दुर्बल और निस्तेज व्यक्ति शक्ति, पद और अधिकार की लालसा रखता है। यह मन की एक अनवरत क्रिया है। ऐसा मन कभी शांत नहीं हो सकता और इसलिए वह कभी भी सर्जनशीलता की अवस्था को नहीं समझ सकता।

अपने चारों ओर के विश्व को बदलने के लिए, जिसमें दुर्दशा, युद्ध, बेकारी, भूख, वर्ग-विभाजन और अत्यधिक भ्रांति है, हमारे अंदर आमूल परिवर्तन होना आवश्यक है। क्रांति की शुरुआत हमारे भीतर ही होनी है, लेकिन किसी विश्वास या विचारधारा के अनुसार नहीं, क्योंकि वह क्रांति जो किसी विचारधारा पर आधारित है या किसी विशेष प्रारूप का अनुसरण है, वास्तव में क्रांति है ही नहीं। स्वयं में एक आमूल क्रांति लाने के लिए हमें संबंधों के बीच अपने विचारों तथा भावनाओं की समस्त प्रक्रिया को समझना होगा। हमारी सभी समस्याओं का केवल यही समाधान है, न कि और अधिक अनुशासन, और अधिक विश्वासों, और अधिक विचारधाराओं और भावनाओं और गुरुओं का सहारा लेना। स्वयं को संचय की प्रक्रिया के बिना, ज्यों-का-त्यों, क्षण-प्रतिक्षण समझने के साथ एक ऐसी शांति, एक ऐसा ठहराव आता है जो मन की उपज नहीं है, एक ऐसी शांति जो न तो कल्पित है और न ही जिसका संवर्धन किया जा सकता है; शांति की उस अवस्था में ही सर्जनशीलता संभव है।

कर्म और अवधारणा

मैं कर्म के प्रश्न पर चर्चा करना चाहूंगा। शुरू में यह कुछ जटिल और दुष्कर लग सकता है, लेकिन मुझे उम्मीद है कि इस पर गहराई से विचार कर, हम ठीक-ठीक इसे देख सकेंगे, क्योंकि हमारा सारा अस्तित्व, हमारा सारा जीवन कर्म की ही प्रक्रिया है।

हममें से ज़्यादातर व्यक्ति कर्मों की एक श्रृंखला के बीच जीते हैं और वे कर्म कहीं से भी आपस में जुड़े हुए या संबंधित नहीं लगते और इसलिए विघटन व कुंठा की ओर ले जाते हैं। यह एक ऐसा प्रश्न है जिसका हममें से प्रत्येक के साथ संबंध है, क्योंकि हम कर्म से ही जीवित रहते हैं और बिना कर्म के न तो कोई जीवन है, न कोई अनुभव और न कोई चिंतन। विचार कर्म है, और चेतना के किसी एक ही विशेष स्तर पर, यानी बाहरी स्तर पर कर्म का अनुशीलन करना अर्थात् स्वयं कर्म की संपूर्ण प्रक्रिया को बिना समझे बाह्य कर्म में उलझे रहना अनिवार्यतः हमें कुंठा एवं दुःख की ओर ले जायेगा।

हमारा जीवन कर्मों की श्रृंखला है, या ऐसा कहें कि चेतना के विभिन्न स्तरों पर कर्म की प्रक्रिया है। चेतना का अर्थ है अनुभव करना, नामांकित करना और स्मृति के रूप में लेखा-जोखा रखना। तात्पर्य यह है कि चेतना चुनौती और उसका प्रत्युत्तर है अर्थात् अनुभूति है, फिर नामकरण या शब्दीकरण और तब स्मृति के रूप में अभिलेखन, संचय। यह सिलसिला ही कर्म है। क्या ऐसा नहीं है? चेतना कर्म है, और बिना चुनौती एवं प्रत्युत्तर के, बिना अनुभव, नामकरण या शब्दीकरण के, बिना अभिलेखन के जो कि स्मृति है, कोई कर्म संभव नहीं है।

कर्म कर्ता को निर्मित करता है। तात्पर्य यह कि कर्ता का अस्तित्व तभी होता है जब कर्म के सामने कोई परिणाम, कोई लक्ष्य हो। यदि कर्म में परिणाम का कोई सरोकार न हो तो कर्ता भी नहीं होगा; लेकिन यदि कोई लक्ष्य या परिणाम सामने है तो कर्म कर्ता को निर्मित कर देगा। इस तरह कर्ता, कर्म और लक्ष्य या परिणाम एक ही प्रक्रिया है, जो तभी अस्तित्व में आती है जब कर्म का कोई दृष्टिगत लक्ष्य होता है। किसी परिणाम के लिए कर्म करना ही संकल्प है, अन्यथा संकल्प का प्रश्न ही कहां है? किसी लक्ष्य को पाने की इच्छा संकल्प है, और यही कर्ता है, यानी मैं कुछ हासिल करना चाहता हूं, मैं किताबें लिखना चाहता हूं, मैं धनी होना चाहता हूं या चित्रकार बनना चाहता हूं।

हम इन तीनों स्थितियों से, यानी कर्ता, कर्म और लक्ष्य से परिचित हैं। यही हमारा नित्य-प्रति का जीवन है। 'जो है', मैं उसकी ही बात कर रहा हूं; लेकिन 'जो है' उसे कैसे बदला जाये, यह हमारी समझ में तभी आएगा जब हम उसकी बारीकी से पड़ताल करेंगे, ताकि उस बारे में कोई भ्रम, पूर्वाग्रह या पक्षपात न रह जाये। अब ये तीन स्थितियां कर्ता, कर्म और परिणाम—जिनसे हमारा अनुभव निर्मित होता है, निस्संदेह कुछ बनने की प्रक्रिया है। अन्यथा बनने जैसा कुछ नहीं होता, या होता है? यदि कोई कर्ता न हो और किसी लक्ष्य के लिए कोई कर्म न हो, तो कुछ बनना नहीं हो सकता, लेकिन जो जीवन हम जीते हैं, हमारा नित्य-प्रति का जीवन, कुछ बनने की ही प्रक्रिया होता है। मैं निर्धन हूं और धनी होने का लक्ष्य रखकर अपने क्रियाकलाप करता हूं। मैं कुरूप हूं और मैं सुंदर बनना चाहता हूं। इसलिए मेरा जीवन कुछ बनते रहने की प्रक्रिया है। चेतना के अलग-अलग स्तरों पर, अलग-अलग अवस्थाओं में, जहां चुनौतियां हैं, प्रत्युत्तर हैं, नामांकन व अभिलेखन की क्रियाएं हैं, वहां जीवित रहने की चाह कुछ बनने की चाह से भिन्न नहीं है। ओर इस बनने में संघर्ष है, पीड़ा है, क्या ऐसा नहीं है? यह एक अनवरत संघर्ष है : मैं यह हूं, और मैं वह बन जाना चाहता हूं।

इसलिए समस्या यह है कि क्या इस बनने की प्रक्रिया के बिना भी कर्म संभव है? क्या बिना इस पीड़ा के, बिना इस सतत संघर्ष के कर्म नहीं हो सकता? यदि कोई लक्ष्य नहीं है तो कर्ता भी नहीं है, क्योंकि लक्ष्य के साथ कर्ता भी आ जाता है। अतः बिना किसी लक्ष्य के, और इस प्रकार बिना किसी कर्ता के, क्या कोई कर्म हो सकता है—यानी किसी भी परिणाम की इच्छा के बिना? ऐसा कर्म कुछ बनना नहीं होगा और इसीलिए वह किसी प्रकार का संघर्ष नहीं होगा। अनुभवकर्ता और अनुभव के बिना भी कर्म की, अनुभूति की स्थिति होती है। यह बात दार्शनिक लग सकती है, लेकिन वास्तव में है बड़ी सरल।

अनुभव करने के क्षणों में आपको अनुभव से अलग किसी अनुभवकर्ता का बोध नहीं होता; वहां आप बस अनुभव करने की अवस्था में होते हैं। एक बड़ा सरल उदाहरण लीजिए : आप क्रोध में हैं; क्रोध के उस क्षण में न तो अनुभवकर्ता है न अनुभव, केवल अनुभूति है, बस अनुभव करना है। लेकिन जैसे ही उस क्षण से आप बाहर आते हैं, अर्थात् अनुभव करने के तुरंत बाद, तो अनुभवकर्ता भी होता है और अनुभव भी, कर्ता भी होता है और फल की अभिलाषा से किया गया कर्म भी। इसका मतलब है, क्रोध को आप दबाना चाहेंगे या उससे छुटकारा पाना चाहेंगे। हम इस अवस्था में, अनुभूति की इस स्थिति में बार-बार लौटते हैं, लेकिन हर बार हम उससे बाहर चले आते हैं, और उसे कोई शब्द, कोई नाम देकर स्मृति में बिठा लेते हैं, और इस प्रकार कुछ बनना जारी रखते हैं।

यदि हम कर्म को उस शब्द के मूलभूत अर्थ में समझ पाएं, तो यह गहरी समझ हमारी सतही क्रियाओं को भी प्रभावित करेगी, लेकिन पहले हमारे लिए कर्म की मूलभूत प्रकृति को समझना आवश्यक है। तो क्या कर्म किसी मत या अवधारणा के द्वारा, विचार

के द्वारा पैदा होता है? क्या आपको विचार पहले आता है और तब क्रिया होती है; अथवा कर्म पहले होता है और चूंकि वह द्वंद्व ले आता है, आप उसके इर्द-गिर्द एक विचार बना लेते हैं? क्या कर्म कर्ता को निर्मित करता है या कर्ता पहले आता है?

यह समझना बड़ा आवश्यक है कि इनमें से कौन पहले आता है। यदि विचार पहले होता है, तो कर्म उस विचार का अनुसरण भर होता है और इसीलिए वह कर्म नहीं होता बल्कि अनुकरण, विचार का प्रभाव होता है। इस बात का समझ में आना बड़ा ज़रूरी है। चूंकि हमारा समाज मुख्यतः बौद्धिक या शाब्दिक स्तर पर रचित है, हम सभी में विचार ही पहले आता है और तब कर्म उसका अनुगमन करता है। उस अवस्था में कर्म किसी विचार का सेवक रह जाता है, और निश्चित ही केवल विचारों, अवधारणाओं को रचते रहना कर्म के लिए हानिकारक होता है। विचार दूसरे विचारों को जन्म देता है और जब केवल विचारों का ही जन्म होता है, तो मतभेद उत्पन्न होता है और समाज उद्भावना, विचारणा की बौद्धिक प्रक्रिया के कारण असंतुलित हो जाता है। हमारी सामाजिक संरचना अत्यधिक बौद्धिक है। अपने अस्तित्व के बाकी सभी पक्षों की कीमत पर हम बुद्धि का संवर्धन कर रहे हैं और इसलिए विचारों से हमारा दम घुट रहा है।

क्या अवधारणाएं कभी कर्म को उत्पन्न कर सकती हैं अथवा वे केवल विचार-क्रिया को ही किसी सांचे में ढालती हैं और इस प्रकार हमारे कर्म को सीमित करती हैं? किसी अवधारणा के दबाव में किया गया कर्म मनुष्य को कभी भी मुक्त नहीं कर सकता। इस बात को समझना हमारे लिए असाधारण रूप से महत्त्वपूर्ण है। यदि विचार कर्म को स्वरूप प्रदान करता है तो कर्म कभी भी हमारे कष्टों का समाधान नहीं कर सकता, क्योंकि कर्म से पहले हमें यह समझना होगा कि विचार का जन्म कैसे होता है। विचार समाजवादियों के हों, पूंजीवादियों के हों, साम्यवादियों के हों अथवा विभिन्न धर्म-सम्प्रदायों के, उद्भावना का, अवधारणाओं के निर्माण का अन्वेषण करना सर्वाधिक महत्त्वपूर्ण है, विशेष रूप से ऐसे समय में जब हमारा समाज एक कगार पर खड़ा है, एक और संकट को, एक और विनाश को निमंत्रण देता हुआ। जो कोई भी हमारी अनगिनत समस्याओं के मानवीय समाधान की खोज के लिए वास्तव में गंभीर है, उसे विचारणा की इस समूची प्रक्रिया को सबसे पहले समझना होगा।

अवधारणा से हमारा क्या तात्पर्य है? कोई अवधारणा अस्तित्व में कैसे आती है? और क्या अवधारणा और कर्म को एक साथ लाया जा सकता है? मान लीजिए मेरे पास एक अवधारणा, एक विचार है और मैं उसे कार्यान्वित करना चाहता हूं। मैं उस विचार को कार्यान्वित करने की पद्धति खोजता हूं। कैसे इस विचार को साकार किया जाये, इसके लिए हम उधेड़-बुन और बहसबाजी करने में समय व ऊर्जा की बरबादी करते रहते हैं। इस प्रकार वास्तव में यह जानना बड़ा महत्त्वपूर्ण है कि धारणाएं कैसे जन्म लेती हैं; इनकी वास्तविकता को जान लेने के बाद हम कर्म के प्रश्न पर चर्चा कर सकते हैं। धारणाओं पर चर्चा किए बिना बस यह जान लेना कि कर्म कैसे किया जाये, कोई मायने नहीं रखता है।

अब प्रश्न यह उठता है कि आपमें धारणा कैसे जन्म लेती है। कोई भी सामान्य

धारणा, यह आवश्यक नहीं कि वह दार्शनिक, धार्मिक या आर्थिक ही हो। यह विचार की ही प्रक्रिया नहीं तो क्या है? धारणा विचार-प्रक्रिया का परिणाम है। बिना विचार-प्रक्रिया के धारणा हो ही नहीं सकती। इसलिए मुझे इस विचार-प्रक्रिया को ही समझना होगा और तभी मैं उसके परिणाम अर्थात् धारणा को समझ सकता हूं। विचार से हमारा तात्पर्य क्या है? आप कब विचार करते हैं? निस्संदेह विचार एक प्रतिक्रिया का परिणाम है, वह प्रतिक्रिया चाहे स्नायविक हो या मनोवैज्ञानिक। वह या तो इंद्रियों द्वारा किसी विषय के प्रति की गई त्वरित अनुक्रिया है या वह मनोवैज्ञानिक है, अर्थात् हमारी संचित स्मृति की प्रतिक्रिया। किसी विषय के प्रति स्नायुओं की अनुक्रिया त्वरित होती है और इसके अतिरिक्त मनोवैज्ञानिक अनुक्रिया होती है जो संचित स्मृति का परिणाम है, उसके पीछे किसी जाति, समूह, गुरु, परिवार, परंपरा आदि का प्रभाव होता है, इसी सबको आप विचार कहते हैं। अतः विचार क्या स्मृति का ही प्रत्युत्तर नहीं है? यदि आपके पास स्मृति न होती तो विचार भी न होते; किसी अनुभव के प्रति स्मृति का प्रत्युत्तर ही विचार-प्रक्रिया को कार्यरत करता है। मान लीजिए, उदाहरण के लिए, मैं अपने को हिंदू कहता हूं और मेरे पास राष्ट्रवाद की संचित स्मृतियां हैं। विगत अनुक्रियाओं, कर्मों, निष्कर्षों, परंपराओं, रीति-रिवाजों की स्मृतियों का यह भंडार किसी मुसलमान, बौद्ध या ईसाई की चुनौती का प्रत्युत्तर देता है; इस चुनौती के प्रति स्मृति का यह प्रत्युत्तर अनिवार्यतः विचार-प्रक्रिया को जन्म देता है। अपने अंदर कार्यरत इस विचार-प्रक्रिया को आप सावधानी से देखेंगे, तो इसकी सच्चाई की परख अपने आप हो जायेगी। किसी ने आपका अपमान किया है, और वह आपकी स्मृति में रहता है; वह आपकी पृष्ठभूमि का अंश बन जाता है। जब आप उस व्यक्ति से मिलते हैं, जो कि एक चुनौती है, तो उस अपमान की स्मृति ही आपका प्रत्युत्तर होती है। इस प्रकार स्मृति का यह प्रत्युत्तर जो कि विचार-प्रक्रिया है, धारणा को जन्म देता है; अतः धारणा सदा संस्कारबद्ध होती है और यह समझ लेना आवश्यक है। इसका अर्थ यह हुआ कि धारणा विचार-प्रक्रिया का परिणाम है, विचार-प्रक्रिया स्मृति का प्रत्युत्तर है, और स्मृति सदा संस्कारबद्ध होती है। स्मृति सदा अतीत की ही होती है और कोई भी चुनौती उस स्मृति को वर्तमान में नये सिरे से जीवित कर देती है। स्मृति का अपना कोई जीवन नहीं होता। जब कोई चुनौती सामने खड़ी होती है तब वर्तमान में वह ज़िंदा हो जाती है और समस्त स्मृति, वह सुषुप्त हो या सक्रिय, संस्कारों में जकड़ी होती है, क्या ऐसा नहीं होता?

इसलिए एक बिलकुल ही अलग दृष्टिकोण का होना ज़रूरी है। आपको अपने अंतर में स्वयं यह पता लगाना होगा कि क्या आप विचार के आधार पर कर्म कर रहे हैं या कर्म बिना विचार-प्रक्रिया के भी हो सकता है। आइए हम इसका पता लगाएं कि यह क्या है : ऐसा कर्म जो किसी धारणा पर आधारित नहीं है।

आप कब बिना धारणा बनाए कर्म करते हैं। ऐसा कर्म कब होता है जो अनुभव का परिणाम नहीं है? जैसा कि हमने कहा, अनुभव पर आधारित कर्म सीमित करने वाला होता है और इसलिए बाधा बनता है। कर्म जब अवधारणा, विचार की उपज नहीं होता

है, तब वह स्वाभाविक होता है; और तब अनुभव पर आधारित विचार-प्रक्रिया कर्म को नियंत्रित नहीं करती। इसका अर्थ है कि कर्म अनुभव से स्वतंत्र तभी होता है जब वह मन के नियंत्रण से मुक्त होता है। बोध केवल इसी अवस्था में होता है : जब अनुभव पर आधारित मन कर्म का निर्देशन नहीं करता, अर्थात् जब अनुभव पर आधारित विचार कर्म को आकार नहीं देता। विचार-प्रक्रिया न हो, तो कर्म क्या है? बिना विचार-प्रक्रिया के क्या कर्म संभव है? अर्थात् मैं एक पुल, एक मकान, बनाना चाहता हूं, मैं उसकी तकनीक जानता हूं और वह तकनीक मुझे बताती है कि मैं उसे कैसे बनाऊं। उसे ही हम कर्म कहते हैं। कविता लिखना, चित्र बनाना, राजकीय एवं सामाजिक दायित्व निभाना, समाज और परिवेश के लिए जो उचित हो वह करना, ये सभी कर्म हैं। ये सभी किसी ऐसी अवधारणा या अतीत के अनुभव पर आधारित हैं जो कर्म को स्वरूप प्रदान करते हैं। परंतु क्या उस स्थिति में भी कर्म हो सकता है जब कोई उद्भावना, विचारणा नहीं होती?

निस्संदेह जब विचार का अंत हो जाता है तब ऐसा कर्म संभव होता है; और विचार का अंत तब होता है जब प्रेम है। प्रेम स्मृति नहीं है। प्रेम अनुभव नहीं है। जिससे प्रेम किया जाये उसके बारे में सोचना प्रेम नहीं है, क्योंकि तब वह विचार मात्र है। आप प्रेम के विषय में *विचार* नहीं कर सकते। आप उस व्यक्ति के विषय में विचार कर सकते हैं जिससे आप प्रेम करते हैं या जिसके प्रति आपकी निष्ठा है—अपने गुरु, अपने आदर्श, अपनी पत्नी, अपने पति के प्रति; परंतु विचार, प्रतीक वह यथार्थ नहीं है, जो प्रेम है। अतः प्रेम अनुभव नहीं है।

जब प्रेम है तो कर्म है, नहीं? और क्या ऐसा कर्म मुक्ति देने वाला नहीं होता? वह कर्म मानसिक क्रिया का परिणाम नहीं है। विचार और कर्म के बीच में तो खाई होती है, परंतु वैसी खाई प्रेम और कर्म के बीच नहीं होती है। प्रेम और कर्म के बीच ऐसा कोई फासला नहीं होता जो विचार और कर्म के बीच होता है। अवधारणा सदा अतीत की होती है; वर्तमान पर वह अपनी छाया डालती है और हम सदा कर्म और अवधारणा के बीच की खाई पर पुल बांधने का प्रयत्न करते रहते हैं। जब प्रेम होता है—जो मानसिक भाव नहीं है, विचारणा नहीं है, स्मृति नहीं है, किसी अनुभव अथवा किसी अभ्यस्त अनुशासन का परिणाम नहीं है—तो वह प्रेम स्वयं ही कर्म है। और केवल वही मुक्त करता है। जब तक मन की गतिविधि जारी है, जब तक अनुभव से निर्मित अवधारणा कर्म को आकार देती है, तब तक मुक्ति संभव नहीं; और जब तक वह प्रक्रिया बनी रहती है, समस्त कर्म सीमित हैं। इस सत्य को जान लेने पर ही उस प्रेम का स्वरूप अभिव्यक्त होता है जो मानसिक प्रक्रिया नहीं है और न जिसके बारे में आप विचार ही कर सकते हैं।

विचार कैसे उत्पन्न होते हैं, कर्म कैसे विचारों से उत्पन्न होते हैं एवं कैसे इंद्रियानुभव के सहारे विचार कर्म पर नियंत्रण रखते हैं और फलस्वरूप उसे सीमा में आबद्ध करते हैं—इस समस्त प्रक्रिया के प्रति सचेत होना हमारे लिए आवश्यक है। इससे फर्क नहीं पड़ता कि वे विचार *किसके* हैं, वामपंथियों के या दक्षिणपंथियों के। जब तक हम

अवधारणाओं से चिपके रहते हैं, हम ऐसी हालत में होते हैं जिसमें किसी प्रकार की वास्तविक अनुभूति संभव ही नहीं है। उस समय हम केवल समय के क्षेत्र में जी रहे होते हैं; हम या तो अतीत में होते हैं या भविष्य में और ये दोनों हमें किसी-न-किसी प्रकार की उत्तेजना देते हैं। जब हमारा मन विचार से मुक्त होता है, केवल तभी वास्तविक अनुभूति संभव है।

अवधारणाएं सत्य नहीं हैं; और सत्य तो कुछ ऐसा है जिसका क्षण-प्रतिक्षण प्रत्यक्ष अनुभव करना होता है। वह कोई ऐसी अनुभूति नहीं जिसे आप *चाहें*—तब तो वह संवेदन मात्र होगा। जब हम विचारों की उस गठरी से मुक्त हो जाते हैं जो कि 'मैं' है, मन है, जो आंशिक या पूर्ण रूप से अपनी निरंतरता बनाए रखता है—केवल तभी, जब हम उसके परे जा पाते हैं, जब विचार बिलकुल शांत हो जाता है, अनुभव का खिलना घटित होता है। तभी हम जान पाते हैं कि सत्य क्या है।

विश्वास

विश्वास एवं ज्ञान का इच्छा से बड़ा घनिष्ठ संबंध है; और यदि हम इन दो विषयों को समझ सकें, तो संभवतः हम देख पाएंगे कि इच्छा कैसे कार्य करती है और उसकी जटिलताएं क्या हैं।

मुझे ऐसा लगता है कि विश्वास एक ऐसा विषय है जिसे हम एकदम अपना लेते हैं, और उस पर सवाल उठाने की बात ही मन में नहीं आती। मैं विश्वासों पर आक्रमण नहीं कर रहा हूं। हम केवल यही जानने का प्रयत्न कर रहे हैं कि हम किसी भी विश्वास को क्यों अपना लेते हैं, और यदि हम इसके कारण और प्रयोजन को समझ लें, तो संभवतः हम न केवल यह समझ पाएंगे कि हम ऐसा क्यों करते हैं, बल्कि साथ-ही-साथ इससे मुक्त भी हो जायेंगे। कोई भी देख सकता है कि कैसे राजनीतिक एवं धार्मिक विश्वास, राष्ट्रवादी एवं दूसरे प्रकार के विश्वास व्यक्तियों में फूट डालते हैं, कैसे द्वंद्व, भ्रांति एवं वैर-भाव पैदा करते हैं। यह बिलकुल स्पष्ट बात है, और फिर भी हम विश्वास को छोड़ने के लिए तैयार नहीं होते। हिंदू विश्वास, ईसाई विश्वास, बौद्ध विश्वास, और इसी प्रकार के अन्य सांप्रदायिक एवं राष्ट्रीय विश्वास हैं, अनेक राजनीतिक विचारधाराएं हैं, जो परस्पर संघर्षरत हैं तथा एक-दूसरे को अपनी तरफ खींचना चाहती हैं। यह बात एकदम साफ है कि विश्वास लोगों का विभाजन करता है, असहिष्णुता लाता है। तो क्या विश्वास के बिना जीना संभव है? इस प्रश्न का उत्तर हमें मिल सकता है, परंतु तभी जब हम स्वयं का, विश्वास के साथ अपने संबंध का अध्ययन करें। क्या हम इस विश्व में बिना किसी भी विश्वास या धारणा के जी सकते हैं विश्वासों में परिवर्तन करके नहीं, एक विश्वास की जगह दूसरे विश्वास को लाकर नहीं, बल्कि *समस्त* विश्वासों से पूर्णतया मुक्त होकर, ताकि प्रत्येक क्षण हम जीवन का नूतन ढंग से सामना कर सकें? आखिरकार सत्य तो यही है : हमारे अंदर यह क्षमता होनी चाहिए कि अतीत की संस्कारबद्ध प्रतिक्रियाओं के बिना, क्षण-प्रतिक्षण, प्रत्येक स्थिति का हम नये सिरे से सामना कर सकें ताकि अतीत की संचित संस्कारबद्धता हमारे और जो है के बीच अवरोध न बने।

यदि आप ध्यान दें, तो देखेंगे कि किसी विश्वास को अपनाने की इच्छा के पीछे एक कारण भय है। यदि हमारे पास कोई विश्वास न हो, तो हमारा क्या होगा? क्या

इस बात से हम सहम नहीं जायेंगे कि न जाने क्या होगा? यदि हमारे पास किसी विश्वास पर आधारित कर्म का कोई प्रारूप न हो, तो हम बिलकुल असहाय से हो जायेंगे। इससे कोई अंतर नहीं पड़ता कि यह विश्वास ईश्वर में है अथवा साम्यवाद में, समाजवाद में है अथवा साम्राज्यवाद में, अथवा किसी प्रकार के तंत्र-मंत्र में है या फिर किसी धार्मिक मताग्रह में, जिससे हम संस्कारित हैं। और विश्वास का यह स्वीकार क्या हमारे कुछ न होने के, खोखले होने के डर को छुपाने का ही प्रयास नहीं है? आखिर किसी प्याले का उपयोग तभी है जब वह खाली हो; ऐसा मन जो विश्वासों से, रूढ़ियों से, कथनों से, उद्धरणों से भरा हुआ है, वास्तव में सर्जनात्मकता से रहित मन है, वह केवल पुनरावृत्ति करने वाला, अनुकरण करने वाला मन है। हम भयभीत हैं और हम इस भय से बचना चाहते हैं। हम खालीपन से भयभीत हैं, अकेलेपन से भयभीत हैं, हमें गतिहीन, अवरुद्ध हो जाने का भय है; हम भयभीत हैं कि कहीं ऐसा न हो कि हम लक्ष्य प्राप्त न कर सकें, सफलता न पा सकें, उपलब्धि से वंचित रह जायें, कुछ हो न पाएं, कुछ बन न सकें—इन सबसे पलायन ही वह कारण है कि हम किसी भी विश्वास को एकदम और व्यग्रता से अपना लेते हैं। लेकिन क्या विश्वास की स्वीकृति से हम स्वयं को समझ पाते हैं? होता ठीक इसके विपरीत है। विश्वास, वह चाहे धार्मिक हो या राजनीतिक, निश्चय ही स्वयं को समझने में बाधक बनता है। वह एक ऐसे आवरण का कार्य करता है जिसमें से हम खुद को देखते हैं। तो क्या हम अपने को बिना विश्वासों के देख सकते हैं? यदि हम इन विश्वासों को हटा दें, तो क्या ऐसा कुछ रह जायेगा जो देखा जा सके? जब हमारे ऐसे कोई भी विश्वास न हों, जिनके साथ हमारे मन ने तादात्म्य कर रखा हो, तब इस तादात्म्य से मुक्त होकर ही मन खुद का, जैसा कि वह है अवलोकन कर सकता है—और तभी निस्संदेह अपने-आप को समझने की शुरुआत होती है।

विश्वास और ज्ञान की यह समस्या वास्तव में एक बड़ी दिलचस्प समस्या है। कितनी असाधारण भूमिका अदा करती है हमारे जीवन में यह समस्या! हमारे कितने सारे विश्वास हैं? निस्संदेह जितना अधिक कोई व्यक्ति बुद्धिवादी होता है, जितना अधिक सुसंस्कृत होता है, जितना अधिक आध्यात्मिक होता है, यदि आप मुझे इस शब्द का प्रयोग करने दें, उतनी ही कम उस व्यक्ति में समझने की क्षमता होती है। बर्बर व्यक्तियों के आज के आधुनिक जगत में भी अगणित अंधविश्वास हैं। जो अधिक विचारशील हैं, अधिक सजग हैं, अधिक सतर्क हैं, वे संभवतः कम विश्वासी होंगे। कारण यह है कि विश्वास बांधता है, अलग-थलग करता है, और हम देखते हैं कि आर्थिक और राजनीतिक दोनों ही स्तरों पर, सारे विश्व में यही हो रहा है। यही नहीं, तथाकथित आध्यात्मिक जगत की भी यही स्थिति है। आप विश्वास करते हैं कि ईश्वर है, और मान लीजिए कि मैं विश्वास करता हूं कि ईश्वर नहीं है; अथवा आप विश्वास करते हैं कि प्रत्येक वस्तु एवं प्रत्येक व्यक्ति पर राज्य का पूर्ण नियंत्रण होना चाहिए और मैं निजी स्वामित्व और उससे संबंधित सारी बातों पर विश्वास करता हूं; आप यह विश्वास करते हैं कि उद्धार करने वाला केवल एक ही है और उसके माध्यम से ही आप अपने लक्ष्य को प्राप्त कर सकते

हैं, और मैं ऐसा विश्वास नहीं करता। इस प्रकार आप और मैं अपने-अपने विश्वासों, मतों द्वारा अपने-अपने दावे का आग्रह कर रहे हैं। फिर भी हम दोनों प्रेम की, शांति की, मानव-एकता की, एक जीवन की चर्चा करते हैं। इस चर्चा का भला अर्थ ही क्या है, क्योंकि वास्तव में यह विश्वास ही तो अलगाव की प्रक्रिया है। आप ब्राह्मण हैं और मैं नहीं हूं, आप ईसाई हैं और मैं मुसलमान हूं, या कुछ और। आप भाईचारे की बात करते हैं और मैं भी उसी भ्रातृत्व की, प्रेम और शांति की बात करता हूं, वास्तविकता यह है कि हम एक दूसरे से अलग हो गये हैं, हम अपने आप को विभाजित करते जा रहे हैं। वह व्यक्ति जो शांति चाहता है, जो एक नवीन विश्व का, एक सुखी संसार का, निर्माण करना चाहता है, निस्संदेह किसी भी प्रकार के विश्वासों व मतों में उलझ कर अपने को पृथक् नहीं करेगा। क्या यह स्पष्ट है? हो सकता है कि यह शाब्दिक रूप से ही स्पष्ट हुआ हो, लेकिन यदि आप इसके महत्त्व को, इसके यथार्थ एवं सत्य को समझ लें, तो यह अपना कार्य करना शुरू कर देगा।

हम देखते हैं कि जहां कहीं भी इच्छा की प्रक्रिया कार्य करने लगती है, निश्चय ही वहीं विश्वास के माध्यम से पृथकता की प्रक्रिया शुरू हो जाती है; क्योंकि ज़ाहिर है कि आप विश्वास इसीलिए करते हैं कि आप आर्थिक रूप से, आध्यात्मिक रूप से और आंतरिक रूप से सुरक्षित हो सकें। मैं यहां उन लोगों की बात नहीं कर रहा, जो आर्थिक कारणों से विश्वास को स्वीकार करते हैं, क्योंकि उनका तो विकास ही इस प्रकार से हुआ है कि वे अपने व्यवसाय पर निर्भर रहें और इसलिए वे तब तक कैथोलिक या हिंदू, या इसी प्रकार कुछ और बने रहेंगे, जब तक उनके लिए कोई काम-धंधा सुरक्षित है। हम उन लोगों की भी यहां चर्चा नहीं कर रहे जो किसी विश्वास से इसीलिए चिपके रहते हैं कि उसमें उन्हें सुविधा है। हममें से अधिकांश के लिए भी संभवतः यही बात लागू होती है। सुविधा के लिए ही हम कुछ चीज़ों में विश्वास करते हैं। तो इन आर्थिक कारणों को एक ओर करके हमें इस बात की गहराई में जाना चाहिए। उन व्यक्तियों को ही लीजिए, जो किसी बात में, चाहे वह आर्थिक हो, सामाजिक हो या आध्यात्मिक, दृढ़तापूर्वक विश्वास करते हैं। इस विश्वास के पीछे क्या सुरक्षित होने की ही एक मनोवैज्ञानिक इच्छा काम नहीं कर रही? इसके अलावा हमेशा बने रहने की भी एक लालसा होती है। हम यहां इसकी चर्चा नहीं कर रहे कि निरंतरता है या नहीं; हम केवल विश्वास करने की सतत मानसिक प्रवृत्ति का, लालसा का ज़िक्र कर रहे हैं। शांति चाहने वाला व्यक्ति अर्थात् वह व्यक्ति जो वास्तव में मानव-अस्तित्व की समस्त प्रक्रिया को समझना चाहता है, किसी विश्वास से बंध नहीं सकता। वह सुरक्षा की खोज में लगी अपनी इच्छा से परिचित है। कृपया इसका विपरीत अर्थ न लें कि मैं अधार्मिक होने का उपदेश दे रहा हूं। मेरा वह तात्पर्य कदापि नहीं है। मेरा तात्पर्य यही है कि जब तक विश्वास के रूप में कार्य कर रही अपनी इच्छा की प्रक्रिया को हम नहीं समझ लेते, संघर्ष बना रहेगा, द्वंद्व बना रहेगा, दुःख बना रहेगा, और मनुष्य मनुष्य का विरोधी रहेगा; और यही हम नित्यप्रति देखते हैं। अतः यदि मैं समझता हूं, यदि मुझे इसका एहसास है कि यह प्रक्रिया ही विश्वास

का रूप ले लेती है, जो कि आंतरिक सुरक्षा की, तृष्णा की ही अभिव्यक्ति है, तो किस बात पर विश्वास करें यह मेरी समस्या नहीं होगी, बल्कि मेरी समस्या होगी, सुरक्षित होने की इस लालसा से मुक्त होना। क्या मन सुरक्षा की आकांक्षा से मुक्त हो सकता है? समस्या यही है, यह नहीं कि किस बात का विश्वास किया जाये और किस हद तक किया जाये। ये सब तो—अनिश्चितता से भरी इस दुनिया में कुछ तो निश्चित हो, इस उम्मीद की, मानसिक तौर पर सुरक्षित होने की अंदरूनी ललक की—अभिव्यक्तियां हैं।

क्या मन, चेतन मन, कोई व्यक्तित्व सुरक्षित होने की इस इच्छा से मुक्त हो सकता है? हम सुरक्षित होना चाहते हैं और इसलिए हमें अपनी जागीर की, अपनी सम्पत्ति की और अपने परिवार की सहायता लेने की आवश्यकता पड़ती है। हम आंतरिक रूप से ही नहीं, आध्यात्मिक रूप से भी सुरक्षित होना चाहते हैं। और इसके लिए हम विश्वास की दीवारें खड़ी करते हैं जो इस बात का संकेत है कि हमारे अंदर निश्चित हो पाने की तृष्णा है। क्या व्यक्तिगत तौर पर सुरक्षित होने की इस लालसा, इस तृष्णा से आप मुक्त हो सकते हैं, जो कि किसी चीज़ में विश्वास करने की इच्छा के रूप में अपने को अभिव्यक्त करती है? यदि हम उससे मुक्त नहीं हैं तो हम कलह का कारण बनते हैं, हम शांति के वाहक नहीं होते, हमारे हृदय में कोई प्रेम नहीं होता। विश्वास विनाश लाता है, यह नित्य-प्रति के जीवन में देखा जा सकता है। क्या मैं अपने आपको तब देख सकता हूं, जब मैं इच्छा की प्रक्रिया में जकड़ा हुआ हूं जो किसी विश्वास से चिपके रहने के रूप में प्रकट हो रही है? क्या मन स्वयं को विश्वास से मुक्त कर सकता है—सुरक्षित होने का कोई विकल्प लाकर नहीं, बल्कि पूर्णतया मुक्त? आप इसका उत्तर 'हां' या 'नहीं' में नहीं दे सकते, परंतु आप कोई उत्तर तब अवश्य दे सकते हैं जब आपकी मंशा विश्वास से मुक्त होने की हो। तब आप अनिवार्यतः उस जगह पर आ पहुंचते हैं जहां आप सुरक्षित होने की लालसा से मुक्त होने का उपाय खोजने लगते हैं। ज़ाहिर है कि अंदरूनी सुरक्षा जैसा कुछ होता नहीं है जिसे आप अपने विश्वास के चलते निरंतर बनाए रखना चाहते हैं। आप एक ऐसे ईश्वर में विश्वास करना चाहते हैं जो आपकी छोटी-मोटी बातों की सावधानी से देखभाल करता रहे और जो आपको बताता रहे कि आप किससे मिलें, आप क्या करें और कैसे करें। यह सोच ही अपरिपक्व और बचकानी है। आप सोचते हैं कि हमारे वे महान पिता हममें से प्रत्येक की देखभाल कर रहे हैं। यह केवल आपकी व्यक्तिगत इच्छा का प्रक्षेपण मात्र है। ज़ाहिर है कि सच यह नहीं है। सच तो एकदम भिन्न ही होगा।

हमारी दूसरी समस्या ज्ञान की है। क्या ज्ञान सत्य को समझने के लिए आवश्यक है? जब मैं कहता हूं ''मैं जानता हूं'', तो उसका निहितार्थ यही है कि जानकारी है। क्या ऐसा मन यथार्थ का पता लगाने और उसका अनुसंधान करने की क्षमता रखता है? और फिर हम जानते ही क्या हैं कि हमें उस पर गर्व हो? क्या जानते हैं हम? ले दे कर कुछ सूचनाएं ही तो; हम अपनी क्षमताओं, संस्कारों, स्मृतियों पर आधारित सूचनाओं और अनुभवों से भरे हुए हैं। जब आप कहते हैं, ''मैं जानता हूं'', तब आप क्या कहना चाहते हैं?

यह मानना कि आप जानते हैं या तो किसी तथ्य का, किसी सूचना का संज्ञान है, अथवा एक अनुभव है जो आपको कभी हुआ था। सूचना का निरंतर संचयन, ज्ञान के विभिन्न रूपों का उपार्जन, ये सभी ''मैं जानता हूं'' के ही अंग हैं; और जो कुछ आपने पढ़ा है, उसकी आप अपनी पृष्ठभूमि, अपनी इच्छा, अपने अनुभव के अनुसार व्याख्या करना आरंभ कर देते हैं। आपकी जानकारी और इच्छा की प्रक्रियाओं में कोई ज़्यादा अंतर नहीं है? अंतर केवल इतना ही है कि विश्वास के स्थान पर हम ज्ञान को रख देते हैं। ''मैं जानता हूं, मैंने अनुभव किया है, उसे नकारा नहीं जा सकता; यह मेरा अनुभव है, यह पूर्णतः विश्वसनीय है''—ये वक्तव्य उसी ज्ञान के सूचक हैं। लेकिन जब आप इसकी गहराई में जाते हैं, इसका विश्लेषण करते हैं, और सावधानी एवं बुद्धिमत्ता से अवलोकन करते हैं तो आपको पता चलेगा कि ''मैं जानता हूं'' का यह कथन एक और दीवार है जो आपको और मुझे अलग करती है। सुख और सुरक्षा की खोज में आप उस दीवार के पीछे शरण लेते हैं। इसलिए जितना अधिक मन पर ज्ञान का बोझ लदता जाता है, समझ की क्षमता उतनी ही कम होती जाती है।

पता नहीं आपने ज्ञान अर्जित करने की इस समस्या पर कभी विचार किया है या नहीं?—जैसे, क्या ज्ञान वास्तव में प्रेम करने में हमारी मदद करता है; क्या ज्ञान सच में उन लक्षणों से हमें मुक्त कर पाता है जो हमारे अंदर के संघर्ष का और अपने पड़ोसियों से हमारे संघर्ष का कारण बनते हैं; क्या ज्ञान वाकई मन को महत्त्वाकांक्षाओं से मुक्त कर सकता है? आखिरकार महत्त्वाकांक्षा एक ऐसा तत्त्व है जो संबंधों को नष्ट करता है और मनुष्यों को एक-दूसरे के खिलाफ खड़ा कर देता है। यदि हम आपस में शांति से जीना चाहते हैं तो निश्चय ही महत्त्वाकांक्षा को खत्म हो जाना होगा। केवल राजनीतिक, आर्थिक और सामाजिक महत्त्वाकांक्षा को ही नहीं, बल्कि इस सूक्ष्म और घातक महत्त्वाकांक्षा को भी जिसे आध्यात्मिक कहते हैं। क्या मन के लिए कभी ज्ञान के संचयन की इस प्रक्रिया से, जानने की इस इच्छा से मुक्त होना संभव है?

यह देखना बड़ा दिलचस्प है कि हमारे जीवन में ज्ञान और विश्वास कितने असाधारण ढंग से शक्तिशाली भूमिका अदा करते हैं। आप देखते ही हैं कि हम पंडितों और विद्वानों की किस कदर पूजा करते हैं। क्या आप इसका अर्थ समझ सकते हैं? यदि आप कुछ नवीन खोजना चाहते हैं, कुछ ऐसी अनुभूति चाहते हैं जो आपकी ही कल्पना का प्रक्षेपण न हो, तो आपके मन का मुक्त होना ज़रूरी है, है न? उसमें कुछ नया देख पाने की क्षमता ज़रूरी है। दुर्भाग्य की बात है कि जब कभी आप कुछ नया देखते हैं, आप अपनी सारी पूर्व जानकारी को, अपने समस्त ज्ञान को, अतीत की अपनी समस्त स्मृतियों को बीच में ले आते हैं। और तब ज़ाहिर है कि आप किसी भी नयी चीज़ को देखने में, कुछ भी ऐसा ग्रहण करने में जो पुराने का परिणाम नहीं है, असमर्थ हो जाते हैं। कृपया तुरंत इसकी उधेड़बुन में न लग जायें। स्मृति का सामान्य उपयोग तो है ही। यदि मैं यह नहीं जानता कि अपने घर कैसे लौटा जाता है तो मैं खो जाऊंगा; यदि मैं नहीं जानता कि किसी यंत्र को कैसे चलाया जाता है तो मेरे लिए उसका कोई उपयोग नहीं है। यह

बिलकुल अलग बात है। यहां हम उस पर विचार नहीं कर रहे। हम उस ज्ञान पर विचार कर रहे हैं जिसका उपयोग सुरक्षा के साधन के रूप में किया जाता है, कुछ होने की मनोवैज्ञानिक एवं आंतरिक इच्छा के रूप में। ज्ञान के द्वारा आप क्या हासिल कर लेते हैं? आप ज्ञान के अधिकारी हो जाते हैं; ज्ञान का प्रभाव यानी अपने महत्त्व का, प्रतिष्ठा का, और शक्ति का प्रभाव, यही सब आपको मिलता है। जो व्यक्ति कहता है ''मैं जानता हूं'', ''यह है'' अथवा ''यह नहीं है'', निस्संदेह उसने विचारशीलता खो दी है, इच्छा की इस समग्र प्रक्रिया की छानबीन बंद कर दी है।

जैसा कि मैं देखता हूं, हमारी समस्या यह है कि हम अपने विश्वास के, अपने ज्ञान के बोझ से दबे हुए हैं, उससे बंधे हुए हैं। और क्या मन बीते हुए कल से तथा उस कल के दौरान संचित विश्वासों से मुक्त हो सकता है? क्या आप इस प्रश्न को समझ रहे हैं? क्या मेरे लिए एक व्यक्ति के तौर पर, और आपके लिए एक व्यक्ति के तौर पर इस समाज में जीना, फिर भी जिन विश्वासों में हम पले हैं उनसे मुक्त रहना, संभव है? क्या मन के लिए इस समस्त ज्ञान से, समूची वैचारिक सत्ता से मुक्त होना संभव है? हम शास्त्रों, धार्मिक पुस्तकों को पढ़ते हैं। उनमें बड़ी तरतीब से समझाया गया है कि हमें क्या करना है, क्या नहीं करना है, लक्ष्य कैसे प्राप्त करना है, लक्ष्य है क्या, और ईश्वर क्या है। आपको यह सब मुंहज़बानी याद है और आपने उसका अनुशीलन भी किया है। यही आपका ज्ञान है, यही है जो आपने उपलब्ध किया है, यही है जो आपने सीखा है; उसी मार्ग का आप अनुसरण कर रहे हैं। अब आप जो खोज रहे हैं, वही पा लेंगे। लेकिन क्या वह यथार्थ होगा? क्या वह स्वयं आपके ज्ञान का प्रक्षेपण भर नहीं है? वह यथार्थ नहीं है। क्या इसका *अभी*, किसी और दिन नहीं बल्कि अभी, एहसास होना संभव है ताकि हम कह सकें, ''मैंने इसकी सच्चाई देख ली है'', और इसे वहीं छोड़ दें, गिर जाने दें, जिससे कि कल्पना की इस प्रक्रिया से, इसके प्रक्षेपण से आपका मन पंगु न हो?

क्या मन विश्वास से मुक्त होने में सक्षम है? आप तभी इससे मुक्त हो सकते हैं जब आप विश्वास करने के लिए मजबूर करने वाले कारणों की अंदरूनी सच्चाई को समझ लेते हैं, जब आप न केवल चेतन बल्कि अचेतन प्रेरकों को भी समझ जाते हैं जो आपको विश्वास करने के लिए बाध्य करते हैं। आखिरकार हम कोई सतही हस्ती भर नहीं हैं जो बस चेतन स्तर पर ही कार्य करती है। यदि हम अचेतन मन को एक अवसर दें तो हम गहनतम चेतन और अचेतन गतिविधियों का पता लगा सकेंगे, क्योंकि प्रत्युत्तर देने में अचेतन मन चेतन की अपेक्षा अधिक तीव्रगामी होता है। जब आपका चेतन मन शांति से सोच रहा, सुन रहा, देख रहा होता है, अचेतन मन कहीं अधिक सक्रिय, कहीं अधिक सतर्क, कहीं अधिक ग्रहणशील होता है; अतः उसके पास जवाब हो सकता है। विश्वास करने के लिए बाध्य किया गया, अधीन किया गया, डराया गया, दबाया गया मन क्या कभी स्वतंत्रतापूर्वक सोच-समझ सकता है? क्या वह ताज़गी से देख सकता है तथा आपके व दूसरे के बीच अलगाव की प्रक्रिया को खत्म कर सकता है? कृपया यह न कहें कि

विश्वास लोगों को निकट लाता है। वह ऐसा नहीं करता। यह स्पष्ट है। किसी भी धर्म-संप्रदाय ने ऐसा कभी नहीं किया है। स्वयं अपने देश में, अपने आप पर गौर कीजिए। आप सब विश्वास करने वाले हैं। लेकिन क्या आप सब एक साथ हैं? क्या आपमें एकता है? आप स्वयं जानते हैं कि आप एक नहीं हैं। आप अनेक छोटे-छोटे दलों में, छोटी-छोटी जातियों में बंटे हुए हैं। और आप उन असंख्य विभाजनों को जानते हैं। पूर्व हो या पश्चिम, प्रक्रिया इसकी सारे विश्व में एक-सी ही है। ईसाई ईसाई को मारता है, छोटी-छोटी बातों के लिए एक-दूसरे की हत्या करता है, लोगों को शिविरों में ढकेलता है; आप जानते ही हैं युद्ध की सारी भयावहता को। अतः विश्वास लोगों को एक नहीं करता। यह बात बिलकुल साफ है। और यदि यह स्पष्ट है, यदि यह सत्य है, और आप इसे देख पाते हैं तो इस बारे में कुछ करना होगा। लेकिन कठिनाई यह है कि हममें से अधिकांश इस बात को देखते ही नहीं, क्योंकि हम उस आंतरिक असुरक्षा का, अपने भीतर मौजूद अकेलेपन का सामना ही नहीं कर पाते। हमें कोई न कोई सहारा चाहिए : राज्य, जाति, राष्ट्रीयता, महात्मा, उद्धारक या कुछ और। और जब हम इस सबकी भ्रामकता को देख लेते हैं, तो—चाहे एक पल के लिए ही सही—हमारा मन इस बात की सच्चाई को देख पाता है; हालांकि जब यह उसकी क्षमता से परे हो जाता है, तब वह पूर्वावस्था में लौट आता है। पर अस्थायी रूप से देखना भी पर्याप्त है; यदि आप इसे पल भर के लिए भी देख सकें तो काफी है। क्योंकि तब आप एक असाधारण बात होते हुए देखेंगे। अचेतन क्रियाशील रहेगा, भले ही चेतन मन समझना न चाह रहा हो। यह कोई समय की निरंतरता वाला पल नहीं है, लेकिन यही पल सब कुछ है, और चेतन मन के प्रतिरोध के बावजूद वह अपनी निष्पत्ति, अपने परिणाम पा लेगा।

अतः हमारा प्रश्न है : ''क्या मन के लिए ज्ञान और विश्वास से मुक्त होना संभव है?'' क्या मन ज्ञान और विश्वास से ही नहीं बना है? क्या विश्वास और ज्ञान मन की ही संरचना नहीं है? विश्वास एवं ज्ञान पहचानने की प्रक्रियाएं हैं, मन का केंद्र हैं। यह प्रक्रिया दायरे में जकड़ने वाली होती है, यह चेतन भी है और अचेतन भी। तो क्या मन स्वयं अपनी ही संरचना से मुक्त हो सकता है? क्या मन का लोप हो सकता है? यही समस्या है। जैसा कि हम जानते हैं, मन के पीछे विश्वास है, लालसा है, सुरक्षित होने की कामना है, ज्ञान है, शक्ति का संचय है। इसकी समस्त शक्ति और श्रेष्ठता के बावजूद अगर आप स्वतंत्र रूप से न सोच पाएं, तो विश्व में शांति नहीं हो सकती। आप शांति की केवल बात कर सकते हैं, आप राजनीतिक दल संगठित कर सकते हैं, आप शांति का ढिंढोरा पीट सकते हैं, परंतु आप शांति पा नहीं सकते, क्योंकि अंतर्विरोध का, पृथकता का, अलगाव का आधार तो मन ही है। शांतिप्रिय व्यक्ति, एक सच्चा जिज्ञासु ऐसा नहीं कर सकता कि अपने को अलग-थलग कर ले और फिर भ्रातृत्व और शांति की दुहाई देता रहे। तब तो यह राजनीतिक या धार्मिक खिलवाड़, महत्त्वाकांक्षा तथा उपलब्धि का बहाना भर होगा। यदि कोई व्यक्ति इस बारे में वाकई उत्साह से भरा है, कुछ खोजना चाहता

है, तो उसे ज्ञान और विश्वास की समस्या का सामना करना होगा; उसे इसकी तह में जाना होगा, उसे सुरक्षित होने की, निश्चित होने की इच्छा की पूरी प्रक्रिया का अन्वेषण करना पड़ेगा।

जो मन ऐसी अवस्था में आना चाहता है जिसमें कुछ नवीन घट सके—उसे आप सत्य कहें, ईश्वर कहें, या कुछ और—उसे कुछ भी हासिल करना, संचय करना बंद कर देना होगा, समस्त ज्ञान को एक तरफ रख देना होगा। ज्ञान के बोझ से लदा हुआ मन कभी भी यथार्थ को, उस अपरिमेय को नहीं समझ सकता।

प्रयास

प्रायः हमारा समस्त जीवन प्रयास पर, किसी-न-किसी संकल्प पर आधारित रहता है। संकल्प या प्रयास के बिना किसी कर्म की हम कल्पना भी नहीं कर सकते, हमारा सारा जीवन उसी पर आधारित है। हमारा सामाजिक, आर्थिक और तथाकथित आध्यात्मिक जीवन प्रयासों की एक कड़ी है जिसका अंत किसी उपलब्धि में, किसी परिणाम में होता है। और हम सोचते हैं कि प्रयास अनिवार्य है, आवश्यक है।

हम प्रयास क्यों करते हैं? यदि सरल भाषा में कहा जाये तो क्या इसलिए नहीं कि किसी फल की प्राप्ति हो, हम कुछ बन सकें, किसी लक्ष्य को हासिल कर सकें? प्रयास के बिना हमें लगता है हम कहीं थम जायेंगे। हमारे पास उस लक्ष्य की एक कल्पना होती है जिसके लिए हम निरंतर संघर्ष करते हैं, और यह संघर्ष हमारे जीवन का हिस्सा बन गया है। यदि हम अपने को बदलना चाहते हैं, यदि हम अपने में कोई मौलिक परिवर्तन चाहते हैं, तो हम पुरानी आदतों को खत्म करने के लिए, वातावरण के निरंतर प्रभावों को रोकने के लिए ज़बरदस्त कोशिश करते हैं। इस प्रकार कुछ पाने या उपलब्ध करने के लिए, यहां तक कि किसी प्रकार जीवित रहने के लिए भी हम अनवरत प्रयास के आदी हो जाते हैं।

क्या ये सभी प्रयास स्व की ही गतिविधि नहीं हैं? क्या प्रयास अहं-केंद्रित गतिविधि नहीं है? जब हम स्व के केंद्र से प्रयास करते हैं तो अनिवार्यतः उसका परिणाम और अधिक द्वंद्व, और अधिक भ्रांति, और अधिक दुःख ही होगा, फिर भी हम प्रयत्न पर प्रयत्न किये चले जाते हैं। प्रयास की आत्म-केंद्रित क्रिया हमारी किसी भी समस्या को हल नहीं करती। इसके विपरीत, वह हमारी भ्रांति में, हमारे दुःख और हमारे कष्ट में वृद्धि ही करती है। हम यह जानते हैं और फिर भी हम निरंतर यह आशा बनाए रखते हैं कि हम प्रयास की इस स्व-केंद्रित क्रिया के द्वारा, इच्छाशक्ति से प्रेरित कर्म के द्वारा, किसी-न-किसी प्रकार आगे निकलने का कोई मार्ग खोज ही लेंगे।

मैं समझता हूं कि यदि हम प्रयास के आशय को समझ लें, तो जीवन की सार्थकता को भी समझ जायेंगे। क्या खुशी कभी प्रयास के द्वारा आती है? क्या आपने कभी खुश होने का प्रयास किया है? क्या आपको नहीं लगता कि यह असंभव है? आप खुश होने

की कोशिश करते हैं, फिर भी आप खुश नहीं हैं। आनंद दमन, नियंत्रण या भोग में नहीं पाया जा सकता है। आप भोग में लिप्त हो सकते हैं, लेकिन अंत में कटुता ही हाथ लगती है। आप भले ही दमन या नियंत्रण करते रहें, पर एक छिपा हुआ संघर्ष सदा बना रहता है। अतः सुख-शांति प्रयास से नहीं मिलती और न आनंद नियंत्रण तथा दमन से मिलता है, फिर भी हमारा समस्त जीवन दमन की, नियंत्रणों की, पश्चात्ताप से भरे हुए भोगों की शृंखला है। और इसके साथ ही एक दूसरा संघर्ष भी चलता रहता है, जिसमें हम अपने आवेगों को, अपने लोभ और अपनी मूर्खता को काबू करने की कोशिश करते रहते हैं। अतः क्या हम इसी आशा में निरंतर संघर्ष नहीं करते रहते, प्रयास नहीं करते रहते कि हम सुख को पा लेंगे, कुछ ऐसा पा लेंगे, जो हमें शांति और प्रेम का एहसास देगा? लेकिन प्रेम अथवा समझ का संघर्ष से भला क्या संबंध है? मेरे विचार से संघर्ष के, प्रयास के मायने समझना बहुत ज़रूरी है।

'जो है' उसे 'जो नहीं है' में, यानी इसे जो होना या बनना चाहिए में बदलने के लिए जूझना ही क्या प्रयास नहीं है? इसका तात्पर्य है कि 'जो है' उसका सामना करने से बचने के लिए हम निरंतर संघर्ष कर रहे हैं। 'जो है' उससे हम पलायन का प्रयास कर रहे हैं, उसको बदलने की चेष्टा कर रहे हैं। संतुष्ट व्यक्ति वास्तव में वही है जो वस्तुस्थिति, 'जो है' को समझता है और उसे सही महत्त्व देता है। यही सच्चा संतोष है। इसका सरोकार कम या अधिक संपत्ति रखने से नहीं है, बल्कि 'जो है' उसके समस्त अभिप्राय को समझने से है; और ऐसा तभी संभव है जब आप 'जो है' को पहचानें, उसके प्रति सचेत हों, न कि उसके संशोधन का अथवा उसमें परिवर्तन का प्रयास करें।

इस प्रकार हम देखते हैं कि जो है उसे जो होना चाहिए में बदलने का संघर्ष ही प्रयास है। मैं केवल मनोवैज्ञानिक संघर्ष की बात कर रहा हूं। मैं किसी भौतिक समस्या की बात नहीं कर रहा, जैसे इंजीनियरिंग या कोई ऐसा आविष्कार या परिवर्तन, जो पूर्णतया तकनीकी है। मैं केवल उस संघर्ष की बात कर रहा हूं जो मनोवैज्ञानिक है और सदा तकनीकी स्तर पर भी हावी हो जाता है। विज्ञान ने जो असीम जानकारी दी है, उसका बड़े जतन से उपयोग कर हम एक बहुत अच्छा समाज बना सकते हैं। लेकिन जब तक मानसिक कलह, संघर्ष और युद्ध को नहीं समझा जाता और मनोवैज्ञानिक इंगितों तथा प्रभावों से नहीं उबरा जाता, समाज का ढांचा चाहे जितने अच्छे तरीके से खड़ा कर लिया गया हो, वह अवश्य ही ढह जायेगा और ऐसा ही बार-बार हुआ है।

'जो है', उससे ध्यान हटाना ही प्रयास है। 'जो है' उसे मैं स्वीकार कर लूं तो संघर्ष नहीं रह जाता। किसी भी प्रकार का संघर्ष या कलह ध्यान के हटने का ही सूचक है; और जब तक हम मनोवैज्ञानिक दृष्टि से 'जो है' को 'जो वह नहीं है' में बदलना चाहते हैं, तब तक मन की यह भटकन, जो कि प्रयास ही है, बनी रहेगी।

पहले तो हमें यह देखने के लिए स्वतंत्र होना होगा कि आनंद और सुख प्रयास से नहीं मिलते। क्या सृजन प्रयास से होता है अथवा तभी होता है, जब प्रयास का अंत

हो जाता है? आप रचना कब करते हैं, कब चित्र बनाते हैं, कब गाते हैं? सृजन आप कब करते हैं? निस्संदेह तभी जब कोई प्रयास नहीं होता, जब आप पूर्णतया खुले होते हैं, जब प्रत्येक स्तर पर आप पूर्णतया संवाद में, सामंजस्य में होते हैं, पूरी तरह समन्वित होते हैं। तभी आनंद संभव होता है और तभी आप गीत गाते हैं, कविता लिखते हैं, चित्र बनाते हैं, कुछ रचते हैं। सृजन के क्षण संघर्ष में जन्म नहीं लेते।

शायद सर्जनशीलता के प्रश्न को समझ लेने पर हम यह समझ पाएं कि प्रयास से हमारा क्या तात्पर्य है। क्या सर्जनशीलता प्रयास का परिणाम है और क्या हमें उन क्षणों का भान होता है जिनमें हम सर्जनशील होते हैं? या सर्जनशीलता अपने आपको पूरी तरह विस्मृत कर देने का भाव है, वह भाव जिसमें कोई विक्षोभ नहीं होता, जिसमें व्यक्ति विचार की गति से पूर्णतया असंबद्ध है, जिसमें केवल एक समग्र, संपूर्ण एवं समृद्ध सत्ता ही विद्यमान है? क्या यह अवस्था क्लांति का, संघर्ष का, द्वंद्व का, प्रयास का परिणाम है? क्या आपने कभी ध्यान दिया है कि जब आप कोई बात आसानी से, बस यूं ही कर डालते हैं, तब वहां कोई प्रयास नहीं होता, उस वक्त कोई संघर्ष नहीं होता? लेकिन हमारा जीवन तो युद्धों, द्वंद्वों और संघर्षों का सिलसिला है, हम एक ऐसे जीवन की, इस तरह होने की कल्पना ही नहीं कर सकते जिसमें संघर्ष का पूर्णतया अंत हो गया हो।

कलह से मुक्त मनःस्थिति को समझने के लिए, उस सर्जनशील अस्तित्व के यथार्थ को स्पर्श कर पाने के लिए हमें प्रयास की समस्या का पूर्णरूपेण अध्ययन करना होगा। प्रयास से हमारा तात्पर्य है स्वयं को परितुष्ट करने के लिए, कुछ बनने के लिए, संघर्षरत होना। मैं यह हूं और वह हो जाना चाहता हूं; मैं वह नहीं हूं और मुझे वह हो जाना चाहिए। वह बनने में ही संघर्ष है, लड़ाई है, द्वंद्व है। इस संघर्ष में हमारी दिलचस्पी अनिवार्य रूप से किसी लक्ष्य को हासिल कर परितुष्टि पाने में है। हम किसी लक्ष्य में, किसी व्यक्ति में, किसी विचार में आत्मतुष्टि खोजते हैं, और उसके लिए हमें ज़रूरी लगता है कि हम निरंतर लड़ते रहें, संघर्ष करते रहें, कुछ बन जाने के तथा परितुष्टि पा लेने के प्रयास में जुटे रहें। अतः हमने इस प्रयास को अपरिहार्य मान लिया है और मेरे सामने प्रश्न यही है कि क्या कुछ होने का यह संघर्ष सच में ज़रूरी है? यह संघर्ष क्यों है? परितुष्टि की इच्छा चाहे जिस मात्रा में हो और चाहे जिस स्तर पर हो, संघर्ष अवश्य होगा। प्रयास के पीछे बस एक ही प्रेरक शक्ति, एक ही कामना काम करती है, परितुष्ट होने की; चाहे कोई बड़ा प्रशासक हो, गृहिणी हो, या कोई निर्धन व्यक्ति, प्रत्येक में कुछ होने-बनने के लिए, किसी-न-किसी रूप में परितृप्त होने के लिए संघर्ष चलता रहता है।

अपने आपको तुष्ट करने की यह इच्छा क्यों होती है? स्पष्ट है कि कुछ होने की, परितुष्टि की इच्छा तभी पैदा होती है जब कुछ न होने का एहसास होता है। क्योंकि मैं कुछ भी नहीं हूं, अपूर्ण हूं, खोखला हूं, भीतर से गरीब हूं, इसीलिए मैं कुछ होने के लिए संघर्ष करता हूं; बाहर से या भीतर से किसी व्यक्ति, किसी वस्तु, किसी विचार के ज़रिये अपने आपको परितुष्ट करने के लिए संघर्ष करता हूं। उस खालीपन को भरना

ही हमारे अस्तित्व की समूची प्रक्रिया है। चूंकि हम जानते हैं कि हम खोखले हैं और भीतर से निर्धन हैं, हम या तो बाहर से चीज़ों का संग्रह करते हैं अथवा आंतरिक वैभव के संवर्धन में लग जाते हैं। प्रयास वहीं होता है जहां किसी कर्म के द्वारा, चिंतन के द्वारा, उपार्जन के द्वारा, उपलब्धि के द्वारा, शक्ति के द्वारा, और इसी प्रकार की अन्य चीज़ों के द्वारा अंदरूनी खोखलेपन से पलायन किया जाता है। यही हमारा दैनिक जीवन है। मैं अपने अधूरेपन से, अपनी आंतरिक दरिद्रता से वाकिफ हूं और मैं या तो उससे भागने के लिए या उस खालीपन को भरने के लिए संघर्ष करता हूं। यह भागना या बचना, खालीपन को ढंकने की यह चेष्टा ही संघर्ष, कलह और प्रयास को अनिवार्य बना देती है।

अब यदि कोई व्यक्ति भागने का प्रयास न करे, तो क्या होता है? वह उस अकेलेपन के साथ, उस खालीपन के साथ जीता है, और उस खालीपन को स्वीकार करने में ही उसे सर्जनशीलता की एक ऐसी अवस्था का बोध होता है जिसका संघर्ष और प्रयास से कोई लेना-देना नहीं है। प्रयास तभी तक जारी रहता है जब तक हम आंतरिक अकेलेपन से, खोखलेपन से बचने का प्रयत्न करते रहते हैं। लेकिन जब हम उस पर नज़र डालते हैं, उसका निरीक्षण करते हैं, यानी 'जो है' उससे बचने का प्रयास किये बिना उसे स्वीकार लेते हैं, तब हम देखेंगे कि एक ऐसी भी अवस्था आती है जिसमें समस्त संघर्ष का अंत हो जाता है। जीने की यही अवस्था सर्जनशीलता है, और यह संघर्ष का परिणाम नहीं है।

परंतु जब, 'जो है' उसे, यानी उस खालीपन को, उस आंतरिक अपूर्णता को हम समझने लगते हैं तथा उसके साथ जी पाते हैं, तभी सर्जनशील यथार्थ का, सर्जनशील प्रज्ञा का उदय होता है और केवल यही सुख-शांति लाता है।

अतः जिस रूप में कर्म को हम जानते हैं वह वास्तव में प्रतिक्रिया है, कुछ बनने का अथक सिलसिला है, 'जो है' का निषेध है, उससे बचने का ढंग है। लेकिन जब बिना किसी चुनाव के, बिना किसी निंदा या औचित्य-समर्थन के, खालीपन का एहसास होता है, तब 'जो है' के बोध में ही सही कर्म संभव होता है, और यही कर्म सर्जनशील सत्ता है। यह बात आपको स्पष्ट हो जायेगी, यदि कर्म की अवस्था में आप अपने प्रति सजग रहें। जब आप कार्य में लगे हों, तब अपना अवलोकन करें। केवल बाहरी तौर पर ही नहीं, बल्कि अपने विचार और भाव की गति को भी देखें। जब आप इस गति के प्रति सचेत होंगे, आप देखेंगे कि विचार-प्रक्रिया, जो कि भाव और कर्म भी है, कुछ बन जाने की अवधारणा पर आधारित है। कुछ बनने की अवधारणा केवल तभी उदित होती है, जब असुरक्षा का कोई बोध होता है और असुरक्षा का यह एहसास तब आता है, जब व्यक्ति का अपने आंतरिक खालीपन से आमना-सामना होता है। यदि आप विचार और भाव की इस प्रक्रिया के प्रति सचेत हैं, तो आप देखेंगे कि एक अनवरत संघर्ष जारी है जिसमें कि 'जो है' को बदलने के लिए, उसमें संशोधन के लिए, परिवर्तन के लिए प्रयास किया जा रहा है। यही प्रयास है, जो कुछ बनने के लिए किया जाता है और कुछ बनना 'जो है' उसका सामना करने से बचना है। स्वबोध के द्वारा, निरंतर सजगता के

द्वारा, आप यह समझ पाएंगे कि कुछ बनने के लिए चलने वाला यह संघर्ष, द्वंद्व, हमें दुःख, क्लेश और अज्ञान की ओर ले जाता है। जब आप आंतरिक अभाव के प्रति जागरूक होंगे और उससे पलायन न करके उसके साथ ही जिएंगे, उसे पूरी तरह स्वीकार करेंगे, केवल तभी आपमें एक अद्भुत शांति का आविर्भाव होगा—एक ऐसी शांति, जो जोड़-तोड़ से नहीं बनती, जिसको गढ़ा नहीं जाता, बल्कि जिसका आगमन 'जो है' के बोध से, 'जो है' को समझ लेने से होता है। केवल शांति की इसी अवस्था में सर्जनशील सत्ता संभव है।

अंतर्विरोध

हमें अपने चारों ओर तथा अपने भीतर भी अंतर्विरोध नज़र आता है। चूंकि हम अंतर्विरोध में जीते हैं, हमारे अंदर शांति का अभाव है, और इसीलिए बाहर भी ऐसा ही है। हम क्या होना चाहते हैं और क्या हैं, इसी दुविधा में, आग्रह और निषेध के बीच हम लगातार डोलते रहते हैं। यह एक सीधा, स्पष्ट तथ्य है कि अंतर्विरोध की स्थिति द्वंद्व पैदा करती है और जहां द्वंद्व है वहां शांति नहीं हो सकती। इस भीतरी अंतर्विरोध को किसी प्रकार के दार्शनिक द्वैतवाद के रूप में नहीं लेना चाहिए, क्योंकि ऐसा समझना तो उससे पलायन का एक बड़ा सरल तरीका होगा। अंतर्विरोध द्वैत की ही एक अवस्था है, ऐसा कहने से हमें लगता है कि समस्या हल हो गई। लेकिन यह समाधान तो एक समझौता भर है, जो बस वास्तविकता से पलायन में मदद करता है।

अब इस द्वंद्व से, इस अंतर्विरोध से हमारा क्या तात्पर्य है? मुझमें अंतर्विरोध क्यों है? मैं जो कुछ हूं, उससे भिन्न होने की चाह का यह अंतहीन संघर्ष क्यों है? मैं कुछ हूं, तथा कुछ और होना चाहता हूं। हमारे अंदर का यह अंतर्विरोध एक वास्तविकता है, कोई तत्त्वमीमांसक द्वैतवाद नहीं। 'जो है' उसको समझने में तत्त्वमीमांसा का कोई महत्त्व नहीं है। हम द्वैतवाद आदि के बारे में चाहे जितनी चर्चा करें, कि यह क्या है, यह होता भी है कि नहीं, वगैरह-वगैरह, लेकिन इस सबका मूल्य ही क्या है यदि हमें अपने भीतर अंतर्विरोध का पता ही नहीं है कि हमारे भीतर परस्पर-विरोधी इच्छाएं, स्वार्थ और लक्ष्य किस कदर मौजूद हैं? मैं अच्छा बनना चाहता हूं, लेकिन नहीं बन पाता हूं। अपने अंदर के इस अंतर्विरोध को, इस प्रतिरोध को समझना अत्यंत आवश्यक है, क्योंकि यह द्वंद्व लाता है; और विरोध में, संघर्ष में हम व्यक्ति के तौर पर सर्जनशील नहीं हो सकते। हम जिस स्थिति में हैं, पहले उस बारे में हमें स्पष्ट हो लेना चाहिए। हमारे भीतर अंतर्विरोध है, अतः संघर्ष भी होगा और संघर्ष विनाश है, बरबादी है। ऐसी हालत में हम वैरभाव, कलह, कटुता तथा दुःख के अलावा और कुछ नहीं पैदा कर सकते। यदि हम इस स्थिति को भली-भांति समझ सकें और इस प्रकार अंतर्विरोध से मुक्त हो सकें, तो आंतरिक शांति संभव है और तभी हम एक-दूसरे को समझ पाएंगे।

समस्या यही है कि द्वंद्व विनाश है, बरबादी है, यह जानते हुए भी हरएक व्यक्ति

में अंतर्विरोध क्यों होता है? यह समझने के लिए हमें कुछ और आगे बढ़ना होगा। परस्पर विरोधी इच्छाओं का भाव क्यों बना रहता है? पता नहीं हम अपने भीतर के इस अंतर्विरोध के प्रति सचेत हैं या नहीं, जिसमें हम कुछ चाहते भी हैं और नहीं भी चाहते, कुछ याद भी रखना चाहते हैं और उसे भूलना भी चाहते हैं, ताकि कुछ नया हासिल हो सके। इस पर ज़रा सावधानी से ध्यान दें। यह बड़ी सरल सामान्य बात है। इसमें कुछ भी अनोखा नहीं है। अंतर्विरोध है, यह एक तथ्य है। तो प्रश्न यह उठता है कि अंतर्विरोध होता ही क्यों है।

अंतर्विरोध से हम क्या समझते हैं? क्या इसका अर्थ एक ऐसी अस्थायी अवस्था नहीं है जिसका किसी दूसरी अस्थायी अवस्था द्वारा विरोध किया जा रहा है? मुझे ऐसा लगता है कि मेरे अंदर एक स्थायी इच्छा है, मैं उसे मान्य कर लेता हूं और तब एक नयी इच्छा पैदा होती है जो उसका विरोध करने लगती है। यही अंतर्विरोध द्वंद्व लाता है जो ऊर्जा की बरबादी है। कहने का तात्पर्य यह कि निरंतर एक इच्छा का दूसरी इच्छा द्वारा विरोध होता रहता है, कभी एक तलाश होती है तो कभी दूसरी तलाश उस तलाश पर हावी हो जाती है। तो क्या स्थायी इच्छा जैसा भी कुछ होता है? *सभी* इच्छाएं निस्संदेह अस्थायी हैं, तत्त्वमीमांसक अर्थ में नहीं बल्कि वास्तव में। मैं कोई नौकरी चाहता हूं। उस नौकरी को मैं अपने सुख का साधन समझता हूं; और जब मैं उसे पा लेता हूं तो असंतुष्ट हो जाता हूं। मैं पहले मैनेजर होना चाहता हूं, फिर मालिक और इसी प्रकार से आगे बढ़ना चाहता हूं। और यह सिलसिला इसी संसार में ही नहीं बल्कि तथाकथित आध्यात्मिक संसार में भी चलता है। शिक्षक प्रधानाचार्य होना चाहता है, पादरी बिशप बनना चाहता है, शिष्य गुरु बनना चाहता है।

क्या यह निरंतर बनना, एक अवस्था के बाद दूसरी अवस्था में पहुंचना, अंतर्विरोध नहीं लाता? अतः जीवन को किसी एक स्थायी इच्छा के रूप में न देखकर ऐसी क्षणभंगुर आकांक्षाओं की एक शृंखला के रूप में क्यों न देखा जाये, जो सदा एक-दूसरे का प्रतिरोध करती रहती हैं। अतः मन के लिए यह बिलकुल ज़रूरी नहीं कि वह अंतर्विरोध की अवस्था में ही जिए। यदि मैं जीवन को एक स्थायी इच्छा के रूप में न देख कर निरंतर बदलने वाली अस्थायी इच्छाओं की शृंखला के रूप में देखूं तो अंतर्विरोध नहीं रह जाता।

अंतर्विरोध तभी होता है जब मन में इच्छा का एक निश्चित केंद्र बन जाता है, अर्थात् जब मन *समस्त* इच्छा को गतिशील, क्षणिक नहीं मानता, बल्कि मात्र किसी एक इच्छा को पकड़ लेता है और उसे स्थायी मान लेता है; और तभी, जब दूसरी इच्छाएं आने लगती हैं, अंतर्विरोध पैदा होता है। जबकि सभी इच्छाएं निरंतर गतिशील हैं, उनमें कहीं स्थिरता नहीं है। किसी इच्छा का कोई स्थिर बिंदु नहीं होता, मन ही एक स्थिर बिंदु को स्थापित करता है, क्योंकि वह हर चीज़ को कुछ पाने का, कुछ हासिल करने का साधन मान लेता है। और जब तक आप कुछ पाना चाहते हैं, अंतर्विरोध व द्वंद्व होगा ही। आप कुछ हासिल करना चाहते हैं, सफल होना चाहते हैं, किसी परम सत्य अथवा ईश्वर को खोजना चाहते हैं, जिससे आपको स्थायी संतोष मिल सके। इसका अर्थ है कि

आप सत्य को नहीं खोज रहे, न आप ईश्वर को खोज रहे हैं। आप एक हमेशा बनी रहने वाली तुष्टि खोज रहे हैं और उस तुष्टि को आप किसी विचार का, ईश्वर, सत्य जैसे सम्मानजनक शब्दों का जामा पहना देते हैं। वास्तव में हम सभी तुष्टि खोज रहे हैं और उस तुष्टि को, उस संतोष को, हम सबसे ऊंचा स्थान देते हैं, और तब उसे ईश्वर कह देते हैं। सबसे निचले स्तर पर वही तुष्टि हम मदिरापान में खोजते हैं। जब तक मन तुष्टि की खोज कर रहा है, ईश्वर और मदिरापान में कोई बहुत अधिक अंतर नहीं है। सामाजिक दृष्टि से मदिरापान खराब हो सकता है, लेकिन तुष्टि की, लाभ की जो हमारी आंतरिक लालसा है, क्या वह और भी अधिक हानिकारक नहीं है? यदि आप वास्तव में सत्य को खोजना चाहते हैं तो आपको अत्यधिक ईमानदार होना होगा। वह ईमानदारी केवल शाब्दिक स्तर पर ही नहीं, बल्कि हर स्तर पर होनी चाहिए, आपको असाधारण रूप से स्पष्ट होना चाहिए। लेकिन यदि आप तथ्यों का सामना करने के लिए तैयार नहीं हैं, तो आप में यह स्पष्टता नहीं आ सकती।

अब प्रश्न उठता है कि हममें से प्रत्येक व्यक्ति में यह अंतर्विरोध क्यों जन्म लेता है। निश्चित रूप से इसका कारण हमारी कुछ बनने की आकांक्षा है। हम सभी कुछ बन जाना चाहते हैं, संसार में सफल होना चाहते हैं और आंतरिक स्तर पर कुछ हासिल कर लेना चाहते हैं। जब तक हम समय की, उपलब्धि की और ऊंचे पद की शब्दावली में सोचते रहेंगे, तब तक अंतर्विरोध रहेगा ही। हमारा मन आखिरकार समय की ही उत्पत्ति है। विचार बीते हुए कल पर, अतीत पर आधारित है; और जब तक विचार समय के क्षेत्र में कार्य करता रहता है, भविष्य के, कुछ बनने के, कुछ पाने के संदर्भ में सोचता रहता है, तब तक अंतर्विरोध रहता ही है, क्योंकि हम 'जो है' उसका सामना करने में समर्थ नहीं होते। 'जो है' उसका उसी रूप में अनुभव करने पर, उसे समझने पर, उसके प्रति निष्पक्ष रूप से जागरूक रहने पर ही विघटनकारी अंतर्विरोध से मुक्ति पाई जा सकती है।

अतः आपको नहीं लगता कि हमारे लिए अपने सोच-विचार की समस्त प्रक्रिया को समझना ज़रूरी है? क्योंकि इसी में तो अंतर्विरोध दिख पाता है। विचार स्वयं ही एक अंतर्विरोध बन गया है, क्योंकि हमने स्वयं की संपूर्ण प्रक्रिया को नहीं समझा है; और इसे समझना तभी संभव है जब हम अपने विचार के प्रति पूर्णतया सचेत हों, विचार को देखने वाले पृथक् द्रष्टा के तौर पर नहीं, बल्कि समग्र रूप से और बिना किसी चयन के। यह अत्यंत कठिन है। परंतु केवल तभी उस हानिकारक, पीड़ादायक अंतर्विरोध का अंत हो सकता है।

जब तक हम मानसिक स्तर पर कुछ पाने का प्रयत्न कर रहे हैं, जब तक हम आंतरिक सुरक्षा चाह रहे हैं, हमारे जीवन में अंतर्विरोध होगा ही। मुझे नहीं लगता कि हमें इस अंतर्विरोध का एहसास भी है, और यदि है भी, तो हम उसके वास्तविक निहितार्थ को नहीं देख पा रहे हैं। उलटे, अंतर्विरोध हमें जीने को उकसाता है, उसमें निहित संघर्ष से हमें लगने लगता है कि हम ज़िंदा हैं। प्रयत्न, अंतर्विरोध और उसका संघर्ष हमें एक तरह की जीवंतता का ख्याल दिलाते हैं। इसीलिए हम युद्धों से प्रेम करते हैं, इसीलिए

हम कुंठाओं के संघर्ष का आनंद लेते हैं। जब तक किसी उपलब्धि की कामना रहती है, मनोवैज्ञानिक सुरक्षा की आकांक्षा रहती है, अंतर्विरोध रहता ही है; और जहां अंतर्विरोध है, वहां शांत मन कदापि नहीं हो सकता। जीवन के पूरे तात्पर्य को समझने के लिए मन का निश्चल होना अनिवार्य है। विचार कभी-भी शांत नहीं हो सकता; विचार, जो कि समय की उत्पत्ति है, कभी-भी उसे नहीं प्राप्त कर सकता जो समय से परे है; समय से जो परे है, उसे वह कभी नहीं जान सकता। हमारे सोच-विचार की प्रकृति ही अंतर्विरोधी है क्योंकि हम सदा अतीत या भविष्य की शब्दावली में सोचते हैं, और इसीलिए वर्तमान से हमारा पूरा परिचय नहीं हो पाता, हम उसके प्रति पूर्णतया सजग नहीं रह पाते।

वर्तमान के प्रति पूर्णतया सचेत होना बिलकुल भी आसान नहीं है, क्योंकि मन बिना छल-छद्म के किसी तथ्य का सीधे सामना नहीं कर सकता। विचार अतीत की उत्पत्ति है और इसलिए वह अतीत अथवा भविष्य में ही सोच सकता है, वह वर्तमान के किसी तथ्य के प्रति पूर्णतया सचेत नहीं हो सकता। जब तक विचार, जो अतीत से ही जन्मा है, अंतर्विरोध का और उससे उत्पन्न सभी समस्याओं को दूर करने का प्रयत्न करता है, तब तक वह केवल किसी परिणाम के पीछे ही दौड़ रहा है, केवल एक लक्ष्य को पाना चाह रहा है। ऐसी विचार-प्रक्रिया और अधिक अंतर्विरोध को जन्म देती है, अतएव हमारे भीतर, और इसलिए बाहर भी द्वंद्व, कष्ट एवं भ्रांति निर्मित करती है।

अंतर्विरोध से मुक्त होने के लिए हमें वर्तमान के प्रति बिना किसी चुनाव के सचेत होना होगा। जब आप किसी तथ्य का सामना कर रहे होते हैं, तब चयन का प्रश्न ही कैसे उठ सकता है? निश्चय ही जब तक विचार कुछ बनने के लिए, कुछ बदलाव लाने के लिए, कुछ परिवर्तन करने के लिए तथ्य के साथ छेड़छाड़ करता है, तब तक वास्तविकता का बोध नहीं हो पाता। अतः अपने आपको समझना बोध की शुरुआत है; बिना अपने आपको समझे अंतर्विरोध और द्वंद्व बना रहेगा। इस पूरी प्रक्रिया को समझने के लिए यानी स्वयं को समग्रता से जानने के लिए किसी विशेषज्ञ की या किसी प्रामाण्य की आवश्यकता नहीं होती। सत्ता-प्रामाण्य की तलाश केवल भय पैदा करती है। कोई विशेषज्ञ या ज्ञानी व्यक्ति हमें यह नहीं दिखा सकता कि हम अपने स्व की प्रक्रिया को कैसे समझें। हर किसी को इसका स्वयं ही अध्ययन करना होगा। इसके विषय में चर्चा करके आप और मैं एक-दूसरे की सहायता कर सकते हैं। लेकिन कोई भी उसे हमारे लिए उद्घाटित नहीं कर सकता। कोई भी विशेषज्ञ अथवा गुरु हमारे लिए उसका अन्वेषण नहीं कर सकता। हम अपने संबंधों में ही उसके प्रति सचेत हो सकते हैं--वस्तुओं के, संपत्ति के, लोगों के या धारणाओं के साथ संबंध में ही हमें इसका पता चलेगा कि अंतर्विरोध तभी पैदा होता है जब कर्म अपने को किसी धारणा के अनुरूप बनाता है। विचार का प्रतीक के रूप में घनीभूत होना, कोई निश्चित रूप पा लेना ही धारणा है, और उस प्रतीक के अनुसार जीने का प्रयास ही अंतर्विरोध लाता है।

अतः जब तक विचार का कोई प्रारूप, कोई ढांचा होगा, अंतर्विरोध बना रहेगा। इस प्रारूप के अंत के लिए और इस प्रकार अंतर्विरोध के अंत के लिए स्वबोध का होना

आवश्यक है। स्व की यह समझ कोई ऐसी प्रक्रिया नहीं है जो गिने-चुने लोगों के लिए ही सुरक्षित हो। हमें अपनी रोज़ाना की बातचीत में, अपने सोचने के ढंग में, दूसरे की ओर देखने के अपने नज़रिये में, इस सब में स्व को समझना होगा। यदि क्षण-प्रतिक्षण प्रत्येक विचार के प्रति, प्रत्येक भाव के प्रति हम सचेत हो सकें तो हम संबंधों में स्व की प्रक्रिया ओ समझ पाएंगे। केवल तभी मन के उस मौन की संभावना होती है जिसमें परम यथार्थ अस्तित्व में आ सके।

स्व क्या है?

क्या हम जानते हैं कि स्व से हमारा क्या अभिप्राय है? उससे मेरा अभिप्राय है धारणा, स्मृति, निष्कर्ष, अनुभव, उल्लेखनीय और अनुल्लेखनीय इरादों के विभिन्न रूप, कुछ होने या न होने के लिए सचेत प्रयत्न, अचेतन में संगृहीत स्मृति, प्रजाति, समूह, व्यक्ति, वंश--यही सब। अब चाहे यह बाहर किसी कर्म के रूप में उभरे अथवा आध्यात्मिक दृष्टि से किसी सद्गुण के रूप में, इस सबके लिए हो रहा प्रयत्न ही स्व है। और इसी में स्पर्द्धा अर्थात् कुछ होने की इच्छा भी सम्मिलित है। यह तमाम प्रक्रिया ही स्व है; और जब हम वास्तव में इसका सामना करते हैं, हमें पता चलता है कि यह अशुभ है। मैं 'अशुभ' शब्द का प्रयोग जानबूझ कर रहा हूं, क्योंकि स्व खंडित करता है, स्व अपने को ही संकुचित करने वाला है; उसकी क्रियाएं चाहे जितनी श्रेष्ठ क्यों न हों, विभाजित तथा पृथक् करने वाली ही होती हैं। हम यह सब जानते हैं। हम उन असाधारण क्षणों को भी जानते हैं जब स्व नहीं होता, जब प्रयास का, प्रयत्न का एहसास नहीं होता, और ऐसा तभी होता है जब प्रेम हो।

मुझे लगता है कि अनुभव स्व को कैसे बल प्रदान करता है, यह समझ लेना ज़रूरी है। यदि हम सच में गंभीर जिज्ञासु हैं तो हमें अनुभव की इस समस्या को समझना चाहिए। अनुभव से हमारा क्या तात्पर्य है? हम हमेशा अनुभव करते रहते हैं और, प्रभावों को, संस्कारों को जमा करते रहते हैं; उन प्रभावों की हम अपने ढंग से व्याख्या कर लेते हैं और उनके अनुसार क्रिया-प्रतिक्रिया करते हैं, हिसाब-किताब करते हैं, चतुर-चालाक बनते हैं। जो वस्तुतः दिखता है और जो उसके प्रति हमारी प्रतिक्रिया होती है--इन दोनों के बीच निरंतर आदान-प्रदान होता रहता है। इसी तरह अचेतन की स्मृतियां और चेतन मन एक दूसरे को प्रभावित करते रहते हैं।

जो कुछ मैं देखता हूं, महसूस करता हूं, उसके प्रति मैं अपनी स्मृतियों के अनुसार प्रतिक्रिया करता हूं। मैं जो भी देखता हूं, महसूस करता हूं, जानता हूं, विश्वास करता हूं उस सबके प्रति होने वाली मेरी प्रतिक्रियाएं ही अनुभव हैं। देखे गए पर होने वाली प्रतिक्रिया, प्रत्युत्तर ही अनुभव है। जब मैं आपको देखता हूं, तो प्रतिक्रिया करता हूं, इस प्रतिक्रिया को कोई नाम देना अनुभव है। यदि मैं उस प्रतिक्रिया को कोई नाम नहीं देता,

तो वह अनुभव नहीं होता। अपनी प्रतिक्रियाओं को और आपके चारों ओर जो हो रहा है, उसे ध्यान से देखिए। अनुभव तब तक नहीं होता है जब तक उसके साथ-साथ नाम देने की प्रक्रिया नहीं चल रही है। यदि मैं आपको पहचानूंगा नहीं, तो मुझे आपके साथ मुलाकात का अनुभव कैसे हो सकेगा? यह एक सीधी-सादी बात है। क्या यह सच्चाई नहीं है? अर्थात् यदि मैं अपनी स्मृति के अनुसार, अपनी संस्कारबद्धता के अनुसार, अपने पूर्वाग्रहों के अनुसार प्रतिक्रिया नहीं करता, तो मुझे पता कैसे चलेगा कि मुझे कोई अनुभव हुआ है?

फिर आता है अनेक प्रकार की इच्छाओं का प्रक्षेपण। मैं अपने को सुरक्षित रखना चाहता हूं, मुझमें एक आंतरिक सुरक्षा की मांग है, या मैं किसी महात्मा, गुरु, आचार्य, ईश्वर को पाना चाहता हूं, और मैं जो प्रक्षेपित करता हूं वही अनुभव है; अर्थात् मैंने एक इच्छा का प्रक्षेपण किया जिसने एक आकार पा लिया और उस आकार को मैंने कोई नाम दे दिया, उसी के प्रति मैं प्रतिक्रिया करता हूं। यह मेरा प्रक्षेपण है। यही मेरा नामांकन है। मुझे अनुभव प्रदान करने वाली वह इच्छा मुझसे कहलवाती है, ''मुझे एक अनुभव हुआ'', ''मुझे एक गुरु मिला'', अथवा ''मुझे गुरु नहीं मिला''। किसी अनुभव को नाम देने की समूची प्रक्रिया से आप परिचित हैं। क्या इच्छा को ही आप अनुभव नहीं कहते?

जब मैं एक निश्चल मन की इच्छा करता हूं, तब क्या होता है? क्या घटित होता है? अनेक कारणों से मैं एक शांत मन, एक मौन मन के महत्त्व को समझता हूं; क्योंकि उपनिषदों ने ऐसा कहा है, धर्मशास्त्रों ने ऐसा कहा है अथवा संतों ने ऐसा कहा है। यही नहीं, चूंकि सारा दिन मेरा मन बातों में लगा रहता है, मैं स्वयं ही प्रायः यह महसूस करने लगता हूं कि शांत रहना कितना अच्छा है। कभी-कभी मैं यह महसूस भी करता हूं कि शांत मन का, मौन मन का होना कितना आनंदप्रद है। यहां इच्छा शांति का, मौन का अनुभव करने की है। मैं एक निश्चल मन चाहता हूं और इसलिए मैं पूछता हूं, ''मैं उसे कैसे पा सकता हूं?'' मैं जानता हूं कि तमाम पुस्तकें ध्यान-साधना के बारे में, अलग-अलग अनुशासनों के बारे में क्या कहती हैं। इसलिए अनुशासन के द्वारा मैं शांति का अनुभव करना चाहता हूं। इस प्रकार होता यह है कि स्व, 'मैं' अपने को मौन के अनुभव में स्थापित कर लेता है।

मैं सत्य को समझना चाहता हूं यह मेरी इच्छा, मेरी उत्कंठा है। अब सत्य के बारे में मैं अपने विचारों का प्रक्षेपण करने लगता हूं, क्योंकि मैंने उसके विषय में बहुत-कुछ पढ़ रखा है, अनेक व्यक्तियों को सत्य के बारे में चर्चा करते सुना है, धर्मशास्त्रों में इसका वर्णन पढ़ा है। मैं यह सब चाहता हूं। फिर क्या होता है? वही इच्छा, वही आवश्यकता प्रक्षिप्त होती है और मैं उसी का अनुभव करता हूं क्योंकि मैं उस प्रक्षिप्त अवस्था को पहचान लेता हूं। यदि मैं उस अवस्था को न पहचानूं तो मैं उसे सत्य नहीं कहूंगा। मैं उसे पहचान लेता हूं इसलिए उसका अनुभव करता हूं और वह अनुभव स्व को, 'मैं' को मजबूत करता है। क्या आपको ऐसा नहीं लगता? इस प्रकार स्व अनुभव में जकड़ा जाता

है। और तब आप कहते हैं, ''मैं जानता हूं'', ''दिव्यात्मा का अस्तित्व है'', ''ईश्वर है'' या ''ईश्वर नहीं है''; अथवा आप कहते हैं कि यही राजनीतिक व्यवस्था ठीक है और बाकी कोई ठीक नहीं है।

इस प्रकार अनुभव सदा 'मैं' को बल प्रदान करता है। जितना अधिक आप अपने अनुभव में जकड़े रहेंगे, स्व उतना ही अधिक शक्तिशाली होता जायेगा। इसी के फलस्वरूप आपमें एक किस्म की चरित्रगत दृढ़ता, ज्ञान की, विश्वास की दृढ़ता आती है, जिसे आप दूसरे व्यक्तियों के सामने प्रदर्शित करते हैं, क्योंकि आप जानते हैं कि वे उतने चतुर नहीं हैं जितने आप हैं, क्योंकि आपके पास लिखने की या बोलने की क्षमता है, और आप धूर्त हैं। चूँकि स्व अभी भी कार्य कर रहा है, अतः आपके विश्वास, आपकी दिव्यात्माएं, आपकी जाति, आपकी आर्थिक व्यवस्था, यह सभी अलगाव की ही प्रक्रिया है, और इस सब से मतभेद उपजता है। अतः यदि आप इस मामले में गंभीर हैं, तो इस केंद्र का आपको पूर्णतया विसर्जन करना होगा, न कि उसका समर्थन। इसीलिए हमें अनुभव की प्रक्रिया को अवश्य समझना चाहिए।

क्या मन के लिए, स्व के लिए यह संभव है कि वह प्रक्षेपित न करे, अभिलाषा न करे, अनुभव न करे? हम देखते हैं कि स्व के सभी अनुभव नकारात्मक और विध्वंसक होते हैं, और फिर भी हम उन्हें सकारात्मक कहते हैं। यही सब है जिसे हम जीवन का सकारात्मक, विधिपरक मार्ग कहते हैं। और इस सारी प्रक्रिया को उलटने की बात कहें, तो आप इसे निषेध कहेंगे। क्या आपकी यह सोच ठीक है? क्या हम--आप और मैं--व्यक्तिगत तौर पर, इसकी तह तक पहुंच सकते हैं और स्व की इस प्रक्रिया को समझ सकते हैं? स्व का विसर्जन कैसे होगा? धार्मिक और दूसरे संप्रदाय तादात्म्य का प्रस्ताव रखते हैं। वे कहते हैं, ''स्वयं को किसी विशालता के साथ एकरूप कर दो और स्व का लोप हो जायेगा''। लेकिन यह तादात्म्य भी स्व की ही प्रक्रिया है; जो विशाल है, वह 'मैं' का ही प्रक्षेपण है, उसी का मैं अनुभव करता हूं और इसीलिए वह 'मैं' को ही बल देता है।

विभिन्न प्रकार की साधन-प्रणालियां, विश्वास और ज्ञान, निस्संदेह केवल स्व को ही शक्तिशाली बनाते हैं। क्या हम ऐसा कोई तत्त्व खोज सकते हैं जो स्व का अंत कर दे? अथवा यह सवाल ही गलत है? यही तो हम मुख्यतः चाहते हैं। क्या हम कुछ ऐसा ही नहीं चाहते जो 'मैं' को विसर्जित कर दे? हम सोचते हैं कि तादात्म्य, विश्वास इत्यादि इसके अनेक साधन हैं। परंतु वे सभी एक ही स्तर के हैं। उनमें से कोई भी दूसरे से श्रेष्ठ नहीं है, क्योंकि वे सब स्व को, 'मैं' को दृढ़ करने में समान रूप से समर्थ हैं। इसलिए जब 'मैं' कार्य कर रहा हो, क्या मैं उसे देख सकता हूं, उसकी विनाशकारी शक्तियों को समझ सकता हूं? नाम मैं उसे चाहे जो दूं, वह अलगाव लाने वाली और विनाशकारी शक्ति है, और मुझे उसके विसर्जन का कोई तौर-तरीका खोजना होगा। आपने स्वयं से यह प्रश्न ज़रूर किया होगा--''मैं हर क्षण 'मैं' को कार्य करते हुए, हमेशा चिंता, भय, कुंठा, निराशा, कष्ट पैदा करते हुए देखता हूं, केवल मेरे लिए ही नहीं बल्कि सभी के लिए। क्या इस

स्व का आंशिक तौर पर नहीं, बल्कि पूरी तरह से अंत हो सकता है?'' क्या हम उसकी जड़ तक पहुंचकर उसे नष्ट कर सकते हैं? क्या सही ढंग से कार्य करने का यही एक तरीका नहीं है? मैं आंशिक रूप से नहीं, बल्कि पूर्णतः प्रज्ञावान होना चाहता हूं। हममें से अधिकांश कुछ स्तरों पर ही बुद्धिमान होते हैं; आप संभवतः एक स्तर पर बुद्धिमान हैं तो मैं दूसरे स्तर पर। आपमें से कुछ अपने व्यापार के कार्य में बुद्धिमान हैं और कुछ अपने दफ्तर के काम में, और इसी प्रकार से विभिन्न स्तर हैं, लोग अलग-अलग स्तरों पर बुद्धिमान हैं; लेकिन हम समग्रता से बुद्धिमान नहीं हैं। *समग्रता से प्रज्ञाशील होने का अर्थ है बिना स्व के होना।* क्या यह संभव है?

तो क्या स्व का पूरी तरह से लोप हो सकता है? आपको मालूम है कि यह हो सकता है। उसके लिए क्या-क्या ज़रूरी है, क्या-क्या करना होता है? वह तत्त्व क्या है जो इस अवस्था को ला सकता है? ''क्या मैं उसे खोज सकता हूं?'' जब मैं यह सवाल करता हूं तो निश्चित है कि मैंने यह मान लिया है कि यह संभव है; इस प्रकार मैंने पहले से ही एक ऐसे अनुभव को रच लिया है जो स्व को और दृढ़ करेगा? स्व को समझने के लिए काफी सतर्कता की, खूब जागरूकता की, हमेशा चौकस रहने की आवश्यकता है, ताकि वह नज़र से ओझल न हो। मैं वाकई स्व का लोप चाहता हूं; जब मैं ऐसा कहता हूं, तब मैं मानकर चल रहा हूं कि स्व का विसर्जन संभव है। जिस क्षण मैं कहता हूं, ''मैं इसका विसर्जन करना चाहता हूं,'' उस समय भी स्व का अनुभव कायम रहता है, और इस प्रकार स्व दृढ़ होता रहता है।

तो स्व बिना अनुभव के कैसे रहे? हम देखते हैं कि सृजन की अवस्था किसी भी प्रकार से स्व के अनुभव की अवस्था नहीं है। सृजन वहीं है जहां स्व नहीं है, क्योंकि सृजन बौद्धिक नहीं है, मन की वस्तु नहीं है, स्व का प्रक्षेपण नहीं है; वह समस्त अनुभव-क्रिया से परे की बात है। तो क्या मन के लिए यह संभव है कि वह पूर्णतया निश्चल हो जाये, एक ऐसी अवस्था को पा ले जहां न तो पहचान जोड़ने की कोई क्रिया हो, न ही अनुभव की, एक ऐसी अवस्था जिसमें सृजन हो सके, अर्थात् जहां स्व न हो, जहां स्व अनुपस्थित हो? क्या समस्या यही नहीं है? मन की कोई भी हलचल, चाहे विधिपरक हो या निषेधात्मक, एक ऐसा अनुभव है जो वास्तव में 'मैं' को ही दृढ़ करता है। तो क्या मन के लिए यह संभव है कि उसमें अनुभव को पहचान देने की क्रिया न हो? ऐसा केवल पूर्ण मौन में ही संभव है, परंतु वह मौन नहीं, जो 'मैं' अनुभव करे और इस प्रकार स्व को ही दृढ़ करे।

क्या स्व से अलग कोई ऐसी हस्ती है जो स्व को देखती है और उसका विसर्जन करती है? क्या स्व के ऊपर कोई आध्यात्मिक सत्ता है जो उसे ध्वस्त करती है, एक तरफ हटा देती है? हम ऐसा ही तो सोचते हैं। अधिकांश धार्मिक व्यक्ति सोचते हैं कि कोई ऐसा तत्त्व है। भौतिकवादी कहता है, ''स्व का विध्वंस असंभव है, राजनीतिक, आर्थिक और सामाजिक रूप से उसे केवल संस्कारित और नियंत्रित किया जा सकता है; हम उसे किसी ढांचे में ही दृढ़तापूर्वक जकड़ सकते हैं और तोड़ सकते हैं, इस प्रकार उसे एक

ऐसा ऊंचा जीवन, एक ऐसा नैतिक जीवन जीने के लिए बाध्य कर सकते हैं जिसमें वह किसी के भी काम में बाधा न डाले और सामाजिक प्रारूप के अनुसार चलता जाये और बस एक यंत्र की तरह काम करता रहे।'' इससे हम परिचित हैं। दूसरी ओर वे तथाकथित धार्मिक लोग हैं जो वास्तव में धार्मिक नहीं हैं, हालांकि वे ऐसा कहलाते हैं--जिनका कहना है, ''आधारभूत रूप से एक ऐसा तत्त्व है, यदि हम उसके संपर्क में आ जायें तो वह स्व का विसर्जन कर देगा''।

क्या स्व को विसर्जित करने वाला ऐसा कोई तत्त्व है? कृपया देखें कि हम क्या कर रहे हैं? हम स्व को एक कोने में धकेलने की कोशिश कर रहे हैं। यदि आप ऐसा होने देते हैं, तो आप देखिए कि क्या होता है। हम चाहेंगे कि कोई ऐसा तत्त्व हो जो कालातीत हो, जो स्व से संबद्ध न हो, और हमें उम्मीद है कि जो आएगा तथा स्व को नष्ट कर देगा, उसी को हम ईश्वर कहते हैं। तो क्या ऐसा कोई तत्त्व है जिसकी मन कल्पना कर सकता हो? शायद हो, या न हो; लेकिन मुद्दा वह नहीं है।

प्रश्न यह है कि जब मन ऐसी कालातीत आध्यात्मिक अवस्था को खोजता है जो स्व के विनाश का कार्य करेगी, तो क्या यह भी एक दूसरे प्रकार का अनुभव नहीं होगा जो 'मैं' को दृढ़ करेगा? जब आप विश्वासों में जीते हैं तो क्या ऐसा ही नहीं होता है? जब आप सत्य, ईश्वर, कालातीत अवस्था, अमरत्व में विश्वास करते हैं, तो क्या यह स्व को ही दृढ़ करने की प्रक्रिया नहीं है? स्व ही उस तत्त्व को प्रक्षेपित करता है जिसके बारे में आप ऐसा सोचते और विश्वास करते हैं कि वह आएगा और स्व का विध्वंस कर देगा। अतः आध्यात्मिक सत्ता के रूप में एक कालातीत अवस्था में बने रहने की कल्पना का प्रक्षेपण करते हुए आप किसी अनुभव से गुज़रते हैं, और ऐसा अनुभव 'स्व' को और मजबूत करता है। तब फिर ऐसा करने का क्या मतलब हुआ? आपने वास्तव में स्व का विध्वंस नहीं किया, बल्कि उसे एक दूसरा नाम, एक दूसरा गुण प्रदान कर दिया; स्व तो अभी भी वहां है, क्योंकि उसीका अनुभव आपने किया है। इस प्रकार हमारी सारी क्रिया आरंभ से अंत तक एक ही क्रिया है, हम बस मान लेते हैं कि इसका विकास हो रहा है, इसकी अभिवृद्धि हो रही है, यह अधिकाधिक निखरती जा रही है; किंतु यदि आप आंतरिक रूप से देखें, तो यह वही क्रिया है जो निरंतर जारी है, वही 'मैं' है जो विभिन्न स्तरों पर विभिन्न शीर्षकों के अंतर्गत अलग-अलग नामों से काम कर रहा है।

जब आप इस समस्त प्रक्रिया को देखते हैं, स्व की चतुराई को, उसके असाधारण आविष्कारों को, उसकी बुद्धिमत्ता को, कि कैसे वह अपने को तादात्म्य के द्वारा, सद्गुण के द्वारा, अनुभव के द्वारा, विश्वास के माध्यम से, ज्ञान के माध्यम से ढंक लेता है, जब आप देखते हैं कि मन एक घेरे में घूम रहा है, वह अपने बनाए पिंजड़े में ही कैद है, तो क्या होता है? जब आप इसके प्रति सचेत होते हैं, पूर्णतया इससे परिचित हो जाते हैं, तो क्या अपने आपको असाधारण रूप से शांत नहीं पाते--बिना किसी दबाव, डर या पुरस्कार के? जब आप यह देख लेते हैं कि मन की प्रत्येक गति स्व को दृढ़ करने का ही एक रूप है, जब आप मन को काम करते हुए अच्छी तरह देख लेते हैं, उसके प्रति

पूरी तरह जागरूक हो जाते हैं, जब आप इस बिंदु तक पहुंचते हैं--वैचारिक या शाब्दिक रूप से नहीं और न किसी प्रक्षिप्त अनुभूति के द्वारा, बल्कि जब आप वास्तव में उस स्थिति में होते हैं--तब आप देखेंगे कि मन पूर्णतया निश्चल होने के कारण उधेड़बुन की, कुछ भी निर्मित करते चले जाने की क्षमता खो देता है। मन जो कुछ बनाता है, वह एक दायरे में ही, स्व के क्षेत्र में ही होता है। जब मन अपनी सृष्टि नहीं कर रहा होता, सृजन तभी संभव होता है, और यह एक ऐसी प्रक्रिया है जो पहचान से परे है।

यथार्थ को, सत्य को पहचाना नहीं जा सकता। सत्य के उजागर होने के लिए विश्वास, ज्ञान, अनुभव-क्रिया, सदाचार का अभ्यास आदि सभी को विदा करना होगा। जिस सदाचारी व्यक्ति को सदाचार के अनुशीलन का एहसास है, वह यथार्थ को कभी नहीं पा सकता। वह एक उच्चकोटि का सज्जन हो सकता है, परंतु सत्य को समझने वाले व्यक्ति से वह पूरी तरह भिन्न होगा। सत्य को जीने-समझने वाले व्यक्ति के लिए ही सत्य प्रत्यक्ष प्रकट है। सद्गुणी व्यक्ति नीतिपरक होता है, और एक नीतिपरक व्यक्ति सत्य को नहीं समझ सकता क्योंकि सद्गुण उसके लिए स्व को ढंक लेने का कार्य करता है, वह स्व को ही दृढ़ करता है, क्योंकि वह व्यक्ति सद्गुण के अनुसरण में लगा होता है। जब वह कहता है, ''मुझे लालच से मुक्त होना चाहिए'', तो उसके द्वारा अनुभव की जा रही लोभरहित अवस्था स्व को ही दृढ़ करती है। इसीलिए अकिंचन होना इतना महत्त्वपूर्ण है, केवल सांसारिक चीज़ों के बारे में ही नहीं, बल्कि विश्वास, ज्ञान आदि के बारे में भी। सांसारिक दृष्टि से अथवा ज्ञान और विश्वास की दृष्टि से समृद्ध मनुष्य अंधकार के सिवा कुछ नहीं पाएगा, और तमाम खुराफात और कष्ट का केंद्र बनेगा। लेकिन यदि आप और मैं, व्यक्तिगत रूप से स्व के इन तमाम तौर-तरीकों को देख सकें, तो हम प्रेम को जान पाएंगे। मैं आपको आश्वस्त करता हूं कि यही एक ऐसा सुधार है जो संसार को बदल सकेगा। प्रेम कभी स्व का नहीं होता। स्व प्रेम को नहीं पहचान सकता। जब आप कहते हैं, ''मैं प्रेम करता हूं'', तब उस कहने में ही, उस अनुभव में ही प्रेम नहीं है। किंतु जब आपको प्रेम का एहसास होता है, तो स्व की मौजूदगी नहीं होती। जहां प्रेम है, स्व नहीं है।

भय का स्वरूप

भय क्या है? भय किसी न किसी बात का होता है, उसका अपने आप में अलग-थलग अस्तित्व नहीं होता। मुझे मृत्यु का भय कैसे हो सकता है, मुझे किसी ऐसी चीज़ का भय कैसे हो सकता है जिसे मैं जानता ही नहीं? भय मुझे केवल उसी का हो सकता है जिसे मैं जानता हूं। जब मैं कहता हूं कि मैं मृत्यु से डरता हूं, तो क्या मैं वास्तव में किसी अज्ञात से, जो कि मृत्यु है, भयभीत हूं, या फिर मैं जो कुछ जानता हूं उसके खोने का मुझे डर है। मेरा भय मृत्यु का नहीं है, बल्कि अपनी सभी चीज़ों से रिश्ता टूटने का है। मेरा भय सदा ज्ञात के संबंध में होता है, अज्ञात के नहीं।

अतः मेरी खोजबीन का सरोकार इस बात से होगा कि ज्ञात के भय से कैसे मुक्ति पायी जाये, अर्थात् अपने परिवार को, अपनी प्रतिष्ठा को, अपने चरित्र को, अपने बैंक के खाते को, अपनी भूख-लालसा आदि को खो देने के भय से कैसे मुक्ति पायी जाये? आप कह सकते हैं कि भय अंतरात्मा से पैदा होता है, परंतु आपकी अंतरात्मा तो आपके संस्कारों से निर्मित हुई है, इसलिए वह ज्ञात का ही परिणाम है। अब सवाल है कि मैं जानता क्या हूं? जानकारी का अर्थ है वस्तुओं के बारे में मतों और अवधारणाओं का होना, ज्ञात से जो हमारा संबंध है उसके विषय में निरंतरता का भान होना; इसके अलावा जानकारी का और कोई अर्थ नहीं है। अवधारणाएं स्मृतियां भर होती हैं, वे अनुभव का परिणाम होती हैं और अनुभव किसी चुनौती का प्रत्युत्तर होता है। मैं ज्ञात से भयभीत हूं, इसका अर्थ है कि मैं व्यक्तियों, वस्तुओं अथवा विचारों को खो देने से डरता हूं। मैं अपनी असलियत को जानने से भयभीत हूं, भटक जाने का डर है मुझे, खोने के, न पाने के या और अधिक सुख न हासिल कर सकने की पीड़ा से मैं भयभीत हूं।

एक भय पीड़ा का होता है। शारीरिक पीड़ा एक स्नायुगत प्रतिक्रिया है, लेकिन मानसिक पीड़ा तब होती है जब मैं संतोष देने वाली चीज़ों से चिपका रहता हूं, क्योंकि तब मैं हर उस व्यक्ति से या उस चीज़ से डरा हुआ होता हूं जो उन्हें मुझसे छीन सकती है। जब तक मनोवैज्ञानिक रूप से संचित अनुभवों को किसी तरह छेड़ा नहीं जाता, वे मानसिक पीड़ा को रोकने का काम करते हैं। मैं इन संचयनों की, इन अनुभवों की एक गठरी हूं और इनकी वजह से कोई गहरी खलबली नहीं होती है, और खलबली में चाहता

नहीं। इसलिए हर उस व्यक्ति से मैं डरा रहता हूं जो उन संचित अनुभवों को हिला सकता है। इस तरह मेरा भय जानी हुई चीज़ों का होता है; मैं शारीरिक या मनोवैज्ञानिक रूप से संचित उन अनुभवों से डरा होता हूं जिन्हें मैंने पीड़ा को दूर रखने अथवा दुःख से बचने के लिए एकत्रित किया है। परंतु दुःख तो उस प्रक्रिया में ही है जो मनोवैज्ञानिक पीड़ा को अपने से दूर रखने के लिए आवश्यक अनुभवों के संचय में होती है। जानकारी भी कष्ट को दूर रनि में सहायक होती है। जैसे चिकित्सा संबंधी ज्ञान शारीरिक पीड़ा को दूर करने में सहायक होता है, वैसे ही विश्वास मानसिक पीड़ा को दूर करने में सहायक होते हैं, और इसीलिए मैं अपने विश्वासों को खो देने से भयभीत रहता हूं, हालांकि मुझे इन विश्वासों की सच्चाई का न तो पूरा ज्ञान है और न इसके लिए मेरे पास कोई ठोस प्रमाण ही है। अपने ऊपर लादे गए किन्हीं परंपरागत विश्वासों का परित्याग तो मैं कर सकता हूं, क्योंकि मेरा अपना अनुभव मुझे शक्ति, भरोसा और समझ प्रदान करता है; लेकिन वैसे विश्वास और जो ज्ञान मैंने हासिल किया है मूलतः एक ही बात है—कष्ट को दूर रखने के उपाय भर।

जब तक ज्ञात का संचय होता है, उसके खो जाने का डर भी बना रहता है, इसलिए जो अज्ञात का भय है, वह वास्तव में संचित हुए ज्ञात के खो जाने का भय है। संचय है तो भय का होना निश्चित है और भय के साथ कष्ट का होना; और जिस क्षण में यह कहता हूं कि मुझे इस संचय को खोना नहीं चाहिए, भय पैदा हो जाता है। हालांकि संचय करने के पीछे मेरी मंशा कष्ट को दूर करने की होती है, फिर भी इसकी प्रक्रिया में कष्ट समाया रहता है। मेरे द्वारा संचित वस्तुएं ही भय पैदा करती हैं, और भय ही पीड़ा है।

आत्मरक्षा की भावना के बीज से ही आक्रामकता उपजती है। मैं भौतिक सुरक्षा चाहता हूं और इसके लिए मैं एक संप्रभुता-संपन्न सरकार निर्मित करता हूं, और इसे सेनाओं की ज़रूरत होती है जिसका अर्थ होता है युद्ध, और अंत में सुरक्षा ही नष्ट हो जाती है। जहां कहीं भी व्यक्ति आत्मसुरक्षा चाहता है, वहीं भय होता है। जब मैं सुरक्षा की मांग की भ्रामकता को देख लेता हूं, संचय करना बंद कर देता हूं। यदि आप कहते हैं कि आप इसे समझते तो हैं, पर फिर भी आप बिना संचय किए नहीं रह सकते, तो इसका कारण यही है कि आपने वास्तव में इस बात को नहीं देखा कि संचय में ही पीड़ा निहित है।

संचय की प्रक्रिया में भय है, और विश्वास इस संचय की प्रक्रिया का अंग है। मेरे पुत्र की मृत्यु हो जाती है और मैं उसके पुनर्जन्म में विश्वास करता हूं, ताकि मनोवैज्ञानिक रूप से और अधिक पीड़ा न हो, लेकिन विश्वास की प्रक्रिया में संदेह भी निहित है। बाह्य रूप से मैं वस्तुओं का संचय करता हूं और इस प्रकार युद्ध का कारण बनता हूं। आंतरिक रूप से मैं विश्वासों को जमा करता रहता हूं और फिर कष्ट भुगतता हूं। जब तक मुझमें सुरक्षा की, बैंक खातों की, सुख वगैरह की चाह है, जब तक मैं शारीरिक या मानसिक तौर पर कुछ बनना चाहता हूं, पीड़ा अनिवार्य है। दुःख-दर्द को दूर करने के लिए मैं जो

कुछ भी करूंगा, वही मेरे लिए डर और दुःख-दर्द उपजायेगा।

जब मैं किसी विशिष्ट ढांचे में ढलना चाहता हूं, तभी भय पैदा होता है। बिना भय के जीने का अर्थ है, बिना किसी खास ढांचे के जीना। किसी खास ढांचे के अनुसार जीने की मेरी इच्छा ही भय उपजाती है। मेरी कठिनाई किसी एक निश्चित ढांचे में रहने की आकांक्षा ही है। क्या मैं इस ढांचे को तोड़ नहीं सकता? ऐसा मैं कर सकता हूं लेकिन तभी, जब मैं इस सत्य को समझ लूं कि यह ढांचा भय का कारण है और यह भय इसी ढांचे को मज़बूती दे रहा है। अब यदि मैं कहता हूं कि मुझे इस ढांचे को तोड़ देना चाहिए क्योंकि मैं भय से मुक्त होना चाहता हूं, तो इसका भी यही अर्थ होगा कि मैं केवल एक दूसरे ढांचे का अनुसरण कर रहा हूं जिससे नया भय जन्म लेगा। मेरे द्वारा किया गया कोई भी ऐसा कार्य जो इस ढांचे को तोड़ने की इच्छा पर आधारित है, केवल एक दूसरा ढांचा बनाएगा और इस प्रकार भय का कारण बनेगा। तो बिना भय को लाए मैं इस ढांचे को कैसे तोड़ूं—जिसका अर्थ है कि कैसे इस ढांचे के प्रति अपनी तरफ से कोई भी चेतन या अचेतन क्रिया किए बिना मैं इसे तोड़ दूं? इसका मतलब है कि मुझे कोई क्रिया नहीं करनी होगी, मुझे इस ढांचे को तोड़ने के लिए कोई हरकत नहीं करनी होगी। जब मैं उस ढांचे का अवलोकन भर करता हूं और उसके बारे में कुछ नहीं करता, तो मेरे साथ क्या होता है? मैं देखता हूं कि मन स्वयं ही एक ढांचा, एक प्रारूप है; वह उसी प्रारूप में रहता है जिसका वह अभ्यस्त है और जिसे उसने अपने लिए रचा है। अतः मन स्वयं ही भय है। मन की कोई भी क्रिया या तो किसी पुराने ढांचे को दृढ़ करती है अथवा नये को आगे बढ़ाती है। इसका अर्थ है कि भय से मुक्त होने के लिए मन जो कुछ भी करता है, वही भय का कारण बन जाता है।

भय पलायन के अनेक रास्ते खोज लेता है। क्या तादात्म्य उनमें सबसे आम रास्ता नहीं है?—हम किसी देश, समाज, या विचार से अपना तादात्म्य कर लेते हैं। क्या आपने नहीं देखा कि जब आप किसी जुलूस को, किसी सैनिक मार्च या धार्मिक यात्रा को देखते हैं, अथवा जब राष्ट्र पर बाहरी आक्रमण का खतरा मंडरा रहा होता है, तो आपकी प्रतिक्रिया क्या होती है? आप राष्ट्र के साथ, किसी व्यक्ति के साथ, किसी विचारधारा के साथ अपना तादात्म्य कर लेते हैं। इसी प्रकार दूसरे अवसर होते हैं जब आप अपने पुत्र के साथ, अपनी पत्नी के साथ, किसी विशेष कर्म या अकर्म के साथ तादात्म्य कर लेते हैं। तादात्म्य अपने आपको भूलने की प्रक्रिया है। जब तक मुझे 'मैं' का एहसास है, मुझे मालूम है कि कष्ट बना रहता है, संघर्ष बना रहता है, निरंतर भय बना रहता है। लेकिन मैं किसी बड़ी चीज़ के साथ, किसी महत्त्वपूर्ण वस्तु के साथ, सौंदर्य के साथ, सत्य के साथ, विश्वास के साथ, ज्ञान के साथ तादात्म्य कर लेता हूं, तब कुछ समय के लिए ही सही, मुझे 'मैं' से बचने का एक रास्ता मिल जाता है। जब मैं 'अपने देश' के बारे में बात करता हूं, तो मैं खुद को कुछ क्षणों के लिए भूल जाता हूं। क्या ऐसा नहीं होता? जब मैं ईश्वर के बारे में कुछ कह पाता हूं, तो भी मैं खुद को भूल जाता हूं। जब मैं

अपने परिवार के साथ, किसी समूह के साथ, किसी राजनीतिक दल के साथ, किसी विचारधारा के साथ अपना तादात्म्य करता हूं, तो कुछ समय के लिए ही सही, मुझे पलायन का मार्ग मिल जाता है।

इस प्रकार तादात्म्य की क्रिया अपने से, स्व से बचने का एक तरीका है, उसी प्रकार जैसे सदाचार स्व से बचने का तरीका है। सदाचार का अभ्यास करने वाला स्व से भाग रहा है और संकुचित मन वाला है। ऐसे मन का सदाचार से कोई संबंध नहीं, क्योंकि सदाचार अभ्यास वाली बात नहीं है। जितना अधिक आप सद्‌गुणी होने की कोशिश करेंगे, उतना ही अधिक स्व को, ‘मैं’ को मज़बूत करेंगे। किसी न किसी रूप में हम सब में समान रूप से रहने वाला भय हमेशा अपने विकल्प की तलाश में होता है और इसलिए हमारे संघर्ष को बढ़ाता रहता है। जितना अधिक आप इस विकल्प से समरूप होंगे, उतना ही अधिक अपने लक्ष्य को पकड़े रहने की आपको ताकत मिलेगी, जिसके लिए संघर्ष करने को, मृत्यु का वरण करने को आप तैयार रहते हैं, क्योंकि पीछे भय खड़ा है।

क्या अब हम समझ पा रहे हैं कि भय क्या है? क्या भय, ‘जो है’ उसका अस्वीकार नहीं है? हमें ‘स्वीकार’ शब्द को समझना चाहिए। मैं इस शब्द का प्रयोग उस प्रयास के संदर्भ में नहीं कर रहा हूं जो स्वीकार करने में होता है। जब हम ‘जो है’ को साफ-साफ देख लेते हैं, तो स्वीकार का कोई सवाल ही नहीं उठता। जब मैं ‘जो है’, उसे स्पष्टता से नहीं देखता, तभी मैं स्वीकार के मसले को बीच में लाता हूं। अतः भय ‘जो है’ की अस्वीकृति है। मैं इन प्रतिक्रियाओं, प्रत्युत्तरों, स्मृतियों, आशाओं, निराशाओं, कुंठाओं का संग्रह हूं जो चेतना की अवरुद्ध गति का परिणाम हैं, फिर मैं इनके परे कैसे जा सकूंगा? क्या मन इन अवरोधों और बाधाओं के बिना सचेत हो सकता है? हम जानते हैं कि जब कोई बाधा नहीं होती, तो कितना अलौकिक आनंद रहता है। क्या आप नहीं जानते कि जब शरीर पूर्णतया स्वस्थ होता है तो एक विशेष प्रकार के आनंद की, सुख-चैन की अनुभूति होती है; क्या आप नहीं जानते कि जब मन पूर्णतया मुक्त होता है, अवरोधरहित होता है, जब ‘मैं’ के रूप में पहचान का कोई केंद्र नहीं रहता, तब आप एक प्रकार का आनंद अनुभव करते हैं? क्या आपने ऐसी अवस्था का अनुभव नहीं किया है जब स्व अनुपस्थित होता है? निस्संदेह हम सभी ने यह अनुभव किया है।

जब स्व का पूर्ण रूप से, समग्रता से अवलोकन किया जाता है, तभी उसकी समझ और उससे मुक्ति संभव है। और मैं ऐसा तभी कर सकता हूं, जब इच्छा से उपजी सारी क्रिया-प्रक्रिया को समझ लूं—बिना औचित्य-समर्थन के, बिना निंदा के और बिना दमन के। इच्छा विचार की ही अभिव्यक्ति है, विचार इच्छा से अलग नहीं है। यह समझ लेने के बाद ही मैं यह जान पाऊंगा कि स्व के बंधनों से परे जाया जा सकता है या नहीं।

सरलता

सरलता क्या है? मैं इस पर विचार करना चाहूंगा और संभवतः इसके माध्यम से मैं संवेदनशीलता का अन्वेषण करना चाहूंगा। हम यह समझ लेते हैं कि सरलता बाहरी अभिव्यक्ति, त्याग मात्र है : कम-से-कम संग्रह, बस एक लंगोटी, अपना घर न हो, नहीं के बराबर कपड़े, बैंक में बस नाम मात्र की रकम। निस्संदेह यह सरलता नहीं है, सादगी नहीं है। यह उसका केवल बाहरी दिखावा है। मुझे लगता है कि सरलता अत्यंत आवश्यक है, परंतु सरलता हममें तभी आती है जब हम स्वबोध के महत्त्व को समझना शुरू करते हैं।

सरलता किसी आदर्श या प्रारूप के साथ समायोजन कर लेना मात्र नहीं है। सरल होने के लिए बहुत प्रज्ञा की आवश्यकता होती है। सरलता किसी खास ढर्रे के अनुकूल होने से नहीं आती, वह ढर्रा देखने में कितना भी मूल्यवान क्यों न लगता हो। दुर्भाग्यवश हममें से अधिकांश व्यक्ति बाहरी सादगी से ही शुरुआत करते हैं। कम चीज़ें रखना, कम में ही संतोष कर लेना और उस कम को भी दूसरों के साथ बांट लेना अपेक्षाकृत आसान है, लेकिन वस्तुओं में, संपत्ति में सरलता की यह बाह्य अभिव्यक्ति निस्संदेह व्यक्ति के अंतर की सरलता की ओर इंगित नहीं करती। क्योंकि विश्व की आज जैसी स्थिति है, अधिक-से-अधिक चीज़ें हमारे ऊपर बाहर से लादी जा रही हैं। जीवन ज़्यादा-से-ज़्यादा जटिल होता जा रहा है। उससे बचने के लिए हम चीज़ों के परित्याग की या इनसे अनासक्त होने की कोशिश करते हैं--मोटर-कारों से, मकानों से, संगठनों से, सिनेमा से और बाहर से हम पर लादी जाने वाली ऐसी ही अन्य चीज़ों से। हम सोचते हैं कि इस पलायन से हम सरलता को प्राप्त कर लेंगे। अनेक महान संतों ने, आचार्यों ने इस संसार से संन्यास लिया है, और मुझे ऐसा प्रतीत होता है कि ऐसा संन्यास समस्या हल नहीं करता। वास्तविक और मौलिक सरलता किसी व्यक्ति में केवल भीतर से ही आ सकती है और फिर वहीं से उसकी बाह्य अभिव्यक्ति होती है। सरल कैसे हों, असली समस्या यही है। ऐसी सरलता व्यक्ति को अधिकाधिक संवेदनशील बनाती है। एक संवेदनशील मन, एक संवेदनशील हृदय का होना ज़रूरी है, क्योंकि ऐसा होने पर ही मन तत्क्षण बोध और ग्रहणशीलता के योग्य बनता है।

जिन अनगिनत अवरोधों से, आसक्तियों से, भयों से हम जकड़े हुए हैं, उन्हें गहराई से समझने पर ही आंतरिक सरलता आती है। लेकिन हममें से अधिकांश को लोगों से, संपत्ति से, धारणाओं से बंधे रहना *पसंद* है। हमें कैद में बंद होने का चाव है। अंदर से हम कैदी हैं, हालांकि बाहर से हम बड़े सरल नज़र आते हैं। अंदर से हम अपनी वासनाओं के, अपनी चाहतों के, अपने आदर्शों के व असंख्य प्रेरकों के बंदी हैं। सरलता तब तक नहीं आ सकती, जब तक हम भीतर से मुक्त नहीं हैं। अतः उसकी शुरुआत अंदर से होनी चाहिए, न कि बाहर से।

जब हम विश्वास की समस्त प्रक्रिया को समझ लेते हैं, यह समझ लेते हैं कि मन विश्वास में क्यों आसक्त है, तो उस अवस्था में अद्भुत स्वतंत्रता होती है। विश्वासों से स्वतंत्र होने में ही सरलता है। परंतु इस सरलता के लिए प्रज्ञा की आवश्यकता होती है और प्रज्ञावान होने के लिए हमें स्वयं अपनी बाधाओं के प्रति सजग होना होगा। इस सजगता के लिए हमें निरंतर सतर्क होना होगा, यह नहीं कि किसी विशेष विचार-प्रणाली में, किसी विशेष विचार या कर्म के प्रारूप में आश्रय लेकर बैठे रहें। हम जो कुछ अंदर से होते हैं, उसका प्रभाव अंततः बाहर भी पड़ता है। समाज या फिर किसी भी प्रकार का कर्म हमारा ही प्रक्षेपण है, और बिना अंतस् में परिवर्तन किए केवल बाहर से कानून लागू करने से कुछ नहीं होगा। उससे कुछ सुधार, कुछ सामंजस्य हो सकता है, लेकिन जो अंतर में होता है वह बाह्य के ऊपर सदा हावी हो जाता है। यदि हम भीतर से लोभी हैं, महत्त्वाकांक्षी हैं, किन्हीं आदर्शों का अनुशीलन कर रहे हैं, तो यह आंतरिक जटिलता अंत में बाह्य समाज को, भले ही वह बड़ी सावधानी और योजनाबद्ध तरीके से बनाया गया हो, उलट-पलट देगी।

अतः हमें शुरुआत भीतर से करनी होगी--पर बाकी सबको, बाह्य को नकार कर नहीं। निश्चित रूप से बाह्य को समझ कर ही, बाहरी द्वंद्व, संघर्ष और पीड़ा को जानकर ही आप अंतस् को समझ पाएंगे। जितना अधिक हम इसका अनुसंधान करेंगे, स्वभावतः उतना ही अधिक उन मनोवैज्ञानिक अवस्थाओं का पता चलेगा, जो बाहरी द्वंद्व और दुःख को उपजाती हैं।

बाहर जो कुछ प्रकट होता है, वह केवल हमारी आंतरिक अवस्था का ही सूचक है, लेकिन आंतरिक अवस्था को समझने के लिए हमें बाह्य जगत को समझते हुए बढ़ना होगा। हममें से अधिकांश ऐसा करते भी हैं। आंतरिक अवस्था को समझने पर, बाह्य को नकार कर नहीं बल्कि बाह्य को समझ कर अंतर की ओर बढ़ते हुए हम पाएंगे कि जैसे-जैसे हम अपनी आंतरिक जटिलताओं की छानबीन करते हैं, वैसे-वैसे हम अधिकाधिक स्वतंत्र तथा संवेदनशील होते जाते हैं। यही आंतरिक सरलता बेहद ज़रूरी है, क्योंकि यह संवेदनशीलता लाती है। जो मन संवेदनशील, सजग और सचेत नहीं है, वह किसी भी तरह की ग्रहणशीलता के लिए अक्षम है और कोई सर्जनात्मक कर्म नहीं कर सकता। अपने को सरल बनाने के लिए किसी के अनुरूप बनना वास्तव में बुद्धि और हृदय को मंद और असंवेदनशील बनाना है। किसी भी प्रकार का अधिकारपूर्ण दबाव, वह सरकार

द्वारा डाला गया हो या स्वयं अपने द्वारा, या उपलब्धि के आदर्श के द्वारा--अर्थात् किसी भी प्रकार की परंपरानिष्ठता असंवेदनशीलता की ओर, आंतरिक सरलता की कमी की ओर इंगित करती है। बाह्य रूप से आप परंपरानिष्ठ होकर सरलता का प्रदर्शन कर सकते हैं, जैसा कि अनेक धार्मिक व्यक्ति किया करते हैं। वे विभिन्न प्रकार के यम, नियम आदि का अभ्यास करते हैं, विभिन्न प्रकार के संगठनों में सम्मिलित होते हैं, विशेष प्रकार की ध्यान-साधना करते हैं या ऐसा ही कुछ और--इस सबसे सादगी का दिखावा अवश्य होता है, परंतु यह परंपरानिष्ठता सादगी नहीं है। किसी भी प्रकार का दबाव सरलता नहीं ला सकता। दूसरी ओर, जितना अधिक आप दमन करेंगे, जितना अधिक आप एक आदर्श के स्थान पर दूसरे आदर्श को प्रतिस्थापित करते चलेंगे, जितना आप उदात्त बनने की चेष्टा करेंगे, सरलता उतनी ही कम होती जायेगी, लेकिन जितना अधिक आप उदात्तीकरण, दमन और प्रतिस्थापन की, विकल्प लाने की प्रक्रिया को समझ पाएंगे, सरल होने की संभावना उतनी ही अधिक होगी।

समाज, परिवेश, राजनीति, धर्म आदि की हमारी समस्याएं इतनी जटिल हैं कि हम उनका समाधान सरल रहकर ही कर सकते हैं, न कि असाधारण विद्वत्ता एवं होशियारी दिखाकर। जटिल व्यक्ति की तुलना में एक सरल व्यक्ति का निरीक्षण अधिक सीधा होता है, वह अधिक प्रत्यक्ष रूप से अनुभव करता है। हमारे मन में तथ्य-विषयक ज्ञान की, दूसरों ने जो कुछ कहा है उसकी इतनी अधिक भीड़ है कि हम सरल होने के, स्वयमेव प्रत्यक्ष अनुभव करने के काबिल नहीं रह गए हैं। इन समस्याओं को देखने के लिए एक नयी दृष्टि चाहिए, और यह दृष्टि तभी आएगी जब हम अंदर से वास्तव में सरल हों। यह सरलता केवल स्वबोध से, केवल स्वयं को समझने से आती है। सरलता के लिए हमें समझना होता है अपने सोचने, महसूस करने के तरीकों को, विचार की हरकतों को, अपने प्रत्युत्तरों को, भयवश लोकमत का समर्थन करने को, बुद्ध, ईसा आदि के वचनों के साथ संगति बिठाने को--जो सब हमारे रूढ़िसंगत होने व सुरक्षा ढूंढ़ने के स्वभाव का हिस्सा है। जब हम सुरक्षा की खोज में होते हैं तो स्पष्ट है कि हम भयभीत होते हैं और इसलिए सरलता नहीं होती।

बिना सरल हुए हम किसी के भी प्रति संवेदनशील नहीं हो सकते--न तो वृक्षों के प्रति, न पक्षियों के प्रति, न पर्वतों के प्रति, न पवन के प्रति, और न उन सभी बातों के प्रति जो इस संसार में हो रही हैं। यदि हम सरल नहीं हैं, तो हम किसी भी चीज़ के अंदरूनी संकेत के प्रति संवेदनशील नहीं हो सकते। हममें से अधिकांश व्यक्ति बहुत सतही तौर पर, अपनी चेतना के बिलकुल ऊपरी स्तर पर जीते हैं, हम उसी स्तर पर बुद्धिमान और विचारशील बनने का प्रयास करते हैं, धार्मिक बनने का प्रयास करते हैं, हम अपने मन को ज़बरदस्ती, अनुशासन से सरल बनाने की कोशिश करते हैं। परंतु यह सरलता नहीं है। जब हम ऊपरी स्तर पर मन को सरल बनने को बाध्य करते हैं, तो ऐसा दबाव मन को केवल कठोर ही बनाता है, वह मन को लचीला, स्पष्ट, सूक्ष्मग्राही नहीं बनने देता। अपनी चेतना की संपूर्ण, समग्र प्रक्रिया में सरल होना अत्यधिक दुष्कर

है, क्योंकि वहां कोई आंतरिक गोपनीयता संभव नहीं है; वहां स्वयं की प्रक्रिया का अन्वेषण करने की, उसकी खोज की उत्सुकता अनिवार्य है, और इसका अर्थ है कि हम प्रत्येक सूचना, प्रत्येक संकेत के प्रति जागरूक हों; इसका अर्थ है कि हम अपनी आशंकाओं के प्रति, अपनी आशाओं के प्रति सचेत हों, उनका अन्वेषण करें तथा उनसे मुक्त होते चले जायें। जब मन व हृदय वास्तव में सरल होते हैं, उन पर परतें नहीं जमी होतीं, केवल तभी हम अपने सामने खड़ी इन तमाम समस्याओं का समाधान कर सकते हैं।

ज्ञान हमारी समस्याओं का समाधान नहीं कर सकता। आप पुनर्जन्म के बारे में, मृत्यु के बाद अस्तित्व के बारे में *हो सकता है* जानते हों, मैं यह नहीं कह रहा कि आप जानते ही हैं, या आपका उस सिद्धांत पर भरोसा हो। पर इससे समस्या हल नहीं होती। आपके किसी सिद्धांत से, किसी जानकारी से, किसी विश्वास से, मृत्यु की समस्या को दरकिनार नहीं किया जा सकता। वह कहीं अधिक रहस्यमय, कहीं अधिक गहन, कहीं अधिक सर्जनात्मक है।

इन सभी चीज़ों पर नये सिरे से अन्वेषण करने की क्षमता हमारे भीतर होनी चाहिए, क्योंकि *प्रत्यक्ष अनुभव* से ही समस्याएं हल हो सकती हैं और प्रत्यक्ष अनुभव के लिए सरलता ज़रूरी है, जिसका अर्थ है संवेदनशीलता का होना। ज्ञान का बोझ मन को मंद बना देता है। अतीत के द्वारा, भविष्य के द्वारा मन को मंद बना दिया जाता है। हमारे ऊपर हमारे परिवेश से निरंतर पड़ने वाले शक्तिशाली प्रभावों एवं दबावों का सामना करने की क्षमता उसी मन में होती है जो क्षण-प्रतिक्षण, सतत रूप से वर्तमान के साथ सहज सामंजस्य की क्षमता रखता है।

इस प्रकार धार्मिक व्यक्ति वास्तव में वह नहीं है जो चोगा या लंगोटी पहनता है, जो दिन में एक बार भोजन करता है, जिसने विधि-निषेध के अनगिनत व्रत ले रखे हैं। धार्मिक व्यक्ति वह है जो अंतर में सरल है, जो कुछ *बनने* की फिराक में नहीं है। ऐसे मन में असाधारण ग्रहणशीलता होती है क्योंकि वहां कोई अवरोध नहीं है, कोई भय नहीं है, किसी लक्ष्य की ओर बढ़ना नहीं है। अतः ऐसा मन अनुकंपा को, ईश्वर को, सत्य को अथवा जो भी नाम आप दें, उसे ग्रहण करने में सक्षम होता है। परंतु यथार्थ के *पीछे दौड़ने* वाला मन सरल नहीं है। वह मन जो ढूंढ़ रहा है, पता लगा रहा है, टटोल रहा है, विक्षुब्ध है, वह सरल नहीं है। जो मन अंदर से या बाहर से किसी भी अधिकारपूर्ण दबाव के सांचे में ढलने का प्रयत्न कर रहा है, संवेदनशील नहीं हो सकता। जब मन वास्तव में संवेदनक्षम होता है, अर्थात् अपने साथ घटित होने वाली तमाम प्रक्रियाओं के प्रति, अपने प्रत्युत्तरों ओर विचारों के प्रति सजग, सावधान होता है, जब मन कुछ बन नहीं रहा होता, कुछ *होने* के लिए अपने को किसी सांचे में नहीं ढाल रहा होता, केवल तभी वह सत्य को ग्रहण करने की क्षमता रखता है। केवल तभी सुख-शांति संभव है, क्योंकि वह कोई लक्ष्य नहीं है, वह यथार्थ का परिणाम है। जब मन तथा हृदय सरल अतएव संवेदनशील हो जाते हैं--किसी प्रकार के दबाव, निर्देश, या आरोपण से नहीं--तब हम देखेंगे कि हमारी समस्याएं बड़ी सरलता से हल की जा सकती हैं। वे कितनी भी

जटिल क्यों न हों, उन्हें हम एक नयी दृष्टि से, अलग ढंग से देख पाएंगे। वर्तमान समय में इसी की आवश्यकता है, ऐसे व्यक्तियों की जो इस बाहरी विक्षोभ, अशांति, विरोधभाव का नये ढंग से, सर्जनात्मक तरीके से, सरलता से सामना करने की क्षमता रखते हों, न कि वामपंथी अथवा दक्षिणपंथी सिद्धांतों एवं नुस्खों से बंधे हों। यदि आप सरल नहीं हैं, तो आप इसका सामना नवीन रूप से *नहीं कर पाते।*

कोई भी समस्या हो, उसका हल इसी दृष्टिकोण से हो सकता है। लेकिन यदि हम विचार के किसी ढर्रे में सोचते रहते हैं, चाहे वह धार्मिक हो या राजनीतिक या कोई और, तो हम उस समस्या को नये ढंग से नहीं ले सकते। अतः सरल होने के लिए हमें इन सबसे मुक्त होना होगा। इसलिए स्वयं अपनी विचार की प्रक्रिया के प्रति सचेत होना, उसे समझने की क्षमता रखना तथा स्वयं को समग्रता में जान लेना अत्यधिक आवश्यक है। उसी से एक प्रकार की सरलता आती है, विनयशीलता आती है, जो न तो सद्गुण है, न कोई अभ्यास। जिस विनयशीलता को उपलब्ध करना पड़ता है, वह विनयशीलता रह ही नहीं जाती। वह मन जो अपने को विनम्र बनाता है, विनम्र नहीं होता। जब सच्ची विनयशीलता होती है--प्रयत्न से प्राप्त की हुई नहीं--तभी जीवन की मुंह बाए खड़ी समस्याओं का मुकाबला किया जा सकता है, क्योंकि तब व्यक्ति महत्त्वपूर्ण नहीं रह जाता, तब वह सिर्फ अपनी कठिनाइयों एवं अपने महत्त्व के नज़रिये से नहीं देखता, वह समस्या को सीधे-सीधे देख पाता है और तभी वह उसका समाधान कर सकता है।

सजगता

स्वयं को जानने का अर्थ है विश्व के साथ अपने संबंध को जानना--केवल व्यक्तियों एवं धारणाओं के विश्व के साथ ही नहीं, बल्कि प्रकृति के साथ भी, और उन वस्तुओं के साथ भी जो हमारे पास हैं। यही हमारा जीवन है। जीवन, अर्थात् समग्रता के साथ हमारा संबंध। क्या उस संबंध को समझने के लिए किसी विशेषज्ञता की ज़रूरत होती है? ज़ाहिर है कि नहीं। उसे समझने के लिए जीवन को समग्रता में देख पाने वाली सजगता की आवश्यकता होती है। पर हम सजग कैसे हों, यही हमारी समस्या है। उस सजगता को कैसे पाएं? सजगता शब्द का प्रयोग यहां मैं किसी विशेषज्ञता के अर्थ में नहीं कर रहा। व्यक्ति जीवन का उसकी समग्रता में सामना करने में सक्षम कैसे हो? समग्रता का अर्थ सिर्फ अपने पड़ोसी के साथ व्यक्तिगत संबंध ही नहीं बल्कि प्रकृति के साथ हमारा संबंध भी है, उन वस्तुओं के साथ हमारा संबंध जो हमारे अधिकार में हैं, विचारों, भ्रांतियों तथा इच्छाओं आदि के रूप में मन में उपजी क्रियाओं के साथ हमारा संबंध। संबंध की इस समस्त प्रक्रिया के प्रति हम कैसे जागरूक हों? क्या यही हमारा जीवन नहीं है? संबंध नहीं तो जीवन भी नहीं है; और संबंध को समझने का अर्थ अलगाव नहीं है। उसके लिए यही आवश्यक है कि हम संबंध की समस्त प्रक्रिया के प्रति जागरूक हों, उसे पहचानें।

यह जागरूकता कैसे लायी जाये? किसी चीज़ के बारे में, किसी व्यक्ति से अपने संबंध के प्रति हम जागरूक कैसे होते हैं? पेड़ों के प्रति, पंछियों के कलरव के प्रति आप कैसे सजग होते हैं? अखबार पढ़ते समय भीतर होने वाली प्रतिक्रियाओं के प्रति आप कैसे सजग होते हैं? क्या हम अपनी सतही तथा आंतरिक प्रतिक्रियाओं से अवगत रहते हैं? किसी भी चीज़ के प्रति हम सजग कैसे होते हैं? सबसे पहले किसी उद्दीपक के प्रति हमें अपनी प्रतिक्रिया का एहसास होता है, है कि नहीं? इसमें तो कोई दो राय नहीं होगी। मैं वृक्षों को देखता हूं, और तब एक प्रतिक्रिया होती है, उसके बाद क्रमशः संवेदन, संपर्क, तादात्म्य एवं इच्छा की उत्पत्ति होती है। क्या यही सामान्य प्रक्रिया नहीं है? वस्तुतः यह देख पाने के लिए पुस्तकों का अध्ययन ज़रूरी नहीं है।

तो आपको सुख-दुख तादात्म्य के ज़रिये मिलते हैं। और हमारी 'क्षमता' में निहित रहता है सुख पाने और दुःख से बचने का सरोकार। यदि आप किसी बात में रुचि रखते

हैं, यदि वह आपको सुख देती है, तो 'क्षमता' तुरंत आ जाती है, उस तथ्य का एहसास तुरंत ही हो जाता है; और यदि वह कष्टप्रद है तो उससे बचने की 'क्षमता' विकसित की जाती है। जब तक हम अपने आपको समझने के लिए किसी 'क्षमता' का सहारा लेंगे, हम समझ से वंचित ही रहेंगे, क्योंकि समझ क्षमता पर निर्भर नहीं होती। यह कोई तकनीक नहीं है जिसको आप निरंतर प्रयत्न करके, समय के साथ सीखते हैं, जिसका संवर्धन तथा विकास करते हैं। निस्संदेह अपने प्रति इस जागरूकता की परख संबंधों में घटित होने वाली क्रिया-प्रतिक्रिया के दौरान ही हो सकती है। कैसे हम बातचीत करते हैं, कैसे हम व्यवहार करते हैं, उसी में उसकी परख हो सकती है। बिना किसी तादात्म्य के, बिना किसी तुलना के, बिना किसी निंदा के अपना निरीक्षण कीजिए; केवल निरीक्षण कीजिए, और आप देखेंगे कि कुछ असाधारण घटित होता है। उसमें आप केवल अपनी अचेतन क्रिया का ही अंत नहीं कर देते--क्योंकि हमारी अधिकांश क्रियाएं अचेतन ही होती हैं--वरन् आप उस क्रिया के प्रयोजनों के प्रति भी जागरूक हो जाते हैं और इस जागरूकता के लिए आपको उसकी कोई जांच-पड़ताल, कोई खोज-बीन नहीं करनी पड़ती।

जब आप सजग होते हैं, तब आप अपनी विचारणा की एवं अपने कर्म की समस्त प्रक्रिया को देख पाते हैं, लेकिन ऐसा तभी हो सकता है जब किसी प्रकार की निंदा नहीं होती। जब मैं किसी बात की निंदा करता हूं, मैं उसे समझ नहीं पाता। निंदा तो किसी चीज़ को समझने से बचने का एक तरीका है। मुझे लगता है कि हममें से अधिकतर व्यक्ति इसे जानबूझकर करते हैं; हम तुरंत आलोचना करने लगते हैं और यह मान लेते हैं कि हम समझ गए। यदि हम उसका तिरस्कार न करें बल्कि उसकी ओर ध्यान दें, तो उस कर्म की विषय-वस्तु, उसका आशय प्रकट होने लगता है। इसके साथ प्रयोग करें और आप स्वयं इसे देख पाएंगे। बिना किसी तरफदारी के बस सजग रहें। यह आपको निषेधात्मक लग सकता है लेकिन यह निषेधात्मक है नहीं। इसके विपरीत, इसमें एक निष्क्रियता का गुण है जो कि प्रत्यक्ष कर्म है। प्रयोग करने पर ही आपको इसकी प्रतीति हो सकेगी।

वैसे भी कुछ भी समझने के लिए एक निष्क्रिय मनोदशा आवश्यक है। ऐसा नहीं हो सकता कि आप उसके विषय में सोचते ही रहें, उसके विषय में अनुमान लगाते रहें, उस पर सवाल उठाते रहें और उसे समझ भी लें। आपको इतना संवेदनक्षम होना होगा कि आप उसकी विषय-वस्तु को ग्रहण कर सकें। यह एक प्रकार से फोटोग्राफी की सुग्राही प्लेट बनने जैसा है। यदि मैं आपको समझना चाहता हूं, तो मुझे निष्क्रिय रूप से ध्यान देना होगा, तभी आपकी सारी दास्तां मुझ पर ज़ाहिर होनी शुरू होगी। निश्चय ही यह क्षमता या विशेष योग्यता का मामला नहीं है। उस प्रक्रिया में हम अपने को समझना आरंभ कर देते हैं, अपनी चेतना के सतही स्तरों को ही नहीं, बल्कि गहरे स्तरों को भी, जो कि कहीं अधिक महत्त्वपूर्ण हैं; क्योंकि हमारे सभी अभिप्राय व प्रयोजन, हमारी प्रच्छन्न, भ्रांत आकांक्षाएं, चिंताएं, भय तथा वासनाएं *वहीं* होती हैं। बाहर से हो सकता है वे हमें अपने काबू में लगें, लेकिन अंदर तो वे सब उबल रही हैं। सजगता के द्वारा जब तक

उनको पूरे तौर से नहीं समझ लिया जाता, स्पष्ट है तब तक स्वतंत्रता, सुख-शांति, प्रज्ञा संभव नहीं हैं।

प्रज्ञा क्या विशेष योग्यता का मसला है? वह तो हमारे अस्तित्व की प्रक्रिया के प्रति संपूर्ण जागरूकता है। और क्या उस प्रज्ञा का किसी विशेष योग्यता के रूप में संवर्धन किया जा सकता है? क्योंकि हो तो यही रहा है, नहीं क्या? हमारी मनोवृत्ति विशेषज्ञों वाली ही है--पादरी, डॉक्टर, इंजीनियर, उद्योगपति, व्यापारी वगैरह वाली।

प्रज्ञा के उच्चतम रूप का--जो सत्य है, जो ईश्वर है, जो अनिर्वचनीय है--साक्षात् करने के लिए हमें लगता है कि हमें विशेषज्ञ बनना पड़ेगा। हम अध्ययन करते हैं, टटोलते हैं, खोजते हैं और विशेषज्ञ की मानसिकता से अथवा उसके मार्ग-निर्देशन में ऐसी क्षमता प्राप्त करने के लिए स्वयं अपना अध्ययन करते हैं, जिससे हमें अपने द्वंद्वों को, अपने क्लेशों को समझने में सहायता मिले।

यदि हम लेश मात्र भी जागरूक हैं, तो हमें इस समस्या पर ध्यान देना होगा कि क्या हमारे नित्य-प्रति के द्वंद्व, क्लेश, दुःख किसी दूसरे के द्वारा हल किए जा सकते हैं। और यदि दूसरे हल नहीं कर सकते तो हम उनसे निपटने का क्या उपाय करें? किसी समस्या को समझने के लिए प्रज्ञा की आवश्यकता तो होती ही है, और वह प्रज्ञा न तो विशेष योग्यता में निहित है और न विशेष योग्यता के माध्यम से उसका संवर्धन ही किया जा सकता है। उसका उदय तभी होता है जब हम अपनी चेतना की समस्त प्रक्रिया का बिना किसी दखलअंदाज़ी के अवलोकन करते हैं, जिसका अर्थ है कि हम अपने प्रति बिना किसी चयन के, बिना उचित-अनुचित का निर्णय लिए जागरूक हों। जब आप निष्क्रिय रूप से सजग होते हैं, तो आपको पता चलेगा कि उस निष्क्रियता के कारण वह समस्या कुछ अलग ही अभिप्राय ग्रहण कर लेती है--ऐसा न समझें कि यह निष्क्रियता आलस्य है, निद्रा है बल्कि यह तो अत्यधिक सतर्कता है। अब समस्या से कोई तादात्म्य नहीं है और इसलिए वहां कोई निर्णय नहीं है, अतः समस्या की अंतर्वस्तु प्रकट होने लगती है। यदि इसे आप निरंतर, सतत रूप से कर सकें तो प्रत्येक समस्या का समाधान हो सकेगा और वह समाधान सतही नहीं, मौलिक होगा। मुश्किल यह है कि हममें निष्क्रिय सजगता रह नहीं पाती, हम समस्या को स्वयं अपनी कहानी नहीं कहने देते बल्कि हम उसके विषय में अपनी व्याख्या प्रस्तुत करने लगते हैं। हम नहीं जानते कि उतावले हुए बिना समस्या का निरीक्षण कैसे किया जाता है। दुर्भाग्य से हम ऐसा नहीं कर पाते, हम समस्या से कोई नतीजा चाहते हैं, हम कोई उत्तर चाहते हैं, हमारी नज़र परिणाम पर होती है; अथवा अपने दुःख या सुख के अनुसार हम समस्या की व्याख्या कर लेते हैं, या फिर समस्या को हल करने का कोई उपाय हमें पहले से मालूम होता है। इस प्रकार समस्या तो सदा नवीन ही होती है लेकिन उसका सामना हम किसी पुराने ढांचे के माध्यम से करते हैं। चुनौती सदा नयी होती है, लेकिन हमारी प्रतिक्रिया सदा पुरानी; और हमारी समस्या यही है कि हम चुनौती का उचित रूप से यानी पूरी तरह सामना कैसे करें। समस्या सदा वस्तुओं, व्यक्तियों, धारणाओं इत्यादि से संबंध की ही होती है। दूसरी कोई समस्या है ही नहीं;

और संबंध की इस समस्या का सामना करने के लिए, जिसकी निरंतर नयी-नयी मांगें होती हैं, उसका ठीक-ठीक एवं समुचित रूप से सामना करने के लिए यह निष्क्रिय सजगता ज़रूरी है। ऐसी निष्क्रियता किसी निश्चय, संकल्प या अनुशासन से *नहीं* आती; हममें निष्क्रिय सजगता *नहीं* है, इसका भान ही सही शुरुआत है। यह एहसास कि हम किसी विशेष समस्या का विशेष उत्तर चाहते हैं, असल में यही शुरुआत है। समस्या के साथ अपने संबंध में स्वयं को जानना तथा यह देखना कि उस समस्या का हम कैसे सामना करते हैं, यही आरंभ है। फिर जैसे ही हम उस समस्या के संदर्भ में स्वयं को जानने लगेंगे--उस समस्या से निपटते समय होने वाली अपनी प्रतिक्रियाओं को, पूर्वाग्रहों को, मांगों को जानने लगेंगे--वही जागरूकता हमारी अपनी विचार-प्रक्रिया को, हमारे अपने आंतरिक स्वभाव को प्रकट कर देगी, और उसी अवस्था में निर्मुक्ति है।

तो निस्संदेह महत्त्वपूर्ण यही है कि हम बिना पक्ष-विपक्ष में निर्णय के जागरूक रहें, क्योंकि चयन में ही द्वंद्व है। चुनने वाला भ्रांत है, इसीलिए वह चुनता है, यदि वह भ्रांत न होता तो ऐसा न करता। केवल विभ्रम में पड़े व्यक्ति को ही यह निर्णय लेना होता है कि वह क्या करे और क्या न करे। जो व्यक्ति सरल है, स्पष्ट है, इस प्रकार का चयन नहीं करता; उसके लिए 'जो है', बस है। किसी धारणा पर आधारित कर्म में चयन निहित है और ऐसा कर्म मुक्तिदायक नहीं होता; दूसरी ओर यह कर्म उस संस्कारित विचार-क्रिया के अनुसार और अधिक प्रतिरोध, और अधिक द्वंद्व ही लाता है।

अतः महत्त्वपूर्ण बात यही है कि सजगता से आए अनुभवों का संचय किए बिना हम प्रतिक्षण जागरूक बने रहें, क्योंकि जैसे ही आप संचय करते हैं, आप उसी संचय के अनुसार, उसी प्रारूप के अनुसार, उसी अनुभव के अनुसार सजग होते हैं। इसका तात्पर्य यह हुआ कि आपकी सजगता आपके अनुभवों के संचय से संस्कारित है, और इस प्रकार संचय की इस अवस्था में अवलोकन नहीं होता बल्कि एक तरह की व्याख्या होती है। जहां ऐसी व्याख्या होती है वहां चयन है, और चयन द्वंद्व निर्मित करता है। द्वंद्व में किसी भी तरह की समझ संभव नहीं है।

जीवन पारस्परिक संबंधों का मामला है और ये संबंध गतिशील हैं, इन संबंधों को समझने के लिए एक ऐसी सजगता आवश्यक है जो नमनीय है, जो सतर्क किंतु निष्क्रिय है, जो आक्रामक रूप से सक्रिय नहीं है। जैसा कि मैंने कहा यह निष्क्रिय सजगता किसी प्रकार के अनुशासन से, किसी प्रकार के अभ्यास से नहीं आती। यह अपने विचार एवं भाव का प्रत्येक क्षण, केवल जाग्रत अवस्था में ही नहीं अपितु हर क्षण अवलोकन करना है, क्योंकि जब हम उसमें और गहराई में जायेंगे तो हम उन सब प्रतीकों का त्याग करना आरंभ कर देंगे जिन्हें हम स्वप्न के रूप में अनूदित करते हैं। इस प्रकार हम प्रच्छन्न तक पहुंचने का रास्ता बना लेते हैं और उसे ज्ञात के दायरे में ले आते हैं; परंतु अज्ञात की खोज के लिए हमें उस राह के परे जाना होगा, और निश्चय ही, यही हमारी कठिनाई है। यथार्थ कुछ ऐसा नहीं है जो मन के द्वारा ज्ञात हो सके, क्योंकि मन तो ज्ञात का, अतीत का ही परिणाम है। अतः मन के लिए यह आवश्यक है कि वह स्वयं को और अपनी कार्य-प्रणाली को और अपनी सच्चाई को समझे, तभी अज्ञात का *होना* संभव होगा।

इच्छा

हममें से अधिकांश के लिए इच्छा एक बड़ी समस्या है--संपत्ति की, पद की, शक्ति की, सुविधा की, अमरता की, सातत्य की, प्रेम पाने की इच्छा, किसी ऐसी चीज़ को हासिल करने की इच्छा जो स्थायी, संतोषजनक, चिरंतन, कालातीत हो। अब यह इच्छा है क्या? वह क्या है, जिससे हम प्रेरित होते हैं, बाध्य होते हैं। मेरा मतलब यह नहीं कि जो कुछ हमारे पास है या जो भी हम हैं उससे हमें संतुष्ट हो जाना चाहिए, यह तो मात्र उसका विपरीत हुआ जो हम चाहते हैं। हम यह जानने का प्रयत्न कर रहे हैं कि इच्छा क्या है, और यदि हम खुलेपन के साथ, विनम्रता सहित, इसकी तह में जा सकें तो मैं समझता हूं कि हम एक मौलिक परिवर्तन ला सकेंगे, और वह परिवर्तन किसी एक इच्छित वस्तु के स्थान पर दूसरी इच्छित वस्तु को ले आना नहीं होगा। सामान्यतः 'परिवर्तन' से हमारा यही मतलब होता है कि किसी एक इच्छित वस्तु से असंतुष्ट होने पर हम उसके स्थान पर कुछ और खोज लेते हैं। हम एक इच्छित वस्तु से निरंतर दूसरी की ओर डोलने लगते हैं जिसे हम अधिक ऊंची, अधिक महान, अधिक परिष्कृत समझते हैं। लेकिन इच्छा कितनी ही परिष्कृत क्यों न हो, फिर भी इच्छा ही है और इच्छा की इस गति में एक अंतहीन संघर्ष, विपरीतों का द्वंद्व बना रहता है।

क्या इच्छा के स्वरूप और उसमें परिवर्तन की संभावना का पता लगाना ज़रूरी नहीं है? इच्छा क्या है? क्या वह कोई प्रतीक और उसमें निहित संवेदन नहीं है? इच्छा अपनी उपलब्धि के लक्ष्य के प्रति संवेदन है। क्या बिना किसी प्रतीक और उसके संवेदन के इच्छा हो सकती है? ज़ाहिर है कि ऐसा नहीं होता। वह प्रतीक कोई चित्र हो सकता है, या कोई व्यक्ति, शब्द, नाम, रूप, विचार हो सकता है, जो मुझे एक संवेदन देता है--ऐसा संवेदन जो मुझे यह अनुभव कराता है कि मैं उसे पसंद करता हूं या नहीं। यदि वह संवेदन सुखद है तो मैं उसके प्रतीक को प्राप्त करना चाहता हूं, उसे अपने अधिकार में लेना चाहता हूं और उसे पकड़े रहना चाहता हूं, मैं चाहता हूं कि मेरा वह सुख बना रहे। समय-समय पर, अपने रुझानों और भावनाओं के अनुसार मैं उस चित्र, छवि, विषय को बदलता रहता हूं।

किसी एक प्रकार के सुख से जब मन भर जाता है, जब मैं थक जाता हूं, ऊब

जाता हूं, तब किसी नयी उत्तेजना को, किसी नये विचार को, किसी नये प्रतीक को खोजता हूं। पुरानी उत्तेजना का मैं परित्याग कर देता हूं और नयी को स्वीकार कर लेता हूं। उसके साथ नये शब्द, नये अर्थ और नये अनुभव होते हैं। पुराने का मैं प्रतिरोध करता हूं और उस नये के सामने आत्म-समर्पण करता हूं जिसे मैं अधिक ऊंचा, अधिक महान, अधिक संतोषप्रद समझता हूं। इस प्रकार इच्छा में प्रतिरोध और समर्पण होता है, जिसमें प्रलोभन समाया रहता है। पर यह भी तय है कि इच्छा के किसी नवीन प्रतीक के प्रति समर्पण करने में निराशा का भय बना ही रहता है।

यदि मैं अपने भीतर इच्छा की समस्त प्रक्रिया का निरीक्षण करूं तो मैं देख पाऊंगा कि वहां सदा कोई लक्ष्य है जिसकी ओर मेरा मन और अधिक संवेदन पाने के लिए लालायित है। और इस प्रक्रिया में प्रतिरोध, प्रलोभन और अनुशासन निहित है। इसमें दिखाई पड़ना, संवेदन, संपर्क और इच्छा सन्निहित है, और मन इस प्रक्रिया का एक यांत्रिक साधन बन जाता है। यहां प्रतीक, शब्द और वस्तु ही वह केंद्र है जिसके चारों ओर सभी कामनाएं, सभी प्रयत्न, सभी महत्त्वाकांक्षाएं निर्मित हुआ करती हैं; यही केंद्र 'मैं' है। क्या मैं इच्छा के इस केंद्र का विसर्जन कर सकता हूं--किसी विशेष इच्छा का नहीं, किसी खास भूख या लालसा का नहीं, बल्कि इच्छा की, उत्कंठा की, आशा की समस्त संरचना का, जिसमें सदा ही कुंठा का भय बना रहता है। जितना अधिक मैं कुंठित होता हूं, उतनी ही अधिक 'मैं' को शक्ति देता हूं। तो जब तक आशा है, उत्कंठा है, भय की पृष्ठभूमि बनी ही रहती है और वह फिर-फिर उसी केंद्र को दृढ़ करती रहती है; जबकि क्रांति सिर्फ केंद्र पर ही संभव है न कि सतह पर, क्योंकि सतही बदलाव मन का भटकाव भर है। सतही परिवर्तन उपद्रवी कर्म की ओर ही ले जाता है।

जब मैं इच्छा की इस समस्त संरचना के प्रति सजग होता हूं, मुझे दिखता है कि मेरा मन किस प्रकार एक मृत केंद्र, स्मृति की यांत्रिक प्रक्रिया भर रह गया है। एक इच्छा से थक कर मैं अपने आपको दूसरी इच्छा से तृप्त करना चाहता हूं। मेरा मन सदा संवेदन की भाषा में ही अनुभव करता है, वह संवेदन का साधन भर है। एक संवेदन विशेष से ऊब कर मैं नया संवेदन खोजता हूं, जो कि ईश्वर-साक्षात्कार भी हो सकता है, परंतु है वह अब भी संवेदन ही। इस संसार से और उसके कष्टों से अब जी थक गया है, अब मुझे शांति चाहिए, कभी न खत्म होने वाली स्थायी शांति, इसलिए मैं साधना करता हूं, निग्रह करता हूं, उस शांति का अनुभव करने के लिए अपने मन को एक सांचे में ढालता हूं। परंतु शांति का यह अनुभव भी संवेदन ही है। इसलिए मेरा मन संवेदनों का, स्मृति का एक यांत्रिक साधन, मृत केंद्र रहता है, जिसके आधार पर मैं कर्म करता हूं, सोचता हूं। वे सारी चीज़ें जिन्हें मैं पाना चाहता हूं, सभी मन का ही प्रक्षेपण हैं, खेल हैं, और उनसे मन उत्तेजना प्राप्त करता है। ईश्वर, प्रेम, साम्यवाद, प्रजातंत्र, राष्ट्रवाद आदि शब्द वे प्रतीक हैं जो मन को संवेदन प्रदान करते हैं, और इसलिए मन उनसे चिपका रहता है। जैसा कि हम जानते हैं, प्रत्येक संवेदन का अंत होता है, और इसलिए हम एक संवेदन से दूसरे संवेदन की ओर अग्रसर होते हैं; और प्रत्येक संवेदन दूसरे संवेदन

को तलाशने की आदत को बल देता है। इस प्रकार मन संवेदन और स्मृति का उपकरण मात्र रह जाता है। इस प्रक्रिया में हम अटक गए हैं। जब तक मन ऐसे अन्य अनुभव खोजता रहता है, वह केवल संवेदन की भाषा में ही सोच सकता है; वह अनुभव चाहे जितना सहज, सर्जनात्मक, जीवंत तथा असाधारण रूप से नवीन हो, किसी भी अनुभव को मन तुरंत संवेदन के, उत्तेजना के स्तर पर ले आता है और उस संवेदन के पीछे दौड़ने लगता है। वह संवेदन तब स्मृति बन जाता है। इस प्रकार वह अनुभव तो मृत हो गया होता है और मन अतीत का अवरुद्ध प्रवाह बनकर रह जाता है।

यदि हमने इस पर थोड़ा भी गहराई से गौर किया है तो हम इस प्रक्रिया से परिचित होंगे, और ऐसा लगता है कि इसके परे जाने में हम असमर्थ हैं। हम परे जाना तो चाहते हैं, क्योंकि हम इस अंतहीन नित्यक्रम से, संवेदनों का यंत्रवत पीछा करने से ऊब गए हैं; इसलिए मन सत्य का, ईश्वर की अवधारणा का प्रक्षेपण करता है, वह एक मौलिक परिवर्तन की तथा उस परिवर्तन में एक मुख्य भूमिका निभाने की कल्पना करता है और इसी प्रकार कुछ न कुछ करता रहता है। अतः कभी भी कोई सर्जनात्मक स्थिति नहीं आ पाती। मैं स्वयं में संवेदन की इस प्रक्रिया को होते हुए देखता हूं, जो कि यांत्रिक है, दोहरावभरी है, जो मन को नित्यक्रम की प्रक्रिया में बांधे रहती है तथा उसे अतीत का एक मृत केंद्र बना देती है जिसमें कोई सर्जनात्मक स्वतः-स्फूर्ति नहीं होती। फिर भी, कभी-कभी सर्जनशीलता के आकस्मिक क्षण आते हैं जो मन, स्मृति, संवेदन या इच्छा के दायरे में नहीं होते।

अतः हमारी समस्या है इच्छा को समझना, न कि यह देखना कि उसे कहां तक जाना चाहिए और कहां उसका अंत होना चाहिए। हमें इच्छा की यानी लालसाओं, उत्कंठाओं और धधकती तृष्णाओं की समस्त प्रक्रिया को समझना है। अधिकांश व्यक्ति यह सोचते हैं कि कम-से-कम संग्रह करना इच्छा से मुक्ति का सूचक है--हम ऐसे अपरिग्रही लोगों की कैसी भक्ति करते हैं! एक लंगोटी, एक चोगा हमारी मुक्ति की कामना का प्रतीक बन गया है। लेकिन यह फिर भी एक बहुत ही सतही प्रतिक्रिया है। जब आपका मन अगणित इच्छाओं, अगणित आकांक्षाओं, विश्वासों, संघर्षों के कारण पंगु है, तो बाहरी चीज़ों के त्याग मात्र के सतही स्तर से शुरुआत क्यों करते हैं? क्रांति यदि होनी है तो *वहां* होनी चाहिए, इस बात में नहीं कि आप कितना संग्रह करते हैं, आपके पास कितने वस्त्र हैं या कितनी बार आप भोजन करते हैं। लेकिन इन चीज़ों से हम प्रभावित हो जाते हैं, क्योंकि हमारे मन बड़े सतही हैं।

आपकी और मेरी समस्या यह जानना है कि क्या मन कभी भी इच्छा से, संवेदन से मुक्त हो सकता है। निस्संदेह सर्जनशीलता का संवेदन से, उत्तेजना से कोई संबंध नहीं है; यथार्थ, ईश्वर, या आप उसे जो भी कहें, कोई ऐसी अवस्था नहीं है जिसका अनुभव संवेदन के रूप में किया जा सके। जब आपको कोई अनुभव होता है, तो होता क्या है? यही न कि उससे आपको कोई संवेदन हुआ, उल्लास या अवसाद का भाव उत्पन्न हुआ। स्वाभाविक है कि अवसाद से आप बचना चाहेंगे, और यदि अनुभव सुखद है, उल्लासपूर्ण

है तो आप उसे और ज़्यादा चाहने लगते हैं, और यही 'और' आपके मन के उस मृत-प्राय केंद्र को दृढ़ बनाता है जिसमें अधिक अनुभव की ललक हमेशा लगी रहती है। अतः मन किसी नवीन वस्तु का अनुभव नहीं कर पाता, वह नवीन के किसी भी अनुभव में *अक्षम* होता है, क्योंकि वह सदा स्मृति की दृष्टि से, पहचान की दृष्टि से देखता है, और जिसे स्मृति के द्वारा पहचाना जाता है वह सत्य, सर्जनात्मक यथार्थ नहीं है। ऐसा मन यथार्थ का अनुभव नहीं कर सकता; वह केवल संवेदन का ही अनुभव कर सकता है। और सृजन संवेदन नहीं है, वह कुछ ऐसा है जो क्षण-क्षण नूतन है।

अब मैं स्वयं अपने मन की दशा का अनुभव कर पाता हूं; मैं देखता हूं कि वह संवेदन और इच्छा का साधन है, या यूं कहें कि *वही* संवेदन और इच्छा है, और वह नित्यक्रम में यांत्रिक रूप से जकड़ा हुआ है। ऐसा मन कभी भी नवीन को ग्रहण करने की, उसे महसूस करने की क्षमता नहीं रखता; क्योंकि स्पष्ट है कि नवीन तो सदा संवेदन से परे ही कुछ है, जबकि संवेदन हमेशा पुराना ही होता है। अतः इस यांत्रिक प्रक्रिया का उसकी तमाम उत्तेजनाओं समेत अंत होना ज़रूरी है; अधिक-से-अधिक पाने की लालसा, प्रतीकों, शब्दों, छवियों एवं उनसे जुड़े संवेदनों के पीछे भागना--इस सबका अंत आवश्यक है। केवल तभी मन के लिए सर्जनशीलता की उस अवस्था में रहना संभव होगा, जिसमें नवीन का सदा आविर्भाव हो सके। यदि आप शब्दों, आदतों, अवधारणाओं के सम्मोहन के प्रभाव में आए बिना यह समझ लेंगे और देख लेंगे कि नवीन का मन से निरंतर स्पर्श कितना महत्त्वपूर्ण है, तो संभवतः आप इच्छा की, नित्यक्रम की, ऊब की, निरंतर अनुभव प्राप्त करने की लालसा की प्रक्रिया को समझ लेंगे। फिर आपको पता चलेगा कि एक सच्चे अन्वेषक के जीवन में इच्छा का कितना अल्प स्थान है। यह निर्विवाद है कि कुछ भौतिक आवश्यकताएं हैं, जैसे भोजन, वस्त्र, मकान और ऐसी तमाम चीज़ें। परंतु वे कभी भी मनोवैज्ञानिक क्षुधा नहीं बनतीं, जिस पर मन अपने को वासना के केंद्र के रूप में अधिष्ठित कर ले। भौतिक आवश्यकताओं से परे किसी प्रकार की *कोई भी* इच्छा--चाहे वह महानता के लिए हो, सत्य के लिए हो अथवा सद्गुण के लिए--एक ऐसी मनोवैज्ञानिक प्रक्रिया बन जाती है, जिसके द्वारा मन 'मैं' की अवधारणा को निर्मित करता है तथा खुद को उसके केंद्र में दृढ़ कर लेता है।

जब आप इस प्रक्रिया को देखने लगते हैं, जब आप बिना विरोध के, बिना प्रलोभन के भाव के, बिना प्रतिरोध के, बिना किसी प्रकार का समर्थन किए या निर्णय लिए, इसके प्रति वास्तव में सजग हो जाते हैं, तब आपको पता चलता है कि मन में नवीन को ग्रहण करने की क्षमता है, और यह कि नवीन कभी भी कोई संवेदन नहीं है और उसे कभी भी पहचाना नहीं जा सकता, उसका कभी भी दोबारा अनुभव नहीं किया जा सकता। यह एक ऐसी अवस्था है जिसमें सर्जनशीलता होती है--बिना आमंत्रण के, बिना स्मृति के; और वही यथार्थ है।

संबंध और अलगाव

जीवन अनुभव है--संबंधों में अनुभव। व्यक्ति अलग-थलग नहीं रह सकता, इसलिए जीवन संबंध है और संबंध ही कर्म है। तो संबंध को, यानी जीवन को समझने की क्षमता हमारे अंदर कैसे आ सकती है? संबंध का अर्थ न केवल व्यक्तियों के साथ एकलयता का होना है, बल्कि वस्तुओं एवं विचारों से घनिष्ठता भी है। जीवन संबंध है, और वह अभिव्यक्त होता है वस्तुओं, व्यक्तियों और विचारों के साथ संबंध में। संबंधों को समझते हुए हम जीवन का पूर्णतया, भलीभांति सामना कर पाएंगे। तो क्षमता हमारी समस्या नहीं है, क्योंकि क्षमता संबंध से स्वतंत्र, भिन्न नहीं होती बल्कि संबंध की समझ से जुड़ी होती है, जिससे अपने आप ही तत्क्षण नमनीयता की, सामंजस्य की, तत्क्षण प्रत्युत्तर की क्षमता संभव होती है।

निश्चय ही, संबंध वह दर्पण है जिसमें आप अपने आपको देखते हैं। बिना संबंध के आप नहीं हैं; होने का अर्थ ही संबंधित होना है, संबंधित होना ही अस्तित्व है। संबंध में ही आपका अस्तित्व होता है, अन्यथा आप हैं ही नहीं, अस्तित्व का कोई अर्थ ही नहीं है। ऐसा नहीं कि आप *सोचते* हैं कि आप हैं इसलिए आपका अस्तित्व है। चूंकि आप संबंधित हैं, आपका अस्तित्व है; और संबंध की समझ का अभाव ही द्वंद्व पैदा करता है।

संबंध की समझ का यह अभाव इसलिए है क्योंकि हम इसका उपयोग केवल एक साधन के तौर पर करते हैं ताकि हम अपनी उपलब्धियां बढ़ा सकें, परिवर्तन की ओर बढ़ सकें या कुछ और बन सकें। परंतु संबंध ही अपने आपको जानने-समझने का एक साधन है, क्योंकि संबंध का ही मतलब है *होना*, यही अस्तित्व है। संबंध के बिना मैं हूं ही नहीं। अपने आपको समझने के लिए हमें एक दूसरे के साथ रिश्ते को समझना होगा। संबंध वह दर्पण है जिसमें मैं खुद को देख सकता हूं। वह दर्पण विकृत भी हो सकता है, या फिर 'जो भी है' उसे सही-सही दिखा सकता है। जो कुछ भी सामने होगा, उसे ही वह दिखाएगा। लेकिन हममें से अधिकांश व्यक्ति संबंध में, उस दर्पण में उन्हीं चीज़ों को देखते हैं जिन्हें हम देखना *चाहते* हैं; हम 'जो है', उसे नहीं देखना चाहते। हम आदर्श रूप की कल्पना कर लेंगे, पलायन करते रहेंगे, भविष्य में ही रहना पसंद करेंगे, लेकिन उस संबंध को हम प्रत्यक्ष वर्तमान में समझने का प्रयत्न नहीं करेंगे।

अब यदि हम अपने जीवन की, दूसरे के साथ अपने संबंध की जांच-पड़ताल करें, तो हम देखेंगे कि यह अलगाव की प्रक्रिया है। वास्तव में हमें दूसरे की कोई चिंता नहीं है, हम इसकी चर्चा तो बहुत करते हैं लेकिन वास्तव में हमें उससे कोई मतलब नहीं होता। हम किसी से वहीं तक संबंधित हैं, जहां तक वह संबंध हमारे मन को भाता है, जब तक वह हमें आश्रय देता है, तुष्टि देता है। लेकिन ज्यों ही उस संबंध में कोई ऐसी बाधा पड़ती है जो हमें असुविधाजनक लगती है, हम उस संबंध से छुटकारा पा लेते हैं। दूसरे शब्दों में, संबंध तब तक है जब तक हमें तुष्टि मिलती रहती है। सुनने में यह कुछ कठोर लग सकता है, लेकिन यदि आप जीवन को वास्तव में निकटता से देखें तो आप पाएंगे कि यह तथ्य है, और तथ्य की उपेक्षा करना अज्ञान में रहना है, ऐसा करने से कभी भी सही संबंध नहीं बन पाएगा। यदि हम अपने जीवन को देखें और अपने संबंधों का निरीक्षण करें तो हम पाएंगे कि वे परस्पर प्रतिरोध पैदा करने का सिलसिला बन गए हैं, मानो एक दीवार हो जिसके ऊपर से हम झांकते हों और एक दूसरे को देखते हों। उस दीवार को हम सदा सुरक्षित रखते हैं और स्वयं उसके पीछे रहते हैं। दीवार मानसिक भी हो सकती है, भौतिक भी, आर्थिक और राष्ट्रीय भी। जब तक हम अलगाव में, किसी दीवार के पीछे रहते हैं, किसी के साथ संबंधित नहीं हो सकते। हम दायरे में कैद रहते हैं, इसलिए कि वह हमें कहीं अधिक परितुष्ट करता है, हम सोचते हैं कि यह अधिक सुरक्षित है। यह संसार इतना विघटनकारी है, इसमें इतना दुःख है, इतनी पीड़ा है, युद्ध है, बरबादी है, कष्ट है कि हम बच कर भागना चाहते हैं और अपने मनोवैज्ञानिक अस्तित्व की लक्ष्मण रेखा में सुरक्षित रहना चाहते हैं। वास्तव में हममें से अधिकांश के लिए संबंध अलगाव की एक प्रक्रिया है, और ज़ाहिर है, ऐसा संबंध ऐसे ही समाज का निर्माण करेगा जो अलगाव पैदा करता हो। चारों ओर संसार में बिलकुल यही हो रहा है। आप अपने अलगाव में जीते हुए दीवार के ऊपर से ही हाथ आगे बढ़ा देते हैं और उसे राष्ट्रवाद, भाईचारा या ऐसा ही कोई नाम दे देते हैं, जबकि संप्रभुता-संपन्न सरकारें व सेनाएं बराबर बनी रहती हैं। अपनी संकीर्णताओं से चिपके रह कर आप सोचते हैं कि आप विश्व-एकता, विश्व-शांति स्थापित कर लेंगे--यह नामुमकिन है। जब तक आपने कोई सीमा बना रखी है, चाहे वह राष्ट्रीय हो या आर्थिक, धार्मिक हो या सामाजिक, विश्व में शांति हो ही नहीं सकती।

अलगाव की यह प्रक्रिया सत्ता की खोज की प्रक्रिया है, चाहे वह खोज कोई निजी ताकत के लिए कर रहा हो या किसी प्रजातीय अथवा राष्ट्रीय समूह के लिए, उसमें अलगाव का आना तय है; क्योंकि सत्ता की, पद की आकांक्षा ही पृथकतावाद है। आखिरकार हममें से हर कोई यही तो चाहता है। घर में हो या दफ्तर में, या किसी नौकरशाही में, व्यक्ति शक्तिशाली पद चाहता है जहां से वह अधिकार जता सके। प्रत्येक व्यक्ति सत्ता खोज रहा है और सत्ता की खोज में वह एक ऐसे समाज को बना रहा है जो सत्ता--सेना, उद्योग, अर्थ आदि की सत्ता--पर आधारित होगा। तो क्या सत्ता पाने की आकांक्षा स्वयं अपने में ही अलगाव पैदा करने वाली नहीं है? मैं सोचता हूं कि इसको समझ लेना

बहुत ज़रूरी है क्योंकि जो व्यक्ति शांतिमय विश्व चाहता है, एक ऐसा विश्व, जिसमें युद्ध न हो, भयानक बरबादी न हो, ऐसी विकट दुर्दशा न हो, तो उसे इस मूल प्रश्न को समझना पड़ेगा, नहीं क्या? जो व्यक्ति स्नेहपूर्ण है, सौम्य है, जिसे सत्ता का कोई बोध नहीं है, ऐसा व्यक्ति किसी राष्ट्रीयता से, झंडे से बंधा नहीं होता। उसका कोई झंडा होता ही नहीं।

अलग-थलग जीना वैसे होता नहीं है--कोई भी देश, जन-समुदाय, कोई भी व्यक्ति अलगाव में नहीं रह सकता; फिर भी आप तमाम तरीकों से सत्ता की खोज करते हुए अलगाव को पोसा करते हैं। राष्ट्रवादी व्यक्ति एक अभिशाप है क्योंकि अपने राष्ट्रवादी, राष्ट्रमोह के भाव ही के कारण वह दूसरों के विरोध में अलगाव की दीवार खड़ी कर लेता है। वह अपने देश के साथ इस तरह अपनी पहचान जोड़ लेता है कि उसके और अन्य के बीच एक दीवार खड़ी हो जाती है। जब आप किसी चीज़ के विरोध में दीवार बनाते हैं, तो होता क्या है? वह चीज़ लगातार आपकी दीवार से टकराती रहती है, संघर्षरत रहती है। जब आप किसी बात का प्रतिरोध करते हैं, वह प्रतिरोध ही इस बात का इशारा है कि आप किसी अन्य के साथ संघर्षरत हैं। अतः राष्ट्रवाद विभाजन की प्रक्रिया है, सत्ता की खोज का परिणाम है; वह विश्व में शांति नहीं ला सकता। वह व्यक्ति जो राष्ट्रवादी है और भाईचारे की बात करता है, झूठ बोल रहा है, अंतर्विरोध में जी रहा है।

क्या व्यक्ति इस संसार में सत्ता, पद, अधिकार की लालसा के बिना जी सकता है? क्यों नहीं? ऐसा वह तभी कर पाता है जब वह उस हस्ती के साथ, जो अपेक्षाकृत महान है, अपना तादात्म्य नहीं करता। राजनीतिक दल हो, देश हो, जाति हो, धर्म हो या ईश्वर हो, किसी भी बड़ी इकाई से एकाकार होना सत्ता और ताकत की खोज है। आप खुद अंदर से रीते हैं, निष्क्रिय एवं दुर्बल हैं, इसलिए आप अपना किसी बड़ी इकाई से तादात्म्य चाहते हैं। बृहत्तर से तादात्म्य की यह कामना सत्ता की ही लालसा है।

संबंध अपने आपको जानने-समझने की प्रक्रिया है और बिना खुद को जाने, बिना अपने मन, हृदय के तौर-तरीकों को जाने किसी बाहरी व्यवस्था या संरचना को, किसी चतुर सिद्धांत को स्थापित कर लेने का कोई अर्थ नहीं है। आपसी संबंधों में स्वयं को समझना ही सर्वाधिक महत्त्वपूर्ण है। तब संबंध अलगाव की प्रक्रिया नहीं रह जाता, उसमें ऐसी गतिशीलता होती है जिसके चलते आप अपने प्रयोजनों को, अपने विचारों को, अपनी भागमभाग को देखने-समझने लगते हैं; और यही समझ मुक्ति का आरंभ है, आमूल परिवर्तन की शुरुआत है।

विचारक और विचार

हमारे सभी अनुभवों में सदा एक द्रष्टा, एक अनुभवकर्ता होता है, जो अपने भीतर अधिकाधिक अनुभव संचित करता रहता है या अपना निषेध करता रहता है। क्या यह एक गलत प्रक्रिया नहीं है और क्या ऐसा करना सर्जनशील अवस्था के लिए बाधक नहीं होगा? यदि यह एक त्रुटिपूर्ण प्रक्रिया है, तो क्या हम उसे पूरी तरह से समाप्त कर सकते हैं? ऐसा तभी हो सकता है जब मुझे अनुभूति हो, विचारक के नाते होने वाली अनुभूति नहीं, बल्कि जब मैं उस मिथ्या प्रक्रिया के प्रति सजग हो जाता हूं और गहराई से देख लेता हूं कि स्थिति यही है कि विचारक ही विचार है।

जब तक मैं अनुभव कर रहा हूं, जब तक मैं कुछ बनने में लगा हूं, तब तक द्वैतपूर्ण क्रिया रहेगी ही, विचारक और विचार के रूप में दो अलग-अलग प्रक्रियाएं चलती रहेंगी; वहां एकत्व, अखंडता होने के बजाय एक केंद्र होगा जो स्वयं के कुछ होने या न होने के कर्मसंकल्प के माध्यम से कार्य करता रहेगा—सामूहिक, व्यक्तिगत, राष्ट्रवादी अथवा किसी अन्य रूप में। कहीं भी प्रक्रिया यही है। जब तक अनुभवकर्ता और अनुभव के बीच में प्रयत्न जारी रहेगा, अवनति होगी ही। अखंडता तभी संभव है जब विचारक अवलोकन करने वाली सत्ता नहीं रह जाता। अभी हमें विचारक और विचार, द्रष्टा और दृश्य, अनुभवकर्ता और उसका अनुभव, इन अलग-अलग स्थितियों का पता है। हमारा प्रयास तो उन दोनों के बीच पुल बांधने का रहता है।

कर्म का संकल्प सदा द्वैतपूर्ण होता है। क्या यह संभव है कि इस अलगावकारी संकल्प से परे जाया जा सके जिस अवस्था में यह द्वैतपूर्ण कर्म न हो। ऐसा तभी हो सकेगा जब हमें सीधे-सीधे यह अनुभूति होगी कि विचारक ही विचार है। हम सोचते हैं कि विचार विचारक से अलग है; लेकिन क्या ऐसा है? हम तो यही सोचना पसंद करेंगे कि ऐसा ही है, क्योंकि उस हालत में विचारक अपने विचार के द्वारा समस्याओं की व्याख्या कर सकेगा। विचारक का कम अथवा अधिक बनने का ही प्रयास होता है और इसलिए उस संघर्ष में, संकल्प के उस कर्म में, 'कुछ बनने' में, सदा अवनति की ओर ले जाने वाला कारक मौजूद रहता है। हम एक मिथ्या प्रक्रिया के पीछे दौड़ते रहते हैं, यथार्थ प्रक्रिया को नहीं देख पाते।

क्या विचारक और विचार के बीच कोई विभाजन है? जब तक वे अलग हैं, विभाजित हैं, हमारा प्रयास बेमानी है। हम एक ऐसी मिथ्या प्रक्रिया के पीछे भाग रहे हैं जो विनाशकारी है, पतन का कारण है। हम सोचते हैं कि विचारक अपने विचार से अलग है। जब मैं देखता हूं कि मैं लोभी हूं, अधिकार जमाता हूं, पाशविक हूं, तो मैं सोचता हूं कि मुझे यह सब नहीं होना चाहिए। तब विचारक अपने विचारों को बदलने की चेष्टा करता है, और इस प्रकार 'कुछ बनने' का प्रयास करता है। प्रयास की इस प्रक्रिया में ही वह इस भ्रम में पड़ा रहता है कि विचारक और विचार अलग-अलग प्रक्रियाएं हैं, जबकि वहां प्रक्रिया एक ही होती है। मेरे विचार से पतन का मूल कारण यह भ्रम ही है।

क्या उस अवस्था का अनुभव करना संभव है जिसमें सत्ता बस एक हो, न कि अनुभवकर्ता एवं अनुभव दो अलग-अलग प्रक्रियाएं? उस हालत में शायद हमें यह पता लगे कि सर्जनशील होना किसे कहते हैं और वह कौन सी अवस्था है जिसमें, मनुष्य चाहे किसी प्रकार के आपसी संबंधों में क्यों न हो, अपकर्ष, पतन कभी नहीं होता।

मैं लोभी हूं। मैं और लोभ दो अलग-अलग अवस्थाएं नहीं हैं; केवल एक ही स्थिति है, और वह है लोभ। यदि मुझे एहसास हो कि मैं लोभी हूं तो क्या होता है? मैं लोभी न होने का प्रयत्न करता हूं, चाहे इस प्रयत्न का कारण सामाजिक हो या धार्मिक। यह प्रयत्न सदा एक छोटे से सीमित दायरे में ही होता है। मैं उस दायरे का विस्तार कर सकता हूं, लेकिन वह रहेगा सदा सीमित ही। इसलिए पतन का कारण वहां हमेशा रहेगा। लेकिन जब मैं कुछ और गहराई से, बारीकी से देखता हूं तो मुझे पता चलता है कि प्रयत्न करने वाला ही लोभ का कारण है, वह स्वयं लोभ ही है; अलग-अलग अस्तित्व रखने वाला न तो कोई 'मैं' है और न लोभ है, वहां केवल एक ही चीज़ है और वह है लोभ। यदि मुझे इसका एहसास हो कि मैं लोभी हूं, लोभ से अलग कोई द्रष्टा नहीं है जो लोभी हो बल्कि मैं स्वयं ही लोभ हूं, तो हमारा समूचा प्रश्न ही बिलकुल भिन्न हो जायेगा; उसकी तरफ हमारा प्रत्युत्तर ही एकदम बदल जायेगा, और तब हमारा प्रयास विनाशकारी नहीं होगा।

आप तब क्या करते हैं जब आपका पूरा अस्तित्व ही लोभ है, जब आप जो भी क्रिया कर रहे हैं वह लोभ ही है? दुर्भाग्यवश हम उस दृष्टि से कभी नहीं सोचते। बस एक 'मैं' होता है, एक उच्चतर सत्ता, जो किसी सैनिक की तरह नियंत्रण रखती है, अधिकार जमाती है। मैं समझता हूं कि वह प्रक्रिया विनाशकारी है। वह एक भ्रम है और हम जानते हैं कि हम ऐसा क्यों करते हैं। मैं खुद को उच्च एवं निम्न में बांट लेता हूं, ताकि 'मैं' बना रहूं। यदि पूरी तरह से बस लोभ ही है, न कि 'मैं' जो कि लोभ करता है, यदि मैं ही लोभ हूं, तो ऐसी हालत में क्या होता है? उस हालत में एकदम अलग ही प्रक्रिया देखने को मिलती है और समस्या का रूप ही बदल जाता है। और यह रूप ही सर्जनशील है, जिसमें आधिपत्य जमाने वाले का, अथवा अधिक या कम बनने वाले 'मैं' का कोई वजूद नहीं होता। यदि सर्जनशीलता हमारी मांग है, तो हमें इस अवस्था में आना ही होगा। ऐसी अवस्था में प्रयत्न का कर्ता नहीं होता। यह कोई शाब्दिक समस्या नहीं है और न

ही कोशिश करके उस अवस्था को प्राप्त करने का कोई सवाल उठता है; यदि आप वैसा कुछ करते हैं तो आप इससे चूक जायेंगे, इसे कभी नहीं पा सकेंगे। महत्त्व यह देख लेने का है कि प्रयत्न करने वाला और प्रयत्न का लक्ष्य एक ही हैं। मन कैसे खुद को उच्च और निम्न में बांट लेता है—उच्च अर्थात् सुरक्षा, शाश्वत सत्ता—और फिर भी वह विचार की और इस प्रकार समय की प्रक्रिया बनाए रखता है, यह सब समझने के लिये गहन बोध एवं सतर्कता की आवश्यकता होती है। यदि इसे हम प्रत्यक्ष अनुभूति द्वारा समझ सकें, तो आप देखेंगे कि एक पूर्णतया नूतन अवस्था अभिव्यक्त होती है।

क्या सोचने से हमारी समस्याएं हल हो सकती हैं?

विचार ने हमारी समस्याओं का समाधान नहीं किया है और मुझे नहीं लगता कि वह ऐसा कभी कर पाएगा। अपनी जटिलताओं से उबरने के लिए हम बुद्धि पर निर्भर करते रहे हैं। बुद्धि जितनी अधिक चालाक, विकट और सूक्ष्म होती है, पद्धति-प्रणालियों, सिद्धांतों और विचारों की विविधता उतनी ही अधिक होती है। और विचार हमारी किसी भी मानवीय समस्या को हल नहीं करते, न अभी तक ऐसा हुआ है और न होगा। मन समाधान नहीं है, और ज़ाहिर है कि विचार हमारी कठिनाई से बाहर निकलने का मार्ग नहीं है। मुझे ऐसा लगता है कि पहले हमें सोच-विचार की प्रक्रिया को समझना होगा और तब शायद हम उससे परे जा सकें, क्योंकि विचार का अवसान हो जाने पर संभवतः हम कोई ऐसी राह खोज पाएं जो केवल व्यक्तिगत ही नहीं, बल्कि सामूहिक समस्याओं के समाधान में भी हमारी सहायता करे।

सोच ने हमारी समस्याओं को हल नहीं किया है। चतुरजनों ने यानी दार्शनिकों, विद्वानों, राजनीतिक नेताओं ने हमारी किन्हीं भी मानवीय समस्याओं को वास्तव में हल नहीं किया है—वे समस्याएं जो आपके और अन्य के, आपके और मेरे संबंधों में हैं। अब तक हमने समस्या की जांच-पड़ताल में मन की, बुद्धि की सहायता ली है, और इस प्रकार हम किसी समाधान की आशा करते रहे हैं। क्या विचार कभी भी हमारी समस्याओं का विसर्जन कर सकता है? प्रयोगशाला में या चित्रफलक पर काम आने के अलावा क्या विचार हमेशा ही स्व की रक्षा करता, स्व को चिरस्थायी बनाता हुआ तथा संस्कारबद्ध नहीं होता? क्या उसकी क्रिया अहं-केंद्रित नहीं होती तथा क्या ऐसा विचार उन समस्याओं में से किसी का भी समाधान कर सकता है जिन्हें स्वयं विचार ही पैदा करता रहा है? क्या मन, जिसने समस्याओं को रचा है, उनका हल निकाल सकता है जिनका वह स्वयं ही कारण है?

विचार करना निश्चित ही एक प्रतिक्रिया है। जब मैं आपसे कोई प्रश्न करता हूं तो आप उसका उत्तर देते हैं, आप यह उत्तर अपनी स्मृति, अपने पूर्वाग्रहों, पालन-पोषण,

जलवायु व संस्कारों की समस्त पृष्ठभूमि के अनुरूप ही देते हैं; आप उसी के अनुसार उत्तर देते हैं, उसी के अनुसार सोचते हैं। इस पृष्ठभूमि का केंद्र कर्म की प्रक्रिया में रत 'मैं' है। जब तक उस पृष्ठभूमि को, उस विचार-प्रक्रिया को, उस अहं को जिसने समस्या को जन्म दिया है, समझ नहीं लिया जाता और उसका अंत नहीं हो जाता तब तक हमारे भीतर तथा बाहर भी विचारों में, भावनाओं में, कर्म में द्वंद्व बना ही रहेगा। इस प्रकार का कोई भी समाधान, चाहे जितना चतुर, चाहे जितना सुविचारित हो, मनुष्य और मनुष्य के बीच, आपके और मेरे बीच द्वंद्व का अंत नहीं कर सकता। यह समझते हुए, यह महसूस करते हुए कि विचार प्रकट कैसे होता है और उसका उद्गम क्या है, हम यह प्रश्न करते हैं, "क्या विचार का कभी अंत हो सकता है?"

हमारी समस्याओं में से एक यह है कि क्या विचार हमारी समस्याओं का अंत कर सकता है? समस्या पर विचार कर लेने से क्या समस्या का समाधान हो पाया है? क्या विचारक्रिया द्वारा किसी भी प्रकार की समस्या का, वह आर्थिक हो, सामाजिक हो, या धार्मिक हो, कभी भी वास्तव में समाधान हुआ है? अपने दैनिक जीवन में आप जितना अधिक किसी समस्या पर विचार करते हैं, उतनी ही अधिक जटिल, उलझावभरी और अनिश्चित वह होती चली जाती है। हमारी रोज़मर्रा की ज़िंदगी में क्या ऐसा ही नहीं होता? समस्या के विभिन्न पक्षों पर विचार करते समय यह मुमकिन है कि आप किसी अन्य के दृष्टिकोण को और अधिक स्पष्टता से समझ पाएं। लेकिन विचार समस्या को उसकी समग्रता और पूर्णता में नहीं देख सकता, वह उसका केवल एक अंश ही देख पाता है और आंशिक उत्तर पूरा उत्तर नहीं होता, और इसीलिए वह कोई समाधान नहीं है।

जितना अधिक हम किसी समस्या पर सोचते हैं, जितना अधिक हम उसका अन्वेषण करते हैं, विश्लेषण और चर्चा करते हैं, उतनी ही अधिक जटिल वह होती जाती है। तो क्या यह संभव है कि उस समस्या को हम व्यापक रूप से, पूर्णता से देखें? यह कैसे संभव हो? क्योंकि यही, मुझे ऐसा लगता है, हमारी मुख्य कठिनाई है। हमारी समस्याएं बढ़ती जा रही हैं, युद्ध का संकट छाया हुआ है, हमारे संबंधों में हर तरह की परेशानियां हैं—तो कैसे हम इस सबको व्यापक दृष्टि से, पूर्णता से देख सकते हैं? स्पष्ट है कि इसका समाधान तभी संभव है जब हम इसे इसकी पूर्णता में देखें, न कि टुकड़ों में खंडित करके। यह कब संभव है? निस्संदेह तभी, जब विचार की प्रक्रिया का अंत हो गया है, जिसका स्रोत 'मैं' है, स्व है, जो परंपरा की, प्रतिबद्धता, पूर्वाग्रह, आशा, हताशा की पृष्ठभूमि है। क्या हम इस स्व को समझ सकते हैं? इसका विश्लेषण करके नहीं, बल्कि जो कुछ जैसा है उसे देखते हुए, सिद्धांत के रूप में नहीं बल्कि तथ्य के रूप में उसके प्रति जागरूक रहकर; किसी परिणाम की उपलब्धि के लिए स्व का विसर्जन करने के प्रयत्न में नहीं बल्कि स्व की गतिविधि, 'मैं' के क्रिया-कलाप देखते हुए। क्या हम बिना प्रतिरोध या प्रोत्साहन की गतिविधि के उसे देख सकते हैं? क्या समस्या यही नहीं है? यदि हममें से प्रत्येक में शक्ति, पद, अधिकार, सातत्य, आत्म-संरक्षण की आकांक्षा वाले 'मैं' के केंद्र का वजूद नहीं है, तो निस्संदेह हमारी समस्याओं का अंत हो जायेगा!

स्व की समस्या का हल विचार के पास नहीं है। एक ऐसी जागरूकता ज़रूरी है, जिसमें विचार की कोई भूमिका नहीं है। बिना निंदा या पक्षपात के, स्व की क्रियाओं के प्रति जागरूक होना, बस जागरूक हो जाना काफी है। यदि आप इसलिए जागरूक हैं क्योंकि आप जानना चाहते हैं कि समस्या का समाधान *कैसे हो*, परिवर्तन कैसे लाया जाये, कैसे कोई परिणाम प्राप्त किया जाये, तो ऐसा करना स्व के, 'मैं' के क्षेत्र में ही होगा। जब तक हम परिणाम खोज रहे हैं, चाहे विश्लेषण के द्वारा या जागरूकता के द्वारा, या हर विचार के सतत परीक्षण के द्वारा, रहते हम विचार के ही क्षेत्र में हैं, अर्थात 'मैं', अहं, स्व, या इसे जो भी नाम दें, उसी के क्षेत्र में।

जब तक मन कार्यरत है, निस्संदेह प्रेम संभव नहीं है। जहां प्रेम है, वहां हमारी कोई सामाजिक समस्या न रहेगी। परंतु प्रेम कोई ऐसी वस्तु नहीं है जिसे उपलब्ध किया जा सके। मन प्रेम को हासिल करने की कोशिश कर सकता है—जैसा कि यह एक नये विचार, एक नयी वस्तु, एक नये दृष्टिकोण के साथ करता है, लेकिन जब तक विचार प्रेम को हासिल करने की कोशिश कर रहा है, मन का प्रेम की अवस्था में होना संभव नहीं है। जब तक मन अलोभ की अवस्था पाना चाह रहा है, वह लोभी ही रहता है। इसी तरह जब तक मन कुछ चाहता है, आकांक्षा करता है और अभ्यास करता है, ताकि वह उस अवस्था में पहुंच सके जिसमें प्रेम हो, तो निश्चय ही वह उस अवस्था का निषेध कर रहा होता है।

इस समस्या को, जीवन की इस जटिल समस्या को देखकर और स्वयं अपनी विचार-प्रक्रिया के प्रति जागरूक होकर और यह महसूस करके कि वह हमें कहीं नहीं ले जाती—जब यह बात हमें गहराई से स्पर्श कर लेती है, तब निश्चय ही प्रज्ञा की एक ऐसी अवस्था संभव होती है जो न व्यक्तिगत है, न सामूहिक। और तब व्यक्ति एवं समाज के, व्यक्ति एवं समुदाय के, व्यक्ति एवं यथार्थ के संबंध की समस्या का अवसान हो जाता है। क्योंकि तब केवल प्रज्ञा ही होती है जो न व्यक्तिगत है और न उसका विपरीत। मेरी समझ में यह प्रज्ञा ही हमारी विराट समस्याओं का समाधान कर सकती है। प्रज्ञा कोई परिणाम नहीं है; उसका अस्तित्व तभी होता है जब विचार की समस्त प्रक्रिया को हम केवल चेतन स्तर पर ही नहीं, बल्कि चेतना के गहरे छिपे हुए स्तरों पर भी समझ लेते हैं।

इनमें से किसी भी समस्या को समझने के लिए यह आवश्यक है कि हमारा मन नितांत मौन, एकदम स्थिर हो, जिससे कि मन विचारों एवं सिद्धांतों को थोपे बिना, बिना किसी भटकाव के, समस्या का अवलोकन कर सके। एक कठिनाई हमारी यह भी है कि विचार विचलन, पलायन बन गया है। जब मैं कुछ समझना चाहता हूं, देखना चाहता हूं, तो मुझे उसके बारे में सोचना नहीं होता, बस उसे *देखना* होता है। जैसे ही मैं उसके बारे में सोचने लगता हूं, विचार करने लगता हूं, राय बनाने लगता हूं, मेरा ध्यान वहां से हट गया होता है; जिस बात को मुझे समझना होता है, मैं उससे कहीं अन्यत्र देखने लगता हूं। अतः जब आपके समक्ष कोई समस्या होती है, तो विचार करना उससे पलायन

करना होता है–विचार, जो कि एक धारणा है, मत है, निर्णय है, तुलना है–वह हमें देखने से रोकता है, अतएव समस्या को समझने और उसके समाधान में बाधा बनता है। दुर्भाग्य से हममें से अधिकांश के लिए विचार अत्यंत महत्त्वपूर्ण हो गया है। आप कहते हैं, ''बिना विचार के मेरा अस्तित्व ही कैसे हो सकता है, मेरा मन कोरा कैसे रह सकता है?'' एक कोरे मन के होने का तात्पर्य सामान्यतः एक जड़ता की अवस्था, एक मूढ़ता की अवस्था है। और आपकी सहज प्रतिक्रिया उसे अस्वीकार कर देने की होती है। परंतु निश्चित ही ऐसा मन जो कि पूर्णतया मौन है, जो अपने ही विचार से दिशाभ्रांत नहीं है, जो खुला और अवरोध रहित है, वह किसी भी समस्या को सीधे-सीधे तौर पर और बड़ी सरलता से देख सकता है। अपनी समस्याओं को बिना किसी भटकाव के देखने की यह क्षमता ही समस्याओं का एकमात्र समाधान है। इसके लिए एक प्रशांत, निश्चल मन आवश्यक है।

ऐसा मन कोई परिणाम नहीं है, वह किसी अभ्यास की, किसी साधना की, किसी अनुशासन की अंतिम परिणति नहीं है। ऐसा मन किसी अनुशासन, दबाव या उदात्तीकरण की उपज नहीं है; इसका आगमन 'मैं' अथवा विचार के द्वारा किए गए किसी प्रयास के बिना ही होता है। ऐसा मन तभी संभव होता है, जब मैं विचार की समस्त प्रक्रिया को समझ लेता हूं और जब मैं किसी तथ्य को पलायन का सहारा लिए बिना देख पाता हूं। मन की उस प्रशांत अवस्था में ही, जबकि वह वस्तुतः निश्चल है, प्रेम का अस्तित्व होता है, और केवल प्रेम ही हमारी समस्त मानवीय समस्याओं का समाधान करने में सक्षम है।

मन का कार्य

जब आप अपने मन का अवलोकन करते हैं, तो आप केवल मन की तथाकथित ऊपरी सतहों का निरीक्षण ही नहीं करते, बल्कि अचेतन को भी देखते हैं, आप देखते हैं कि मन वास्तव में क्या कर रहा है। खोज आप इसी तरीके से कर पाते हैं। मन को क्या करना *चाहिए*, उसको कैसे सोचना या काम करना *चाहिए* इत्यादि के विषय में कुछ थोपिए नहीं, ऐसा करना तो वक्तव्य देना भर होगा। जब आप कहते हैं कि मन को यह होना चाहिए या वह नहीं होना चाहिए, तो आप समस्त अनुसंधान और चिंतन को रोक देते हैं। जब आप किसी आप्त व्यक्ति का उद्धरण देते हैं, तब भी आप अपनी सोच पर विराम लगा देते हैं, क्या ऐसा नहीं होता? जब आप बुद्ध को, ईसा को अथवा किन्हीं अन्य को उद्धृत करते हैं, तो यह समस्त अनुसंधान की, समस्त चिंतन की, समस्त अन्वेषण की इति ही है। इसलिए हमें इस बारे में सावधान रहना होगा। यदि आप मेरे साथ स्व की इस समस्या पर अन्वेषण करना चाहते हैं, तो आपको मन की इन तमाम सूक्ष्म जटिलताओं को परे कर देना होगा।

मन का कार्य क्या है? यह जानने के लिए, आपको इससे अवगत होना पड़ेगा कि मन वास्तव में क्या कर रहा है। आपका मन क्या करता है? यह सोचने की एक प्रक्रिया ही तो है, है कि नहीं? नहीं तो मन है ही नहीं। मन यदि चेतन या अचेतन रूप से सोच नहीं रहा, तो चेतना भी नहीं है। हमें पता यह लगाना है कि वह मन जो हमारे दैनिक जीवन में सक्रिय रहता है और उसका वह अचेतन हिस्सा जिससे हममें से अधिकतर अपरिचित रहते हैं, हमारी समस्याओं के संबंध में क्या करता है। इसके लिए हमें मन को जैसा वह है वैसा ही देखना चाहिए, न कि उस रूप में जैसा कि उसे होना चाहिए।

अब प्रश्न है कि यह कार्यरत मन क्या है? क्या ले-देकर यह अलगाव की ही प्रक्रिया नहीं है? मूलतः विचार की प्रक्रिया भी तो यही है। मन एक अलग इकाई बन कर सोचता है, हालांकि रहता वह सामूहिक ही है। यदि आप स्वयं अपनी सोच को सावधानी से देखें, तो आप पाएंगे कि वह एक पृथक्, विखंडित प्रक्रिया है। आप अपनी प्रतिक्रियाओं के अनुसार विचार करते हैं, ये प्रतिक्रियाएं आपकी स्मृति की होती हैं, यह आपके अनुभव, आपके ज्ञान, आपके विश्वास की स्मृति होती है। इस सब पर आपके भीतर प्रतिक्रिया

उठ रही है, है न? जब मैं कहता हूं कि एक मौलिक क्रांति आवश्यक है, तो आप तत्काल प्रतिक्रिया करते हैं। यदि आध्यात्मिक या अन्य क्षेत्र में आपने कुछ दांव पर लगा रखा है, आपके हित कहीं जुड़े हैं, तो आप 'क्रांति' शब्द पर आपत्ति करेंगे। अतः आपकी प्रतिक्रिया आपकी जानकारी पर आधारित है, आपके विश्वास, आपके अनुभव पर आधारित है। यह एक स्पष्ट तथ्य है। प्रतिक्रियाएं अनेक प्रकार की होती हैं। आप कहते हैं, ''मुझमें भाईचारे की भावना होनी चाहिए'', ''मुझे सहयोग करना चाहिए'', ''मुझे मैत्रीपूर्ण होना चाहिए'', ''मुझे दयालु होना चाहिए,'' इत्यादि। यह सब क्या है? ये सभी प्रतिक्रियाएं हैं, लेकिन मूलभूत रूप से सोच-विचार अलगाव की प्रक्रिया है। आप सभी अपने मन की प्रक्रिया का अवलोकन कर रहे हैं, जिसका अर्थ है कि आप अपनी क्रिया को, अपने विश्वास, ज्ञान व अनुभव को देख रहे हैं। ये सब हमें सुरक्षा देते हैं, है न? इनसे सुरक्षा मिलती है, विचार प्रक्रिया को ताकत मिलती है। यह प्रक्रिया केवल 'मैं' को, मन को, स्व को दृढ़ करती है--चाहे आप उस स्व को उच्च कहें या निम्न। हमारे सभी धर्म, हमारी सभी सामाजिक मान्यताएं, हमारे सभी कानून, व्यक्ति के, एक व्यक्तिगत स्व के अर्थात् पृथक् करने वाली क्रिया के समर्थक हैं; और दूसरी ओर अधिनायकवादी राज्य है। यदि आप अचेतन में ज़रा गहरे उतरें तो आप देखेंगे कि अधिनायकवाद में भी यही प्रक्रिया कार्यरत है। वहां हम समूह के नाते परिवेश से, वातावरण से, पिता, माता, दादा से प्रभावित हैं। वहां भी व्यक्ति के रूप में, 'मैं' के रूप में आग्रह एवं अधिकार की ही आकांक्षा है।

तो क्या रोज़मर्रा की ज़िंदगी में मन का काम करने का तरीका प्रायः अलगाव की ही प्रक्रिया नहीं है? क्या आप व्यक्तिगत मुक्ति ही नहीं खोज रहे? आप भविष्य में कुछ होना चाहते हैं, या ठीक इसी जीवन में आप एक महान व्यक्ति, एक महान लेखक बनने जा रहे हैं। हमारी समस्त प्रवृत्ति अलग होने की है। क्या मन इसके अलावा और कुछ कर सकता है? क्या मन के लिए यह संभव है कि वह खंडित रूप से, संकुचित ढंग से, अलगाव में न सोचे? यह तो हमारे लिए नामुमकिन है। इसलिए हम मन के उपासक हैं; मन असाधारण रूप से महत्त्वपूर्ण हो गया है। क्या आप यह नहीं जानते कि जैसे ही आप कुछ चालाक, कुछ चौकन्ने हो जाते हैं, कुछ सूचना और जानकारी इकट्ठी कर लेते हैं, आप समाज में कितने महत्त्वपूर्ण बन बैठते हैं? आप जानते हैं कि आप उन लोगों का कितना सम्मान करते हैं--वकीलों, प्राध्यापकों, वक्ताओं, महान लेखकों, व्याख्याकारों, प्रचारकों का--जो बौद्धिक रूप से आपसे बेहतर हैं! आप बुद्धि और मन को ही सजाते-संवारते रहे हैं।

मन का कार्य ही अलग-थलग होना है; अन्यथा आपका मन है ही नहीं। शताब्दियों से हम इस प्रक्रिया का पोषण करते आ रहे हैं और अब हम देखते हैं कि हम सहयोग कर ही नहीं पाते, बस हमें आर्थिक या धार्मिक सत्ता-प्रामाण्य द्वारा, भय द्वारा उकसाया या बाध्य किया जा सकता है। तो यदि यही असलियत है, केवल चेतन स्तर पर ही नहीं बल्कि अपने लक्ष्यों, इरादों एवं उद्देश्यों के और गहरे तल पर भी, तो सहयोग कैसे हो सकता है? हम कैसे समझदारी से एक साथ मिलकर कोई कार्य कर सकते हैं? और चूंकि

यह लगभग असंभव है, धर्म और संगठित सामाजिक दल व्यक्ति को किसी न किसी प्रकार के अनुशासन को स्वीकार करने के लिए बाध्य करते हैं। और तब एक साथ आने के लिए, एक साथ कुछ करने के लिए अनुशासन अनिवार्य हो जाता है।

जब तक हम यह नहीं समझ लेते कि इस अलगाव लाने वाली विचार-प्रक्रिया के परे कैसे जायें, व्यक्तिगत या सामूहिक स्तर पर 'मैं' और 'मेरे' पर ज़ोर देने वाली इस प्रक्रिया से परे कैसे जाया जाये, तब तक हमें शांति नहीं मिलेगी, हम निरंतर द्वंद्व और युद्धों से घिरे रहेंगे। हमारी समस्या है कि विचार की इस पृथक् करने वाली प्रक्रिया का अंत कैसे हो। क्या विचार कभी इस स्व को खत्म कर सकता है, विचार जो कि स्वयं शब्दीकरण और प्रतिक्रियाओं का सिलसिला है। विचार प्रतिक्रिया के अलावा और कुछ भी नहीं है; विचार सर्जनशील नहीं होता। क्या ऐसा विचार कभी अपना अंत कर सकता है? हम इसी का उत्तर खोज रहे हैं। जब मैं सोचता हूं, ''मुझे अनुशासन का पालन करना चाहिए'', ''मुझे और अधिक उचित ढंग से सोचना चाहिए'', ''मुझे यह या वह होना चाहिए'', तो विचार कुछ होने अथवा कुछ न होने के लिए खुद को बाध्य कर रहा है, प्रेरित कर रहा है, अनुशासित कर रहा है। क्या यह अलगाव की प्रक्रिया नहीं है? अतः यह अखंड प्रज्ञा नहीं है जो समग्रता से कार्य करती है, और सहयोग केवल ऐसी ही प्रज्ञा के माध्यम से हो सकता है।

आप विचार के समापन पर कैसे पहुंचेंगे? या यूं कहें कि विचार जो पृथक् है, खंडित और आंशिक है, अपना अंत कैसे करेगा? आप शुरुआत कैसे करेंगे? क्या आपका तथाकथित अनुशासन उसका अंत करेगा? स्पष्ट है कि इतने बरसों से तो आपको सफलता मिली नहीं, अन्यथा आप यहां न होते। कृपया इस अनुशासनकारी प्रक्रिया की परीक्षा कीजिए, जो कि विचार-प्रक्रिया के अतिरिक्त और कुछ नहीं है, जिसमें अधीनता है, दमन है, नियंत्रण है, आधिपत्य है और ये सब अचेतन को प्रभावित करते हैं, एवं यह अचेतन बाद में, जैसे-जैसे आप वृद्धावस्था की ओर बढ़ते हैं, अपना प्रभाव दिखाता है। इतने लंबे समय से आप प्रयास करते आ रहे हैं, अब तक आपको यह स्पष्ट हो गया होगा कि अनुशासन से स्व का अंत नहीं हो सकता। स्व का अंत अनुशासन के द्वारा संभव नहीं है, क्योंकि अनुशासन तो स्व को दृढ़ करने वाली प्रक्रिया है। फिर भी आपके सभी धर्म उसका समर्थन करते हैं, आपकी सभी ध्यान-साधनाएं, आपके सभी कथन, उसी पर आधारित हैं। क्या ज्ञान स्व को नष्ट करेगा? क्या विश्वास उसे नष्ट करेगा? दूसरे शब्दों में क्या कुछ भी, जो इस समय हम कर रहे हैं, कोई भी कर्म जिसके ज़रिये अभी हम स्व की तह में जाना चाह रहे हैं, ऐसा कर पाएगा? क्या यह सारी विचार-प्रक्रिया--जो प्रतिक्रिया की, अलगाव की प्रक्रिया है--पूरी तरह से व्यर्थ की बरबादी नहीं है? जब आप आधारभूत रूप से, गहराई से यह समझ लेते हैं कि विचार अपना अंत नहीं कर सकता, तो आप क्या करते हैं? उस समय होता क्या है? अपने भीतर देखिए। जब आप पूर्णतया इस तथ्य के बारे में जागरूक होते हैं, तो क्या होता है? आप समझ जाते हैं कि हरएक प्रतिक्रिया संस्कारजनित है और संस्कारबद्धता के तहत आरंभ में अथवा अंत में, कोई स्वतंत्रता संभव नहीं है;

और स्वतंत्रता सदा आरंभ में ही होती है, न कि अंत में।

जब आप यह जान लेते हैं कि प्रत्येक प्रतिक्रिया संस्कारबद्धता का ही एक रूप है और इस प्रकार विविध प्रकार से स्व को निरंतरता देती रहती है, तो वास्तव में क्या होता है? आपको इस विषय में बहुत स्पष्ट होना चाहिए। विश्वास, ज्ञान, अनुशासन, अनुभव, किसी लक्ष्य या परिणाम को पाने की सारी प्रक्रिया, महत्त्वाकांक्षा, इस जीवन में भविष्य में कुछ बनना, यह सब अलगाव की ही प्रक्रिया है, ऐसी प्रक्रिया जो बरबादी, क्लेश और युद्ध लाती है, और जिससे बचने का कोई सामूहिक तरीका नहीं है, चाहे जितना आपको यातना-केंद्रों और इसी प्रकार के दूसरे तरीकों से धमकाया जाये। क्या आप इस तथ्य से परिचित हैं? मन की वह अवस्था क्या है जो कहती है, ''यह ऐसा ही है'', ''यही मेरी समस्या है'', ''मेरी हालत ऐसी ही है'', ''मुझे दिखायी दे रहा है कि ज्ञान या अनुशासन ने क्या किया है, महत्त्वाकांक्षा ने क्या किया है''? निस्संदेह यदि आप यह सब देख लेते हैं तो एक दूसरी ही प्रक्रिया कार्य करने लगती है।

हम बुद्धि के तौर-तरीकों को तो देख लेते हैं, पर प्रेम क्या कर सकता है यह नहीं देख पाते। प्रेम के पंथ को बुद्धि के द्वारा नहीं पाया जा सकता। यदि प्रेम को अस्तित्व में आना है, तो बौद्धिकता को अपनी तमाम शाखाओं-उपशाखाओं के साथ, अपनी तमाम इच्छाओं, महत्त्वाकांक्षाओं, व्यस्तताओं के साथ विसर्जित हो जाना होगा। क्या आप नहीं जानते कि जब आप प्रेम करते हैं, तब आप सहयोग कर पाते हैं, आप अपने बारे में विचार नहीं कर रहे होते? प्रज्ञा का यही सर्वोत्कृष्ट रूप है--अपने को एक ऊंची हस्ती बनाए रखकर या अपने रुतबे को कायम रखते हुए प्रेम करना नहीं, जो कि भय के सिवा और कुछ नहीं है। जब तक आपके निहित स्वार्थ हैं, प्रेम नहीं हो सकता, केवल भय से उपजी शोषण की प्रक्रिया ही हो सकती है। इसलिए प्रेम वहीं संभव है, जहां मन नहीं है। अतः आपको मन की समस्त प्रक्रिया को, उसके क्रिया-कलाप को समझ लेना होगा।

सहयोग तभी संभव है, बुद्धिमत्तापूर्वक कार्य करना अथवा किसी भी प्रश्न पर एकमत होना तभी संभव है, जब हम जान पाते हैं कि एक-दूसरे से प्रेम करना क्या होता है और तभी इस बात की खोज हो सकती है कि ईश्वर क्या है, सत्य क्या है। इस समय हम सत्य को बुद्धि के द्वारा, अनुकरण के द्वारा जानना चाहते हैं; एक तरह से यह मूर्तिपूजा ही है। जो नित्य है, कालातीत है, असीम है, वह तभी अभिव्यक्त होता है, जब आप देखते-समझते हुए, स्व की समस्त संरचना को तिलांजलि दे देते हैं। आप उस कालातीत के समीप नहीं जा सकते; वही आपके समीप आता है।

स्वयं से छलावा

अपने आपको जो हम धोखा दिया करते हैं, मैं उस बारे में बातचीत करना चाहूंगा, अर्थात् उन भ्रमों के बारे में जिनमें कि मन लिप्त रहता है तथा जिन्हें वह खुद पर और दूसरों पर आरोपित करता रहता है। यह बड़ा गंभीर विषय है, विशेषकर इस प्रकार की स्थिति में, जिसका सामना विश्व कर रहा है। स्वयं के साथ धोखाधड़ी की इस सारी समस्या को समझने के लिए हमें उसे केवल शाब्दिक स्तर पर ही नहीं, बल्कि आंतरिक एवं आधारभूत रूप से, गहराई से समझना होगा। हम शब्दों तथा प्रति-शब्दों से बड़ी आसानी से संतुष्ट हो जाते हैं। हम दुनियादारी वाले हैं और इस नाते हम केवल इतनी ही आशा कर सकते हैं कि कोई न कोई रास्ता तो निकल ही आएगा। हम देखते हैं कि युद्ध की व्याख्या से युद्ध नहीं रुकता। ऐसे असंख्य इतिहासकार, धर्मशास्त्री और धार्मिक लोग हैं, जो इसकी व्याख्या कर रहे हैं कि युद्ध क्यों और कैसे होते हैं, परंतु युद्ध फिर भी जारी हैं और शायद पहले से अधिक विध्वंसकारी रूप में। हममें से जो वास्तव में इस समस्या को लेकर गंभीर हैं, उन्हें शब्दों से परे जाना होगा और अपने ही भीतर एक मौलिक क्रांति की खोज करनी होगी। केवल यही एक उपाय है जिससे मानवता का स्थायी एवं मौलिक रूप से उद्धार हो सकता है।

इसी प्रकार, जब हम इस तरह के आत्म-छलावे पर चर्चा कर रहे हैं, तो मेरे विचार से हमें सतही व्याख्याओं व उनके उत्तरों से सावधान रहना चाहिए। मेरा सुझाव मानें तो केवल वक्ता को सुनना भर पर्याप्त नहीं है, आत्म-छल की इस समस्या को हमें अपने दैनिक जीवन में देखते चलने की ज़रूरत है, यानी विचार करते समय और कर्म करते समय हमें स्वयं का निरीक्षण करना चाहिए कि कैसे हम दूसरों को प्रभावित करते हैं और किस तरह हमारे कर्म स्व की ही उपज हैं।

खुद को धोखा देने की वजह क्या है, उसका क्या आधार है? हममें से वास्तव में कितने इस बात को जानते हैं कि हम खुद को धोखा दे रहे हैं? इस प्रश्न का उत्तर देने के लिए कि ''आत्म-छल क्या है और वह कैसे उपजता है?'', क्या पहले हमें इस बात के प्रति सचेत नहीं होना होगा कि हम अपने आपको धोखा दे रहे हैं? क्या हम जानते हैं कि हम अपने आपको धोखा दे रहे हैं? इस धोखे या छल से हमारा अभिप्राय

क्या है? मेरी समझ से यह बड़ा महत्त्वपूर्ण सवाल है, क्योंकि जितना अधिक हम खुद को धोखा देते हैं, धोखा देने की ताकत उतनी ही बढ़ती जाती है, कारण यह कि इससे हमें एक प्रकार की जीवन-शक्ति, एक प्रकार की ऊर्जा और क्षमता मिलती है, और फिर इसी धोखे का शिकार हम दूसरों को भी बनाते हैं। इस प्रकार धीरे-धीरे हम केवल अपने पर ही नहीं, बल्कि दूसरों पर भी इस छल को थोपने लगते हैं। आत्म-छलावे का यह सिलसिला क्रिया-प्रतिक्रिया का खेल है। क्या हम इस प्रक्रिया के प्रति सचेत हैं? हम सोचते हैं कि हममें बहुत ही स्पष्टतापूर्वक, सप्रयोजन, प्रत्यक्ष रूप से विचार करने की क्षमता है, लेकिन क्या हमें यह भान है कि सोचने की इस प्रक्रिया में ही आत्म-छलावा है?

क्या विचार अपने आपमें ही तलाश की, खुद को सही ठहराने की, सुरक्षा और आत्म-संरक्षण ढूंढ़ते रहने की प्रक्रिया नहीं है? क्या विचार स्वयं को अच्छा माने जाने, पद, सम्मान और शक्ति पाने की लालसा नहीं है? राजनीतिक रूप से अथवा धार्मिक एवं सामाजिक रूप से, कुछ होने की यह लालसा ही क्या आत्म-छलावे का मूल कारण नहीं है? जिस क्षण मैं निपट भौतिक आवश्यकताओं के अलावा कुछ और भी चाहने लगता हूं, तब क्या मैं एक ऐसी अवस्था निर्मित नहीं कर लेता जो आसानी से विश्वास कर लेती है? उदाहरण के लिए हममें से अनेक यह जानने के लिए उत्सुक रहते हैं कि मृत्यु के बाद क्या होता है, हम जितने अधिक वृद्ध होते हैं हमारी उत्सुकता भी उतनी ही बढ़ती जाती है। हम इस बात की सच्चाई को जानना चाहते हैं। हम इसे कैसे जान पाएंगे? अध्ययन अथवा विभिन्न व्याख्याओं के माध्यम से तो बिलकुल नहीं।

तो आप उसे कैसे जानेंगे? सर्वप्रथम आपको अपने मन से सभी अवरोध निकाल देने होंगे--हरएक आशा, हमेशा बने रहने की हर ख्वाहिश, दूसरे किनारे पर क्या है इसको जानने की कोई भी उत्सुकता। क्योंकि मन हमारा अनवरत सुरक्षा चाहता है, इसमें बने रहने की चाह होती है, और एक सफल-सार्थक जीवन की, भावी अस्तित्व की इसे आस रहती है। ऐसा मन--हालांकि वह मृत्यु के उपरांत जीवन के सत्य को खोज रहा है, चाहे वह पुनर्जन्म हो या कुछ और--उस सत्य की खोज में असमर्थ है, क्या आपको ऐसा नहीं लगता? बात यह नहीं है कि पुनर्जन्म होता है या नहीं, बल्कि महत्त्वपूर्ण यह है कि मन कैसे स्वयं को धोखा देते हुए एक ऐसे तथ्य को, जो हो भी सकता है और नहीं भी, सही ठहराने की कोशिश करता है। अहम बात यह है कि उस समस्या को हम कैसे लेते हैं, किस अभिप्राय से, किस प्रेरणा से, किस आकांक्षा से हम उसका सामना करते हैं।

खोजने वाला सदा इस धोखे को अपने ऊपर थोप रहा है; कोई दूसरा यह नहीं कर सकता, वह स्वयं ही यह कर रहा है। हम पहले छलावा बुनते हैं और फिर उसके दास बन जाते हैं। स्वयं को धोखा देने का मूल कारण इस संसार में व इस संसार के बाद भी कुछ होने की हमारी चिरकामना है। इस संसार में कुछ होने की लालसा का परिणाम हम जानते ही हैं : यह अत्यधिक भ्रांति की अवस्था है, जहां हर व्यक्ति दूसरे के साथ होड़ में लगा है, शांति के नाम पर हर कोई दूसरे को नष्ट कर रहा है। आप इस सारे खेल को जानते हैं, जिसे हम आपस में खेल रहे हैं, और जो कितना अजीबोगरीब

आत्म-छलावा है! और इसी तरह हमें कोई सुरक्षित स्थान, कोई पद परलोक में भी चाहिए।

अतः जैसे ही हमारे अंदर कुछ उपलब्ध करने की, कुछ होने की, कुछ बनने की ललक होती है, हम अपने को छलना शुरू कर देते हैं। मन के लिए इससे मुक्त होना बड़ा दुष्कर है और यह हमारे जीवन की बुनियादी समस्याओं में से एक है। क्या इस संसार में कुछ न होते हुए जीना संभव है? केवल तभी समस्त छलावों से मुक्ति संभव है, क्योंकि तब यह मन कोई परिणाम, किसी प्रकार का संतोषप्रद उत्तर, औचित्य-समर्थन, किसी भी स्तर पर, किसी भी संबंध में सुरक्षा नहीं खोज रहा होता। ऐसा तभी हो पाता है जब मन धोखे की संभावनाओं और सूक्ष्मताओं को जान लेता है और समझदारी से हर तरह के बचाव का, सुरक्षा का परित्याग कर देता है, जिसका अर्थ है कि तब मन पूर्णतया कुछ न होने में सक्षम होता है। क्या यह संभव है?

जब तक हम स्वयं को किसी भी रूप में छलते रहते हैं, प्रेम संभव नहीं होता। जब तक मन किसी भी प्रकार का भ्रम रचने एवं उसे अपने पर आरोपित करने की क्षमता रखता है, स्पष्ट है कि वह अपने को सामूहिक अथवा संयुक्त समझ से पृथक् कर लेता है। यह हमारी कठिनाइयों में से एक है; हम यह नहीं जानते कि सहयोग कैसे किया जाये। हम इतना ही जानते हैं कि हम किसी ऐसे लक्ष्य के लिए मिलकर काम करने का प्रयास करें, जिसे आप और हम हासिल करना चाहते हों। लेकिन सहयोग केवल तभी संभव है जब आपका और मेरा, विचार द्वारा निर्मित कोई साझा लक्ष्य न हो। यह जान लेना बहुत ज़रूरी है कि सहयोग तभी हो पाता है जब आपमें और मुझमें कुछ होने की आकांक्षा नहीं होती। जब हममें कुछ होने की आकांक्षा होती है तो विश्वास और उस तरह की तमाम बातें ज़रूरी हो जाती हैं, एक स्व-प्रक्षेपित यूटोपिया, काल्पनिक सुखराज्य आवश्यक हो जाता है। लेकिन जब आप और मैं बिना आत्म-छलावे के, बिना विश्वास और ज्ञान के अवरोधों के, सुरक्षित होने की आकांक्षा से मुक्त रहकर अनाम रूप से सृजन करते हैं, तभी वास्तविक सहयोग हो पाता है।

तो क्या बिना लक्ष्य को सामने रखे हमारे लिए सहयोग करना, एक साथ होना संभव है? क्या फल की आकांक्षा के बिना आप और मैं एक साथ मिलकर काम कर सकते हैं? निस्संदेह यही वास्तविक सहयोग है, क्या ऐसा नहीं है? यदि आप और मैं किसी परिणाम के बारे में सोचें, विमर्श करें, योजना बनाएं और उस परिणाम के लिए एक साथ काम करें, तो उसमें कौन-सी प्रक्रिया निहित होती है? उसमें हमारे विचार, हमारे बौद्धिक मन तो निस्संदेह मिल रहे होंगे, पर भावनात्मक रूप से शायद हमारा सारा अस्तित्व उसका प्रतिरोध कर रहा होगा, और यही छलावे की जड़ है, यही आपके और मेरे बीच द्वंद्व ला खड़ा करता है। हमारे रोज़मर्रा के जीवन में यह साफ दिखायी देने वाली हकीकत है। आप और मैं बौद्धिक रूप से किसी काम को करने के लिए सहमत तो होते हैं, पर अचेतन स्तर पर, गहराई में, परस्पर संघर्ष करते रहते हैं। मैं अपनी आशा के अनुरूप परिणाम चाहता हूं, अधिकार चाहता हूं, अपने नाम को आपसे पहले चाहता हूं, हालांकि

कहने में यही आयेगा कि मैं आपके संग-साथ काम कर रहा हूं। इस प्रकार हम दोनों, जो कि उस योजना के कर्ता-धर्ता हैं, वास्तव में एक-दूसरे का विरोध कर रहे होते हैं, यद्यपि बाहर से आप और मैं उस योजना के बारे में एकमत होते हैं।

क्या यह छानबीन करना महत्त्वपूर्ण नहीं है कि आप और मैं एक ऐसी दुनिया में, जहां आप भी और मैं भी कुछ नहीं हैं, सहयोग कर सकते हैं, संवाद में हो सकते हैं, एक साथ रह सकते हैं? क्या हम औपचारिक रूप से नहीं बल्कि गहराई से, सही मायने में वास्तविक सहयोग कर सकते हैं? यह हमारी जटिलतम समस्याओं में से एक है, संभवतः सर्वाधिक जटिल। मैं किसी लक्ष्य के साथ अपना तादात्म्य कर लेता हूं और आप भी उसी लक्ष्य के साथ अपना तादात्म्य कर लेते हैं, हम दोनों उसमें दिलचस्पी लेने लगते हैं, हम दोनों उसे पा लेना चाहते हैं। निस्संदेह सोचने की यह प्रक्रिया अत्यंत सतही है, क्योंकि तादात्म्य के द्वारा, जुड़ाव के द्वारा हम अलगाव ही लाते हैं, और यह हमारे जीवन में कितना साफ दिखाई देता है। आप हिंदू हैं और मैं कैथोलिक, हम दोनों भाईचारे का उपदेश देते हैं और एक-दूसरे की गर्दन पर सवार रहते हैं। ऐसा क्यों है? क्या यह हमारी समस्याओं में से एक नहीं है? अचेतन रूप से, अपने मन की गहराइयों में आपके अपने विश्वास हैं और मेरे अपने। भाईचारे के बारे में बात करने से विश्वासों, धारणाओं की सारी समस्या हल नहीं होती, बल्कि हम सिर्फ सैद्धांतिक एवं बौद्धिक रूप से सहमत हो जाते हैं कि ऐसा होना चाहिए। पर भीतर कहीं गहरे में हम एक-दूसरे के विरोधी ही बने रहते हैं।

जब तक हम इन अवरोधों को, जो आत्म-छल हैं और हमें एक तरह की ज़िंदादिली का एहसास कराते हैं, विसर्जित नहीं कर देते, तब तक आपके और मेरे बीच कोई सहयोग संभव नहीं है। हम किसी समूह विशेष, विचार विशेष, राष्ट्र विशेष के साथ अपना तादात्म्य करके सहयोग कभी नहीं ला सकते।

विश्वास सहयोग का आधार नहीं हो सकता, बल्कि वह तो विभाजित करता है। हम देखते ही हैं कि कैसे एक राजनीतिक दल दूसरे के विरोध में होता है, उनमें से हरएक आर्थिक समस्याओं को हल करने के अपने खास तरीके में यकीन रखता है; और इस तरह वे सब एक-दूसरे की काट में लगे रहते हैं। उदाहरण के लिए, वे भूख की समस्या के समाधान के लिए कृतसंकल्प नहीं हैं। वे उन सिद्धांतों में उलझे हैं जिनके ज़रिये उस समस्या का समाधान होगा। वास्तव में उनका सरोकार उस समस्या से नहीं, बल्कि उस पद्धति से है, जिससे उस समस्या का हल होने की बात है। इन दोनों के बीच कलह होना तय है, क्योंकि उनका सरोकार किसी धारणा से है न कि उस समस्या से। इसी प्रकार धार्मिक व्यक्ति एक-दूसरे के विरोध में होते हैं, हालांकि कहने को वे यही कहते हैं कि सब में एक ही जीवन है, एक ही ईश्वर है। आप इस सबसे परिचित ही हैं। भीतर से उनके विश्वास, उनके मत, उनके अनुभव उन्हें नष्ट कर रहे हैं, उन्हें विभाजित कर रहे हैं।

मानवीय संबंधों में अनुभव विभाजन का कारण बन जाता है; अनुभव छलावे का

ज़रिया है। यदि मुझे कुछ अनुभव हुआ है, तो उसमें मेरी आसक्ति हो जाती है; मैं अनुभव प्रक्रिया की पूरी समस्या की छानबीन नहीं करता, क्योंकि मैंने जो अनुभव किया है, मैं उसे ही पर्याप्त समझ लेता हूं और उससे चिपका रहता हूं। इस प्रकार उस अनुभव के द्वारा मैं आत्म-छलावे का शिकार हो जाता हूं।

हमारी कठिनाई यह है कि हममें से प्रत्येक की किसी विशिष्ट विश्वास के साथ, सुख या आर्थिक सामंजस्य उपलब्ध करने की किसी विशिष्ट पद्धति के साथ इतनी एकरूपता हो जाती है कि हमारा मन उसके द्वारा जकड़ लिया जाता है और हम उसकी गहराई में जाने में असमर्थ हो जाते हैं। अतः हम अपनी उन विशेष पद्धतियों, अपने विश्वासों और अनुभवों के साथ अपने में ही खोए रहना चाहते हैं। जब तक उनको समझ कर हम उनका विसर्जन नहीं कर देते--सतही तौर पर ही नहीं बल्कि गहरे तल पर भी--विश्व में शांति नहीं हो सकती। अतः उनके लिए, जो इस विषय में वास्तव में गंभीर हैं, इस सारी समस्या को--कुछ होने की, कुछ उपलब्ध करने की, कुछ लाभ की कामना की समस्या को--समझ लेना बड़ा महत्त्वपूर्ण है, केवल सतही स्तर पर नहीं बल्कि आधारभूत रूप से और गहराई से; अन्यथा विश्व में शांति संभव नहीं है।

सत्य किसी उपलब्धि का विषय नहीं है। उन्हें प्रेम का स्पर्श नहीं हो सकता जो प्रेम को हथियाना चाहते हैं अथवा उससे तादात्म्य कर लेना चाहते हैं। निस्संदेह ऐसा तभी संभव होता है जब मन कुछ खोज नहीं रहा, पूर्णतः मौन है, किन्हीं गतिविधियों और विश्वासों को नहीं रच रहा जिन पर वह निर्भर रह सके, जो उसे मजबूती दें; ये तो आत्म-छलावे के ही सूचक हैं। इच्छा की समस्त प्रक्रिया को समझ लेने पर ही मन निश्चल हो पाता है। तभी मन कुछ होने या कुछ न होने के लिए सक्रिय नहीं रहता, और केवल तभी उस स्थिति की संभावना होती है जिसमें किसी प्रकार का छलावा नहीं होता।

आत्म-केंद्रित क्रिया

मैं समझता हूं कि हममें से अधिकतर लोग इस बात को जानते हैं कि किस प्रकार आत्म-केंद्रित क्रियाओं का प्रतिरोध करने के लिए हमें हर तरह से प्रोत्साहित किया जाता रहा है, हर तरह के प्रलोभन दिए जाते रहे हैं। आश्वासनों, नरक के भय, हर तरह की निंदा के द्वारा धर्मों ने मनुष्य को इस सतत क्रिया से रोकने का प्रयास किया है जो 'मैं' के केंद्र से जन्म लेती है। इन तमाम प्रयासों के असफल होने पर अब राजनीतिक संगठनों ने बागडोर थामी और यहां भी वही प्रलोभन है, वही परम सुखराज्य वाली यूटोपियावादी आशा है। छोटे-बड़े, अत्यंत सरल से लेकर अत्यंत कठोर, अनेक प्रकार के कानूनों का, यहां तक कि यातना केंद्रों का भी इस्तेमाल किया गया और सभी प्रकार के प्रतिरोधों के खिलाफ उन्हें लागू किया जाता रहा। फिर भी हम अपनी स्व-केंद्रित गतिविधियों में रत हैं; ऐसा लगता है, हम कर्म केवल इसी प्रकार करना जानते हैं। यदि कभी हम उसके बारे में सोचते भी हैं, तो हम उसमें थोड़ा बहुत अदल-बदल करने का प्रयत्न करते हैं; जब कभी हमें उसका एहसास होता है, तो उसकी दिशा को बदलने की कोशिश करते हैं, परंतु मूलतः, गहराई में कोई परिवर्तन नहीं होता। उस क्रिया का पूरी तरह से समापन नहीं हो पाता। विचारशील व्यक्तियों को इसका आभास है, वे यह भी जानते हैं कि जब केंद्र से होने वाली इस क्रिया का अंत होता है, तभी सुख-शांति संभव है। हममें से अधिकांश यह मान कर चलते हैं कि स्व-केंद्रित क्रिया स्वाभाविक है और उसके परिणामस्वरूप होने वाले कर्म को, जो कि अपरिहार्य है, केवल संशोधित किया जा सकता है, उसे कोई आकार दिया जा सकता है, नियंत्रित किया जा सकता है। अब जो इस विषय में गहरी रुचि रखते हैं, काफी गंभीर हैं—निष्ठावान नहीं, क्योंकि निष्ठा तो आत्म-छल का ही एक रूप है—उन्हें यह खोजना होगा कि क्या स्व-केंद्रित कर्म की इस असाधारण प्रक्रिया के प्रति पूरी तरह जागरूक होकर इसके पार जाया जा सकता है?

आत्म-केंद्रित क्रिया क्या है, यह समझने के लिए इसकी परख तो करनी होगी, इसे देखना होगा और इसकी समस्त प्रक्रिया के प्रति जागरूक रहना होगा। यदि कोई व्यक्ति इसके प्रति जागरूक रह सकता है तो इसके विसर्जन की संभावना बनती है, परंतु इसके प्रति जागरूक रहने के लिए एक खास मंशा की, एक खास समझ की ज़रूरत होती है,

जिसमें वस्तु को वैसा ही देखा जाता है जैसी कि वह है, बिना कोई व्याख्या, संशोधन, प्रतिरोध अथवा निंदा किए। हम जो भी कर रहे हैं, हमें उसके बारे में सजग रहना होगा। अहं-केंद्रित अवस्था में जो भी गतिविधि हो रही है, उसके प्रति हमें सचेत रहना होगा। हमारी प्रारंभिक कठिनाइयों मे से एक यह है कि जैसे ही उस क्रिया के प्रति हम सचेत होते हैं, हम उसे कोई शक्ल देना चाहते हैं, उसे नियंत्रित करना चाहते हैं, उसका प्रतिरोध करना चाहते हैं, अथवा उसमें संशोधन करना चाहते हैं, और इस प्रकार, हम उसे सीधा-स्पष्ट देखने में कभी-कभार ही समर्थ होते हैं। और जब ऐसा होता है, तो हममें से कोई-कोई ही यह जानने में सक्षम होता है कि अब क्या करना चाहिए।

हमें यह एहसास है कि आत्म-केंद्रित क्रियाएं हानिकारक हैं, घातक हैं, और किसी भी तरह का तादात्म्य या जुड़ाव अनिवार्यतः एक आत्म-केंद्रित व्यक्ति की ही गतिविधि है। इससे कोई अंतर नहीं पड़ता कि यह तादात्म्य किससे है, किसी देश से, किसी विशेष समूह से, किसी विशेष कामना से, इस लोक में या परलोक में किसी फल की प्राप्ति से, किसी विचारधारा के महिमामंडन से, किसी आदर्श के अनुकरण से, किसी सद्गुण के अनुसरण से इत्यादि। हमारे सारे संबंध इसी प्रक्रिया के ही परिणाम हैं, चाहे वे प्रकृति के साथ हों, व्यक्तियों के साथ हों अथवा विचारों के साथ। यह सब जानते हुए हम क्या करें? ऐसी समस्त गतिविधि का स्वतः ही अंत हो जाना चाहिए, बिना स्वयं पर कोई दबाव डाले, बिना प्रभावित या निर्देशित हुए।

हममें से अधिकांश को यह एहसास है कि यह आत्म-केंद्रित गतिविधि खुराफात और अव्यवस्था का कारण बनती है, परंतु हम इस गतिविधि के केवल कुछ ही पक्षों से परिचित हैं। या तो हम इसे दूसरों में ही देखते हैं और स्वयं अपनी क्रियाओं से अनभिज्ञ बने रहते हैं, या फिर दूसरों के साथ परस्पर संबंध में अपनी आत्म-केंद्रित क्रिया का भान होने पर हम उसमें बदलाव लाना चाहते हैं, उसका विकल्प चाहते हैं, उसके पार जाना चाहते हैं। इससे पहले कि हम इससे दो-चार हों, हमारे लिए यह जानना ज़रूरी है कि यह प्रक्रिया अस्तित्व में कैसे आती है। कुछ भी समझने के लिए हममें उसका अवलोकन करने का सामर्थ्य होना चाहिए; और उसे देख सकने के लिए यह जानना ज़रूरी है कि चेतन अथवा अचेतन रूप से, विभिन्न स्तरों पर उसकी विभिन्न गतिविधियां क्या हैं—जो चेतन स्तर पर निर्देशित हैं, और साथ ही हमारे अचेतन उद्देश्यों एवं इरादों की अहं-केंद्रित गतिविधियां।

'मैं' की इस क्रिया से मैं केवल तभी अवगत होता हूं जब मैं विरोध कर रहा होता हूं, जब चेतना बाधित होती है, जब 'मैं' किसी परिणाम को उपलब्ध करने की आकांक्षा करता है, या फिर मुझे उस केंद्र का तब होश आता है जब कोई सुख छिन जाता है पर मैं उसे और-और पाना चाहता हूं; तब प्रतिरोध होता है, तब किसी विशेष लक्ष्य के लिए, जो मुझे उल्लास व संतोष दे सके, मन को सप्रयोजन कोई आकार दिया जाता है। उदाहरण के लिए जब मैं किसी सद्गुण का सचेतन रूप से अनुशीलन कर रहा होता हूं,

तो मुझे अपना और अपनी क्रियाओं का ख्याल रहता है। निस्संदेह, वह व्यक्ति जो सदाचार का चेतन स्तर पर अभ्यास करता है, सदाचारी नहीं है। विनम्रता का अभ्यास नहीं किया जा सकता, और यही विनम्रता का सौंदर्य है।

क्या यह आत्म-केंद्रित प्रक्रिया समय का परिणाम नहीं है? जब तक गतिविधि का यह केंद्र किसी भी स्तर पर बना रहता है, चाहे वह चेतन हो या अचेतन, समय की दौड़ कायम रहती है, और भविष्य से जोड़कर ही मुझे अतीत और वर्तमान का एहसास होता है। इस प्रकार 'मैं' की स्व-केंद्रित गतिविधि समय की प्रक्रिया ही है। यह स्मृति ही है जो इस केंद्र की गतिविधि को, जो कि 'मैं' है, निरंतरता प्रदान करती है। यदि आप स्वयं को देखें और गतिविधि के इस केंद्र से अवगत रहें, तो आप पाएंगे कि यह केवल समय की, स्मृति की, और अनुभव की ही प्रक्रिया है, और इसमें प्रत्येक अनुभव की व्याख्या किसी स्मृति के अनुसार ही होती है। आप यह भी पाएंगे कि स्व की गतिविधि पहचान की प्रक्रिया है, और यही प्रक्रिया मन की भी है।

क्या मन इस सबसे मुक्त हो सकता है? संभव है कुछ विरल क्षणों में ऐसा होता। हममें से बहुतों के साथ ऐसा तब हो पाता है, जब हम किसी कर्म को अचेतन रूप से, अनजाने ही, बिना किसी प्रयोजन के करते हैं; परंतु क्या मन के लिए यह संभव है कि वह इस अहं-केंद्रित क्रिया से पूर्णतः मुक्ति पा ले? अपने आप से पूछने के लिए यह एक बड़ा महत्त्वपूर्ण प्रश्न है, क्योंकि इस प्रश्न को रखने में ही आपको इसका उत्तर मिल जायेगा। यदि आप इस आत्म-केंद्रित गतिविधि की समस्त प्रक्रिया से अवगत हैं, अपनी चेतना के विभिन्न स्तरों पर होने वाली उन क्रियाओं का आपको पूर्णतः भान है, तो निस्संदेह आप खुद से पूछे बगैर नहीं रह सकते कि क्या इस गतिविधि का अंत संभव है। क्या यह संभव है कि हम समय की शब्दावली में विचार न करें, हम इस रीति से न सोचें कि मैं क्या बनूंगा, मैं अब तक क्या था, अब क्या हूं? क्योंकि अहं-केंद्रित गतिविधि की समस्त प्रक्रिया ऐसे ही विचार से आरंभ होती है; और यहीं से आरंभ होता है कुछ बन जाने का, किसी के चयन और किसी की उपेक्षा का संकल्प, और यह सब समय के दायरे में ही है। इस प्रक्रिया में हम देखते हैं असीम दुष्टता, दुर्दशा, विभ्रम, विकृति, पतन।

निस्संदेह समय की प्रक्रिया क्रांतिकारी नहीं है। काल की प्रक्रिया में कोई आमूल परिवर्तन संभव नहीं है, वहां केवल निरंतरता है, अंत नहीं; वहां पहचान लेने की क्रिया के अतिरिक्त और कुछ नहीं है। जब आपमें समय की प्रक्रिया का, स्व के क्रियाकलाप का पूर्णतः अंत हो जाता है, केवल तभी क्रांति होती है, आमूल परिवर्तन तथा नवीन का आगमन हो पाता है।

'मैं' की हलचल की समूची प्रक्रिया के प्रति सजग होने पर मन क्या करता है? नवीन का आगमन वहीं संभव होता है, जहां नवोन्मेष होता है, जहां *क्रमिक विकास नहीं* अपितु तत्क्षण क्रांति होती है, जहां 'मैं' कुछ बनने के फेर में नहीं होता, बल्कि 'मैं' का पूर्णतया अंत हो जाता है। समय की प्रक्रिया नवीन को जन्म नहीं दे सकती; काल सृजन का मार्ग नहीं है।

मैं नहीं जानता कि आपमें से किसी को भी सर्जनशीलता के क्षण की अनुभूति हुई है या नहीं। मेरा तात्पर्य किसी संकल्पना को कार्यरूप देने से नहीं है, मेरा अभिप्राय सर्जनशीलता के उस क्षण से है जहां पहचान की क्रिया नहीं है। उस क्षण एक अलौकिक अवस्था होती है, जिसमें पहचान की क्रिया के रूप में 'मैं' का अवसान हो जाता है। यदि हम सजग हैं, तो हम देख पाएंगे कि उस अवस्था में कोई अनुभवकर्ता नहीं होता जो स्मरण रखता हो, अपने हिसाब से दोहराता हो, पहचानता हो और फिर तादात्म्य कर लेता हो। वहां समय के अंतर्गत होने वाली कोई विचार प्रक्रिया नहीं होती। सर्जनशीलता की, नवीन के सृजन की इस कालातीत अवस्था में 'मैं' की कोई भूमिका नहीं रहती।

हमारा प्रश्न तो अब यही है कि मन समय से निर्लिप्त रहकर इस स्थिति में हो सकता है क्या—क्षण भर के लिए नहीं, कुछ विलक्षण क्षणों के लिए नहीं; मैं जानबूझ कर यहां 'सदैव' या 'निरंतर' शब्द का प्रयोग नहीं कर रहा, क्योंकि उसमें समय का संदर्भ आ जायेगा। निस्संदेह हममें से हरएक के लिए इसे खुद खोज लेना ज़रूरी है, क्योंकि यही प्रेम का द्वार है; दूसरे सभी द्वार तो अहं के क्रिया-कलाप हैं। जहां स्व की क्रिया होती है, वहां प्रेम नहीं होता। प्रेम समय के दायरे में नहीं आता है। आप प्रेम का अभ्यास नहीं कर सकते। यदि आप अभ्यास करते हैं, तो वह 'मैं' की ही आत्म-सचेतन गतिविधि होगी जिसमें व्यक्ति प्रेम के द्वारा किसी परिणाम को पाने की उम्मीद कर रहा होता है।

प्रेम समय की परिधि से परे है; आप उस तक किसी चेतन प्रयत्न के द्वारा, किसी अनुशासन के द्वारा, किसी जुड़ाव-लगाव के द्वारा नहीं पहुंच सकते, यह सब तो समय की ही प्रक्रिया है। मन केवल समय की प्रक्रिया को जानता है, प्रेम को नहीं पहचान पाता। मात्र प्रेम ही चिरनूतन है। चूंकि हममें से अधिकांश समय से उपजे मन की उधेड़-बुन में लगे रहते हैं, हम नहीं जान पाते कि प्रेम क्या है। हम प्रेम के विषय में चर्चा करते हैं, हम कहते हैं कि हम लोगों से प्रेम करते हैं, हम अपने बच्चों से प्रेम करते हैं, अपनी पत्नी से प्रेम करते हैं, अपने पड़ोसी से प्रेम करते हैं, प्रकृति से प्रेम करते हैं, परंतु जैसे ही हम इस बारे में सचेत होते हैं कि हम प्रेम करते हैं, स्व अपनी गतिविधि के साथ सक्रिय हो जाता है। इसलिए वह फिर प्रेम नहीं रहता।

मन की इस प्रक्रिया को उसकी समग्रता में, केवल संबंध के माध्यम से समझा जा सकता है—प्रकृति से संबंध, लोगों से संबंध, स्वयं अपने प्रक्षेपणों, कल्पनाओं, दृष्टिकोणों से संबंध, अपने चारों ओर की हर चीज़ के साथ संबंध के माध्यम से। जीवन संबंध के अतिरिक्त और क्या है? हालांकि हम स्वयं को संबंध से बचाए रखने का प्रयत्न किया करते हैं, पर उसके बिना हमारा अस्तित्व संभव नहीं है। संबंध हालांकि कष्टप्रद है, फिर भी हम उससे भाग नहीं सकते, न अलगाव के द्वारा और न साधु-संन्यासी बन कर ही। ये सभी विधियां स्व की क्रिया को ही दर्शाती हैं। इस पूरी तस्वीर को देखते हुए, चेतना के रूप में समय की समस्त प्रक्रिया के प्रति जागरूक होकर, बिना किसी चयन के, बिना किसी सुनिश्चित एवं सप्रयोजन संकल्प के, बिना किसी परिणाम की आकांक्षा के—तब आप देख पाएंगे कि काल की इस प्रक्रिया का स्वतः ही अंत हो जाता है। यह अवसान

स्वतः ही होता है, यह न तो किसी बाह्य प्रभाव से प्रेरित होता है और न किसी इच्छा का ही परिणाम होता है। प्रेम, जो कि शाश्वत रूप से नवीन है, केवल तभी संभव होता है जब इस प्रक्रिया का अंत हो जाता है।

सत्य को हमें खोजना नहीं पड़ता। सत्य कहीं दूर नहीं है। यह मनविषयक सत्य है, क्षण-प्रतिक्षण होने वाली उसकी गतिविधियों से जुड़ा सत्य है। यदि हम हर पल की सच्चाई के बारे में, समय की समस्त प्रक्रिया के बारे में जागरूक रहते हैं, तो वह जागरूकता उस चेतना को, उस ऊर्जा को विमुक्त करती है जो प्रज्ञा है, प्रेम है। जब तक मन चेतना का इस्तेमाल अहं की गतिविधि के रूप में करता है, समय अपने समस्त क्लेशों के साथ, अपने सभी द्वंद्वों के साथ, अपनी तमाम खुराफात के साथ, सोद्देश्य छलावों के साथ अस्तित्व में आ जाता है; दूसरी ओर जब मन का, इस समस्त प्रक्रिया को समझते हुए, विसर्जन हो जाता है, प्रेम केवल तभी संभव है।

समय और आमूल परिवर्तन

समय क्या है? मैं इस पर कुछ बातचीत करना चाहूंगा, क्योंकि मैं समझता हूं कि जो काल से परे है, जो सत्य है, उसकी समृद्धि, सौंदर्य और महत्त्व का तभी अनुभव किया जा सकता है, जब हम समय की समस्त प्रक्रिया को समझ लें। आखिरकार हममें से हर कोई अपने-अपने ढंग से आंतरिक सुख-समृद्धि की खोज में लगा है। गहन रूप से सार्थक, सच्चे सुख से संपन्न जीवन समय की उपज नहीं होता। प्रेम की तरह ऐसा जीवन भी समय के पार होता है, और जो कालातीत है उसे काल के पैमाने से समझना संभव नहीं है, उसके लिए हमें समय को ही समझना होगा। उस समयातीत को पाने के लिए, उसके साक्षात्कार के लिए, उसे समझने के लिए हम समय का एक साधन के रूप में उपयोग नहीं कर सकते। परंतु यही सब तो हम प्रायः जीवन में करते रहते हैं, हम समय व्यतीत करते रहते हैं उसे समझने में जो समय से, काल से परे है। अतः यह समझना आवश्यक है कि हमारा समय से क्या तात्पर्य है, क्योंकि मेरी समझ में, समय से मुक्त होना संभव है। यह अत्यंत महत्त्वपूर्ण है कि हम समय को उसकी समग्रता में समझें, न कि आंशिक रूप से।

यह जानना बड़ा दिलचस्प होगा कि हमारा जीवन अधिकांशतः समय में ही व्यतीत होता है; यहां समय कालक्रम के, मिनट, घंटे, दिन अथवा वर्ष के क्रम के अर्थ में नहीं, बल्कि मनोवैज्ञानिक स्मृति के अर्थ में है। हम समय के गणित में जीते हैं, हम समय के ही परिणाम हैं। हमारा मन अनेक विगत दिवसों का फल है, और वर्तमान केवल अतीत से भविष्य की ओर जाने का मार्ग है। हमारा मन, हमारी क्रियाएं, हमारा अस्तित्व समय पर आधारित है। समय के बिना हम विचार नहीं कर सकते, क्योंकि विचार समय का ही परिणाम है; विचार अनेक बीते दिनों का परिणाम है और वह स्मृति के अभाव में संभव नहीं है। स्मृति समय है, क्योंकि समय दो प्रकार का होता है, क्रमिक एवं मनोवैज्ञानिक। एक समय तो बीते हुए कल के रूप में घड़ी के अनुसार होता है और दूसरा स्मृति के अनुसार। क्रमिक समय से इनकार करना तो बेतुकी बात होगी, तब तो आपकी गाड़ी ही छूट जाया करेगी। परंतु क्रमिक समय के अतिरिक्त क्या वस्तुतः कोई दूसरा समय होता है? बेशक बीते हुए कल के रूप में समय मौजूद है, परंतु क्या ऐसा कोई समय है जैसा

कि मन कल्पना करता है? यानी क्या मन से भिन्न ऐसा कोई समय होता है? इसमें कोई शक नहीं कि समय, मनोवैज्ञानिक समय मन की ही उत्पत्ति है। विचार की बुनियाद के बिना समय का वजूद नहीं होता; समय वर्तमान के संदर्भ में बीते हुए कल की स्मृति मात्र है, वह स्मृति, जो आने वाले कल को आकार देती है। तात्पर्य यह कि बीते हुए कल के अनुभव की स्मृति वर्तमान की प्रतिक्रिया के रूप में भविष्य को निर्मित करती है, और यह विचार की ही प्रक्रिया है, मन की ही राह है। विचार प्रक्रिया समय के अंतर्गत मनोवैज्ञानिक प्रगति का आभास देती है, परंतु क्या यह क्रमिक समय की तरह वास्तविक है, और क्या हम उस मनोगत काल का शाश्वत और कालातीत को समझने के साधन के रूप में उपयोग कर सकते हैं? जैसा कि मैंने कहा, प्रसन्नता बीते हुए कल की नहीं होती, प्रसन्नता काल की उत्पत्ति नहीं होती, प्रसन्नता सदा वर्तमान में होती है, वह एक समयातीत अवस्था होती है। मुझे नहीं मालूम कि आपने इस बात पर ध्यान दिया है या नहीं कि जब आप गहन उल्लास की अवस्था में होते हैं, एक सर्जनात्मक आनंद की अवस्था में होते हैं, जहां घनांधकार से घिरी हुई कहीं प्रकाश की झलक होती है, उस क्षण में काल नहीं होता, वहां केवल प्रत्यक्ष वर्तमान होता है। वर्तमान के इस अनुभव के बाद, मन का प्रवेश होता है और वह स्मरण करता है और आनंद की उस अवस्था को अधिकाधिक संचित करके बनाए रखना चाहता है। इस प्रकार वह काल का सृजन करता है। अतः काल, समय 'और अधिक' द्वारा सर्जित किया जाता है; समय संचयवृत्ति भी है और निरासक्ति भी, और यह निरासक्ति मन की संचयवृत्ति से अलग नहीं है। इसलिए केवल मन को समय में अनुशासित करना, समय के सांचे में विचार-प्रक्रिया को ढालना जो कि स्मृति है, यकीनन कालातीत के ज़ाहिर होने के वास्ते नाकाफी है।

क्या आमूल परिवर्तन में समय लगता है? हममें से ज़्यादातर लोग यह सोचने के आदी हैं कि अंदरूनी तबदीली के लिए वक्त ज़रूरी है : मैं कुछ हूं, और मैं जो कुछ हूं उससे, जो मुझे होना चाहिए उसमें परिवर्तन के लिए समय की आवश्यकता है। मैं लोभी हूं और उस लोभ के परिणामस्वरूप भ्रांति, विरोधाभास, द्वंद्व और क्लेश से घिरा हूं। परिवर्तन के लिए, अर्थात् लोभरहित होने के लिए हम सोचते हैं कि समय ज़रूरी है। इसका अर्थ हुआ कि समय को कुछ विशिष्टतर में विकसित होने के लिए, कुछ बन जाने के साधन के रूप में आवश्यक समझा जाता है। तो समस्या यह है : एक व्यक्ति हिंसक, लोभी, ईर्ष्यालु, क्रोधी, दुष्ट अथवा आवेगपूर्ण है; तो 'जो है', उसमें परिवर्तन के लिए क्या समय ज़रूरी है? सबसे पहले तो प्रश्न यह उठता है कि हम 'जो हैं', उसे बदलना क्यों चाहते हैं अथवा परिवर्तन क्यों लाना चाहते हैं? क्यों? क्योंकि हम जो हैं, उससे हमें असंतोष होता है, वह द्वंद्व और अशांति पैदा करता है और उस अवस्था को न पसंद करके हम कुछ बेहतर, कुछ महान, और अधिक आदर्शवादी होना चाहते हैं। चूंकि हममें पीड़ा, बेचैनी और द्वंद्व हैं, हम चाहते हैं कि हममें बुनियादी बदलाव आए। क्या समय द्वंद्व पर विजय प्राप्त कर पाता है? यदि आप कहते हैं कि समय के माध्यम से द्वंद का इलाज हो जायेगा, तो आप रहते अब भी द्वंद्व में ही हैं। आप कह सकते हैं कि जो आप हैं, उसके परिवर्तन

में, द्वंद्व से पीछा छुड़ाने में बीस दिन या बीस वर्ष लग जायेंगे। पर इस समय के दौरान भी आप द्वंद्व में ही रहते हैं, यही कारण है कि समय के द्वारा परिवर्तन नहीं आ सकता। जब हम समय का प्रयोग किसी गुण की, सदाचार की अथवा किसी अवस्था की उपलब्धि के साधन के रूप में करते हैं, तो हम 'जो है' उसको टाल रहे होते हैं या उसकी उपेक्षा कर रहे होते हैं और मेरे विचार से इस तथ्य को समझ लेना महत्त्वपूर्ण है। लोभ और हिंसा हमारे परस्पर संबंध के इस संसार में, जो कि समाज है, पीड़ा व बेचैनी का कारण बनते हैं; और इस बेचैनी की हालत से, जिसे हम लोभ या हिंसा का नाम देते हैं, परिचित होने की वजह से हम स्वयं से कहते हैं, ''मैं समय रहते इससे मुक्त हो जाऊंगा। मैं अहिंसा का अभ्यास करूंगा, मैं ईर्ष्यारहित होने का अभ्यास करूंगा, शांति का अभ्यास करूंगा।'' तो आप अहिंसा का अभ्यास करना चाहते हैं, क्योंकि हिंसा बेचैनी की, द्वंद्व की अवस्था है और आप सोचते हैं कि समय के द्वारा आप अहिंसा को उपलब्ध कर लेंगे और द्वंद्व को जीत लेंगे। परंतु वास्तव में हो क्या रहा है? द्वंद्व की दशा में होने के कारण आप एक ऐसी अवस्था प्राप्त कर लेना चाहते हैं जहां कोई द्वंद्व न हो। तो क्या यह द्वंद्वरहित अवस्था समय का, किसी अवधि का परिणाम है? ऐसा तो नहीं है, क्योंकि जब आप अहिंसा की स्थिति को प्राप्त करने में लगे हैं, उस समय आप हिंसा ही कर रहे हैं और इसलिए तब भी आप द्वंद्व में ही हैं।

हमारी समस्या यह है कि क्या द्वंद्व या उद्विग्नता पर किसी समयावधि में, चाहे वह अवधि दिन हो, वर्ष हो या जीवन हो, विजय पायी जा सकती है? जब आप कहते हैं, ''मैं अब कुछ समय के लिए अहिंसा का अभ्यास करने जा रहा हूं,'' तो होता क्या है? वह अभ्यास ही यह इंगित करता है कि आप द्वंद्व में हैं, क्या ऐसा नहीं है? यदि आप द्वंद्व का प्रतिरोध न कर रहे होते, तो अभ्यास न करते। आप कहते हैं कि द्वंद्व को जीतने के लिए द्वंद्व का प्रतिरोध आवश्यक है, और इस प्रतिरोध के लिए आपको समय चाहिए, लेकिन द्वंद्व का यह प्रतिरोध स्वयं द्वंद्व का ही एक रूप है। जिसे आप लोभ, ईर्ष्या या हिंसा के नाम से पुकारते हैं, ऐसे द्वंद्व का प्रतिरोध करने में आप अपनी शक्ति का व्यय कर रहे होते हैं, परंतु होता आपका मन तब भी द्वंद्व में ही है। अतः हिंसा पर विजय प्राप्त करने के साधन के रूप में समय पर निर्भर रहने की प्रक्रिया के असत्य को समझना और इस प्रकार उससे मुक्त होना ज़रूरी है। तभी आप वह हो पाते हैं, जो आप हैं : एक मानसिक अशांति, जो कि स्वयं हिंसा ही है।

कुछ भी समझने के लिए, किसी भी मानवीय या वैज्ञानिक समस्या को समझने के लिए ज़रूरी क्या है, महत्त्वपूर्ण क्या है? एक मौन मन, है न? ऐसा मन जिसमें जिज्ञासा है, जो समझने के लिए तत्पर है। यह वह मन नहीं है जो विशिष्ट है, जो एकाग्रता के लिए प्रयासरत है, क्योंकि वह तो प्रतिरोध का ही प्रयास होगा। यदि मैं वास्तव में किसी चीज़ को समझना चाहता हूं, तो मन तत्काल ही शांत अवस्था में आ जाता है। जब आप किसी ऐसे संगीत को सुनना चाहते हैं, किसी ऐसे चित्र को देखना चाहते हैं जिसके प्रति आपको चाव है, जिसके प्रति आप भावपूर्ण हैं, तब आपके मन की स्थिति क्या होती

है? तत्क्षण वहां शांति होती है, क्या ऐसा नहीं होता? जब आप संगीत सुन रहे होते हैं, आपका मन इधर-उधर नहीं भटकता। उस समय आप बस सुन रहे होते हैं। इसी प्रकार जब आप द्वंद्व को समझना चाहते हैं, तब आप समय पर बिलकुल निर्भर नहीं रहते, आप केवल 'जो है' उसके अभिमुख होते हैं, उसे देखते हैं और तब मन तुरंत निश्चल, शांत हो जाता है। 'जो है', उसके परिवर्तन के लिए जब समय को साधन मान कर उस पर आप निर्भर नहीं करते, क्योंकि आप इस प्रक्रिया के मिथ्यापन को जान लेते हैं, तब आप 'जो है' उसका सामना करते हैं; और चूंकि आप 'जो है' उसको समझने में रुचि रखते हैं, तो सहज ही आपका मन चुप हो जाता है। मन की इस सतर्क किंतु निष्क्रिय अवस्था में ही समझ संभव है। जब तक मन द्वंद्व में है, दोषारोपण कर रहा है, प्रतिरोध कर रहा है, निंदा कर रहा है, तब तक समझ संभव नहीं है। यदि मैं आपको समझना चाहता हूं तो स्पष्ट है कि मुझे आपकी निंदा नहीं करनी चाहिए। यही शांत, मौन मन आमूल परिवर्तन लाता है। जब मन 'जो है' उसका प्रतिरोध नहीं कर रहा होता, उसकी उपेक्षा नहीं कर रहा होता, न अस्वीकार और न ही दोषारोपण कर रहा होता है, बल्कि वह केवल निष्क्रिय रूप से जागरूक रहता है। यदि आप वास्तव में इस समस्या की गहराई में जाते हैं, तो आप पाएंगे कि मन की उस निष्क्रियता में एक आमूल परिवर्तन घटित होता है।

क्रांति केवल अभी संभव है, भविष्य में नहीं; नवजीवन कल नहीं, आज ही है। मैं जो कह रहा हूं, आप अगर उसके साथ प्रयोग करें तो पाएंगे कि नवजीवन, नूतनता, ताज़गी इसी क्षण मौजूद है, क्योंकि मन जब समझने में रुचि लेता है, जब उसमें समझने की चाह या मंशा होती है, तब वह निश्चल ही होता है। हममें से अधिकांश के साथ कठिनाई यह है कि हमारी समझने की मंशा ही नहीं है, क्योंकि हम भयभीत हैं कि यदि हमने समझ लिया तो हमारे जीवन में एक उथल-पुथल मच जायेगी और इसी कारण हम उसका प्रतिरोध करते रहते हैं। जब हम समय को या किसी आदर्श को क्रमिक परिवर्तन का साधन मान लेते हैं, तो उसमें यही आत्मरक्षा की युक्ति काम कर रही होती है।

अतः नवजीवन केवल वर्तमान में ही संभव है, भविष्य में या आने वाले कल में नहीं। जो व्यक्ति समय को एक ऐसा साधन मान कर उस पर निर्भर करता है कि वह उसके द्वारा सुख, सत्य या ईश्वर को पा लेगा, वह खुद को केवल धोखा दे रहा है, वह अज्ञान में है और इस प्रकार द्वंद्व में है। फिर वह व्यक्ति है, जो देखता है कि समय हमारी कठिनाइयों से बाहर निकलने का मार्ग नहीं है, और इसलिए इसके मिथ्यात्व से मुक्त है, उस व्यक्ति में सहज ही समझने का इरादा है, अतः उस व्यक्ति का मन बिना किसी दबाव के, बिना किसी अभ्यास के स्वतः ही मौन हो जाता है। जब मन निश्चल है, शांत है, जब वह कोई समाधान या कोई उत्तर नहीं खोज रहा, जब वह न तो प्रतिरोध कर रहा है न उपेक्षा कर रहा है, तभी नवजीवन संभव है, क्योंकि तब मन सत्य का प्रत्यक्ष बोध कर पाता है; और यह सत्य ही है जो मुक्त करता है, न कि मुक्ति के लिए आपका प्रयास।

ऊर्जा एवं प्रस्फुटन

हम देखते हैं कि हमारे समाज में, हमारे भीतर, हमारे व्यक्तिगत और सामूहिक संबंधों में एक आमूल परिवर्तन आवश्यक है। यह परिवर्तन कैसे लाया जाये? यदि परिवर्तन मन के द्वारा प्रक्षिप्त किसी प्रारूप के अनुसार हो, किसी तर्कबुद्धियुक्त, सावधानी से बनाई गई योजना के अनुसार हो, तो वह परिवर्तन मन के क्षेत्र में ही होता है; उस अवस्था में मन जो कुछ भी आकलन करता है, हिसाब बिठाता है, वही लक्ष्य, साध्य बन जाता है जिसके लिए हम अपनी और दूसरों की बलि देने को तैयार हो जाते हैं। यदि यही आपकी मान्यता है, तब तो हम मनुष्य के रूप में केवल मन की सृष्टि हैं, जिसका निहितार्थ है परंपरानिष्ठता, बाध्यता, बर्बरता, अधिनायकवाद, यातनाकेंद्र और इसी प्रकार के सारे कृत्य। जब हम मन की उपासना में लगे हैं तो यही सब कुछ होना है, है न? यदि मुझे इसका एहसास हो जाता है, यदि मैं अनुशासन एवं नियंत्रण की व्यर्थता को देख लेता हूं, यदि मैं यह समझ जाता हूं कि दमन के विभिन्न रूप केवल 'मैं' और 'मेरे' को ही दृढ़ करते हैं, तो फिर मुझे अब क्या करना चाहिए?

इस समस्या पर पूर्ण रूप से विचार करने के लिए हमें इस प्रश्न पर सोचना होगा कि चेतना क्या है। पता नहीं आपने कभी इस समस्या पर खुद से विचार किया है या केवल चेतना के विषय में कहे गये आप्त वचनों को दोहराया भर है। मुझे नहीं मालूम आपने अपने अनुभव से, अपने अध्ययन से चेतना के बारे में कितना जाना है, केवल उसी चेतना के विषय में नहीं जो नित्य-प्रति के क्रियाकलाप में रहती है, बल्कि उस चेतना के विषय में भी, जो अव्यक्त है, गहन है, कहीं अधिक समृद्ध है और जिस तक पहुंचना भी कहीं अधिक कठिन है। यदि हमें अपने और इस प्रकार संसार के मूलभूत परिवर्तन के प्रश्न पर विचार करना है और इस परिवर्तन के चलते एक उत्साह, एक उत्कंठा, एक आस्था, एक आशा, एक दृढ़ता को जगाना है, जो हमें कार्य करने के लिए आवश्यक प्रेरणा प्रदान करे--यदि हमें यह सब समझना है तो क्या चेतना के इस प्रश्न पर अन्वेषण करना आवश्यक नहीं होगा?

हम देख सकते हैं कि चेतना से, मन के सतही स्तर पर हमारा क्या अभिप्राय है। स्पष्ट है कि उस स्तर पर चेतना सोचने की प्रक्रिया है, विचार है। विचार स्मृति का, शब्दीकरण

का परिणाम है, यह अनुभवों का नामांकन, अभिलेखन और संचयन है ताकि हम विचार संप्रेषण के योग्य हो सकें। इस स्तर पर अनेक प्रकार के निग्रह, नियंत्रण, प्रतिबंध व अनुशासन भी हैं। इन सबसे हम अच्छी तरह परिचित हैं। जब हम कुछ और गहराई में जाते हैं, तो वहां प्रजाति के समस्त संचित संस्कार हैं, अव्यक्त अभिप्राय, सामूहिक और व्यक्तिगत महत्त्वाकांक्षाएं, पूर्वाग्रह आदि विद्यमान हैं, जो देखने, संपर्क होने और इच्छा जगने की प्रक्रिया के परिणाम हैं। अव्यक्त और व्यक्त यह समस्त चेतना 'मैं' या अहं के विचार में केंद्रित है।

जब हम चर्चा करते हैं कि परिवर्तन कैसे लाया जाये, तो उस परिवर्तन से हमारा तात्पर्य सामान्यतः सतही स्तर के परिवर्तन से होता है, है कि नहीं? दृढ़ निश्चय के द्वारा, निष्कर्ष, विश्वास, नियंत्रण और झिझक के ज़रिये हम उस सतही लक्ष्य तक पहुंचने के लिए संघर्ष करते हैं जिसे हम चाहते हैं, जिसके लिए हम लालायित हैं; और हम यह उम्मीद लगाते हैं कि उस तक पहुंचने में अचेतन मन, हमारे मन के गहरे स्तर हमारी सहायता करेंगे। अतः हमें लगता है कि यह आवश्यक है कि हम उन गहरे स्तरों को अनावृत करें। परंतु सतही स्तरों और तथाकथित गहरे स्तरों के बीच एक शाश्वत द्वंद्व है--सभी मनोवैज्ञानिक, जिन्होंने स्व का अध्ययन किया है, इससे भलीभांति परिचित हैं।

क्या यह आंतरिक द्वंद्व परिवर्तन लाएगा? क्या यह हमारे दैनिक जीवन का सर्वाधिक मूलभूत और महत्त्वपूर्ण प्रश्न नहीं है कि कैसे अपने आपमें एक आमूल परिवर्तन लाया जाये? क्या सतही स्तर पर कुछ बदलाव वह परिवर्तन ला सकेगा? क्या चेतना के, 'मैं' के विभिन्न स्तरों को समझना, अतीत को अर्थात बचपन से आज तक के विभिन्न व्यक्तिगत अनुभवों को अनावृत करना, अपने माता-पिता, पूर्वजों तथा प्रजाति के सामूहिक अनुभवों का स्वयं में निरीक्षण करना, उस समाज विशेष की संस्कारबद्धता का अनुसंधान करना जिसमें कि हम रहते हैं--क्या यह सब विश्लेषण ऐसा परिवर्तन ला पाएगा, जो छिटपुट सामंजस्य बिठाना भर न हो?

मैं यह महसूस करता हूं और निस्संदेह आपको भी यह महसूस होता होगा कि व्यक्ति के जीवन में परिवर्तन आवश्यक है, एक ऐसा परिवर्तन जो प्रतिक्रिया मात्र नहीं है, जो परिवेश की मांगों के दबाव और तनाव का परिणाम नहीं है। ऐसा परिवर्तन कैसे लाया जाये? मेरी चेतना मानव जाति के अनुभव का संपूर्ण योग तो है ही, उसमें वर्तमान से मेरा अपना विशिष्ट संपर्क भी जुड़ा है; क्या वह चेतना परिवर्तन ला सकती है? क्या मेरी अपनी चेतना का, अपनी गतिविधियों का मेरा अध्ययन, अपने विचारों एवं भावनाओं के प्रति जागरूकता, मन को इस प्रकार स्थिर करना ताकि वह बिना निंदा के निरीक्षण कर सके, क्या यह प्रक्रिया परिवर्तन लाएगी? क्या विश्वास से, किसी प्रक्षिप्त प्रारूप से जिसे आदर्श कहा जाता है, तादात्म्य के द्वारा परिवर्तन संभव है? क्या इस सबमें मैं जो हूं और मुझे जैसा होना चाहिए, इनके बीच द्वंद्व नहीं छिपा है? क्या द्वंद्व आधारभूत परिवर्तन ला सकता है? मैं अपने अंदर और समाज के साथ निरंतर संघर्षरत हूं, क्या ऐसा नहीं है? जो मैं हूं और जो मैं होना चाहता हूं, उनके बीच एक अनवरत द्वंद्व चल रहा है। क्या

यह द्वंद्व, यह संघर्ष, परिवर्तन लाएगा? मैं देखता हूं कि परिवर्तन अनिवार्य है; क्या इस परिवर्तन को मैं अपनी चेतना की समस्त प्रक्रिया की जांच-परख करके, दमन के विभिन्न प्रकारों का अभ्यास करके, अनुशासन द्वारा, संघर्ष द्वारा ला सकता हूं? मैं महसूस करता हूं कि ऐसी कोई प्रक्रिया आमूल परिवर्तन नहीं ला सकती। इस बारे में *किसी* संशय की गुंजाइश नहीं है। और यदि यह प्रक्रिया कोई परिवर्तन, कोई गहरी आंतरिक क्रांति नहीं ला सकती, तो फिर यह कैसे होगा?

सच्ची क्रांति आप कैसे लाएंगे? वह शक्ति, वह सर्जनशील ऊर्जा क्या है, जो उस क्रांति को जन्म देती है और कैसे उस ऊर्जा को विमुक्त किया जाये? आपने विभिन्न अनुशासनों का अभ्यास किया है, आप अनेक आदर्शों के और विभिन्न परिकल्पनात्मक सिद्धांतों के पीछे दौड़े हैं : कि आप ईश्वर हैं और यदि आप अपने इस स्वरूप की अनुभूति कर सकें अथवा आत्मन्, परम अवस्था या जो भी इसे आप कहें, उसका अनुभव कर सकें, तो वही साक्षात्कार आमूल परिवर्तन ले आएगा। परंतु क्या ऐसा होगा? पहले तो आप यह मान लेते हैं कि कोई सत्ता है, जिसके कि आप अंश हैं और फिर उसके चारों ओर अनेक सिद्धांतों, परिकल्पनाओं, विश्वासों, मतवादों, मान्यताओं को निर्मित करते हैं जिनके अनुसार आप जीते हैं; उस प्रारूप के अनुसार विचार एवं कर्म करके आप आमूल परिवर्तन ला पाने की आशा करते हैं। क्या आप ऐसा कर पाएंगे?

मान लीजिए कि आप स्वीकार कर लेते हैं, जैसा कि अधिकांश तथाकथित धार्मिक व्यक्ति स्वीकार करते हैं, कि आपमें मूलरूप से, आंतरिक रूप से, यथार्थ तत्त्व का सार है; और कि सद्गुण के संवर्धन के द्वारा, अनेक प्रकार के अनुशासन, नियंत्रण, दमन, निषेध, त्याग के द्वारा यदि आप उस तत्त्व के संपर्क में आ सकें, तो आवश्यक परिवर्तन संभव होगा। लेकिन क्या यह सब मानना विचार का ही हिस्सा नहीं है? क्या यह एक संस्कारग्रस्त मन का परिणाम नहीं है, एक ऐसे मन का, जो किसी खास तरह से सोचने के लिए, विशेष प्रारूपों के अनुसार सोचने के लिए विकसित किया गया है? पहले तो आप किसी प्रारूप, विचार, वाद, विश्वास, आशा को रचते हैं और तब उस मूलभूत परिवर्तन के लिए आप अपनी इस सृष्टि की ओर ही ताकते हैं।

हमें पहले 'मैं' की, मन की, असाधारण रूप से सूक्ष्म गतिविधियों का अवलोकन करना होगा। हमें पहले विचारों, विश्वासों, परिकल्पनाओं के प्रति जागरूक होना होगा, और उन सबको एक तरफ कर देना होगा, क्योंकि वे सब तो छलावे हैं। हो सकता है कि औरों ने यथार्थ का अनुभव किया हो, लेकिन यदि *आपने* उसका अनुभव नहीं किया है तो उससे क्या लाभ कि आप इसके बारे में अनुमान लगाते रहें या कल्पना करते रहें कि आप सार रूप में कुछ यथार्थ, शाश्वत, ईश्वरस्वरूप हैं? यह सब विचार के क्षेत्र में ही है, और जो भी विचार से निकला है, वह संस्कारबद्ध है, समय और स्मृति की पैदाइश है; इसलिए वह यथार्थ नहीं है। यदि किसी को वास्तव में इसकी अनुभूति होती है, न कि अनुमान लगाकर या मूर्खतापूर्ण कल्पना करके, बल्कि वास्तव में यदि कोई इस सत्य

को देख पाता है कि अनुमान पर आधारित खोज में अथवा दार्शनिक अन्वेषण में होने वाली मन की कोई भी क्रिया, कोई भी कल्पना या आशा केवल आत्म-छल है, तब वह शक्ति, वह सर्जनशील ऊर्जा क्या है, जो यह मूलभूत परिवर्तन ला पाएगी?

इस बिंदु तक आने में संभवतः हमने चेतन मन का उपयोग किया है, अर्थात हमने तर्क का सहारा लिया है, विरोध अथवा स्वीकार किया है, विषय को स्पष्ट अथवा अस्पष्ट रूप से देखा है। इससे आगे जाने के लिए एवं अधिक गहराई से अनुभव करने के लिए क्या एक ऐसे मन की आवश्यकता नहीं है जो खोज पाने के लिए निश्चल एवं सतर्क हो? तब विचारों के पीछे दौड़ना नहीं होता, क्योंकि यदि आप एक विचार के पीछे जाते हैं तो जो कहा जा रहा है, उसको समझने वाला कोई विचारक भी अस्तित्व में आ जाता है और आप तुरंत द्वैत खड़ा कर लेते हैं। यदि आप मूलभूत परिवर्तन के इस विषय में और आगे जाना चाहते हैं तो क्या यह ज़रूरी नहीं है कि चंचल मन खामोश हो। निस्संदेह जब मन मौन होता है, केवल तभी वह दो अलग-अलग प्रक्रियाओं के रूप में विचारक और विचार, अनुभवकर्ता और अनुभव, द्रष्टा और दृश्य की असाधारण कठिनाई को, उसके जटिल निहितार्थों को समझ सकता है। यह मनोवैज्ञानिक और सर्जनशील क्रांति, जिसमें 'मैं' नहीं रह जाता, तभी होती है जब विचारक और विचार एक होते हैं, जब वह द्वैत नहीं होता जिसमें विचारक विचार को नियंत्रित करता है; और मेरा कहना है कि यह अनुभूति ही एक ऐसी सर्जनशील ऊर्जा को विमुक्त करती है जो मूलभूत परिवर्तन ले आती है, मनोवैज्ञानिक 'मैं' को ध्वस्त कर देती है।

हम ताकत के मार्ग को जानते हैं : अधिकार की ताकत, अनुशासन की ताकत, बाध्यता की ताकत, राजनीतिक ताकत, इन सबके द्वारा हम आमूल परिवर्तन की आशा रखते हैं। परंतु ऐसी ताकत और अधिक अंधकार को, विघटन को, बुराई को जन्म देती है तथा 'मैं' को दृढ़ करती है। हम व्यक्तिगत व सामूहिक रूप से शक्ति के उपार्जन के अनेक प्रकारों से परिचित हैं। लेकिन हमने कभी प्रेम के मार्ग को नहीं परखा, हम जानते तक नहीं कि उसका अर्थ क्या है। और प्रेम तब तक संभव नहीं है जब तक कि विचारक है, 'मैं' का केंद्र है। तो यह सब जानते हुए हमें करना क्या होगा?

निश्चित ही, दैनिक जीवन में नित्य-प्रति का सजग अवलोकन और क्षण-प्रतिक्षण अपने चेतन एवं अचेतन अभिप्रायों के प्रति जागरूकता ही आमूल परिवर्तन एवं सर्जनशील मनोवैज्ञानिक निर्मुक्ति लाने में सक्षम है। जब हमें यह समझ में आ जाता है कि अनुशासन, विश्वास, आदर्श केवल 'मैं' को दृढ़ करते हैं अतएव पूर्णतया व्यर्थ हैं, जब हम इस संबंध में दिन-प्रति-दिन सजग रहते हैं, इसकी सच्चाई देखते हैं, तो क्या हमें इस सारभूत तथ्य का दर्शन नहीं होता कि विचारक निरंतर स्वयं को अपने विचारों से, अपने निरीक्षणों से, अपने अनुभवों से पृथक कर रहा है? जब तक विचारक उन विचारों से पृथक रहता है, जिन पर अधिकार जमाने का वह प्रयत्न कर रहा है, कोई आमूल परिवर्तन संभव नहीं है। जब तक 'मैं' द्रष्टा है, 'मैं' जो कि अनुभवों का संचयन करता है एवं उनसे अपने आपको दृढ़ करता है, कोई मूलभूत परिवर्तन, कोई सर्जनात्मक निर्मुक्ति संभव नहीं है।

वह तभी संभव है जब विचारक *ही* विचार होता है, परंतु यह एक ऐसी खाई है जिस पर किसी प्रयास से कोई पुल नहीं बांधा जा सकता। जब मन को इसका अनुभव हो जाता है कि प्रत्येक अनुमान, प्रत्येक शब्दीकरण, विचार का प्रत्येक रूप केवल 'मैं' को दृढ़ करता है, जब वह देख लेता है कि विचारक जब तक विचार से अपनी अलग हस्ती रखता है, सीमितता रहेगी ही, द्वैत का द्वंद्व रहेगा ही। जब मन इसे देख-समझ लेता है, तब निरंतर जागरूक रहकर देख पाता है कि कैसे 'वह' खुद को अपने अनुभव से पृथक कर रहा है, अधिकार जता रहा है, ताकत तलाश रहा है। जागरूकता की इस स्थिति में यदि किसी लक्ष्य को, किसी चरम अंत को दृष्टिगत न रख कर मन और अधिक गहराई से एवं व्यापक रूप से इस सबको देख पाता है, तो एक ऐसी अवस्था आती है जिसमें विचारक और विचार एक होते हैं। उस अवस्था में प्रयास नहीं होता, कुछ बन जाना नहीं होता, परिवर्तन की कोई आकांक्षा नहीं होती; उस अवस्था में 'मैं' नहीं है, क्योंकि एक ऐसा आमूल परिवर्तन घटित हुआ है, जो मन की उपज नहीं है।

जब मन रिक्त होता है, केवल तभी सृजन की संभावना होती है, परंतु मेरा तात्पर्य यहां उस सतही रिक्तता से नहीं है जो हममें से अधिकांश में पायी जाती है। अधिकतर व्यक्ति सिर्फ सतही तौर पर रिक्त होते हैं जैसा कि मनोरंजन की तलाश के ज़रिये ज़ाहिर होता है। हम दिल-बहलाव चाहते हैं, इसलिए हम पुस्तकों, रेडियो, व्याख्यानों और आप्त व्यक्तियों की ओर दौड़ते हैं। इनसे मन हमेशा अपने खालीपन को भरता रहता है। तो मैं उस रिक्तता की चर्चा नहीं कर रहा हूं जो विचारहीनता है। मैं उस रिक्तता की बात कर रहा हूं जो एक असाधारण विचारशीलता से आती है, जिसमें मन भ्रम उत्पन्न करने की अपनी शक्ति को देख लेता है और उसके पार चला जाता है।

सर्जनशील रिक्तता तब तक संभव नहीं है, जब तक कोई विचारक है जो प्रतीक्षा कर रहा है, देख रहा है, निरीक्षण कर रहा है, ताकि अनुभव का संचयन करे और इस प्रकार खुद को मज़बूत बनाए। क्या मन कभी भी समस्त प्रतीकों से, समस्त शब्दों और उनके संवेदनों से रिक्त हो सकता है, ताकि कोई अनुभवकर्ता रह ही न जाये जो संचयन करे? क्या मन के लिए यह संभव है कि वह *पूरी तरह से* सभी विवेचनाओं को, अनुभवों को, आरोपणों तथा प्रामाण्यों को एक ओर कर दे जिससे कि वह उस रिक्तता की अवस्था में आ सके? यह स्वाभाविक है कि आप इस प्रश्न का उत्तर नहीं दे पाएंगे, आपके लिए यह एक असंभव प्रश्न है, क्योंकि आप जानते नहीं हैं, आपने कभी प्रयोग नहीं किया है। परंतु मेरा सुझाव है कि इसे आप सुनें, स्वयं के प्रति यह प्रश्न उठने दें, यह बीज बोया जाने दें; फल आएंगे, यदि आप *वास्तव* में इसे सुन पाते हैं, इसका प्रतिरोध नहीं करते।

केवल नूतन ही है जो आमूल परिवर्तन ला सकता है, पुरातन नहीं। यदि आप पुरातन के प्रारूप का अनुशीलन करेंगे, तो कोई भी परिवर्तन पुराने की संशोधित निरंतरता ही होगी; उसमें कुछ भी नूतन न होगा, कुछ भी सर्जनशील न होगा। सर्जनशील का अस्तित्व केवल तभी संभव है जब मन स्वयं ही नया हो, और मन केवल तभी नया हो सकता

है जब वह अपनी समस्त क्रियाओं को केवल सतही तौर पर नहीं, बल्कि गहराई से देखने में सक्षम हो। जब मन स्वयं अपनी गतिविधियां देखता है, अपनी आकांक्षाओं, मांगों, प्रेरणाओं, प्रयोजनों, आशंकाओं के प्रति सचेत होता है, जब वह जानता है कि कैसे वह सत्ता-प्रामाण्य एवं भय की सृष्टि करता है, जब वह अपने आपमें उस प्रतिरोध को देखता है जिसकी उत्पत्ति का कारण अनुशासन एवं नियंत्रण है, जिसका कारण वह आशा है जो विश्वासों और आदर्शों को प्रक्षेपित करती है; जब मन इसे गहरे में समझ लेता है, इस समस्त प्रक्रिया के प्रति सजग हो जाता है तो क्या उस अवस्था में वह इस सबको एक तरफ कर सकता है और नवीन व सर्जनशील रूप से रिक्त हो सकता है। मन के लिए यह संभव है अथवा नहीं, यह आपको तभी पता चलेगा जब आप कोई पूर्वमान्यता बनाए बिना, उस सर्जनशील अवस्था के अनुभव की आकांक्षा के बिना, प्रयोग करें। यदि आप उसकी अनुभूति करना *चाहते* हैं तो आप कर तो लेंगे, किंतु वह अनुभूति सर्जनशील रिक्तता नहीं होगी, वह आपकी कामना का एक प्रक्षेपण मात्र ही होगी। यदि आप उस नूतन का अनुभव करने की चाह रखते हैं, तो आप केवल भ्रांति में रत हैं; जबकि यदि आप निरीक्षण करना आरंभ करें--नित्य-प्रति, क्षण-क्षण अपने क्रियाकलापों के प्रति सजग होना आरंभ करें और अपनी समस्त प्रक्रिया का उसी प्रकार से निरीक्षण करें जैसे कि आप दर्पण में देख रहे हों--तो जैसे-जैसे आप गहराई में प्रवेश करते जायेंगे, आप रिक्तता के इस आत्यंतिक प्रश्न तक आ पहुंचेंगे, जिसमें नूतन की संभावना निहित है।

सत्य, ईश्वर, या उसे जो भी आप कहें, कुछ ऐसा नहीं है जिसे अनुभव किया जा सके, क्योंकि अनुभवकर्ता तो समय का परिणाम है, वह स्मृति का, अतीत का परिणाम है और जब तक अनुभवकर्ता होता है, यथार्थ हो नहीं सकता। यथार्थ केवल तभी होता है, जब मन विश्लेषक से, अनुभवकर्ता तथा अनुभव से पूर्णतया मुक्त हो। तब आपको उत्तर मिल जायेगा, तब आप देख पाएंगे कि परिवर्तन आपके बिना चाहे ही आता है, कि सर्जनशील रिक्तता की अवस्था कोई ऐसा लक्षण नहीं है जिसका संवर्धन किया जाये--यह तो बस है, यह चुपके से आती है, बिना किसी आमंत्रण के; और केवल उसी अवस्था में नवजीवन, नूतनता और क्रांति की संभावना होती है।

प्रश्न एवं उत्तर

1. वर्तमान संकट

प्रश्न : आप कहते हैं कि वर्तमान संकट अभूतपूर्व है। यह अभूतपूर्व किस अर्थ में है?

कृष्णमूर्ति : स्पष्ट है कि विश्व भर में दिख रहा वर्तमान संकट असाधारण है, अभूतपूर्व है। इतिहास में समय-समय पर विभिन्न प्रकार के सामाजिक, राष्ट्रीय, राजनीतिक संकट आते रहे हैं। संकट आते हैं और चले जाते हैं, आर्थिक व्यवस्था में उथल-पुथल होती रहती है, कुछ परिवर्तन, संशोधन होते हैं, पर कुल मिलाकर वही ढर्रा जारी रहता है। इस सारी प्रक्रिया से हम अच्छी तरह परिचित हैं। निस्संदेह वर्तमान संकट कुछ अलग प्रकार का है, है कि नहीं? वह अलग इसलिए है कि वह धन या अन्य स्थूल वस्तुओं को लेकर नहीं है, बल्कि धारणाओं से जुड़ा है। वह संकट असाधारण इसलिए है कि वह सोच-विचार व मनोधारणा के क्षेत्र में है। हम विचारों के झगड़ों में उलझे हैं, हत्या का समर्थन करने में लगे हैं; उचित साध्य की प्राप्ति के लिए हत्या का साधन के तौर पर संसार भर में समर्थन हो रहा है, और ऐसा पहले कभी नहीं हुआ। इससे पहले पाप को पाप माना जाता रहा है, हत्या को हत्या ही समझा गया है, परंतु हत्या आज किसी मान्य लक्ष्य को उपलब्ध करने का साधन बन गई है। हत्या चाहे व्यक्ति की हो या समूह की, उसे आज सही माना जा रहा है, मनुष्य के लिए कल्याणकारी किसी वांछित फल का साधन मान कर उसका समर्थन किया जा रहा है। अर्थात हम भविष्य के लिए वर्तमान का बलिदान कर देते हैं, और जब तक हमारा घोषित प्रयोजन एक ऐसे लक्ष्य को प्राप्त करना है जिसे हम मनुष्य के लिए कल्याणकारी मानते हैं, हमारे लिए इससे कोई अंतर नहीं पड़ता कि हम कौन सा ज़रिया इस्तेमाल करते हैं। यानी ऐसा माना जा रहा है कि किसी अनुचित साधन से उचित साध्य पाया जा सकता है, और फिर वैचारिक कसरत के सहारे हम उस अनुचित साधन का समर्थन करने लगते हैं। इससे पहले जो तमाम संकट आए हैं, उनमें समस्या वस्तुओं के अथवा मनुष्यों के दोहन-शोषण की रही है; आज यह समस्या धारणाओं की उठापटक, उनके दुरुपयोग की है जो कहीं अधिक घातक है, कहीं अधिक खतरनाक है, क्योंकि विचारों का दुरुपयोग बड़ा विनाशकारी, बड़ा विध्वंसक होता है। हमने अब प्रचार की शक्ति को जान लिया है, और यही सर्वाधिक भयावह संकट है : मनुष्य में बदलाव

के लिए धारणाओं का सहारा लेना। आज विश्व में यही हो रहा है। मनुष्य महत्त्वपूर्ण नहीं रहा, महत्त्वपूर्ण हो गई हैं विचार-प्रणालियां, धारणाएं। मनुष्य का कोई महत्त्व नहीं रहा। हम लाखों मनुष्यों को नष्ट कर सकते हैं, बशर्ते हम कोई तय नतीजा पेश कर पाएं, और उस नतीजे को, लक्ष्य को सही ठहराने के लिए हमारे पास विचार हैं, धारणाएं हैं। बुराई का समर्थन करने के लिए हमारे पास धारणाओं का एक शानदार ढांचा है और निस्संदेह यह स्थिति अभूतपूर्व है। बुराई बुराई है, वह अच्छाई को जन्म नहीं दे सकती; युद्ध शांति का साधन नहीं बन सकता। युद्ध कुछ गौण लाभ दे सकता है, जैसे अधिक कार्यक्षमता वाले वायुयानों का निर्माण, परंतु वह मनुष्य के लिए शांति नहीं ला सकता। और हम युद्ध को शांति लाने के साधन के बतौर तार्किक रूप से सही ठहरा रहे हैं। बौद्धिकता जब मानव जीवन पर हावी हो जाती है, तो अभूतपूर्व संकट बरपाती है।

इसके अतिरिक्त इस अभूतपूर्व आपदा के सूचक अन्य कारण भी हैं, जैसे कि ऐंद्रिक मूल्यों को, संपत्ति को, नाम को, जाति और देश को, अपने-अपने लेबल को असाधारण महत्त्व देना। आप या तो मुसलमान कहलाते हैं या हिंदू, ईसाई या साम्यवादी। यश और संपत्ति, जाति और देश प्रमुख हो गए हैं, अर्थात मनुष्य ऐंद्रिक मूल्यों में, वस्तुओं के मूल्यों में फंस गया है। हाथ अथवा मन द्वारा रचित वस्तुएं इतनी महत्त्वपूर्ण हो गई हैं कि हम इनके लिए मारकाट, विनाश, एक-दूसरे की हत्या और एक-दूसरे का सफाया करने पर तुले हैं। हम विनाश के कगार पर खड़े हैं; हमारा प्रत्येक कर्म, चाहे वह राजनीतिक हो या आर्थिक, हमें अनिवार्य रूप से उसी ओर ले जा रहा है, दुर्व्यवस्था तथा भ्रांति के अतल में घसीट रहा है। निस्संदेह संकट अभूतपूर्व है और इसके लिए अभूतपूर्व कर्मशीलता की आवश्यकता है। इस संकट से बाहर निकलने के लिए, इससे बचने के लिए कालातीत, समय के बंधन से मुक्त कर्म की आवश्यकता है, ऐसा कर्म जो किसी धारणा या पद्धति पर आधारित न हो, क्योंकि पद्धति पर आधारित कर्म तो हमें अनिवार्यतः कुंठा और निराशा की ओर ले जायेगा। ऐसा कर्म घुमा-फिरा कर हमें वापिस अतल में, गर्त में ले आएगा। चूंकि संकट अभूतपूर्व है, उससे निपटने के लिए अभूतपूर्व कर्म की ही ज़रूरत है, अर्थात व्यक्ति का पुनरुत्थान, उसमें नये जीवन का संचार तत्काल हो, न कि समय की प्रक्रिया के घेरे में। इसे अभी होना है न कि कल, क्योंकि भावी कल विघटन की, बिखराव की प्रक्रिया है। यदि मैं अपने में बदलाव कल पर छोड़ता हूं तो संभ्रम को, गड़बड़ी को आमंत्रित करता हूं और मैं ज्यों का त्यों विनाश के क्षेत्र में बना रहता हूं। क्या मैं अभी, इसी वक्त बदल सकता हूं? क्या तत्क्षण, इसी वक्त, मुझमें पूरी तरह से परिवर्तन हो सकता है? मेरा कहना है, हां।

कहने का अभिप्राय है : चूंकि संकट असाधारण है, उसका सामना करने के लिए विचार-क्रिया में भी क्रांति का घटित होना ज़रूरी है। और यह क्रांति किसी अन्य के द्वारा, किसी पुस्तक के द्वारा, किसी संगठन के द्वारा नहीं लायी जा सकती। हमें ही, हममें से प्रत्येक को इसे लाना होगा। तभी हम इन असाधारण विनाशकारी शक्तियों के विराट जमघट से हटकर एक नवीन संरचना, एक नये समाज का सृजन कर सकते हैं; और यह आमूल

परिवर्तन तभी संभव है जब आप और हम, व्यक्ति के तौर पर प्रत्येक विचार, कर्म और भाव के प्रति सजग होना शुरू कर दें।

2. राष्ट्रवाद

प्रश्न : राष्ट्रवाद के विदा हो जाने पर क्या होता है?

कृष्णमूर्ति : प्रज्ञा आती है। परंतु मुझे लगता है कि इस प्रश्न का निहितार्थ यह नहीं है। प्रश्न का तात्पर्य है कि राष्ट्रवाद का विकल्प क्या हो सकता है। विकल्प खोजने की कोई भी प्रक्रिया प्रज्ञा नहीं ला सकती। यदि मैं एक धर्म छोड़ कर दूसरा स्वीकार कर लूं, एक राजनीतिक दल का परित्याग कर दूसरे में शामिल हो जाऊं, तो बार-बार की यह अदल-बदल एक ऐसी अवस्था का सूचक है जिसमें प्रज्ञा नहीं है।

राष्ट्रवाद कैसे विदा होगा? केवल तभी जब हम उसकी परीक्षा करके, बाह्य और आंतरिक क्रियाओं में उसके महत्त्व के प्रति जागरूक होकर, उसके तमाम निहितार्थों को समझ लेंगे। बाह्य रूप से राष्ट्रवाद लोगों को वर्गों में, श्रेणियों में विभाजित करता है, युद्ध और विनाश लाता है और इस बात से कोई भी जागरूक व्यक्ति परिचित है। भीतरी तौर पर, मानसिक रूप से किसी महान तत्त्व से, किसी देश से, किसी धारणा से अपना तादात्म्य कर लेना आत्म-विस्तार का ही एक तरीका है। किसी छोटे से गांव या बड़े शहर में या कहीं भी जब मैं रहता हूं, मेरी कोई गिनती नहीं होती; परंतु यदि मैं किसी बड़ी वस्तु के साथ, देश के साथ जुड़ जाता हूं, खुद को हिंदू कहता हूं, तो मेरे अहंकार को गौरव मिलता है, इससे मुझे तुष्टि, प्रतिष्ठा तथा खुशदिली का एहसास होता है। किसी बड़ी चीज़ के साथ तादात्म्य कर लेना उन लोगों की एक मनोवैज्ञानिक ज़रूरत है जो यह महसूस करते हैं कि आत्म-विस्तार आवश्यक है, और इससे लोगों के बीच द्वंद्व और संघर्ष का जन्म होता है। अतः राष्ट्रवाद से न केवल बाहरी द्वंद्व उभरता है, बल्कि आंतरिक कुंठाएं भी पनपती हैं। जब कोई व्यक्ति राष्ट्रवाद की समस्त प्रक्रिया को समझ लेता है, तो इसका उन्मूलन हो जाता है। राष्ट्रवाद की समझ प्रज्ञा द्वारा ही संभव है; इसके लिए यह आवश्यक है कि हम राष्ट्रवाद, राष्ट्रप्रेम की समस्त प्रक्रिया का अनुसंधान करें, सावधानी से इसका परीक्षण करें। इस परीक्षण से प्रज्ञा का आविर्भाव होता है और तब राष्ट्रवाद के स्थान पर किसी भी विकल्प को लाने की आवश्यकता नहीं रह जाती। क्योंकि जैसे ही आप राष्ट्रवाद के विकल्प के रूप में किसी दूसरी बात को, उदाहरणार्थ धर्म को, स्वीकार कर लेते हैं, तो यह आत्म-विस्तार का एक और साधन व मानसिक बेचैनी का एक और स्रोत बन जाता है, आप किसी विश्वास के ज़रिये अपने को पोषित करने लगते हैं। अतः किसी भी प्रकार का विकल्प, वह चाहे जितना आदर्शपूर्ण हो, अज्ञान का ही एक रूप है। यह तो वही बात हुई, जैसे कोई व्यक्ति धूम्रपान की जगह चूसने वाली गोली, सुपारी, अथवा ऐसे ही किसी पदार्थ का उपयोग करने लगे; लेकिन यदि कोई व्यक्ति धूम्रपान की सारी समस्या को, आदत के स्वरूप को, ऐंद्रिक अनुभूतियों को और तमाम मनोवैज्ञानिक आवश्यकताओं को वस्तुतः समझने लगे, तो धूम्रपान अपने आप छूट जायेगा। समझना

प्रज्ञा की पृष्ठभूमि में ही संभव है; जहां विकल्प की प्रक्रिया है, वहां प्रज्ञा नहीं है। विकल्प खोज लेना तो एक तरह से खुद को घूस देना है; उसमें हम स्वयं को यह करने या वह न करने के लिए प्रलोभन दिया करते हैं। राष्ट्रवाद अपने विषैलेपन, बरबादी और दुनिया भर में चल रहे आपसी झगड़ों समेत तभी समाप्त हो सकता है जब प्रज्ञा विद्यमान हो, और प्रज्ञा केवल परीक्षाओं के पास करने से अथवा पुस्तकों के अध्ययन से नहीं आती। प्रज्ञा आती है जब समस्याओं के उपजते ही उनको समझ लिया जाता है। जब समस्या को उसके विभिन्न स्तरों पर समझा जाता है, न केवल बाह्य रूप से बल्कि उसके आंतरिक, मनोवैज्ञानिक निहितार्थों में भी, तभी प्रज्ञा का उदय होता है। इसलिए जहां प्रज्ञा है, वहां विकल्प की प्रक्रिया नहीं है; और जब प्रज्ञा आती है, तो राष्ट्रवाद, राष्ट्रप्रेम, जो कि अज्ञान का ही एक रूप है, समाप्त हो जाता है।

3. आध्यात्मिक गुरु क्यों?

प्रश्न : आप कहते हैं कि गुरु अनावश्यक है, लेकिन बिना विवेकपूर्ण सहायता एवं निर्देशन के, जो केवल गुरु ही प्रदान कर सकता है, सत्य की उपलब्धि कैसे संभव है?

कृष्णमूर्ति : प्रश्न है कि गुरु आवश्यक है या नहीं। क्या सत्य दूसरे के द्वारा प्राप्त किया जा सकता है? कुछ कहते हैं कि किया जा सकता है और कुछ कहते हैं कि नहीं किया जा सकता। हम इसकी सच्चाई को जानना चाहते हैं, यह नहीं कि किसी दूसरे की तुलना में मेरा मत क्या है। इस विषय में मेरा कोई मत नहीं है। या तो गुरु आवश्यक है, या फिर नहीं है। अतः आपके लिए गुरु स्वीकार करना आवश्यक है या नहीं, यह कोई आपकी या मेरी राय का प्रश्न नहीं है। किसी भी बात की सच्चाई किसी की राय पर निर्भर नहीं करती, चाहे वह राय कितनी भी गंभीर, विद्वत्तापूर्ण, लोकप्रिय और सार्वभौमिक क्यों न हो। सच्चाई को तो वास्तव में ढूंढ़ निकालना होता है।

सबसे पहली बात तो यह है कि हम गुरु चाहते ही क्यों हैं? हम कहते हैं कि हमें एक गुरु की आवश्यकता है, क्योंकि हम भ्रांति में हैं और गुरु मददगार होता है, वह बताएगा कि सत्य क्या है, वह समझने में हमारी सहायता करेगा, वह जीवन के बारे में हमसे कहीं अधिक जानता है। वह एक पिता की तरह, एक अध्यापक की तरह जीवन में हमारा मार्गदर्शन करेगा, उसका अनुभव व्यापक है और हमारा बहुत कम है, वह अपने अधिक अनुभव के द्वारा हमारी सहायता करेगा आदि-आदि। अतः मूल बात यह है कि आप किसी गुरु के निकट जाते ही इसलिए हैं क्योंकि आप भ्रांत होते हैं। अगर आप अपने आप में स्पष्ट होते, तो आप किसी गुरु के पास न जाते। इसमें कोई संदेह नहीं कि यदि आप अपने रोम-रोम में खुश होते, यदि समस्याएं न होतीं, यदि आपने जीवन को पूर्णतया समझ लिया होता, तो आप किसी गुरु के पास न जाते। मुझे उम्मीद है कि आप इसके तात्पर्य को देख पा रहे हैं। चूंकि आप भ्रांत हैं, आप गुरु की खोज में हैं। आप उसके पास जाते हैं, इस उम्मीद के साथ कि वह आपको जीने की राह बताएगा, आपकी उलझनों को दूर कर देगा और आपको सत्य की पहचान कराएगा। आप किसी

गुरु का चयन करते हैं क्योंकि आप भ्रांत हैं, और आस लगाते हैं कि आप जो चाहते हैं, वह गुरु आपको देगा। आप एक ऐसे गुरु को स्वीकार करते हैं जो आपकी मांग को पूरा करे, गुरु से मिलने वाली परितुष्टि के आधार पर ही आप गुरु को चुनते हैं, और आपका यह चुनाव आप की तुष्टि पर ही आधारित होता है। आप ऐसे गुरु को नहीं स्वीकार करते जो कहता है, ''आत्म-निर्भर बनें''; अपने पूर्वग्रहों के अनुसार ही आप उसे चुनते हैं। चूंकि आप गुरु का चयन उस परितुष्टि के आधार पर करते हैं जो वह आपको प्रदान करता है, तो आप सत्य की खोज नहीं कर रहे हैं, बल्कि अपनी दुविधा से बाहर निकलने का उपाय ढूंढ़ रहे हैं, और दुविधा से बाहर निकलने के उस उपाय को ही गलती से सत्य कह दिया जाता है।

सबसे पहले हम इस विचार की परीक्षा करें कि क्या कोई गुरु हमारी अस्त-व्यस्तता को, भीतरी गड़बड़ी को समाप्त कर सकता है, क्या कोई भी दूसरा व्यक्ति हमारी दुविधा को दूर कर सकता है? दुविधा, जो कि हमारी ही क्रियाओं-प्रतिक्रियाओं का फल है। हमीं ने उसे रचा है। अंदर और बाहर, अस्तित्व के सभी स्तरों पर होने वाले इस क्लेश को, इस संघर्ष को, आप क्या समझते हैं कि इसे किसी *और* ने उत्पन्न किया है? यह हमारे ही अपने आपको न जानने का नतीजा है। हम अपने को गहराई से नहीं समझते--अपने ढंढ, अपनी प्रतिक्रियाएं, अपनी पीड़ाएं इन सब को नहीं समझ पाते--और इसलिए हम किसी गुरु के पास जाते हैं, यह सोचकर कि वह इस दुविधा, इस अस्त-व्यस्तता से बाहर निकलने में हमारी सहायता करेगा। वर्तमान से अपने संबंध में ही हम स्वयं को समझ सकते हैं और संबंध ही गुरु है न कि बाहर कोई व्यक्ति। यदि हम संबंध को नहीं समझते, तो गुरु चाहे जो भी कहता रहे, व्यर्थ है, क्योंकि यदि मैं इस संबंध को नहीं समझ पाता हूं--संपत्ति के साथ अपने संबंध को, व्यक्तियों और विचारों के साथ अपने संबंध को--तो मेरे भीतर के ढंढ को दूसरा और कौन सुलझा सकता है? इस ढंढ को, इस अस्पष्टता को दूर करने के लिए आवश्यक है कि मैं स्वयं इसे जानूं-समझूं, जिसका अर्थ है कि संबंधों में स्वयं के प्रति जागरूक रहूं और इस जागरूक रहने के लिए किसी गुरु की आवश्यकता नहीं है। यदि मैं स्वयं को नहीं जानता, तो गुरु किस काम का! जिस तरह एक राजनीतिक नेता का चुनाव उन लोगों के द्वारा किया जाता है जो भ्रांत हैं, और इसीलिए उनका चुनाव भी भ्रांतिपूर्ण होता है, उसी तरह मैं गुरु चुन लिया करता हूं। मैं केवल अपने विभ्रम के तहत उसका चयन करता हूं; अतः राजनीतिक नेता की तरह, गुरु भी भ्रांत होता है।

महत्त्व इस बात का नहीं कि सही कौन है--मैं ठीक हूं या वे व्यक्ति जो कहते हैं कि गुरु आवश्यक है; महत्त्वपूर्ण यह पता लगाना है कि आपको गुरु की आवश्यकता ही क्यों पड़ती है। तमाम तरह के शोषण के लिए गुरु हुआ करते हैं, लेकिन यहां वह मुद्दा अप्रासंगिक है। यदि आपको कोई बताए कि आप उन्नति कर रहे हैं, तो आपको बड़ा संतोष होता है, परंतु यह पता लगाना कि आपको गुरु की *दरकार* क्यों होती है--वही असली बात है। कोई आपको दिशा-संकेत दे सकता है, पर काम तो सारा *आपको खुद ही* करना होता है, भले ही आपका कोई गुरु भी हो। चूंकि आप यह सब नहीं करना

चाहते, आप इसकी ज़िम्मेदारी गुरु पर छोड़ देते हैं। जब स्व का अंशमात्र भी बोध होने लगे, गुरु का उपयोग नहीं रह जाता। कोई गुरु, कोई पुस्तक अथवा शास्त्र आपको स्वबोध नहीं दे सकता, यह तभी आता है जब आप संबंधों के बीच स्वयं के प्रति सजग होते हैं। होने का अर्थ ही है संबंधित होना, संबंध को न समझना क्लेश है, कलह है। अपनी संपत्ति के साथ अपने संबंध के प्रति जागरूक न होना विभ्रम के, दुविधा के अनेक कारणों में से एक है। यदि आप संपत्ति के साथ अपने सही संबंध को नहीं जानते, तो द्वंद्व अनिवार्य है, जो कि समाज के द्वंद्व को भी बढ़ाएगा। यदि आप अपने और अपनी पत्नी के बीच, अपने और अपने पुत्र के बीच संबंध को नहीं समझते, तो उस संबंध से पैदा होने वाले द्वंद्व का निराकरण कोई दूसरा कैसे कर सकता है? यही बात विचारों, विश्वासों आदि पर लागू होती है। व्यक्तियों के साथ, संपत्ति के साथ, विचारों के साथ अपने संबंध के बारे में स्पष्टता न होने के कारण आप गुरु खोजते हैं। यदि वह वस्तुतः गुरु है, तो वह आपको स्वयं को समझने के लिए कहेगा। सारी गलतफहमी तथा उलझन की वजह *आप ही* हैं, और आप इस द्वंद्व का समाधान तभी कर पाएंगे जब आप स्वयं को पारस्परिक संबंध के बीच समझ लें।

आप किसी दूसरे के माध्यम से सत्य को नहीं पा सकते। ऐसा आप कैसे कर सकते हैं? सत्य कोई स्थैतिक तत्त्व, जड़ चीज़ नहीं है, उसका कोई निश्चित स्थान नहीं है, वह कोई साध्य, कोई लक्ष्य नहीं है, बल्कि वह तो सजीव, गतिशील, सतर्क, जीवंत है। वह कोई साध्य कैसे हो सकता है? यदि सत्य कोई निश्चित बिंदु है, तो वह सत्य नहीं है, तब वह मात्र एक विचार या मत है। सत्य अज्ञात है; और सत्य को खोजने वाला मन उसे कभी न पा सकेगा, क्योंकि मन ज्ञात से बना है, यह अतीत का, समय का परिणाम है--इसका आप स्वयं निरीक्षण कर सकते हैं। मन ज्ञात का उपकरण है, अतः वह अज्ञात को प्राप्त नहीं कर सकता, उसकी गति केवल ज्ञात से ज्ञात की ओर है। जब मन सत्य को खोजता है, वह सत्य, जिसके विषय में उसने पुस्तकों में पढ़ा है, तो वह 'सत्य' आत्म-प्रक्षिप्त होता है, क्योंकि तब मन किसी ज्ञात का, पहले की अपेक्षा अधिक संतोषजनक ज्ञात का अनुसरण मात्र करता है। जब मन सत्य *खोजता* है, तो वह अपने ही प्रक्षेपण खोज रहा होता है, सत्य नहीं। अंततः आदर्श हमारा ही प्रक्षेपण होता है, वह काल्पनिक, अयथार्थ होता है। 'जो है' वही यथार्थ है, उसका विपरीत नहीं। परंतु वह मन जो यथार्थ को खोज रहा है, ईश्वर को खोज रहा है, वह ज्ञात को ही खोज रहा है। जब आप ईश्वर के बारे में सोचते हैं, आपका ईश्वर आपके अपने विचार का प्रक्षेपण होता है, सामाजिक प्रभावों का परिणाम होता है। आप केवल ज्ञात के विषय में ही सोच सकते हैं, अज्ञात के विषय में नहीं, आप सत्य पर एकाग्रता नहीं साध सकते। जैसे ही आप अज्ञात के बारे में सोचते हैं, वह केवल आत्म-प्रक्षिप्त ज्ञात ही होता है। ईश्वर या सत्य के बारे में सोचा नहीं जा सकता। यदि आप उसके बारे में सोच लेते हैं, तो वह सत्य नहीं है। सत्य को खोजा नहीं जा सकता : वह आप तक आता है। आप केवल उसी के पीछे दौड़ सकते हैं, जो ज्ञात है। जब मन ज्ञात के परिणामों से उत्पीड़ित नहीं होता, केवल तभी सत्य

स्वयं को प्रकट कर सकता है। सत्य तो हर पत्ते में, हर आंसू में है; उसे क्षण-क्षण में जाना जाता है। सत्य तक आपको कोई नहीं ले जा सकता, और यदि कोई आपको ले भी जाये, तो वह यात्रा केवल ज्ञात की ओर ही होगी।

सत्य का आगमन केवल उसी मन में होता है, जो ज्ञात से रिक्त है। वह उस अवस्था में आता है, जब ज्ञात अनुपस्थित है, कार्यरत नहीं है। मन ज्ञात का भंडार है, वह ज्ञात का अवशेष है; उस अवस्था में होने के लिए, जिसमें अज्ञात अस्तित्व में आता है, मन को अपने प्रति, अपने चेतन तथा अचेतन अतीत के अनुभवों के प्रति, अपने प्रत्युत्तरों, अपनी प्रतिक्रियाओं एवं संरचना के प्रति जागरूक होना होगा। स्वयं को पूरी तरह से जान लेने पर ज्ञात का अंत हो जाता है, मन ज्ञात से पूर्णतया रिक्त हो जाता है। केवल तभी, अनामंत्रित ही, सत्य आप तक आ सकता है। सत्य न तो आपका है, न मेरा। आप इसकी उपासना नहीं कर सकते। जिस क्षण यह ज्ञात होता है, अयथार्थ ही होता है। प्रतीक यथार्थ नहीं है, छवि या प्रतिमा यथार्थ नहीं है; किंतु जब स्व की समझ होती है, स्व का अंत होता है, तब शाश्वत का आविर्भाव होता है।

4. ज्ञान

प्रश्न : आपकी बातों से मुझे यह तो समझ में आ रहा है कि विद्वत्ता एवं ज्ञान बाधा हैं। पर वे बाधा किस में हैं?

कृष्णमूर्ति : स्पष्ट है कि नवीन को, कालातीत एवं शाश्वत को समझने में ज्ञान एवं विद्वत्ता रुकावट बनते हैं। सुचारु तकनीक का विकास कर लेने से आप सर्जनशील नहीं हो जाते। आप शायद यह जानते हों कि बेहतरीन तरीके से चित्र कैसे बनाया जाता है, आपके पास सही तकनीक हो सकती है, परंतु ज़रूरी नहीं कि आप एक सर्जनशील चित्रकार हों। हो सकता है आप जानते हों कि कविताएं कैसे लिखी जाती हैं, जो शिल्प की दृष्टि से सर्वोत्कृष्ट हों, फिर भी हो सकता है कि आप कवि न हों। कवि होने का अर्थ है नवीन को ग्रहण करने में सक्षम होना, कुछ नये, कुछ अभिनव के प्रति अनुक्रिया करने के लिए पर्याप्त संवेदनशीलता का होना, है न? हममें से अधिकांश के लिए ज्ञान या विद्वत्ता एक लत बन गई है और हम यह सोचते हैं कि जानने की प्रक्रिया हमें सर्जनशील बना देगी। जानकारी से, तथ्यों की भीड़ से घिरा हुआ मन क्या अभिनव को, आकस्मिक को, सहज को ग्रहण करने में सक्षम होगा? यदि आपका मन ज्ञात से ठूंस-ठूंसकर भरा हुआ है, तो क्या उसमें अज्ञात को ग्रहण करने के लिए कोई अवकाश रह पाता है? निस्संदेह ज्ञान हमेशा ज्ञात का ही होता है, और उस ज्ञात के सहारे हम अज्ञात को, अपरिमेय, असीम को समझने की कोशिश किया करते हैं।

उदाहरण के लिए, एक बिलकुल आम बात लें जो हममें से अधिकतर के साथ घटती है : जो धार्मिक हैं--इस शब्द का फिलहाल कुछ भी अर्थ लगा लीजिए--वे लोग ईश्वर क्या है इसकी कल्पना करने का प्रयत्न करते हैं, अथवा उसके बारे में सोचने का प्रयास करते हैं; उन्होंने अनगिनत पुस्तकों को पढ़ रखा होता है, उन्होंने अनेक संतों,

दिव्यात्माओं, महात्मा आदि के अनुभवों के बारे में अध्ययन किया होता है, और वे दूसरों के अनुभव की कल्पना करने की, उन अनुभवों को महसूस करने की चेष्टा करते हैं। इस प्रकार ज्ञात की सहायता से आप अज्ञात को जानना चाहते हैं। क्या आप ऐसा कर सकते हैं? क्या आप अज्ञेय के बारे में, जिसे जाना न जा सके उसके बारे में सोच सकते हैं? आप केवल उसी के विषय में सोच सकते हैं जो आपको ज्ञात है। परंतु आज विश्व में एक असाधारण विकृति पैदा हो रही है, हम यह सोचने लगे हैं कि यदि हमारे पास और अधिक सूचनाएं, अधिक पुस्तकें, अधिक तथ्य यानी कि अधिक छपी हुई सामग्री हो, तो हममें समझ आ जायेगी।

किसी ऐसी स्थिति के प्रति सजग होने के लिए जो कि ज्ञात का प्रक्षेपण नहीं है, गहरी समझ के ज़रिये ज्ञात की प्रक्रिया का पूरी तरह से समाप्त हो जाना आवश्यक है। ऐसा क्यों है कि मन हमेशा ज्ञात से चिपका रहता है? क्या ऐसा इसलिए नहीं है कि मन निरंतर निश्चितता, सुरक्षा खोज रहा है? उसका स्वभाव ही ज्ञात में, समय में फंसे रहना है। तो ऐसा मन जिसकी नींव ही मूलभूत रूप से अतीत पर, काल पर, टिकी हुई है, कालातीत का अनुभव कैसे कर सकता है? वह चाहे जितनी अज्ञात की कल्पना कर लें, उसे सूत्रबद्ध कर ले, उसका चित्र बना ले, वह सब निरर्थक ही है। अज्ञात का आगमन तभी हो पाता है, जब ज्ञात को समझ लिया जाता है, जब ज्ञात विसर्जित हो जाता है, समाप्त हो जाता है। यह अत्यधिक कठिन है, क्योंकि जैसे ही आप किसी तरह का अनुभव करते हैं, मन उसे ज्ञात की भाषा में रूपांतरित कर लेता है और अतीत में परिवर्तित कर देता है। आपने शायद इस ओर ध्यान दिया हो कि प्रत्येक अनुभव का तुरंत ज्ञात में तर्जुमा कर लिया जाता है, उसे एक नाम दे देते हैं, सारणीबद्ध कर लेते हैं और वह अंकित हो जाता है। इसलिए ज्ञान, जानकारी ज्ञात की ही गतिविधि है और ज़ाहिर है कि ऐसा ज्ञान, ऐसी विद्वत्ता बाधा *ही* है।

मान लीजिए कि आपने कभी किसी पुस्तक को, चाहे वह धर्म से संबंधित हो अथवा मनोविज्ञान से, नहीं पढ़ा है और आपको जीवन के अर्थ को, उसके महत्त्व को जानना है, तो इस विषय में आप शुरुआत कैसे करेंगे? मान लीजिए कि दिव्यात्माएं न हों, धार्मिक संगठन न हों, कोई बुद्ध, कोई ईसा न हुए हों और आपको शुरुआत सिरे से ही करनी पड़े, तो आप इस बारे में क्या करेंगे? सबसे पहले तो आपको अपनी सोच की प्रक्रिया को समझना होगा, है न?--यह नहीं कि आप स्वयं का, अपने विचारों का भविष्य में प्रक्षेपण कर लें और एक ऐसा ईश्वर निर्मित कर लें जो आपको प्रसन्न करता हो; ऐसा करना कितना बचकाना होगा! इसलिए सर्वप्रथम आपको अपनी सोच-विचार की प्रक्रिया को समझना होगा। कुछ भी नया खोजना हो तो यही एकमात्र तरीका है, ऐसा ही है न?

जब हम कहते हैं कि विद्वत्ता अथवा ज्ञान अवरोध है, बाधा है, तब हम किसी तकनीकी जानकारी की, जैसे कार कैसे चलायें, मशीन का प्रयोग कैसे करें या इस प्रकार की जानकारी से आने वाली कार्यक्षमता के बारे में बात नहीं कर रहे। हमारा संदर्भ बिलकुल भिन्न है, वह है सर्जनशील प्रसन्नता का ऐसा भाव, जो कितनी भी जानकारी या विद्वत्ता

से नहीं आ सकता। सच्चे अर्थ में सर्जनशील होने का तात्पर्य है कि हम प्रतिक्षण अतीत से मुक्त हों, क्योंकि यह अतीत ही है जो निरंतर वर्तमान को आच्छादित किये रहता है। केवल जानकारी से, दूसरों के अनुभवों से, दूसरों के कथन से, वे चाहे जितने महान क्यों न हों, चिपके रहना और अपने कर्म को निरंतर उसी के अनुरूप बनाते रहना--यही सब ज्ञान है, है कि नहीं? परंतु कुछ भी नया खोजने के लिए हमें आरंभ स्वयं से ही करना होता है; उसके लिए आपको एक ऐसी यात्रा की शुरुआत करनी होती है जिसमें आपके ऊपर, विशेष रूप से ज्ञान का, कोई आवरण नहीं हो। ज्ञान और विश्वास के द्वारा अनुभवों को प्राप्त कर लेना बहुत आसान है, परंतु वे अनुभव केवल आत्म-प्रक्षेपण का परिणाम होते हैं और इसलिए पूर्णतिया अयथार्थ और मिथ्या हैं। यदि आप खुद यह खोज लेना चाहते हैं कि नया क्या है, तो अतीत के, विशेष रूप से ज्ञान के--दूसरे के ज्ञान के, वह चाहे जितना भी महान क्यों न हो--बोझ को ढोने से कोई लाभ नहीं। आप ज्ञान का प्रयोग आत्म-संरक्षण के, सुरक्षा के एक साधन के रूप में करते हैं और आप इस विषय में निश्चित होना चाहते हैं कि आपको वैसे ही अनुभव हुए हैं जो बुद्ध या क्राइस्ट या अमुक को हुए हैं। परंतु वह व्यक्ति जो निरंतर ज्ञान के द्वारा अपने को बचाकर चलता आ रहा है, सत्य का खोजी तो नहीं है।

सत्य के अन्वेषण के लिए कोई मार्ग नहीं है। उसके लिए आपको अमानचित्रित सागर में प्रवेश करना होगा--यह न तो हताशा की बात है, न दुस्साहस की। जब आप कुछ नया खोजना चाहते हैं, जब आप किसी विषयवस्तु के साथ प्रयोग कर रहे होते हैं, तो आपके मन का अत्यधिक शांत होना आवश्यक है, है न? यदि आपका मन तथ्यों से, ज्ञान से भरा है, तो वे ही नये के लिए अवरोध का कार्य करने लगते हैं; हममें से अधिकतर के लिए कठिनाई यह है कि मन इतना महत्त्वपूर्ण बन गया है, इसका इतना दबदबा मान लिया गया है कि वह कुछ भी ऐसा हो पाने में बराबर अड़चन डालता रहता है जो नवीन हो सकता है, जो ज्ञात के साथ-साथ विद्यमान रह सकता है। इस प्रकार ज्ञान और विद्वत्ता उनके लिए अवरोध हैं, रुकावट हैं, जो खोजना चाहते हैं, जो उसे समझने की कोशिश करना चाहते हैं जो कालातीत है।

5. अनुशासन

प्रश्न : सभी धर्मों ने मनुष्य में निहित पाशविक मूल-प्रवृत्तियों को मर्यादित करने के लिए किसी-न-किसी प्रकार के आत्म-अनुशासन पर ज़ोर दिया है। संतों एवं रहस्यदर्शियों का यह दावा है कि आत्म-अनुशासन के द्वारा उन्होंने ईश्वरत्व प्राप्त कर लिया है। आपकी बात से ऐसा प्रतीत होता है कि इस प्रकार के अनुशासन ईश्वर-साक्षात्कार में बाधा हैं। मैं दुविधा में पड़ गया हूं कि इस बारे में सही कौन है?

कृष्णमूर्ति : समस्या यह नहीं है कि इस बारे में कौन सही है। ज़रूरी यह है कि जो भी सच है, उसका पता हमें खुद लगाना है, न कि किसी खास संत या उस व्यक्ति

के अनुसार जो भारत से आया हो या संसार के किसी और भाग से, मानो जितने दूर-देश से आया हो उतना अच्छा।

आप दुविधा में फंसे हैं : कुछ कहते हैं अनुशासन आवश्यक है, दूसरे कहते हैं आवश्यक नहीं है। प्रायः होता यही है कि आप उसी को चुन लेते हैं जो आपको अधिक सुविधाजनक लगता है, अधिक संतोष देता है; आप उस व्यक्ति को, उसके व्यक्तित्व को, उसके ज़ाती रुझानों को, उसके व्यक्तिगत पक्षपातों आदि को पसंद करने लगते हैं। यह सब एक ओर रखकर, आइए हम समस्या पर सीधे विचार करते हैं और इस विषय के सत्य का स्वयं ही पता लगाते हैं। इस प्रश्न में बहुत-कुछ छिपा है और हमें इसमें बड़ी सावधानी एवं सतर्कता से आगे बढ़ना चाहिए।

हममें से अधिकांश यह चाहते हैं कि कोई अधिकारी व्यक्ति यह बता दे कि हमें क्या करना है। हम अपने आचरण के लिए मार्ग-दर्शन चाहते हैं, क्योंकि हमारी प्रवृत्ति सुरक्षित होने की है, हम और अधिक दुःख नहीं उठाना चाहते। किसी व्यक्ति के विषय में यह कहा जाता है कि उसने सुख अथवा आनंद, या उसे आप जो भी चाहे कह लें, प्राप्त कर लिया है और हम यह आशा करते हैं कि उस स्थिति में पहुंचने के लिए हमें क्या करना है इस बारे में वह हमारा मार्ग-निर्देशन करेगा। यही है जो हम चाहते हैं, हम इसी खुशी को, इसी आंतरिक शांति को, आनंद को पाना चाहते हैं; भ्रांति से भरे इस विक्षिप्त संसार में हम चाहते हैं कि कोई हमें बता दे कि करना क्या है। हममें से अधिकांश की वास्तव में यही मूल-प्रवृत्ति है, इसी प्रवृत्ति के अनुसार हम अपना कर्म करते हैं। क्या ईश्वर अथवा वह चरम सत्ता, जिसका नामांकन संभव नहीं है, जिसे शब्दों में नहीं बांधा जा सकता, क्या उसे किसी अनुशासन के द्वारा अथवा कर्म के किसी विशेष प्रारूप के अनुसरण से पाया जा सकता है? हम किसी विशेष लक्ष्य, विशेष साध्य को पाना चाहते हैं और हम सोचते हैं कि अभ्यास के द्वारा, अनुशासन के द्वारा, दमन या मनमर्जी के द्वारा, उदात्तीकरण या विकल्प देने की प्रक्रिया द्वारा हम उसे, जिसे हम खोज रहे हैं, पा सकेंगे।

अनुशासन का निहितार्थ क्या है? यदि हम अपने को अनुशासित करते भी हैं, तो क्यों करते हैं? क्या अनुशासन तथा प्रज्ञा का एक साथ होना संभव है? अधिकतर व्यक्ति यह अनुभव करते हैं कि किसी-न-किसी प्रकार के अनुशासन के द्वारा हमें अपने अंदर के पशु पर, अपने अंदर की कुरूपता पर नियंत्रण रखना चाहिए, उसे वश में रखना चाहिए। क्या वह पशु, वह कुरूपता अनुशासन के द्वारा नियंत्रित की जा सकती है? अनुशासन से हमारा क्या तात्पर्य है? एक ऐसी प्रणाली जो किसी पुरस्कार का आश्वासन देती है, वह कार्य की ऐसी विधि है जिसका यदि अनुशीलन किया जाये, तो वह हमें जो हम चाहते हैं वह देगी--वह चाहे सकारात्मक हो या नकारात्मक; आचरण का वह एक ऐसा प्रारूप है, ढंग है जिसका यदि परिश्रम से, लगन से, पूरे उत्साह से अभ्यास किया जाये, तो आखिर में मैं जो चाहता हूं वह मुझे इससे मिल जायेगा। वह प्रक्रिया कष्टदायक हो सकती है परंतु मैं उस उपलब्धि के लिए उतना कष्ट सहने को तैयार हूं। आक्रामक, स्वार्थी, पाखंडी,

चिंतातुर, भयाक्रांत स्व को, उस स्व को जो हमारे भीतर की पाशविकता का कारण है, हम आमूल रूप से बदलना चाहते हैं, अधीन कर लेना, नष्ट कर देना चाहते हैं। यह कैसे किया जाये? क्या यह अनुशासन के द्वारा किया जाना है, या फिर एक प्रज्ञापूर्ण बोध के द्वारा, जिसमें हम स्व के अतीत को समझते हैं, स्व क्या है, वह कैसे अस्तित्व में आता है इत्यादि के प्रति सचेत होते हैं। मनुष्य के भीतर के पशु को हम दमन के द्वारा नष्ट करेंगे या प्रज्ञा के द्वारा? प्रज्ञा क्या अनुशासन का मसला है? कुछ देर के लिए हम भूल जायें कि संतों ने तथा अन्य व्यक्तियों ने क्या कहा है; इस विषय का हम स्वयं अन्वेषण करें, मानो कि हम पहली बार इस समस्या को देख रहे हों। तभी हम इसके अंत में कुछ सर्जनात्मक पा सकेंगे, न कि मात्र दूसरों के कथनों के उद्धरण, जो सारे के सारे निस्सार हैं, किसी काम के नहीं हैं।

पहले हम कहते हैं कि हमारे भीतर संघर्ष है, काले और गोरे के बीच, लोभ और अलोभ के बीच। मैं लोभी हूं, और यह जानकर कष्ट होता है, तो इस लोभ से पीछा छुड़ाने के लिए मुझे अपने आप को अनुशासित करना पड़ेगा। इसका मतलब यह हुआ कि मुझे प्रत्येक ऐसे द्वंद्व का विरोध करना पड़ेगा जो मुझे कष्ट देता है, जिसे मैं इस उदाहरण में लोभ कह रहा हूं। तब मैं कहने लगता हूं कि लोभ समाज-विरोधी है, नैतिकता-विरोधी है, आदि आदि, इस तरह अनेक प्रकार के धार्मिक-सामाजिक कारण हम उसके प्रतिरोध के लिए दिया करते हैं। तो क्या दबाव से लोभ का नाश किया जा सकता है अथवा उससे पीछा छुड़ाया जा सकता है? पहले तो हमें उस प्रक्रिया की परीक्षा करनी होगी जो दमन में, दबाव में, पीछा छुड़ाने में, प्रतिरोध में निहित है। जब आप ऐसा करते हैं, लोभ का प्रतिरोध करते हैं, तो होता क्या है? हमारे भीतर वह क्या है जो लोभ का प्रतिरोध करता है? यही सबसे पहला सवाल है, है न? आप लोभ का प्रतिरोध क्यों करते हैं, और वह कौन-सी हस्ती है जो कहती है, ''मुझे लोभ से अवश्य ही मुक्त होना चाहिए''? ऐसा कहने वाली वह हस्ती भी लोभ ही है, क्या ऐसा नहीं है? अभी तक लोभ उस व्यक्ति के लिए लाभदायक रहा था, परंतु अब वह दुःखदायी हो गया है, अतः वह कहता है, ''मुझे इससे पीछा छुड़ाना होगा''; उससे पीछा छुड़ाने का इरादा लोभ की ही एक प्रक्रिया है, क्योंकि वह ऐसा कुछ बनने की आकांक्षा कर रहा है जो वह नहीं है। लोभहीनता अब लाभदायक है, अतः मैं लोभहीनता का पालन कर रहा हूं, परंतु उद्देश्य, इरादा अब भी कुछ बनने का, निर्लोभ होने का ही है जो अब भी लोभ ही है, जो निषेधात्मक ढंग से 'मैं' को ही बल देना है।

हम देखते हैं कि लोभी होना कष्टप्रद है, और इसके अनेक कारण हैं जो जगज़ाहिर हैं। जब तक हम लोभ का आनंद लेते हैं, जब तक लोभी होना हमारे लिए लाभप्रद है, तब तक कोई समस्या नहीं है। समाज अनेक प्रकार से हमें लोभी होने के लिए प्रोत्साहित करता है; ऐसा ही धर्म भी करते हैं। जब तक लोभ लाभदायक है, जब तक वह कष्टप्रद नहीं है, हम उसका पीछा करते हैं, परंतु जैसे ही वह कष्टप्रद हो जाता है हम उसका प्रतिरोध करना चाहते हैं। यह प्रतिरोध ही है, जिसे लोभ के खिलाफ अनुशासन कहा

जाता है, परंतु क्या प्रतिरोध से, उदात्तीकरण अथवा दमन के द्वारा हम लोभ से मुक्त हो पाते हैं? 'मैं', जो लोभ से मुक्त होना चाहता है, उसके द्वारा किया गया कोई भी कृत्य लोभ ही है। अतः लोभ के संबंध में मेरा कोई भी कृत्य, कोई भी प्रत्युत्तर समस्या का हल तो नहीं है।

कुछ भी समझने के लिए, विशेष रूप से कुछ ऐसा समझने के लिए जिसे मैं नहीं जानता, जिसकी गहनता को मेरा मन नहीं जान सकता--जिसे यह प्रश्नकर्ता ईश्वर कह रहे हैं--मन का शांत होना, विक्षोभरहित होना ज़रूरी है। किसी भी बात को समझने के लिए, किसी भी जटिल समस्या को समझने के लिए--चाहे वह जीवन की हो या संबंध की, वास्तव में किसी भी समस्या को समझने के लिए मन में एक तरह की शांत गहनता होनी आवश्यक है।

क्या वह निश्चल गहनता किसी प्रकार की ज़बरदस्ती से आती है? एक सतही मन अपने आप को बाध्य कर सकता है, खुद को खामोश कर सकता है; परंतु निस्संदेह ऐसी शांति क्षय की, मृत्यु की ही शांति होती है। यह अपने आप को ढाल लेने में, लचीलेपन में, संवेदनशीलता में सक्षम नहीं होती। अतः प्रतिरोध समाधान नहीं है।

तो इसे देखने के लिए प्रज्ञा की आवश्यकता है, क्या नहीं है? यह देख लेना ही कि किसी प्रकार की बाध्यता से मन मंद हो जाता है प्रज्ञा का आरंभ है, है न?--यह देख पाना कि अनुशासन का अर्थ भय के वशीभूत होकर आचरण के किसी एक प्रारूप के अनुकूल बनना ही है। अपने को अनुशासित करने में यही निहित है : हम भयभीत हैं कि जो हम चाहते हैं वह हमें नहीं मिलेगा। जब आप अपने मन को, अपने व्यक्तित्व को अनुशासित करते हैं तो क्या होता है? वह बड़ा कठोर हो जाता है, नहीं हो जाता? उसमें लचीलापन नहीं रहता, उसमें तीव्रता नहीं रहती, उसमें समायोजन की क्षमता नहीं रहती। क्या आप उन व्यक्तियों को नहीं जानते जिन्होंने अपने आप को अनुशासित किया है--यदि ऐसे कोई व्यक्ति हैं तो ऐसा करने का परिणाम निस्संदेह क्षय की प्रक्रिया ही है। उसमें एक आंतरिक द्वंद्व रहता है जिसको अस्वीकार कर दिया जाता है, छिपा दिया जाता है; परंतु वह द्वंद्व बना रहता है, और सुलगता रहता है।

इस प्रकार हम देखते हैं कि अनुशासन, जो कि प्रतिरोध है, केवल आदत बनाता है और स्पष्ट है कि आदत से प्रज्ञा नहीं उपज सकती--आदत ऐसा कभी नहीं कर सकती, अभ्यास ऐसा कभी नहीं कर सकता। सारा दिन पियानो बजा कर, अपने हाथों से निरंतर कुछ अभ्यास करके आप अपनी उंगलियों को बड़ा दक्ष बना सकते हैं; परंतु प्रज्ञा की आवश्यकता रहती है उन उंगलियों के निर्देशन के लिए और यहां हम प्रज्ञा का ही अन्वेषण कर रहे हैं।

आप किसी व्यक्ति को देखते हैं जिसे आप सुखी समझते हैं, अथवा आप यह मानते हैं कि उसे साक्षात्कार हुआ है, आपको उसके व्यवहार से ऐसा प्रतीत होता है; आप उसी सुख को चाहते हैं अतः उसका अनुकरण करते हैं। यह अनुकरण ही अनुशासन कहलाता है, ऐसा ही है न? दूसरे के पास जो है उसको प्राप्त करने के लिए हम अनुकरण करते

हैं; हम ऐसा करते हैं उसी प्रकार से सुखी होने के लिए जिस तरह हम सोचते हैं कि वह सुखी है। क्या सुख इस अनुशासन से मिलता है? किसी नियम के अभ्यास के द्वारा, किसी अनुशासन की अथवा आचरण की विधि का अभ्यास करके क्या आप कभी मुक्त हो पाते हैं? निस्संदेह खोज की स्वतंत्रता होनी ज़रूरी है, है कि नहीं? यदि आपको कुछ खोजना हो तो ज़ाहिर है कि आपको अंदर से अप्रतिबद्ध, स्वतंत्र होना चाहिए। परंतु क्या आप अपने मन को किसी विशेष प्रकार के सांचे में, जिसे आप अनुशासन कहते हैं, ढालने से स्वतंत्र हो सकते हैं? सुव्यक्त है कि ऐसा संभव नहीं है। उस अवस्था में आप एक यंत्र मात्र ही रहते हैं, जो पुनः पुनः आवृत्ति करता है, जो किसी निष्कर्ष के अनुसार, किसी आचरण की पद्धति के अनुसार प्रतिरोध किया करता है। स्वतंत्रता अनुशासन के द्वारा नहीं प्राप्त हो सकती। स्वतंत्रता केवल तभी आ सकती है जब प्रज्ञा हो; और जिस समय आप यह देख लेते हैं कि किसी भी प्रकार की बाध्यता, चाहे वह आंतरिक हो अथवा बाहरी, स्वतंत्रता का निषेध है, तो वह प्रज्ञा जाग्रत हो जाती है, अथवा उस प्रज्ञा को आप प्राप्त कर लेते हैं।

स्पष्ट है कि पहली आवश्यकता स्वतंत्रता है, परंतु वह स्वतंत्रता अनुशासन से प्राप्त नहीं होती; वह स्वतंत्रता केवल सद्‌गुण से ही मिलती है। लोभ विभ्रम है; क्रोध विभ्रम है; कटुता विभ्रम है। जब आप यह देख लेते हैं, स्पष्ट है कि आप इन सब से मुक्त हो जाते हैं; आप इनका प्रतिरोध नहीं करते बल्कि आप देख लेते हैं कि केवल स्वतंत्रता में ही आपका अन्वेषण संभव है और किसी प्रकार की बाध्यता तो स्वतंत्रता है नहीं; अतः बाध्यता में अन्वेषण भी संभव नहीं है। सद्‌गुण का सहज परिणाम है स्वतंत्रता। दुर्गुणी व्यक्ति भ्रांत व्यक्ति है; उलझन में, अस्पष्टता में आप कैसे कुछ खोज सकते हैं? उसमें खोज कैसे संभव है? अतः सद्‌गुण किसी अनुशासन से प्राप्त परिणाम नहीं है; अपितु सद्‌गुण स्वतंत्रता है और स्वतंत्रता किसी भी ऐसे कर्म के द्वारा नहीं आ सकती जो सद्‌गुण नहीं है, जो अपने आप में सत्य नहीं है। हमारी कठिनाई यह है कि हममें से अधिकांश ने अध्ययन बहुत किया है, औपचारिक ढंग से अनेक अनुशासनों का अनुसरण किया है--प्रत्येक दिन प्रातःकाल किसी निश्चित समय उठना, किसी निश्चित आसन में बैठना तथा अपने मन को किसी खास तरीके से नियंत्रित करना--आप जानते हैं यही सब अभ्यास, अनुशासन, क्योंकि आपको यह बताया गया है कि यदि आप कुछ वर्षों तक यह करते रहें तो अंत में आपको ईश्वर-साक्षात होगा। हो सकता है कि मैंने यहां यह बात कुछ मोटे तौर पर ज़ाहिर की हो परंतु हमारी विचारणा का आधार यही है। निस्संदेह ईश्वर इतनी सरलता से नहीं व्यक्त होता जितना कि इस सब में मान लिया गया है। ईश्वर कोई सौदेबाज़ी की चीज़ नहीं है कि मैं इतना करूं तो आप उतना दे देंगे।

हममें से अधिकतर व्यक्ति बाहरी प्रभावों से, धार्मिक सिद्धांतों एवं विश्वासों से और कुछ होने की एवं प्राप्त करने की अंदरूनी मांग से इतने संस्कारबद्ध हैं कि हमारे लिए इस समस्या पर नवीन ढंग से, अनुशासन की भाषा को छोड़ कर सोचना, बड़ा कठिन है। सर्वप्रथम हमें अनुशासन के निहितार्थों को स्पष्टता से समझ लेना होगा--वह कैसे हमारे

मन को संकुचित करता है, सीमित करता है, इच्छा के माध्यम से, प्रभावों तथा इसी तरह की अन्य बातों के द्वारा कैसे वह हमारे मन को किसी विशेष कर्म के लिए बाध्य करता है; एक संस्कारबद्ध मन, उसकी संस्कारबद्धता चाहे जितनी 'सद्‌गुणी' क्यों न हो, स्वतंत्र नहीं हो सकता और यथार्थ को नहीं समझ सकता। ईश्वर, यथार्थ, या और जो भी आप कहें--यहां नाम से कोई मतलब नहीं है--तभी अभिव्यक्त हो सकता है, जब स्वतंत्रता हो। यदि आप किसी लक्ष्य को खोज रहे हैं तो आप स्वतंत्र नहीं हैं, क्योंकि आप उस लक्ष्य से बंधे हैं। हो सकता है आप अतीत से स्वतंत्र हों, पर भविष्य आपको बांधे हुए है, और वह स्वतंत्रता नहीं है। स्वतंत्रता में ही हम किसी वस्तु का अन्वेषण कर सकते हैं--किसी नवीन विचार का, किसी नवीन भावना का, किसी दृष्टि का। कोई भी अनुशासन जो बाध्यता पर आधारित है सभी प्रकार की स्वतंत्रता का निषेध करता है, चाहे वह राजनीतिक हो अथवा धार्मिक; और चूंकि अनुशासन किसी लक्ष्यबद्ध कर्म से अनुरूपता है वह बांधने वाला होता है और मन कभी भी स्वतंत्र नहीं हो पाता। वह केवल अपनी सुनिश्चित लकीर में एक ग्रामोफोन रिकार्ड की भांति कार्य कर सकता है।

अतः अभ्यास के द्वारा, आदत के द्वारा, किसी अनुशासन के संवर्धन के द्वारा मन केवल उसी को प्राप्त करता है जिस पर उसकी दृष्टि है। अतः वह स्वतंत्र नहीं है; वह उसका साक्षात नहीं कर सकता जो अपरिमित है। इस सारी प्रक्रिया के प्रति जागरूक होना कि क्यों आप निरंतर किसी जनमत के अनुरूप, किन्हीं संतों के अनुरूप स्वयं को अनुशासित कर रहे हैं, अर्थात किसी मत के अनुरूप बनने के समस्त कार्य-व्यापार के प्रति जागरूक होना, यह अवधान ही स्वतंत्रता का आरंभ है। आप अभ्यास के द्वारा किसी मत के अनुरूप अपने आप को बनाते हैं; आत्म-समर्पण के अत्यंत सूक्ष्म रूप, आत्म-निषेध, आत्म-अधिकार, दमन, उन्नयन आदि सभी अनुरूप बनाने की ही प्रणालियां है, और इस सबका अवधान होना ही स्वतंत्रता का आरंभ है, उसी से सद्‌गुण संभव होता है। सद्‌गुण किसी भी प्रकार से किसी विचार का संवर्धन नहीं है। अलोभ का, उदाहरण के तौर पर, यदि एक लक्ष्य के रूप में अनुशीलन किया जाए तो वह सद्‌गुण नहीं रह जाता। यानी यदि आपको इसका एहसास है कि आप लोभरहित हैं तो क्या आप सद्‌गुणी हैं। अनुशासन के द्वारा हम यही कर रहे होते हैं।

अनुशासन, अनुरूपता, अभ्यास स्व-चेतना के उसी रूप पर बल देते हैं जिसमें व्यक्ति कुछ चाहता है। मन अलोभ का अभ्यास करता है, अतः वह वास्तव में लोभरहित नहीं है। उसने केवल नया नकाब पहन लिया है, जिसे वह अलोभ कहता है। हम इस सबकी संपूर्ण प्रक्रिया को देख सकते हैं; किसी लक्ष्य के लिए किसी प्रेरक का अथवा आकांक्षा का होना, किसी ढांचे से अनुरूपता तथा उसके अनुशीलन में सुरक्षा की आकांक्षा--यह केवल ज्ञात की ही ओर चलना है, यह सब मन के अपने दायरे में बंद प्रक्रिया की सीमाओं में ही हो रहा है। इस सब का अवलोकन करना, इसका अवधान करना ही प्रज्ञा का आरंभ है, और प्रज्ञा न तो सद्‌गुणी होती है न दुर्गुणी होती है, उसे सद्‌गुण अथवा दुर्गुण के रूप में किसी सांचे में नहीं ढाला जा सकता। प्रज्ञा स्वतंत्रता लाती है, जो न स्वेच्छाचारिता

है, न अव्यवस्था। इस प्रज्ञा के अभाव में सद्गुण संभव ही नहीं है; सद्गुण स्वतंत्रता प्रदान करता है और स्वतंत्रता में ही यथार्थ अभिव्यक्त होता है। यदि आप इस समस्त प्रक्रिया को इसकी पूर्णता में समझें, तो आप देखेंगे कि वहां कोई द्वंद्व नहीं हैं। चूंकि हम द्वंद्व में हैं तथा चूंकि हम द्वंद्व से बचना चाहते हैं, अतः हम विभिन्न प्रकार के अनुशासनों, निषेधों एवं समायोजनों को स्वीकार करते हैं। जब हम देख लेते हैं कि द्वंद्व की प्रक्रिया क्या है तब अनुशासन का कोई प्रश्न ही नहीं रहता, क्योंकि तब क्षण-क्षण हम द्वंद्व के ढंग को समझते रहते हैं। इसके लिए बड़ी सतर्कता की, सारा समय स्वयं के अवलोकन की आवश्यकता होती है; और इसका विलक्षण भाग यह है कि यद्यपि यह हो सकता है कि आप सारा समय अवलोकन न कर रहे हों, पर अगर अवलोकन की, देखने की मंशा है तो अंदरूनी तौर पर सब अंकित होते रहने की प्रक्रिया चलती रहती है--वह संवेदनशीलता, वह आंतरिक संवेदनशीलता प्रत्येक क्षण चित्र लेती रहती है, ताकि जिस पल आप शांत हों अंतस् उस चित्र को प्रक्षिप्त कर सके।

अतः प्रश्न यहां किसी अनुशासन का नहीं है। संवेदनशीलता बाध्यता के द्वारा नहीं आ सकती। आप एक बालक को कुछ करने के लिए बाध्य कर सकते हैं, एक कोने में बैठा सकते हैं और हो सकता है कि वह शांत हो जाए; परंतु भीतर उसके संभवतः बड़ी हलचल है, वह खिड़की के बाहर देख रहा है, निकल भागने के लिए कुछ-न-कुछ कर रहा है। यही सब तो हम अब भी कर रहे हैं। अतः अनुशासन के प्रश्न को, और इस बारे में कौन ठीक है और कौन ठीक नहीं है इस प्रश्न को, केवल आप स्वयं ही हल कर सकते हैं।

और, देखिए, हम गलत होने से भयभीत हैं, क्योंकि हम सफल होना चाहते हैं। अनुशासन की आकांक्षा की तह में भय है, परंतु अज्ञात को अनुशासन के जाल में नहीं बांधा जा सकता। इसके उलट, अज्ञात को तो स्वतंत्र होना चाहिए, आपके मन द्वारा कल्पित कोई प्रारूप उसका क्यों होगा? यही कारण है कि मन की शांति अनिवार्य है। जब मन को इसका भान है कि वह शांत है, वह शांत नहीं है; जब मन को यह ख्याल है कि वह लोभरहित है, लोभ से मुक्त है, वह अपने को लोभहीनता की नई पोशाक में पहचानता है, परंतु वह शांत नहीं है। अतः इस प्रश्न के अंतर्गत हमें उस व्यक्ति की समस्या को तो समझना ही होगा जो नियंत्रित करता है, साथ ही उसे भी समझना होगा जो नियंत्रित होता है। और ये कोई पृथक घटनाएं नहीं हैं, अपितु संयुक्त घटना है--नियंत्रक एवं नियंत्रित एक ही हैं।

6. अकेलापन

प्रश्न : मुझे यह एहसास होने लगा है कि मैं बिलकुल अकेला हूं। मुझे क्या करना चाहिए?

कृष्णमूर्ति : प्रश्नकर्ता जानना चाहते हैं कि वह अकेलापन क्यों महसूस कर रहे हैं। क्या आप जानते हैं कि अकेलेपन का तात्पर्य क्या है और क्या आपको उसका

भान है? मुझे तो शक है, क्योंकि हमने तमाम किस्म की गतिविधियों में, किताबों में, रिश्तों में, विचारों में खुद को बुरी तरह से गर्क कर रखा है, और यही सब हमें अकेलेपन का एहसास होने नहीं देता। अकेलेपन से हमारा क्या अभिप्राय है? यह रीता होने का, पास में कुछ न होने का, असाधारण रूप से अनिश्चित होने का, कोई आश्रय न होने का भाव है, यह सूनेपन, खालीपन और कुंठा का एहसास है। मुझे यकीन है कि हम सभी ने यह अकेलापन भोगा है--जो खुश हैं और जो खुश नहीं हैं, जो कर्मरत हैं और जो ज्ञान ही में लिप्त हैं, सभी ने। वे सभी इससे परिचित हैं। यह एक वास्तविक, कभी न खत्म होने वाली पीड़ा का एहसास है, ऐसी पीड़ा जिसे कभी छिपाया नहीं जा सकता, हालांकि हम उसे छिपाने की कोशिश करते रहते हैं।

आइए इस समस्या पर हम पुनः विचार करें और देखें कि वास्तव में क्या होता है, आप करते क्या हैं जब आपको अकेलापन महसूस होता है। आप अपने अकेलेपन के इस एहसास से बचना चाहते हैं, आप किसी पुस्तक में डूबने का प्रयत्न करते हैं, किसी नेता का अनुगमन करने लगते हैं, या सिनेमा चले जाते हैं, या सामाजिक दृष्टि से खूब सक्रिय बन जाते हैं, या उपासना और प्रार्थना में रत हो जाते हैं, या चित्र बनाते हैं, अथवा अकेलेपन पर कोई कविता रच लेते हैं। यही है जो वास्तव में हुआ करता है। अकेलेपन का, उसकी पीड़ा का, उसके अतल भय का जैसे ही आपको भान होता है, आप कोई पलायन, कोई बचाव की राह ढूंढ़ने लगते हैं। यह पलायन अधिक महत्त्वपूर्ण होता चला जाता है और इसलिए आपकी गतिविधियां, आपका ज्ञान, आपके देवता, आपके रेडियो सभी महत्त्वपूर्ण बन जाते हैं, यही होता है न? जब आप गौण मूल्यों को महत्त्व देते हैं तो वे आपको कष्ट और अव्यवस्था में ले जाते हैं। गौण मूल्य अनिवार्यतः ऐंद्रिक मूल्य होते हैं, और इन पर आधारित आधुनिक सभ्यता आपको पलायन मुहैय्या कराती है--आपके नौकरी-धंधे, आपके परिवार, आपके नाम, आपके अध्ययन के माध्यम से, चित्रकारी वगैरह के माध्यम से पलायन; हमारी समस्त संस्कृति इसी पलायन पर आधारित है। हमारी सभ्यता की नींव इसी पर टिकी है, और यह एक हकीकत है।

क्या आपने कभी एकाकी होने की कोशिश की है? जब आप ऐसा करेंगे, तब आपको महसूस होगा कि यह किस कदर मुश्किल है, और एकाकी होने के लिए कैसे हमें असाधारण रूप से प्रज्ञावान होना होता है, क्योंकि मन तो हमें एकाकी होने नहीं देगा। मन बेचैन हो उठता है, वह पलायनों में अपने को व्यस्त कर लेता है। इस तरह, हम क्या कर रहे होते हैं? हम इस असाधारण खालीपन को ज्ञात से भरने का प्रयत्न कर रहे होते हैं। हम पता लगा लेते हैं कि सक्रिय कैसे हुआ जाये, अध्ययन कैसे किया जाये, रेडियो कैसे बजाया जाये, कैसे सामाजिक हुआ जाये। हम उस स्थिति को जिसे हम नहीं जानते, उन चीज़ों से भर रहे हैं जिन्हें हम जानते हैं। हम उस रीतेपन को विभिन्न प्रकार के ज्ञान से, संबंधों से अथवा वस्तुओं से भरने का प्रयास करते रहते हैं। क्या ऐसा नहीं है? यही हमारी प्रक्रिया है, यही हमारा अस्तित्व है। अब जबकि आप यह महसूस कर लेते हैं कि आप क्या कर रहे हैं, तो क्या आपको अब भी ऐसा लगता

है कि आप उस सूनेपन को भर सकेंगे? अपने अकेलेपन के इस सूनेपन को भरने के लिए आपने हर तरीका आज़मा लिया है। क्या आप उसे भरने में सफल हो पाए? आपने सिनेमा जाकर भी देख लिया और आप उसे भर न सके, और इसीलिए आप अपने गुरुओं के और अपनी पुस्तकों के पीछे भागने लगते हैं, या आप सामाजिक दृष्टि से बड़े सक्रिय हो जाते हैं। क्या आपको उस सूनेपन को भरने में सफलता मिली है, अथवा आपने उसे बस ढक दिया है? यदि आपने उसे केवल ढक दिया है, तो वह सूनापन अब भी वहां है; और इसलिए वह फिर लोट आएगा। यदि आप पलायन में पूर्णतया सफल हो जाते हैं तो आप किसी पागलखाने में बंद कर दिए जाते हैं। या फिर आप बिलकुल सुस्त, जड़ हो जाते हैं। यही तो है जो दुनिया में हो रहा है।

क्या इस रीतेपन को, इस शून्य को भरा जा सकता है? यदि नहीं भरा जा सकता, तो क्या हम उससे दूर भाग पाते हैं, क्या हम उससे पलायन कर पाते हैं? यदि किसी एक पलायन का अनुभव हमने ले लिया है और उसके कारगर न होने का हमें पता चल गया है, तो क्या बाकी के तमाम पलायन भी बेकार नहीं हो जाते हैं? इस बात से कोई अंतर नहीं पड़ता कि आप इस रिक्तता को इससे भरते हैं या उससे। तथाकथित ध्यान भी एक पलायन ही है। पलायन का ढंग बदल देने से कोई खास फर्क नहीं पड़ता। तब आप कैसे पता लगाएंगे कि इस अकेलेपन का क्या किया जाये? करना क्या है, यह आप तभी जान सकते हैं जब आप पलायन करना बंद कर देते हैं। क्या ऐसा नहीं है? जब आप, 'जो है' उसका सामना करने के लिए तैयार हैं--जिसका अर्थ है कि आप रेडियो न बजायें, जिसका अर्थ है कि आप इस सभ्यता से मुंह फेर लें--तभी उस अकेलेपन का अंत हो पाता है, क्योंकि तब उसमें आमूल परिवर्तन हो जाता है। वह अब अकेलापन नहीं रह जाता। यदि आप 'जो है' उसे समझ लेते हैं तो 'जो है', वही यथार्थ है। मन निरंतर 'जो है' उससे बचने, दूर भागने, उसे देखने से इनकार करने में लगा रहता है, वह स्वयं अपनी बाधाएं निर्मित कर लेता है। चूंकि हमारी इतनी अधिक अड़चनें हैं जो हमें देखने से रोकती हैं, हम 'जो है' उसे नहीं समझ पाते और इसलिए हम यथार्थ से दूर होते चले जाते हैं। इन सब बाधाओं को मन इसलिए उत्पन्न करता रहा है ताकि वह 'जो है' उसे न देख सके। 'जो है', उसे देखने के लिए न केवल अत्यधिक सामर्थ्य एवं जागरूकता की आवश्यकता होती है, बल्कि इसमें यह भी निहित है कि आप उस सबसे मुंह मोड़ लें, जिसे आपने ही खड़ा किया है--यानी अपने बैंक खाते से, अपनी ख्याति से और उस हर चीज़ से जिसे हम सभ्यता की संज्ञा देते हैं। जब आप, 'जो है' उसे देख पाते हैं, तो आपकी समझ में आ जाता है कि अकेलापन रूपांतरित कैसे होता है।

7. दुःख

प्रश्न : पीड़ा और दुःख का क्या महत्त्व है?

कृष्णमूर्ति : जब आप दुःख भोगते हैं, जब आपको पीड़ा होती है, उसका क्या महत्त्व है? शारीरिक कष्ट की एक सार्थकता है, परंतु संभवतः यहां हमारा अभिप्राय मानसिक

पीड़ा और दुःखभोग से है, जिसका विभिन्न स्तरों पर एकदम कुछ अलग ही मतलब हुआ करता है। दुःख का महत्त्व क्या है? आप क्यों दुःख की *सार्थकता* को जानना चाहते हैं? अभिप्राय यह नहीं कि उसका महत्त्व नहीं है--हम उसका ही तो पता लगाने जा रहे हैं। परंतु आप उसे खोजना क्यों *चाहते हैं?* आप यह क्यों पता लगाना चाहते हैं कि आप दुःख क्यों भोगते हैं? जब आप अपने से प्रश्न करते हैं, "मैं क्यों दुःख भोगता हूं?" और दुःख के कारण की खोज करते हैं, तो क्या यह दुःख से पलायन करना नहीं है? जब मैं दुःखों के निहितार्थ की खोज करता हूं तो इसका मतलब यही हुआ न, कि मैं उसकी उपेक्षा कर रहा हूं, उससे बच रहा हूं, उससे दूर भाग रहा हूं? यह तथ्य है कि मैं दुःख भोग रहा हूं; परंतु जैसे ही मेरा मन इसके साथ कुछ करने लगता है और कहता है, "भला क्यों?" तो मैं दुःख की तीव्रता को धुंधला कर देता हूं। दूसरे शब्दों में, हम दुःख को कम करना चाहते हैं, उसका शमन करना चाहते हैं, उसको नज़रअंदाज़ करना चाहते हैं। यकीनन इससे हमारे दुःख की समझ में इजाफा नहीं होता। दुःख से दूर भागने की इच्छा से जब मैं निजात पाऊंगा, तभी मैं यह समझना शुरू करूंगा कि दुःख की अंतर्वस्तु क्या है। दुःख है क्या? विक्षोभ, परेशानी--शारीरिक रूप से और अवचेतन के विभिन्न स्तरों पर। यह एक तीव्र एवं गहरा विक्षोभ है, जिसे मैं पसंद नहीं करता। मेरे पुत्र की मृत्यु हो गयी है। मैंने उसके इर्द-गिर्द अपनी आशाएं संजो रखी थीं, या अपनी पुत्री के अथवा अपने पति के इर्द-गिर्द। मैंने उसमें वे सभी लक्षण प्रतिष्ठित कर दिए थे, जो मैं उसमें चाहता था, और उसे मैंने अपने एक संगी-साथी के रूप में मान लिया था--आपको तो यह सब पता ही है। अब अचानक वह चला जाता है। इसलिए अब मेरे भीतर एक विक्षोभ, एक तूफान उठ खड़ा होता है। इसी विक्षोभ को मैं दुःख कहता हूं।

यदि मैं इस दुःख को पसंद नहीं करता, तो मैं कहता हूं, "मैं क्यों दुःख भोग रहा हूं?", "मैं उसे इतना प्यार करता था", "वह ऐसा था", "वह मेरा था"। मैं शब्दों में, विशेषणों में, विश्वासों में पलायन करने की कोशिश करता हूं, जैसा कि हम सब करते हैं। ये सब मादक-द्रव्य का काम करते हैं। यदि मैं ऐसा न करूं, तो क्या होता है? मैं केवल दुःख के प्रति सजग रहता हूं, न तो मैं उसकी निंदा करता हूं, न तरफदारी। मैं दुःख भोग रहा हूं। तब मैं उसकी हरकतों का अनुगमन, उसकी पूरी अंतर्वस्तु का अवलोकन कर पाता हूं, यानी उसके आशय को समझने की कोशिश कर सकता हूं।

इसका तात्पर्य क्या है? वह क्या है जो दुःख भोग रहा है? प्रश्न यह नहीं है कि दुःख *क्यों* है अथवा उसका *कारण* क्या है। प्रश्न है कि वास्तव में उस स्थिति में होता क्या है। मुझे नहीं मालूम कि आप इस अंतर को समझ पा रहे हैं या नहीं। जब मैं दुःख के प्रति केवल जागरूक हूं, उसे अपने से पृथक नहीं देख रहा, न ही ऐसा है मानो कोई अवलोकनकर्ता दुःख का निरीक्षण कर रहा हो--यह मेरा ही अंग है, यानी मेरा समूचा अस्तित्व दुःख भोग रहा है, तब मैं उसकी गति को समझ सकता हूं, देख सकता हूं कि वह कहां ले जाता है। अब उसका रहस्य मेरे सामने खुलने लगता है। मैं देखता हूं कि मैंने 'मैं' को महत्त्व दिया है, न कि उस व्यक्ति को जिससे मैं प्रेम करता हूं। उसका कार्य तो मुझे

मेरे कष्ट से, मेरे अकेलेपन से, मेरे दुर्भाग्य से बचाना था। चूंकि *मैं* कुछ नहीं हूं, मैंने आशा की थी कि *वह* कुछ होगा। वह चला गया; मैं रह गया, मैं कहीं का नहीं रहा, मैं अकेला पड़ गया हूं। बिना उसके मैं कुछ भी नहीं हूं। इसलिए मैं रोता हूं। इसलिए नहीं क्योंकि वह चला गया, बल्कि इसलिए कि मैं रह गया। मैं अकेला हूं। इस तथ्य को पहचानना आसान नहीं, है न? इसे समझना, बजाय यह भर कह देने के, कि ''मैं अकेला हूं और कैसे मैं इस अकेलेपन से अपना पीछा छुड़ाऊं?'', जो कि एक प्रकार का पलायन है, इस विषय के प्रति *सचेत* होना, इसके *साथ होना*, इसकी गति को देखना सचमुच बड़ा कठिन है। मैं इसे केवल एक उदाहरण के रूप में ले रहा हूं। धीरे-धीरे यदि मैं उस समस्या को खुलने, उद्घाटित होने देता हूं, तो मैं देखता हूं कि मैं दुःख भोग रहा हूं क्योंकि मैं कहीं का नहीं रहा; मुझे ऐसी बात की ओर ध्यान देने के लिए बाध्य किया जा रहा है जिसे मैं नहीं देखना चाहता; कुछ है जिसे देखने और समझने के लिए मुझे मजबूर किया जा रहा है। इस पलायन में मेरी सहायता करने के लिए अनगिनत लोग तैयार बैठे हैं--हज़ारों तथाकथित धार्मिक लोग, जिनके अपने विश्वास हैं, रूढ़ियां हैं, आशाएं हैं, कल्पनाएं हैं, ''यह कर्म है, यह ईश्वर की इच्छा है''--सभी मुझे इस पलायन का मार्ग बताते हैं। परंतु यदि मैं दुःख के साथ रह सकता हूं, उसे अपने से दूर नहीं करता, उसे सीमित नहीं करता, उसे नकारता नहीं, तो क्या होता है? मेरे मन की उस समय क्या स्थिति होती है जब यह इस तरह दुःख की गति के साथ-साथ होता है?

क्या दुःख केवल शब्द है या कि वास्तविकता है? यदि वह एक वास्तविकता है और मात्र शब्द नहीं है, तो उस शब्द का अब कोई मतलब नहीं रहा, अतः बस सघन पीड़ा का संवेदन ही विद्यमान है। इसका संबंध किससे है? किसी आकार से, किसी अनुभव से या किसी चीज़ से जो आपके पास है या नहीं? यदि वह चीज़ आपके पास है तो आप उसे सुख कहते हैं; यदि वह आपके पास नहीं है तो वह दुःख है। अतः पीड़ा या दुःख किसी बात से संबंधित होता है। क्या वह जो कुछ है केवल शब्दीकरण है, या कोई वास्तविकता है? यानी कि जब दुःख होता है, वह किसी स्थिति से संबंधित होता है। वह स्वयं अपने आप में नहीं हो सकता, जैसे भय बस अपने आप में नहीं हो सकता, बल्कि केवल किसी बारे में ही होता है : चाहे इसका संबंध किसी व्यक्ति से, घटना से, या फिर भावना से हो। अब, आप दुःख के प्रति पूरी तरह से जागरूक हैं; तो क्या वह दुःख आपसे अलग है, और इसलिए आप क्या निरीक्षक मात्र हैं जो दुःख को देख भर रहे हैं, अथवा वह दुःख आप ही हैं?

जब दुःख भोगने वाला *निरीक्षक* नहीं है, तो क्या दुःख आपसे भिन्न है? दुःख आप ही हैं, क्या नहीं हैं? आप पीड़ा से अलग नहीं हैं, आप *ही* पीड़ा हैं। तो क्या होता है? अब यहां कोई लेबल, नाम देना नहीं, उस दुःख को दूर हटाने का कोई बहाना नहीं--आप बस वह दुःख, वह एहसास, वह पीड़ा का बोध हैं। जब आप ही वह हैं, तो क्या होता है? जब आप उसे नामांकित नहीं करते, जब उसके विषय में कोई भय नहीं है, तो क्या केंद्र का, 'मैं' का उससे संबंध है? यदि केंद्र उससे संबंधित है, तो वह उससे भयभीत

है। तब उसके लिए सक्रिय हो उठना और उस विषय में कुछ करना आवश्यक हो जाता है। लेकिन यदि केंद्र *ही* वह है, तो आप क्या करेंगे? उस स्थिति में करने के लिए कुछ शेष नहीं रहता? यदि आप वह हैं और आप उसे स्वीकार नहीं कर रहे, उसे कोई संज्ञा नहीं दे रहे, उसकी उपेक्षा नहीं कर रहे, यदि आप *ही* वह अवस्था हैं तो क्या होता है? क्या आप कहेंगे कि तब आप दुःख भोगते हैं? निस्संदेह अब एक आमूल परिवर्तन होता है। अब इस अवस्था में ''मैं दुःख भोग रहा हूं'' ऐसी अनुभूति नहीं रहती, क्योंकि दुःख भोगने के लिए कोई केंद्र नहीं रहता और केंद्र तभी दुःख भोगता है जब हमने इस बात का परीक्षण नहीं किया होता कि वह केंद्र क्या है। हम केवल शब्दों और प्रतिक्रियाओं के बीच ही जीते हैं, हम कभी यह नहीं कहते, ''देखें तो कि वह हस्ती क्या है, जो दुःख भोगती है''। दबाव और अनुशासन के ज़रिये हम इसे नहीं देख पाएंगे। इसे अभिरुचि के साथ, सहज सोच-समझ के साथ देखने की ज़रूरत है। तब आप देखेंगे कि वह चीज़ जिसे आप दुःख अथवा पीड़ा कहते हैं, जिससे हम बचते हैं और अनुशासन वगैरह सब नदारद हो चुके होते हैं। जब तक मैं किसी चीज़ से उसे अपने से बाहर मानकर संबंधित नहीं होता, कोई समस्या नहीं होती; जैसे ही मैं किसी चीज़ को अपने से बाहर देखकर रिश्ता जोड़ता हूं, समस्या आ धमकती है। जब तक मैं दुःख को अपने से बाहर कुछ मानता हूं--मैं दुःखी होता हूं, क्योंकि मैंने अपना भाई खो दिया है, क्योंकि मेरे पास संपत्ति नहीं है, क्योंकि यह नहीं है, वह नहीं है--मैं उसके साथ एक संबंध स्थापित करता हूं, और वह संबंध मिथ्या है, काल्पनिक है। परंतु यदि मैं ही वह विषयवस्तु हूं और यदि मैं इस तथ्य को देख लेता हूं, तब सब कुछ बदल जाता है, बात ही कुछ और हो जाती है। तभी पूर्ण अवधान, समग्र अवधान संभव है; और जिसे पूरे ध्यान से देख लिया जाता है, वह समझ में आकर विसर्जित हो जाता है, इसलिए भय नहीं रहता और 'दुःख' शब्द का अस्तित्व ही समाप्त हो जाता है।

8. सजगता

प्रश्न : सजगता और आत्म-निरीक्षण में क्या अंतर है? और सजगता में भी सजग कौन है?

कृष्णमूर्ति : सबसे पहले हम इस बात को जांच-परख लें कि आत्म-निरीक्षण से हमारा क्या तात्पर्य है। आत्म-निरीक्षण से हमारा अभिप्राय है अपने अंदर देखना, अपना परीक्षण करना। कोई व्यक्ति क्यों अपना परीक्षण करता है? इसलिए कि वह बेहतरी, परिवर्तन, सुधार चाहता है। आप कुछ बनने के लिए आत्म-निरीक्षण करते हैं, अन्यथा आप आत्म-निरीक्षण के झंझट में नहीं पड़ेंगे। यदि जो आप हैं उससे कुछ भिन्न होने की, परिवर्तन की, रूपांतरण की आकांक्षा आपमें न हो, तो आप अपना परीक्षण नहीं करेंगे। आत्म-निरीक्षण की ज़ाहिर तौर पर यही वजह है। मुझे क्रोध आता है और मैं आत्म-निरीक्षण करता हूं, अपने को परखता हूं ताकि मैं क्रोध से छुटकारा पा लूं, या उसमें कुछ संशोधन या परिवर्तन कर लूं। जहां आत्म-निरीक्षण है, यानी स्वयं की प्रतिक्रियाओं

में सुधार या बदलाव लाने की इच्छा है, वहां नज़र हमेशा उद्देश्य पर होती है, और जब उस उद्देश्य की पूर्ति नहीं होती तो उदासी छा जाती है, अवसाद घेर लेता है। अतः आत्म-निरीक्षण और अवसाद अनिवार्यतः साथ-साथ चलते हैं। शायद आपने कभी इस बात पर ध्यान दिया हो कि जब कभी आप स्वयं को बदलने के लिए अपने भीतर झांकते हैं, तभी अवसाद की एक लहर उठने लगती है। ऐसे में हमेशा ही मन में एक ऐसी उदासी छा जाती है, जिसके साथ आपको संघर्ष करना पड़ता है, आपको पुनः अपना परीक्षण करना पड़ता है ताकि आप अपनी उस भावदशा पर विजय पा सकें। आत्म-निरीक्षण की प्रक्रिया आपको विमुक्त नहीं करती, क्योंकि वह तो 'जो है' उसे कुछ ऐसी चीज़ में जो वह नहीं है, रूपांतरित करने की ही प्रक्रिया है। स्पष्ट है कि जब हम आत्म-निरीक्षण करते हैं, जब उस विशेष क्रिया में संलग्न होते हैं, तो ठीक ऐसा ही होता है। आत्म-निरीक्षण में सदा एक संचयी प्रक्रिया निहित है, किसी स्थिति को बदलने के उद्देश्य से 'मैं' उसका निरीक्षण करता है। अतः उसमें सदा एक द्वैतपूर्ण द्वंद्व, फलस्वरूप कुंठा, नैराश्य की प्रक्रिया बनी रहती है। इससे छुटकारा कभी नहीं मिल पाता, और इस कुंठा का एहसास अवसाद लाता है और दिल बुझा-बुझा रहने लगता है।

सजगता एक अलग ही बात है। सजगता में, जागरूकता में अवलोकन होता है, निंदा नहीं होती। उससे समझ निखरती है, क्योंकि उसमें न तो निंदा होती है न तादात्म्य, उसमें तो मौन अवलोकन होता है। यदि मैं कुछ भी समझना चाहता हूं, तो मुझे अवलोकन करना होगा, न कि आलोचना या निंदा। मुझे न तो सुख के रूप में उसका अनुशीलन करना चाहिए और न दुःख के रूप में उससे पलायन। वहां तो ज़रूरत है बस तथ्य के मौन अवलोकन की। उसमें कोई लक्ष्य नहीं होता, बल्कि जो कुछ भी जैसे-जैसे प्रकट होता है, उसके प्रति सजगता रहती है। जहां निंदा होती है, तादात्म्य अथवा पक्ष-समर्थन होता है, वहां न इस प्रकार का अवलोकन रहता है न उससे उभरने वाली समझ। आत्म-निरीक्षण का सरोकार आत्म-सुधार से होता है, अतः आत्म-निरीक्षण आत्मकेंद्रित रहता है। सजगता आत्म-सुधार नहीं है, बल्कि यह तो स्व का अंत है जिसमें 'मैं' का उसके समस्त विशिष्ट रुझानों, स्मृतियों, मांगों, प्रयोजनों के साथ लोप हो जाता है। आत्म-निरीक्षण में तादात्म्य एवं निंदा समाहित हैं। सजगता में न तो निंदा होती है, न तादात्म्य, इसलिए उसमें कोई आत्म-सुधार नहीं होता। दोनों में बड़ा फर्क है।

अपना सुधार चाहनेवाला व्यक्ति कभी भी जागरूक नहीं हो सकता, क्योंकि सुधार की चाह का मतलब है वर्तमान स्थिति की निंदा तथा किसी वांछित फल की अपेक्षा; जब कि सजगता में बिना निंदा के, बिना नकार या स्वीकार के, अवलोकन होता है। यह सजगता बाहरी वस्तुओं से शुरू होती है। हम पहले वस्तुओं के साथ, प्रकृति के साथ, संपर्क में आते हैं, अतः उन्हीं के प्रति सजग होते हैं। सर्वप्रथम अपने आस-पास की चीज़ों के प्रति सजगता होती है, प्रकृति के प्रति, अपने चारों ओर की वस्तुओं के प्रति और तब लोगों के प्रति संवेदनशीलता होती है, जिसका अर्थ है रिश्ता, संबंध; उसके बाद हमें दिखेगी विचारों के प्रति सजगता। यह सजगता अर्थात वस्तुओं के प्रति, प्रकृति के प्रति, व्यक्तियों

के प्रति, विचारों के प्रति यह संवेदनशीलता, पृथक-पृथक प्रक्रियाओं से मिल कर नहीं बनती; यह एक अविभक्त प्रक्रिया है। यह हर एक चीज़ का, स्वयं में उदित होते प्रत्येक विचार, भाव और कर्म का सतत अवलोकन है। चूंकि सजगता में निंदा नहीं होती, अतः संचयन भी नहीं होता। निंदा आप तभी करते हैं जब आपके पास कोई मापदंड होता है, जिसका अर्थ है कि वहां संचयन है और इसलिए स्व के सुधार की बात आती है। सजगता का अर्थ है स्व की, 'मैं' की क्रियाओं को व्यक्तियों के साथ, विचारों एवं वस्तुओं के साथ संबंध में समझना। यह सजगता क्षण-क्षण रहने वाली है और इसलिए इसका अभ्यास नहीं किया जा सकता। जब आप किसी बात का अभ्यास करते हैं, वह आदत बन जाती है; और जागरूकता आदत नहीं है। जो मन आदी हो गया है वह असंवेदनशील है। किसी विशेष कर्म की लीक पर कार्य करने वाला मन मंद, लोचहीन होता है, जब कि जागरूकता निरंतर लचीलेपन तथा सतर्कता की मांग करती है। यह कोई मुश्किल काम नहीं है। वास्तव में जब आप किसी चीज़ में दिलचस्पी रखते हैं, उदाहरणार्थ जब आप अपने पुत्र, अपनी पत्नी, अपने पौधों को, वृक्षों और पक्षियों को बड़ी रुचि से देख रहे होते हैं, उस समय वास्तव में आप जो कर रहे होते हैं वही तो सजगता है। आप बिना निंदा के, बिना तादात्म्य के अवलोकन करते हैं, इसलिए उस अवलोकन में पूर्ण घनिष्ठता होती है, द्रष्टा और दृश्य के बीच पूरी तरह से अभेद होता है। ऐसा वस्तुतः घटित होता है, जब आपकी किसी चीज़ में गहरी दिलचस्पी होती है।

अतः सजगता में तथा आत्म-निरीक्षण की स्व को विस्तार देने वाली संवृद्धि में बहुत बड़ा अंतर है। आत्म-निरीक्षण कुंठा की ओर, अधिक और व्यापक द्वंद्व की ओर ले चलता है, जब कि सजगता स्व के क्रिया-कलाप से निजात की प्रक्रिया है; सजगता का अर्थ है अपनी नित्य की गतिविधियों के प्रति, अपने विचारों के प्रति, अपने कर्मों के प्रति और अन्य के प्रति सजग होना, उस अन्य को ध्यान से देखना। आप ऐसा तभी कर सकते हैं जब आप किसी से प्रेम करते हैं, जब आप किसी वस्तु में गहरी अभिरुचि रखते हैं; उदाहरण के लिए जब मैं अपने को जानना चाहता हूं, अपने संपूर्ण व्यक्तित्व को, संपूर्ण अंतर्वस्तु को, न कि उसकी एक या दो तहों को, तो स्पष्ट है कि निंदावृत्ति के लिए कोई जगह नहीं होनी चाहिए। तब मुझे प्रत्येक विचार के प्रति, प्रत्येक भावदशा के प्रति, सभी प्रकार के दमन के प्रति खुलेपन से सजग रहना होगा; और जैसे-जैसे इस जागरूकता में विस्तार होता जाता है, वैसे-वैसे विचार की, लक्ष्यों और प्रयोजनों की रहस्यमय गतिविधियों से निजात मिलती जाती है। सजगता स्वतंत्रता है, वह स्वतंत्रता लाती है, वह स्वतंत्रता प्रदान करती है, जबकि आत्म-निरीक्षण द्वंद्व को पोषित करता है, वह स्व के दायरे में बंद होते जाने की प्रक्रिया है; अतः कुंठा और भय सदैव बने रहते हैं।

प्रश्नकर्ता यह भी जानना चाहते हैं कि जागरूक रहने वाला कौन है। जब आप किसी भी प्रकार का कोई गहरा अनुभव कर रहे हैं तो उस समय क्या हो रहा है? जब ऐसा अनुभव होता है तो क्या आप इसके प्रति जागरूक होते हैं कि आप अनुभव कर रहे हैं? जब आप क्रोध में हैं, क्रोध या ईर्ष्या अथवा आनंद के क्षण में हैं, तो क्या आपको

भान होता है कि आप आनंदित हैं या क्रोधित हैं? अनुभव समाप्त हो जाने के बाद ही अनुभवकर्ता और अनुभव अस्तित्व में आते हैं। तब अनुभवकर्ता अनुभव में आए विषय का निरीक्षण करता है। अनुभव के क्षण में न तो द्रष्टा होता है और न दृश्य; वहां केवल अनुभूति ही हो रही होती है। हममें से अधिकतर लोग अनुभव नहीं कर रहे होते। हम सदा अनुभूति की अवस्था के बाहर ही रहते हैं और इसीलिए यह प्रश्न करते हैं कि निरीक्षक कौन है, जागरूक रहने वाला कौन है। निस्संदेह ऐसा प्रश्न गलत प्रश्न है, है कि नहीं? आपको नहीं लगता कि यह प्रश्न ही गलत है? अनुभूति के दौरान न सजग रहनेवाला होता है, और न उसकी सजगता का विषय। उस समय न तो द्रष्टा होता है और न ही दृश्य, अपितु केवल अनुभूति की अवस्था ही होती है। कई लोगों के लिए अनुभूति की अवस्था में रहना अत्यधिक कठिन है, क्योंकि उसके लिए एक असाधारण लचीलेपन की, गहन संवेदनशीलता की आवश्यकता होती है; और जब हम किसी लक्ष्य के पीछे दौड़ रहे हैं, जब हम सफल होना चाहते हैं, जब कोई साध्य दृष्टिगत है, जब हम लाभ-हानि के बारे में सोचते हैं तब हम उस संवेदनशीलता से वंचित हो जाते हैं, और तब हममें कुंठा पैदा होती है। जो किसी वस्तु की मांग नहीं कर रहा, जो किसी लक्ष्य के पीछे नहीं दौड़ रहा, जो किसी परिणाम और उसके तमाम निहितार्थों को नहीं खोज रहा, ऐसा व्यक्ति सतत अनुभूति की अवस्था में है। तब सब कुछ गतिशील होता है, अर्थपूर्ण होता है; कुछ भी कहीं प्राचीन, झुलसा हुआ नहीं होता, कहीं दोहराव नहीं होता, क्योंकि जो वास्तविकता है वह कभी पुरानी नहीं होती। चुनौती सदा नयी होती है। उसके प्रति होने वाली प्रतिक्रिया ही पुरानी होती है। जो पुराना है वह अपना अवशिष्ट छोड़ देता है। और वह अवशिष्ट ही स्मृति है, वह निरीक्षक जो अपने को दृश्य से, चुनौती से, अनुभव से पृथक कर लेता है।

इसके विषय में आप स्वयं बड़ी सरलता एवं आसानी से प्रयोग कर सकते हैं। अगली बार जब आप क्रोध में हों, ईर्ष्या, लोभ, हिंसा, अथवा ऐसा ही कुछ और अनुभव करें तब अपनी ओर ध्यान दीजिए। उस अवस्था में 'आप' नहीं हैं, वहां पर केवल एक अवस्था है; एक क्षण बाद आप उसे एक संज्ञा दे देते हैं, नाम दे देते हैं, आप उसे ईर्ष्या, क्रोध, लोभ कहकर पुकारते हैं। इस प्रकार आपने तुरंत ही निरीक्षक और निरीक्षित को, अनुभवकर्ता और अनुभव को रच दिया। जब अनुभवकर्ता होता है और अनुभव होता है तब अनुभवकर्ता अनुभव में संशोधन का प्रयत्न करता है, उसमें बदलाव लाता है, उसके बारे में कई बातों का स्मरण करता है आदि-आदि, और इस प्रकार अपने और अनुभव के बीच विभाजन बनाये रखता है। यदि आप इस एहसास को नाम नहीं दे रहे, यदि आप किसी लक्ष्य की खोज में नहीं हैं, निंदा नहीं कर रहे हैं, उस एहसास के प्रति केवल निष्क्रिय रूप से सचेत हैं, तो आप देखेंगे कि एहसास की, अनुभूति की उस अवस्था में न तो कोई निरीक्षक है और न कुछ निरीक्षित, क्योंकि निरीक्षक और निरीक्षित एक सम्मिलित घटना है, और इसलिए वहां अनुभूति मात्र ही है।

अतः आत्म-निरीक्षण और सजगता बिलकुल भिन्न हैं। आत्म-निरीक्षण अधिक कुंठा

की ओर, अधिक द्वंद्व की ओर ले जाता है क्योंकि उसमें परिवर्तन की आकांक्षा छिपी रहती है, और परिवर्तन केवल एक संशोधित निरंतरता है। सजगता एक ऐसी अवस्था है जिसमें न तो निंदा है, न औचित्य-समर्थन या जुड़ाव, और इसीलिए समझ निखर पाती है; अक्रिय, सतर्क जागरूकता की उस अवस्था में न अनुभवकर्ता होता है, न अनुभव।

आत्म-निरीक्षण, जो कि आत्म-सुधार का, अहं-विस्तार का एक रूप है, सत्य तक कभी नहीं ले जा सकता, क्योंकि यह हमेशा अपने आप को दायरे में सीमित करने की प्रक्रिया ही होगी; जब कि सजगता वह अवस्था है जिसमें सत्य अभिव्यक्त हो सकता है--'जो है' उसका सत्य, नित्य-प्रति के अस्तित्व का सीधा-सादा सत्य। जब हम नित्य प्रति के सत्य को समझ लेते हैं, तभी हम दूर तक जा सकते हैं। दूर जाने के लिए हमें आरंभ निकट से करना होगा, परंतु हममें से अधिकांश छलांग लगाना चाहते हैं, वे निकट को समझे बिना दूर से ही आरंभ करना चाहते हैं। जब हम निकट को समझ लेते हैं, तो हमें पता चल जाता है कि दूर और निकट में कोई अंतर नहीं है। दूरी है ही नहीं, आरंभ और अंत एक ही हैं।

9. संबंध

प्रश्न : आप प्रायः संबंध की बात करते हैं। आपके लिए इसका क्या अर्थ है?

कृष्णमूर्ति : सबसे पहली बात तो यह है कि सबसे अलग-थलग होने जैसी कोई चीज़ नहीं है। होने का अर्थ ही है संबंधित होना और बिना संबंध के अस्तित्व संभव नहीं है। संबंध का हमारे लिए क्या अर्थ है? संबंध दो व्यक्तियों के बीच, आपके और मेरे बीच चुनौती और प्रत्युत्तर का आदान-प्रदान है; आप एक चुनौती देते हैं और उसे मैं स्वीकार लेता हूं अथवा उसका प्रत्युत्तर देता हूं; इसी प्रकार मैं भी आपको चुनौती देता हूं। दो व्यक्तियों के संबंध से ही समाज बनता है, समाज आपसे और मुझसे परे नहीं है; जन-समुदाय अपने में कोई पृथक सत्ता नहीं है, आप और मैं ही हैं जो अपने परस्पर संबंध में एक जन-समुदाय, एक समूह, एक समाज रचते हैं। संबंध दो व्यक्तियों के बीच पारस्परिकता का बोध है। यह संबंध सामान्यतः किस पर आधारित है? क्या तथाकथित एक-दूसरे पर निर्भरता व परस्पर सहयोग ही इसका आधार नहीं हैं? कम-से-कम कहते तो हम यही हैं कि परस्पर सहायता, एक-दूसरे की मदद आदि ही संबंध है, लेकिन प्रश्न यह है कि इन लफ़्ज़ों के अलावा, उस जज़्बाती ओट के अलावा जिसे हम एक-दूसरे के सामने कर दिया करते हैं, संबंध का आधार क्या है? एक-दूसरे को खुशी देना, क्या ऐसा नहीं है? यदि मैं आपको तुष्ट नहीं कर पाता, तो आप मुझसे पीछा छुड़ा लेते हैं; यदि मैं आपको खुशी दे पाता हूं तो आप मुझे पत्नी के रूप में, या पड़ोसी के रूप में, या अपने मित्र के रूप में स्वीकार कर लेते हैं। यही तथ्य है।

वह क्या है जिसे आप परिवार कहते हैं? बेशक वह घनिष्ठता का, सहभागिता का संबंध है। अपने परिवार में, अपनी पत्नी के साथ या अपने पति के साथ आपके संबंध में क्या सहज संवाद है? निस्संदेह संबंध से हमारा तात्पर्य वही है, या नहीं? संबंध का

अर्थ है भयमुक्त सहसंवाद, एक-दूसरे को समझने की, आपस में सीधे संवाद स्थापित करने की स्वतंत्रता। स्पष्ट है कि संबंध का अर्थ यही है, अर्थात दूसरे के साथ सहभागिता का होना। क्या आपके साथ ऐसा है? क्या आपकी अपनी पत्नी के साथ सहभागिता है? शायद शारीरिक दृष्टि से हो, पर उसे संबंध नहीं कहा जा सकता। आपके और आपकी पत्नी के बीच अलगाव की एक दीवार है और आपकी पत्नी उसकी एक तरफ व आप दूसरी तरफ रहते हैं, क्या नहीं रहते? आपकी अपनी दौड़ है, अपनी महत्त्वाकांक्षाएं हैं और आपकी पत्नी की अपनी हैं। आप उस दीवार के पीछे रहते हैं; हां, कभी-कभी आप उस दीवार के ऊपर से झांक लेते हैं और उसे आप संबंध कहते हैं। यह एक हकीकत है, है न? आप इसे व्यापक बना सकते हैं, इसे कुछ सौम्य बना सकते हैं, इसका बयान करने के लिए नयी शब्दावली का प्रयोग कर सकते हैं, लेकिन फिर भी सच्चाई यह है कि आप दोनों अलग-थलग जीते हैं, और उस अलगावपसंद जीवन को आप संबंध कहते हैं।

यदि दो व्यक्तियों में वास्तविक संबंध है यानी उनके बीच सहज संवाद है, तब उसके निहितार्थ बड़े व्यापक हो जाते हैं, फिर वहां अलगाव नहीं होता, वहां प्रेम होता है, ज़िम्मेदारी या दायित्व की बात नहीं होती। केवल वे ही लोग जो अपनी दीवारों के पीछे अलग-थलग होकर बैठे हैं, कर्त्तव्य और दायित्व की बात करते हैं। एक व्यक्ति जो प्रेम करता है दायित्व की बात नहीं करता, वह प्रेम करता है। अतः वह अपना आनंद, अपना दुःख, अपना धन दूसरे के साथ बांटता है। क्या आपके परिवार ऐसे हैं? क्या अपनी पत्नी, अपने बच्चों के साथ आपका सीधा गहरा संबंध है? नहीं है। अतः परिवार अपने नाम को या परंपरा को चलाए रखने का, यौन संबंध के तौर पर या मानसिक रूप से जो भी आप चाहते हों उसे पाने का बहाना भर है। इस प्रकार परिवार अपने नाम या अपनी परंपरा को बनाए रखने का एक साधन हो जाता है। यह एक प्रकार का अमरत्व, एक प्रकार का स्थायित्व है। परिवार का प्रयोग परितुष्टि के साधन के रूप में भी किया जाता है। मैं व्यापार के संसार में, राजनीति या सामाजिक क्षेत्र में बड़ी निष्ठुरता से दूसरों का शोषण करता हूं और घर में दयालु एवं उदार होने की कोशिश करता हूं। कितनी विसंगति है! या फिर मैं दुनिया से तंग आ गया हूं, मुझे शांति चाहिए और मैं घर चला जाता हूं। मैं संसार में दुःख उठाता हूं और घर जाकर सांत्वना पाने की कोशिश करता हूं। इस प्रकार संबंध को मैं परितोष के एक साधन के रूप में इस्तेमाल करता हूं, अर्थात अपने किसी भी संबंध से मुझे कोई परेशानी हो, यह मुझे मंजूर नहीं।

अतः संबंध वहीं खोजा जाता है जहां परस्पर संतुष्टि की, एक दूसरे के काम आने की बात होती है, जब आप ऐसी संतुष्टि नहीं पाते तो आप रिश्ता बदल लेते हैं, या तो आप संबंध-विच्छेद कर लेते हैं या आप एक साथ बने तो रहते हैं, लेकिन तमन्नाओं की पूर्ति कहीं और खोजते हैं; अथवा आप एक संबंध के स्थान पर दूसरा संबंध तब तक बनाते जाते हैं जब तक कि आप अपना मनचाहा पा नहीं लेते--यानी कि तसल्ली, परितुष्टि और अपनी सुरक्षा एवं सुख-चैन का भाव। अंततः यही है संसार में हमारा

संबंध; और वस्तुतः ऐसा ही है। संबंध वहीं खोजा जाता है जहां सुरक्षा हो, जहां एक व्यक्ति के तौर पर आप सुरक्षा, तुष्टि और अज्ञान की स्थिति में रह पाएं, और यह सब सदा द्वंद्व पैदा करता है। यदि आप मुझे संतुष्ट नहीं करते और मैं संतोष की खोज में हूं, तो द्वंद्व होना स्वाभाविक है, क्योंकि हम दोनों ही एक-दूसरे में सुरक्षा खोज रहे हैं। जब वह सुरक्षा अनिश्चित हो जाती है, आप ईर्ष्यालु हो उठते हैं, आप हिंसक हो उठते हैं, आप कब्जा जमाने लगते हैं, इत्यादि। अतः संबंध की परिणति अनिवार्यतः स्वामित्व में एवं निंदा में होती है, सुरक्षा, सुविधा और तुष्टि की स्व-आग्रही मांग में होती है, और स्वाभाविक है कि उसमें प्रेम नहीं होता।

हम प्रेम की बात करते हैं, दायित्व की, कर्त्तव्य की बात करते हैं, परंतु वास्तव में प्रेम होता नहीं। संबंध आत्मतुष्टि पर आधारित है जिसका परिणाम हम वर्तमान सभ्यता में देख ही रहे हैं। जिस प्रकार हम अपनी पत्नी, बच्चों, पड़ोसियों, मित्रों के साथ व्यवहार करते हैं, वह इस बात का सूचक है कि वास्तव में हमारे संबंधों में प्रेम है ही नहीं। वह केवल तुष्टि की ही एक पारस्परिक खोज है। ऐसी स्थिति में संबंध का क्या प्रयोजन है? इसका आखिर मतलब क्या है? यदि आप दूसरों के साथ अपने संबंध का निरीक्षण करें, तो क्या आप यह नहीं पाते कि संबंध एक ऐसी प्रक्रिया है, जिसमें स्व सहज रूप से व्यक्त हो पाता है? संबंध के तहत होने वाली अपनी प्रतिक्रियाओं के प्रति मैं यदि अच्छी तरह सतर्क, सजग रहूं, तो क्या मेरा आपसे यह संपर्क मेरे अपने अस्तित्व की असलियत को ही प्रकट नहीं करता? संबंध वास्तव में स्व के खुलासे की प्रक्रिया है जो कि स्वबोध की ही प्रक्रिया है; इस खुलासे में अनेक कटु बातें होती हैं, अनेक अशांतिजनक और बेचैन करने वाले विचार एवं क्रियाकलाप होते हैं। क्योंकि जो भी मुझे पता लगता है मुझे भाता नहीं है, इसलिए मैं अप्रिय संबंधों से प्रिय संबंधों की ओर भागता हूं। अतः जब हम मात्र पारस्परिक परितुष्टि की खोज कर रहे हैं, संबंध का कोई मतलब नहीं है, परंतु जब संबंध स्व की असलियत के पता चलने का, इसकी समझ का साधन बनता है तो यह असाधारण रूप से अर्थपूर्ण हो जाता है।

आखिरकार, प्रेम में संबंध नहीं हुआ करता। जब आप प्रेम करते हैं और अपने प्रेम का बदला चाहते हैं, संबंध वाली बात तभी होती है। जब आप प्रेम करते हैं यानी जब आप अपने आप को पूरी तरह से, बिना किसी शर्त के समर्पित कर देते हैं, तब संबंध थोड़े ही होता है।

यदि आप वाकई प्रेम करते हैं, यदि आपका प्रेम ऐसा है तो सचमुच यह एक अद्भुत बात है। ऐसे प्रेम में कोई संघर्ष नहीं होता, वहां कोई अन्य होता ही नहीं, वहां पूर्ण एकत्व होता है। वह अभेद की, अस्तित्व की समग्रता की स्थिति होती है, ऐसे दुर्लभ, प्रमुदित एवं आनंदमय क्षण तभी होते हैं, जब पूर्ण प्रेम, पूर्ण आत्मीयता होती है। अक्सर होता यह है कि प्रेम की अहमियत नहीं रहती, बल्कि प्रेमपात्र अहम बन जाता है, खुद प्रेम नहीं। जब शारीरिक या वैचारिक कारणों से, परितुष्टि, आराम या किसी और ख्वाहिश की वजह से प्रेमपात्र महत्त्वपूर्ण हो जाता है और प्रेम गौण हो जाता है, तब अधिकार,

ईर्ष्या और आवश्यकताएं द्वंद्व उत्पन्न करती हैं, प्रेम अधिकाधिक गौण होता चला जाता है; जितना अधिक प्रेम गौण होता जाता है, पीछे हटता जाता है, संबंध का मसला उतना ही बेमानी और खोखला होता जाता है। अतः प्रेम को समझना बहुत दुष्कर कार्यों में से एक है। बौद्धिक आवश्यकता से प्रेम का जन्म नहीं होता, उसे किसी प्रकार की पद्धति से, किसी साधन अथवा अनुशासन से नहीं लाया जा सकता। यह अस्तित्व की वह सहज अवस्था है जो स्व की क्रियाओं का अंत हो जाने पर होती है; परंतु यदि उन क्रियाओं का आप दमन करेंगे, उनसे बचेंगे अथवा उनको अनुशासित करेंगे तो उनका अंत नहीं हो पाएगा। उसके लिए हमें स्व की क्रियाओं को चेतना के विभिन्न स्तरों पर समझना होगा। इसमें कोई संदेह नहीं कि ऐसे क्षण आते हैं जब हम बस प्रेम करते हैं, उन क्षणों में कोई विचार, कोई प्रयोजन नहीं होता, परंतु ऐसे क्षण बड़े दुर्लभ होते हैं। चूंकि वे क्षण दुर्लभ हैं, हम अपनी स्मृति में उनके साथ चिपके रहते हैं, और इस प्रकार जीवंत यथार्थ और हमारी नित्यप्रति की जीवनचर्या के बीच एक दीवार खड़ी हो जाती है।

संबंध को समझने के लिए सर्वप्रथम उसे समझना आवश्यक है, 'जो है'--जो हमारे जीवन में विविध प्रकार से सूक्ष्म स्तर पर वास्तव में हो रहा है, और इसके साथ ही यह भी समझना आवश्यक है कि संबंध का वास्तव में क्या अर्थ है। संबंध का अर्थ है स्व का उद्घाटित होना; चूंकि हम अपने ही सामने अपने को प्रकट नहीं होने देना चाहते, हम सुविधा के आवरण में अपने को छिपा लेते हैं और तब संबंध अपने असाधारण महत्त्व को, अपनी गहनता एवं अपने सौंदर्य को खो देता है। सच्चा संबंध वहीं संभव है जहां प्रेम है। परंतु प्रेम कोई परितुष्टि की खोज नहीं है, प्रेम तभी होता है जब आत्म-विस्मृति होती है, पूर्ण अंतर्मिलन होता है, और वह भी केवल एक या दो के बीच वाला नहीं, अपितु उस परमतत्त्व से अंतर्मिलन; और वह स्व का विस्मरण हुए बिना संभव ही नहीं है।

10. युद्ध

प्रश्न : हम अपनी वर्तमान राजनीतिक अव्यवस्था तथा संसार में विद्यमान संकट को कैसे हल कर सकते हैं? क्या सिर पर मंडराते युद्ध को रोकने के लिए व्यक्ति कुछ कर सकता है?

कृष्णमूर्ति : युद्ध हमारे दैनिक जीवन का ही बड़ा व्यापक और खूनी प्रक्षेपण है। क्या ऐसा नहीं है? युद्ध हमारी आंतरिक अवस्था की ही एक बाह्य अभिव्यक्ति है, वह हमारे दैनिक कर्म का ही एक विस्तार है। यकीनन वह और अधिक व्यापक, अधिक नृशंस, अधिक विध्वंसक है, परंतु है वह हमारी व्यक्तिगत क्रियाओं का ही सामूहिक परिणाम। अतः आप और मैं ही युद्ध के लिए ज़िम्मेदार हैं। अब प्रश्न है कि हम उसे रोकने के लिए क्या कर सकते हैं। स्पष्ट है कि हमेशा सिर पर मंडराता यह युद्ध आपके और मेरे द्वारा नहीं रोका जा सकता, क्योंकि उसे रफ्तार पहले से ही मिल चुकी है; वह चल ही रहा है, हालांकि इस समय मुख्यतः वह मनोवैज्ञानिक स्तर पर है। और चूंकि यह

युद्ध पहले से ही जारी है, इसे रोका नहीं जा सकता--मुद्दे बहुत अधिक हैं, बहुत बड़े हैं और पहले से ही तय हैं। परंतु यह देखकर कि मकान में आग लगी है, आप और मैं उस आग के कारणों को समझ सकते हैं, उससे दूर जा सकते हैं, और एक नयी जगह का निर्माण अलग तरह के उपादानों, चीज़ों से कर सकते हैं जो ज्वलनशील न हों, जो और युद्धों को न रचें। हम बस इतना ही कर सकते हैं। आप और हम देख सकते हैं कि वह क्या है जो युद्धों को जन्म देता है, और यदि हमारी रुचि युद्धों को रोकने में है, तो हम अपने आप को बदलना शुरू कर सकते हैं, क्योंकि हम स्वयं ही युद्ध के कारण हैं।

लगभग दो वर्ष पहले, युद्ध के दौरान, एक अमरीकी महिला मुझसे मिलने आई थी। उसने कहा कि वह इटली में अपना एक पुत्र गवां चुकी है, और उसका एक और पुत्र है जिसकी आयु सोलह वर्ष है और उसकी वह सलामती चाहती है; हमने उस बारे में बातचीत की। मैंने उसे सुझाव दिया कि अपने पुत्र को बचाने के लिए उसे अमरीकी पहचान के मोह को त्यागना होगा; उसे लालची होने से निजात पानी होगी, उसे संपत्ति संचित करना, शक्ति एवं अधिकार प्राप्त करना बंद करना होगा, और उसे नैतिक दृष्टि से सरल होना होगा--महज़ लिबास और बाहरी चीज़ों में ही नहीं, बल्कि विचारों, भावनाओं और अपने संबंधों में भी। उसने कहा, "यह तो बहुत ज़्यादा है। आप बहुत ज़्यादा की मांग कर रहे हैं। मैं ऐसा नहीं कर सकती, क्योंकि हालात इतने ताकतवर हैं कि उनमें बदलाव लाना मेरे बस की बात नहीं।" इस प्रकार अपने पुत्र के विनाश के लिए वही ज़िम्मेदार थी।

हालात पर हम काबू पा सकते हैं, क्योंकि हालात हमने ही बनाये हैं। समाज आपके और मेरे, सभी के संबंध से बना है। यदि हम अपने संबंधों में खुद में बदलाव लाते हैं, तो समाज बदलता ही है। अंदरूनी तौर पर भ्रष्ट रहते हुए, सत्ता, पद, प्रभुत्व की तलाश में जुटे रह कर, बाहरी समाज को बदलने के लिए केवल कानून पर, दबाव पर निर्भर रहना उस समाज को नष्ट ही करता है--चाहे उसका निर्माण कितनी भी सावधानी से और वैज्ञानिक ढंग से किया गया हो। जो अंदरूनी है वह बाहरी पर हमेशा हावी होता रहता है।

युद्ध का कारण क्या है--वह युद्ध धार्मिक, राजनीतिक या आर्थिक कैसा भी हो? निस्संदेह वह कारण है विश्वास, वह फिर चाहे राष्ट्रवाद में हो, किसी विचारधारा में हो, या किसी विशेष रूढ़ि में। यदि हमारे पास मत-विश्वास न होते, अपितु परस्पर सद्भाव और प्रेम होता, हमें एक दूसरे की परवाह होती, तो युद्ध न होते। हमारा तो पोषण ही विश्वासों, विचार-प्रणालियों और रूढ़ियों पर होता आया है, और इसीलिए हम असंतोष को हवा देते हैं। वर्तमान संकट असाधारण प्रकृति का है और मनुष्य के तौर पर या तो हमें अनवरत द्वंद्व तथा सतत युद्धों की राह पर चलते रहना होगा जो कि हमारे ही प्रतिदिन के कर्म का परिणाम है, या फिर युद्ध के कारणों को समझ कर उनसे विमुख हो जाना होगा।

स्पष्ट है कि सत्ता, पद, प्रतिष्ठा व धन की लोलुपता युद्ध का कारण बनती है, और ऐसे ही राष्ट्रवाद नामक रोग यानी किसी झंडे की उपासना, संगठित धर्म व मतांधता की उपासना, ये सभी युद्ध के कारण हैं। यदि एक व्यक्ति के रूप में आप किसी संगठित धर्म के सदस्य हैं, यदि आप सत्तालोलुप हैं, ईर्ष्यालु हैं, तो यकीनन आप एक ऐसा समाज बनाने जा रहे हैं जिसका अंत विनाश में ही होगा। इस तरह, यह सब फिर आप पर ही निर्भर करता है, न कि नेताओं, तथाकथित राजनीतिज्ञों और ऐसे ही दूसरे लोगों पर। यह आप पर और मुझ पर निर्भर करता है, लेकिन ऐसा लगता है कि हमें इसका एहसास नहीं है। यदि एक बार वास्तव में स्वयं अपने कर्मों के दायित्व का हमें एहसास हो जाये, तो कितनी जल्दी हम समाप्त कर सकेंगे इन सब युद्धों को, इस भयावह दुर्दशा को! लेकिन ऐसा है कि हम इस सब से उदासीन हैं। हमें दिन में तीन दफा भरपेट भोजन खाने को मिल जाता है, हमारे पास अपने नौकरी-धंधे हैं, छोटे या मोटे बैंक-खाते हैं, और हम कहते हैं, ''भगवान के लिए हमें परेशान मत करो, हमें बख्श दो।'' जितने अधिक ऊंचे पदों पर हम हैं, उतनी ही अधिक हम सुरक्षा, स्थायित्व, शांति चाहते हैं, उतना ही अधिक हमारा आग्रह होता है कि हमें कोई छेड़े नहीं, ताकि परिस्थितियां जैसी हैं वैसी ही बनी रहें; परंतु वे वैसी ही बनी नहीं रह सकतीं जैसी कि हैं, क्योंकि बना रहने जैसा कुछ है ही नहीं। सब कुछ विघटित हो रहा है, बिखर रहा है। हम इन चीज़ों का सामना नहीं करना चाहते, हम इस तथ्य का सामना नहीं करना चाहते कि आप और मैं युद्धों के लिए ज़िम्मेदार हैं। आप और मैं शांति के बारे में चर्चा कर सकते हैं, सम्मेलन बुला सकते हैं, एक मेज़ के चारों ओर बैठकर बहस कर सकते हैं, लेकिन अंदर से, मन ही मन हम शक्ति व पद चाहते हैं, लोभ से प्रेरित हैं। हम षडयंत्र रचते हैं, हम राष्ट्रवादी हैं, हम विश्वासों में, रूढ़ियों में जकड़े हैं, और उनके लिए हम मरने-मारने को तैयार रहते हैं। क्या आप सोचते हैं कि कभी ऐसे व्यक्ति, आप और मैं, विश्व में शांति ला सकेंगे? शांति लाने के लिए हमें शांतिपूर्ण होना होगा; शांतिपूर्वक जीने का तात्पर्य है कि हम वैरभाव पैदा न करें। शांति कोई आदर्श नहीं है। मेरी समझ में आदर्श केवल एक पलायन है, 'जो है' उससे बचना है, 'जो है' उसका खंडन है। आदर्श 'जो है' का सीधे-सीधे सामना नहीं करने देता, प्रत्यक्ष कर्म नहीं होने देता। शांति को हासिल करने के लिए हमें प्रेम करना होगा, कोई आदर्श जीवन जीने के बजाय चीज़ें जैसी हैं हमें उन्हें वैसे ही देखना होगा और उन पर कार्य करना होगा, उनमें बदलाव लाना होगा। जब तक हममें से प्रत्येक व्यक्ति मनोवैज्ञानिक सुरक्षा की खोज कर रहा है, तो जिस भौतिक, शारीरिक सुरक्षा की हमें आवश्यकता है--भोजन, वस्त्र और आश्रय--वह सुरक्षा नष्ट होती रहेगी। हम मनोवैज्ञानिक सुरक्षा की तलाश कर रहे हैं जिसका कोई अस्तित्व नहीं है, उसे हम सत्ता, पद, खिताब, नाम आदि के ज़रिये खोज रहे हैं, और यह सब भौतिक सुरक्षा को नष्ट कर रहा है। यदि आप इस पर गौर करें, तो शक की कोई गुंजाइश नहीं रह जायेगी।

विश्व में शांति के लिए, सभी युद्धों को रोकने के लिए, व्यक्ति में यानी आपमें और मुझमें एक क्रांति का होना ज़रूरी है। इस आंतरिक क्रांति के बिना आर्थिक क्रांति

निरर्थक है, क्योंकि भूख आर्थिक परिस्थितियों की कुव्यवस्था का परिणाम है, जो कि हमारी मनोवैज्ञानिक स्थितियों जैसे लोभ, ईर्ष्या, दुर्भावना और संग्रहवृत्ति से जन्म लेती है। दुःख के, भूख के, युद्ध के अंत के लिए एक मनोवैज्ञानिक क्रांति लानी होगी, लेकिन हममें से बहुत कम इस तथ्य का सामना करने के इच्छुक हैं। हम शांति पर बहस कर लेंगे, कानून की योजनाएं बना लेंगें, नये संगठनों, संयुक्त राष्ट्र-संघ इत्यादि का निर्माण कर लेंगे, लेकिन हम शांति नहीं ला पाएंगे क्योंकि हम अपने पद, अपने अधिकार, अपने धन, अपनी संपत्ति, अपनी मूढ़तापूर्ण जीवनशैली छोड़ने को तैयार नहीं हैं। इस बारे में दूसरों पर निर्भर रहना निरर्थक है, दूसरे हमारे लिए शांति नहीं ला सकते। कोई नेता, कोई सरकार, कोई फौज, कोई राष्ट्र हमें शांति का दान नहीं देने वाले। शांति आंतरिक परिवर्तन से आएगी, जो बाह्य कर्म की ओर अग्रसर करेगी। आंतरिक परिवर्तन अलगाव नहीं है, वह बाह्य कर्म से मुंह फेर लेना नहीं है; उचित कर्म तभी संभव है, जब उचित विचार हो और उचित विचार तब तक संभव नहीं है जब तक स्वबोध न हो। बिना अपने आप को जाने, शांति संभव नहीं है।

बाह्य युद्ध की समाप्ति लाने के लिए आपको अपने भीतर के युद्ध को खत्म करना होगा। आपमें से कुछ सहमति में अपना सिर हिलाएंगे और कह देंगे, ''मैं सहमत हूं,'' लेकिन यहां से जाकर ठीक वही करते रहेंगे जो आप पिछले दस या बीस सालों से करते आ रहे हैं। आपकी सहमति केवल शाब्दिक है और उसका कोई महत्त्व नहीं है, क्योंकि विश्व के कष्ट और युद्ध बस यों ही सहमत हो जाने से समाप्त नहीं होने जा रहे। वे तभी समाप्त होंगे, जब आप इस खतरे को महसूस करें, जब आप अपने दायित्व को समझें, उसे किसी दूसरे के ऊपर न छोड़ें। यदि आप इस दर्द को महसूस कर पाएं, यदि आप तत्काल कर्म की आवश्यकता को देख पाएं व उसे और टालें नहीं, तभी आप अपना आमूल परिवर्तन कर पाएंगे। शांति तभी संभव है जब आप स्वयं शांत हों, जब आप अपने पड़ोसी के साथ खुद शांति से रह रहे हों।

11. भय

प्रश्न : मेरे सभी क्रियाकलाप भय से प्रभावित हैं, इस भय से छुटकारा कैसे हो?

कृष्णमूर्ति : भय से हमारा क्या अभिप्राय है? भय किस का? भय कई तरह के हो सकते हैं और हमें हर भय का विश्लेषण करने की आवश्यकता नहीं है। लेकिन हम देख सकते हैं कि भय तभी अस्तित्व में आता है जब हम संबंधों को पूरी तरह समझ नहीं पाते। संबंध केवल हमारे और अन्य लोगों के बीच ही नहीं होता, बल्कि हमारे और प्रकृति के बीच, हमारे और संपत्ति के बीच, हमारे और विचारों के बीच भी होता है। जब तक संबंध को पूरी तरह से समझ नहीं लिया जाता, भय होगा ही। जीवन संबंध है। होने का अर्थ है संबंधित होना, तथा संबंध के बिना जीवन है ही नहीं। अलगाव में किसी का भी अस्तित्व संभव नहीं है; जब तक मन अलगाव की तलाश करता है,

भय तो होना ही है। भय कोई अमूर्तता या कल्पना नहीं है, यह किसी-न-किसी बात के बारे में ही होता है।

प्रश्न है कि भय से छुटकारा कैसे पाएं? सबसे पहली बात, यदि आप किसी चीज़ पर काबू पाना चाहते हैं तो इसका अर्थ है कि उसे आपको बार-बार जीतना पड़ेगा। किसी भी समस्या को पूरी तरह से काबू नहीं किया जा सकता, जीता नहीं जा सकता; आप उसे समझ सकते हैं, जीत नहीं सकते। ये दोनों प्रक्रियाएं बिलकुल अलग हैं। जीतने की प्रक्रिया और अधिक दुविधा, और अधिक भय की ओर ले जाती है। प्रतिरोध करना, काबू करना, किसी समस्या से लड़ाई करना अथवा उसके खिलाफ सुरक्षा-तंत्र खड़ा करना और अधिक संघर्ष पैदा करना है, जबकि यदि हम भय को समझ सकें, कदम-कदम आगे बढ़ते हुए, पूरी तरह से उसकी तह तक पहुंच सकें, उसकी पूरी जांच-पड़ताल कर सकें, तो भय किसी भी रूप में, कभी भी वापस नहीं लौटेगा। जैसा कि मैंने कहा, भय का पृथक अस्तित्व नहीं होता, वह किसी-न-किसी संदर्भ में ही होता है।

भय से हमारा क्या अभिप्राय है? आखिरकार हम भयभीत तो हैं, हम कुछ नहीं हैं और कुछ बन भी नहीं रहे, इसका हमें भय है। जब कुछ न होने का, आगे न बढ़ने का या अज्ञात का, मृत्यु का भय हो तो क्या उसे किसी निश्चय से, किसी निष्कर्ष से, या किसी चयन से काबू किया जा सकता है? बिलकुल नहीं। मात्र दमन, उदात्तीकरण या विकल्प तो और अधिक प्रतिरोध लाता है। इसलिए, भय पर किसी भी प्रकार के अनुशासन, किसी भी प्रकार के प्रतिरोध द्वारा काबू नहीं पाया जा सकता। इस तथ्य को साफ तौर पर देख लेना चाहिए, महसूस कर लेना चाहिए; भय को न तो किसी प्रकार के सुरक्षातंत्र या प्रतिरोध से काबू किया जा सकता है, न ही किसी उत्तर की तलाश के ज़रिये और न ही बौद्धिक या शाब्दिक व्याख्याओं द्वारा भय से मुक्ति पाई जा सकती है।

तो हम डरते किससे हैं? क्या हम किसी तथ्य से डरे हुए हैं या उस तथ्य *के बारे में* बनाई किसी कल्पना या *सोच* से? क्या हम उस वस्तुस्थिति से भयभीत हैं, या हम उस सोच से भयभीत है जो हमने उसके बारे में बना रखी है? उदाहरण के लिए, मृत्यु को ही लें। क्या हम मृत्यु के तथ्य से डरते हैं या मृत्यु के बारे में बनी सोच से? तथ्य एक बात है और उस तथ्य के बारे में कल्पना दूसरी बात। मैं 'मृत्यु' शब्द से डरा हुआ हूं अथवा मृत्यु से? चूंकि मैं उस शब्द से, उस विचार से भयभीत हूं, इसलिए मैं कभी तथ्य को नहीं समझ पाता, मैं कभी तथ्य की ओर नहीं देखता, मैं कभी तथ्य से प्रत्यक्ष संबंध नहीं बना पाता। जब मेरी तथ्य के साथ पूर्ण घनिष्ठता होती है, तब भय नहीं होता। जब मैं तथ्य के घनिष्ठ संपर्क में नहीं होता, तब भय होता है, और तथ्य से ऐसा संपर्क तब तक नहीं हो सकता, जब तक तथ्य *के बारे में* हमारे पास कोई विचार, कोई मत, कोई धारणा मौजूद है; इसलिए मुझे इस बारे में एकदम स्पष्ट होना होगा कि मैं उस शब्द से, उस विचार से भयभीत हूं, या फिर तथ्य से। यदि मैं तथ्य का सीधा सामना करता हूं, तो उसके बारे में समझने वाली कोई बात नहीं है : बस तथ्य है, और मैं

उससे निबट सकता हूं। यदि मैं शब्द से भयभीत हूं, तो मुझे उस शब्द को समझना होगा, शब्द में, नाम में क्या निहित है, इसकी पूरी प्रक्रिया में जाना होगा।

उदाहरण के लिए, कोई अकेलेपन से, अकेलेपन की कसक से, उसकी पीड़ा से भयभीत है। निश्चित रूप से यह भय इसलिए है क्योंकि उसने वास्तव में कभी अकेलेपन को देखा नहीं है, उससे पूर्ण घनिष्ठता नहीं महसूस की है। जिस क्षण कोई अकेलेपन के तथ्य के प्रति पूरी तरह खुला, अवरोधरहित होता है तो वह समझ सकता है कि यह क्या है, लेकिन उसने पिछली जानकारी के आधार पर अकेलेपन के बारे में कोई विचार, कोई मत बना रखा होता है; *तथ्य के बारे में* यह विचार, यह मत, यह पिछली जानकारी ही भय पैदा करती है। स्पष्ट ही भय किसी तथ्य को कोई नाम, कोई शब्द देने का नतीजा है, उस तथ्य की पहचान के रूप में किसी प्रतीक को प्रक्षेपित करने का परिणाम है; अर्थात भय की शब्द से, नाम से स्वतंत्र कोई सत्ता नहीं है।

मान लीजिए कि अकेलेपन के संदर्भ में मेरी एक प्रतिक्रिया है; जैसे कि मैं कहता हूं कि मैं कुछ नहीं होने से भयभीत हूं। तो क्या मैं इस तथ्य से भयभीत हूं, या यह भय इसलिए उपजा है कि मेरे पास उस तथ्य के बारे में पहले से ही जानकारी है, जानकारी जो कि शब्द है, प्रतीक है, छवि है? तथ्य से भय कैसे हो सकता है? जब मैं तथ्य के आमने-सामने होता हूं, उसके प्रत्यक्ष संपर्क में होता हूं, तो मैं उसे देख पाता हूं, उसका अवलोकन कर पाता हूं; इसलिए उस तथ्य का कोई भय नहीं होता है। भय का कारण है, तथ्य *के बारे में* मेरी आशंका कि तथ्य जाने कैसा हो, जाने क्या कर डाले।

तथ्य के बारे में मेरा मत, मेरा विचार, मेरा अनुभव, मेरा ज्ञान ही है जो भय को निर्मित करता है। जब तक तथ्य को शब्दीकृत किया जा रहा है, शब्दों में ढाला जा रहा है, जब तक तथ्य को नाम देकर उसको पहचान दी जा रही है अथवा उसकी आलोचना की जा रही है, जब तक विचार एक निरीक्षक के तौर पर तथ्य का मूल्यांकन कर रहा है, भय तो होगा ही। विचार अतीत की उपज है, यह मात्र शब्दों में ढल कर, प्रतीकों, छवियों के माध्यम से ही अस्तित्व में रहता है; जब तक विचार तथ्य का आकलन या उसकी व्याख्या कर रहा है, भय होगा ही।

इस प्रकार मन ही भय बुनता है, मन यानी सोचने की प्रक्रिया। विचार है शब्दीकरण या शब्दबद्ध करना। आप शब्दों के बिना, प्रतीकों व छवियों के बिना सोच नहीं सकते; इन छवियों को, जो कि पिछली जानकारी तथा मन की आशंकाएं हैं, तथ्य पर प्रक्षेपित, आरोपित किया जाता हैं, और इस सबसे भय जन्म लेता है। भय से मुक्ति तभी होती है जब मन तथ्य को बिना अनूदित किए, बिना उसे कोई नाम या लेबल दिए, देख पाने में समर्थ होता है। यह बहुत कठिन है, क्योंकि हमारे भीतर जो भावनाएं, प्रतिक्रियाएं, दुश्चिंताएं उठती हैं, तुरंत मन द्वारा उनसे पहचान जोड़ ली जाती है और उन्हें कोई शब्द दे दिया जाता है। ईर्ष्या की भावना उस शब्द से पहचानी जाने लगती है। क्या यह संभव है कि किसी भावना से कोई पहचान जोड़े बिना, उस भावना को कोई नाम दिए बिना उसे देखा जा सके? किसी भावना को कोई नाम देना ही उसे निरंतरता देना

है, बल देना है। जिस क्षण आप उस भाव को कोई नाम देते हैं जिसे आप भय कहते हैं, आप उसे और ताकत दे देते हैं; लेकिन यदि आप उस भाव को कोई नाम, कोई शब्द दिये बगैर देख सकें, तो आप पाएंगे कि वह मुरझा गया, बिखर गया। अतः यदि कोई भय से पूरी तरह मुक्त होना चाहता है, तो उसके लिए शब्द देने, प्रतीकों व छवियों का प्रक्षेपण करने तथा तथ्यों को नामांकित करने की इस समग्र प्रक्रिया को समझ लेना अनिवार्य है। भय से मुक्ति तभी हो सकती है जब स्वयं को देखा-जाना जाये, यह स्वबोध ही प्रज्ञा का आरंभ है, और यही भय का अंत भी है।

12. ऊब और रुचि

प्रश्न : मेरी किसी भी चीज़ में रुचि नहीं है, परंतु अधिकतर व्यक्ति अनेक प्रकार की रुचियों में व्यस्त रहते हैं। मुझे काम करने की कोई मजबूरी नहीं है, इसलिए मैं नहीं करता। क्या मुझे किसी उपयोगी कार्य का दायित्व ले लेना चाहिए?

कृष्णमूर्ति : आपका तात्पर्य कोई सामाजिक या राजनीतिक या धार्मिक कार्यकर्ता बन जाने से है, क्या ऐसा है? दूसरा कुछ करने को नहीं है, तो क्यों न सुधारक बना जाये! यदि आपके पास करने के लिए कुछ नहीं है, यदि आप ऊब रहे हैं, तो उस ऊब में ही क्यों नहीं ठहर जाते? आप जो हैं, *वही* क्यों नहीं रहते? यदि आप दुःखी हैं, तो दुःखी *ही* रहें। उससे बाहर निकलने की कोशिश न करें, क्योंकि आप के ऊबने में बहुत कुछ निहित है अगर आप उसे समझ सकें, उसके साथ जी सकें। यदि आप कहते हैं, "मैं ऊब रहा हूं, इसलिए मैं और कुछ करने लगूंगा," तो आप केवल ऊब से बचने की कोशिश कर रहे हैं और चूंकि हमारी अधिकतर क्रियाएं पलायन *होती* हैं, आप सामाजिक रूप से तथा हर प्रकार से बहुत अधिक हानि पहुंचाते हैं। आप जो हैं वही होने और उसके साथ रहने के बजाय उससे पलायन करना कहीं अधिक हानिकारक होता है। कठिनाई यह है कि उसके साथ रहा कैसे जाये और कैसे उससे पलायन न किया जाये। चूंकि हमारी अधिकांश क्रियाएं पलायन के सिलसिले हैं, आपके लिए इस पलायन को रोकना और उसका सामना करना बड़ा कठिन है। अतः यदि आप वास्तव में ऊब रहे हैं तो मुझे खुशी है और मैं कहता हूं, "रुक जाइए, हम वहीं ठहरें, हम इसको देखें। कुछ करने की क्या ज़रूरत है?"

यदि आप ऊब गए हैं तो उसका कारण क्या है? वह है क्या, जिसे हम ऊब कहते हैं? ऐसा क्यों है कि आपकी किसी भी चीज़ में रुचि नहीं है? कुछ कारण अवश्य होने चाहिए, जिन्होंने आपको मंद बना दिया है। हो सकता है दुःख-भोग, पलायन, विश्वास व अनवरत कार्य ने आपके मन को मंद और हृदय को कठोर बना दिया हो। यदि आप यह जान सकें कि आप क्यों ऊब गए हैं, क्यों कोई रुचि नहीं है, तो निस्संदेह आप समस्या का हल कर लेंगे, है न? तब वह जागी हुई अभिरुचि कार्य करने लगेगी। और यदि आपको इसमें कोई रुचि नहीं है कि आप क्यों ऊब रहे हैं, तो आप किसी क्रिया में रुचि लेने के लिए स्वयं को बाध्य नहीं कर सकते, केवल कुछ करने भर के लिए--किसी पिंजरे में

चक्कर काटने वाली गिलहरी की तरह। मुझे पता है कि बहुत सारे लोग ऐसी ही क्रियाओं में व्यस्त रहते हैं। लेकिन हम अंदर से, मानसिक तौर पर पता लगा सकते हैं कि हम क्यों इतनी अधिक ऊब की अवस्था में हैं। हम देख सकते हैं कि हममें से अधिकांश क्यों इस हालत में हैं; हमने अपने को भावनात्मक रूप से और दिमागी तौर पर थकाकर निढाल कर लिया है; हमने इतनी सारी चीज़ों को, अनुभूतियों को, मनोरंजनों को, प्रयोगों को आज़माया है कि हम जड़, क्लांत हो चुके हैं। हम किसी दल में सम्मिलित हो जाते हैं, वहां हमसे जो कुछ उम्मीद की जाती है वह सब करते हैं, और फिर उस दल को छोड़ देते हैं। तब हम किसी दूसरी ओर जाते हैं और उसको आज़माने लगते हैं। यदि एक मनोवैज्ञानिक से हम असंतुष्ट हो जाते हैं, तो किसी दूसरे के पास या फिर किसी धर्म-गुरु के पास चले जाते हैं; यदि वहां असफल होते हैं, तो किसी तीसरे आचार्य के पास, और इसी प्रकार क्रम चलता रहता है--हम सदा दर-दर भटकते रहते हैं। लगातार खुद को तानने की और फिर छोड़ देने की यह प्रक्रिया निढाल करने वाली *होती है*, क्या नहीं होती? दूसरी सभी उत्तेजनाओं की तरह, यह शीघ्र ही मन को जड़ बना देती है।

यही हमने किया है--एक संवेदन से दूसरे संवेदन की ओर, एक उत्तेजना से दूसरी उत्तेजना की ओर तब तक भागते जाना जब तक कि थक कर हम निढाल न हो जायें। तो, अब इसका एहसास हो जाने पर, आप और आगे न जायें, कुछ विश्राम करें। शांत हों तथा मन को स्वयं अपने से शक्ति प्राप्त करने दें, उसे बाध्य न करें। जैसे शीत ऋतु में पृथ्वी पुनः अपने को नूतन कर लेती है, उसी प्रकार जब मन को शांत होने दिया जाता है, वह अपने को नूतन कर लेता है। परंतु मन को शांत होने देना और इस सबके बाद उसे निष्क्रिय, रिक्त रहने देना बड़ा दुष्कर है, क्योंकि मन हर समय कुछ-न-कुछ करता रहना चाहता है। जब आप उस अवस्था में आते हैं जहां आप वास्तव में अपने को उसी स्थिति में बना रहने देते हैं, जैसे भी आप हैं--ऊबे हुए, भद्दे, घिनौने, या जैसे भी हैं--तभी उस स्थिति के साथ निपट पाने की संभावना हो सकती है।

जब आप किसी चीज़ को स्वीकार कर लेते हैं, जब आप जैसे हैं वैसा अपने को स्वीकार कर लेते हैं, तो क्या होता है? जब आप यह स्वीकार कर लेते हैं कि आप जो हैं वही हैं, तो समस्या कहां है? समस्या तभी है जब आप किसी स्थिति को जैसी वह है वैसी स्वीकार नहीं करते और उसे बदलना चाहते हैं--इसका यह मतलब नहीं है कि मैं संतोष कर बैठने की वकालत कर रहा हूं; बात इसके उलट है। यदि हम जो हैं उसे स्वीकार कर लें, तो हम देखेंगे कि वह बात जिससे हम भयभीत हैं, वह स्थिति जिसे हम ऊब कहते हैं, जिसे हम निराशा कहते हैं, जिसे हम भय कहते हैं, पूरी तरह से बदल गई है। जिस स्थिति से हम भयभीत थे, उसका पूर्णतया परिवर्तन हो चुका है।

अतः अपने सोच-विचार के तरीकों को, उनकी प्रक्रिया को समझना, जैसा कि मैंने कहा, बड़ा महत्त्वपूर्ण है। स्वबोध किसी दूसरे के द्वारा, किसी पुस्तक के द्वारा, किसी स्वीकारोक्ति के द्वारा, मनोविज्ञान या मनोविश्लेषक के द्वारा नहीं प्राप्त हो सकता। यह आपको स्वयं प्राप्त करना होगा, क्योंकि बात *आपके* जीवन की है; स्वबोध की व्यापकता

और गहराई के बिना, आप चाहे जो कुछ भी करें, चाहे जितना भी आंतरिक या बाह्य परिस्थितियों के प्रभावों को बदल डालें, यह आपका जीवन सदा ही निराशा, कष्ट और दुःख उगलता रहेगा। मन की क्रियाओं से परे जाने के लिए आपको उन्हें समझना होगा, और उनके समझने का अर्थ है कि वस्तुओं, व्यक्तियों, धारणाओं के साथ, परस्पर संबंध के बीच होने वाले कर्म के प्रति जागरूक रहना। संबंध एक दर्पण है; इसमें हम बिना किसी तरफदारी या निंदा के अपने को देखना आरंभ करते हैं, और तब अपने मन की प्रक्रियाओं के विषय में उस व्यापक एवं गहरी जानकारी व समझ के आधार पर आगे बढ़ना संभव होता है; तभी मन के लिए मौन होना, तथा जो यथार्थ है उसे ग्रहण करना संभव है।

13. घृणा

प्रश्न : यदि मैं पूर्णतया ईमानदार हूं, तो मुझे स्वीकार करना पड़ेगा कि लगभग प्रत्येक व्यक्ति के प्रति मुझे केवल नाराज़गी ही नहीं, कभी-कभी तो घृणा भी होती है। इससे मेरा जीवन बड़ा दुःखी और कष्टमय हो जाता है। मैं बौद्धिक रूप से समझता हूं कि यह नाराज़गी, यह घृणा मैं ही हूं, लेकिन मैं उसका सामना नहीं कर पाता। क्या आप मुझे रास्ता दिखा सकते हैं?

कृष्णमूर्ति : 'बौद्धिक रूप' से हमारा तात्पर्य क्या है? जब हम कहते हैं कि हम किसी वस्तु को बौद्धिक रूप से समझते हैं, तो उससे हमारा क्या तात्पर्य होता है? क्या बौद्धिक समझ नाम की कोई चीज़ होती है? अथवा मन केवल शब्दों को समझ पाता है, क्योंकि वे ही हमारे परस्पर विचार-संप्रेषण के एकमात्र माध्यम हैं? क्या हम, केवल शाब्दिक रूप से, केवल मानसिक रूप से, किसी वस्तु को वाकई समझ सकते हैं? सर्वप्रथम हमें इसी मामले में स्पष्ट होना है। अर्थात, क्या तथाकथित बौद्धिक समझ दरअसल समझने में रुकावट नहीं है? निश्चय ही समझ समग्र होती है, खंडित या आंशिक नहीं। या तो मैं किसी वस्तु को समझता हूं या नहीं समझता। स्वयं से यह कहना कि "मैं किसी वस्तु को बौद्धिक रूप से समझता हूं", निस्संदेह समझने में एक बाधा ही है। यह एक आंशिक प्रक्रिया है और इसलिए यह समझ है ही नहीं।

तो प्रश्न यह है, "नाराज़गी और घृणा से भरा हुआ मैं, उससे मुक्त कैसे हो पाऊंगा? इस समस्या का सामना मैं कैसे कर पाऊंगा?" हम किसी समस्या का सामना कैसे करते हैं? समस्या *क्या* है? निस्संदेह समस्या वह है, जो परेशानी पैदा कर रही हो।

मैं नाराज़गी से भरा हूं, घृणा से भरा हूं; मैं व्यक्तियों से घृणा करता हूं और उससे कष्ट होता है। और मैं इसके प्रति सचेत हूं। मुझे क्या करना चाहिए? यह मेरे जीवन में बड़ी परेशानी का कारण है। अब मैं क्या करूं? मैं उससे वास्तव में कैसे मुक्ति पाऊं, कुछ देर के लिए नहीं बल्कि उससे बुनियादी तौर पर मुक्ति। मुझे यह कैसे करना होगा?

मेरे लिए यह एक समस्या है क्योंकि यह मुझे परेशान करती है। यदि यह परेशान करने वाली बात न होती तो यह मेरे लिए समस्या न होती, क्या होती? क्योंकि यह

कष्ट, परेशानी, दुश्चिंता उत्पन्न करती है, क्योंकि मुझे लगता है कि यह खराब है, मैं इससे पीछा छुड़ाना चाहता हूं। अतः मेरी आपत्ति परेशानी पर है, है न? अलग-अलग समय पर, मन की अलग-अलग भावदशाओं में, मैं उसे कई नाम देता हूं। आज मैं उसे इस नाम से पुकारता हूं और कल दूसरे नाम से। लेकिन इच्छा मूल रूप में यही है कि मैं परेशानी से बचूं। ऐसा ही है न? चूंकि सुख परेशान नहीं करता, मैं उसे स्वीकार कर लेता हूं। मैं सुख से मुक्त नहीं होना चाहता, क्योंकि उसमें कोई परेशानी नहीं है--कम-से-कम फिलहाल तो कोई नहीं, पर घृणा, नाराज़गी मेरे जीवन के बड़े परेशानी पैदा करने वाले मसले हैं और मैं उनसे मुक्त होना चाहता हूं।

तो मेरी चिंता है कि मैं परेशानी से बचूं, और मैं उस मार्ग की खोज कर रहा हूं जिसमें मुझे कभी भी परेशानी न हो। मुझे परेशानी क्यों नहीं होनी चाहिए? खोज के लिए मेरा बेचैन होना ज़रूरी है। खोज करने के लिए मुझे ज़बरदस्त उथल-पुथल से, खलबली से, चिंता से गुज़रना पड़ेगा। यदि मैं परेशान नहीं होता तो मैं निद्रामग्न रहूंगा और शायद हम सब यही तो चाहते हैं--संतुष्ट होना, सुलाये जाते रहना, सभी प्रकार की परेशानी से दूर रहना, पृथकता को, अलगाव व सुरक्षा को हासिल करना। यदि मुझे परेशान होने की परवाह नहीं है, सतही तौर से नहीं बल्कि वास्तव में यदि मुझे परेशान होने से दिक्कत नहीं है, क्योंकि मैं खोजना चाहता हूं, तो घृणा के प्रति, नाराज़गी के प्रति मेरे दृष्टिकोण में एक परिवर्तन हो जाता है, क्या ऐसा नहीं होता? यदि मैं परेशान होने की फिक्र नहीं करता तो संज्ञा का, नाम का महत्त्व नहीं रहता। 'घृणा' शब्द महत्त्वपूर्ण नहीं रहता या व्यक्तियों के प्रति 'नाराज़गी' महत्त्वपूर्ण नहीं होती, या होती है? क्योंकि तब मैं नाराज़गी कहलाने वाली उस अवस्था का, बिना शब्दांकन किए, बिना उसे कोई शब्द दिए सीधा अनुभव करता हूं।

घृणा और नाराज़गी की तरह क्रोध भी बड़ा ही विक्षोभकारी है, परेशान करने वाला है; और आम तौर पर हम बिना शब्द दिए क्रोध का सीधा अनुभव नहीं कर पाते। यदि हम उसे शब्दों में न बांधें, यदि हम उसे क्रोध न कहें, तो निस्संदेह वह एक अलग अनुभव होता है। नाम देने से, हम उस नये अनुभव को पुराने अनुभवों में शामिल कर लेते हैं। जब कि यदि इसे हम कोई नाम न दें, तो एक ऐसा अनुभव होता है जिसे हम तत्काल, सीधे-सीधे समझ पाते हैं और यह समझ उस अनुभव में एक परिवर्तन लाती है।

जैसे आप क्षुद्रता को, ओछेपन को ही ले लीजिए। हममें से अधिकतर व्यक्ति, यदि हम क्षुद्र हैं, उसके प्रति सजग नहीं होते हैं-- क्षुद्रता, जो कि धन के मामलों में हो सकती है, जो कि लोगों को क्षमा करने के बारे में हो सकती है; आप जानते ही हैं क्षुद्रता का क्या अर्थ है। मुझे विश्वास है कि हम सब उससे परिचित हैं। तो उससे परिचित होने पर उस स्वभाव से हम कैसे अपने को मुक्त करेंगे? ऐसा नहीं है कि हमें उदार बनना है, वह महत्त्वपूर्ण बात नहीं है। क्षुद्रता से मुक्त होने में उदारता निहित है, ऐसा नहीं है कि आपको उदार बनना पड़ेगा। स्पष्ट है, उसके प्रति सजग होने की आवश्यकता है। आप अपने समाज को, अपने मित्रों को बड़े-बड़े दान देने में उदार हो सकते हैं, परंतु

कुछ अधिक बख्शीश देने में हो सकता है कि आप सिरे से क्षुद्र हों--आप समझ रहे होंगे कि 'क्षुद्रता' से मेरा क्या मतलब है। व्यक्ति उसके प्रति सचेत नहीं होता। जब व्यक्ति उसके प्रति सजग हो पाता है, तो क्या होता है? हम उदार होने के लिए अपनी इच्छाशक्ति का प्रयोग करते हैं, हम क्षुद्रता को जीतने का प्रयास करते हैं, हम उदार होने के लिए अपने को अनुशासित करते हैं, और इसी प्रकार बहुत से प्रयत्न हम किया करते हैं। परंतु आखिरकार, कुछ होने-बनने के लिए इच्छाशक्ति का प्रयोग अभी भी एक बड़े घेरे में क्षुद्रता ही है, छोटापन ही है। अतः यदि हम इस सब में से कुछ न करें और बिना कोई नाम दिये क्षुद्रता के निहितार्थों के प्रति जागरूक भर रहें तो हम देखेंगे कि एक मूलभूत परिवर्तन संभव होता है।

कृपया इसके साथ प्रयोग कर देखें। सर्वप्रथम, व्यक्ति का विक्षुब्ध होना, परेशान होना ज़रूरी है, और ज़ाहिर है कि हममें से अधिकांश परेशान होना पसंद नहीं करते। हम सोचते हैं कि हमने एक जीवन-पद्धति खोज ली है, कोई महात्मा, कोई विश्वास या ऐसा ही कुछ, और वहीं हम ठिकाना बना लेते हैं। यह वैसा ही है जैसे कोई व्यक्ति नौकरशाही के तंत्र में एक अच्छा पद प्राप्त कर ले और अपने सारे जीवन को वहीं पर काम करते बिता दे। इसी प्रकार की मानसिकता से हम अपने उन अनेक लक्षणों को देखते हैं जिनसे हम मुक्त होना चाहते हैं। हम विक्षुब्ध होने, परेशान होने के महत्त्व को, अंदर से असुरक्षित होने के महत्त्व को, किसी पर आश्रित न होने के महत्त्व को नहीं समझते। निस्संदेह केवल असुरक्षा में ही खोज की संभावना है, अवलोकन की संभावना है, समझ की संभावना है। हम बहुत पैसे वाले आदमी की तरह होना चाहते हैं--बिलकुल आराम से। वह परेशान नहीं होगा, वह परेशानी *नहीं* चाहेगा।

समझ के लिए विक्षोभ, परेशानी अनिवार्य है और सुरक्षा को प्राप्त करने का प्रयत्न समझ में एक बाधा है। जब हम किसी ऐसी चीज़ से पीछा छुड़ाना चाहते हैं जो परेशानी का कारण है, तो निस्संदेह ऐसी चाह एक बाधा है। यदि हम किसी आवेग का, भावना का सीधा अनुभव कर पाते हैं, बिना इसे कोई नाम दिए, तो मैं सोचता हूं हमें उसमें बहुत कुछ मिलेगा। तब इसके साथ कोई संघर्ष नहीं है, क्योंकि अनुभवकर्ता और अनुभव का विषय एक ही हैं, और यह ज़रूरी है। जब तक अनुभवकर्ता अपने भाव को, उस अनुभव को, शब्दों में बांधता है, वह अपने को इससे पृथक कर लेता है और इस पर कार्य करता है; ऐसा कर्म एक नकली, भ्रामक कर्म है। परंतु यदि शब्दीकरण नहीं हो रहा है, शब्द नहीं दिए जा रहे हैं, तो अनुभवकर्ता और अनुभव का विषय एक ही हैं। यह एकत्व अनिवार्य है और इसका एकदम सीधे-सीधे सामना किया जाना आवश्यक है।

14. गपशप

प्रश्न : गपशप स्व के ज़ाहिर होने की दृष्टि से अर्थपूर्ण है, विशेष रूप से दूसरों को अपने सामने उद्घाटित होने देने के लिए। क्यों न 'जो है' उसकी खोज के लिए गपशप का एक साधन के रूप में प्रयोग किया जाये। युगों से 'गपशप' शब्द को तिरस्कार

की दृष्टि से देखा गया है, पर सिर्फ इसी वजह से मैं उस शब्द से भयभीत नहीं होता।

कृष्णमूर्ति : पता नहीं हम गपशप क्यों करते हैं। इसलिए नहीं कि वह दूसरों को हमारे सामने उद्घाटित करती है। लेकिन दूसरे हमारे सामने उद्घाटित हों, ज़ाहिर हों, इसकी ज़रूरत क्या है? आप क्यों दूसरों को जानना चाहते हैं? दूसरों के विषय में यह असाधारण जिज्ञासा क्यों है? पहली बात है, हम गपशप करते ही क्यों हैं? यह एक तरह की बेचैनी है, है कि नहीं? चिंता की तरह यह भी एक बेचैन मन की निशानी है। दूसरों के बारे में दखल देने की यह इच्छा क्यों है? दूसरे क्या करते हैं, क्या कहते हैं, इसे हम क्यों जानना चाहते हैं? केवल एक छिछला मन ही गपशप करता है, है न? वह जिज्ञासु तो हो सकता है, लेकिन भटका हुआ। प्रश्नकर्ता शायद समझते हैं कि दूसरों के बारे में सोचने से, उनके कर्म, उनके विचार, उनकी राय आदि के बारे में सोचने से दूसरों का स्वरूप उनके सामने खुल जाता है। लेकिन यदि हम अपने को न जानें तो क्या हम दूसरों को जान सकते हैं? यदि हम अपने सोचने के ढंग को, बर्ताव के ढंग को ही नहीं जानते, तो क्या हम दूसरों के बारे में कोई मूल्यांकन कर सकते हैं? दूसरों के बारे में यह असाधारण चिंता क्यों है? दूसरे क्या सोच रहे हैं, क्या महसूस कर रहे हैं, किस विषय में गपशप कर रहे हैं, यह सब जानने की इच्छा क्या वास्तव में अपने आप से पलायन नहीं है? और फिर क्या इसमें दूसरों के जीवन में हस्तक्षेप करने की चाह नहीं है? क्या हमारा अपना जीवन ही कम दुष्कर, जटिल एवं कष्टप्रद है कि हमें दूसरों के जीवन में हस्तक्षेप करने की, उन पर राय ज़ाहिर करने की ज़रूरत पड़े? दूसरों के बारे में उस गपोड़िये, क्रूर, भद्दे अंदाज़ में सोचते रहने का वक्त हमें कैसे मिल जाता है? हम ऐसा क्यों करते हैं? आप जानते हैं, प्रत्येक व्यक्ति ऐसा करता है। प्रायः सभी व्यक्ति दूसरों के विषय में निंदा-चुगली करते हैं। क्यों?

मुझे लगता है कि हम दूसरों के बारे में गपशप इसलिए करते हैं क्योंकि अपनी विचार-प्रक्रिया और कर्म-शैली में हमारी कोई खास रुचि नहीं है। हम तो देखना चाहते हैं कि दूसरे क्या कर रहे हैं और शायद, लिहाज़ी ज़बान में कहें तो, इस तरह उनका अनुकरण करना चाहते हैं। सामान्यतः जब हम गपशप करते हैं, हम दूसरों की निंदा ही करना चाहते हैं, परंतु यदि हम इसे कुछ उदार दृष्टि से लें तो हम कह सकते हैं कि हम संभवतः दूसरों का अनुकरण करना चाहते हैं। हम दूसरों की नकल क्यों करना चाहते हैं? क्या यह सब हमारे अत्यधिक उथलेपन का सूचक नहीं है? केवल एक अत्यधिक जड़ मन ही उत्तेजना चाहता है और उसको पाने के लिए स्वयं से बाहर जाता है। दूसरे शब्दों में गपशप एक प्रकार का संवेदन है जिसमें हम लिप्त रहते हैं। यह एक अलग तरह का संवेदन है, पर इसमें उत्तेजना, मन-बहलाव की इच्छा सदा रहती है। यदि हम वस्तुतः इस प्रश्न की गहराई में जायें, तो हम लौटकर पुनः अपने आप पर ही आ जाते हैं, जिसका अर्थ है कि वास्तव में हम अत्यधिक उथले हैं और हम दूसरों के विषय में बातचीत कर बाहर से उत्तेजना की ही खोज कर रहे हैं। अगली बार जब आप अपने आपको किसी के विषय में गपशप करता पाएं तो गौर करें; यदि आप जागरूक हैं तो

आपको अपने बारे में बहुत कुछ जानने को मिलेगा। औरों के बारे में जिज्ञासा का बहाना बना कर इसे ढंकने की कोशिश मत कीजिए। गपशप बेचैनी की, उत्तेजना के एहसास की, एक उथलेपन की, लोगों में वास्तविक, गहरी दिलचस्पी के अभाव की सूचक है। वैसी दिलचस्पी गपशप से बिलकुल भिन्न बात होती है।

अब समस्या यह है कि गपशप को रोका कैसे जाये। यही अगला प्रश्न है, है न? जब आपको एहसास होता है कि आप गपशप कर रहे हैं, आप उस गपशप को कैसे रोकेंगे? यदि यह आपके लिए एक आदत बन गई है--दिन-प्रतिदिन जारी रहने वाली एक भद्दी बात, तो इसे आप रोकेंगे कैसे? क्या यह प्रश्न उठता है? जब आप जानते हैं कि आप गपशप कर रहे हैं, जब आपको एहसास है कि आप गपशप कर रहे हैं, जब आप उसके समस्त निहितार्थों के प्रति सजग हैं, तो क्या आप खुद से यह कहते हैं, ‘‘मैं इसे कैसे खत्म करूं’’? आप गपशप कर रहे हैं इस बात के प्रति सजग होते ही क्या वह अपने आप रुक नहीं जाती? ‘कैसे’ का वहां प्रश्न ही नहीं उठता। ‘कैसे’ का प्रश्न तभी उठता है जब आप असजग होते हैं; गपशप सजगता के न होने की ही सूचक है। जब अगली बार आप गप में लगे हों तो स्वयं यह प्रयोग कर देखिए : जब आप जागरूक होते हैं कि आप किस-किस बारे में बातें कर रहे हैं, आपकी जीभ कैसे कैंची की तरह चल रही है, तो तत्काल ही आप गपशप बंद कर देते हैं। इसे रोकने के लिए संकल्प के किसी कर्म की आवश्यकता नहीं है। आवश्यकता वहां बस यही है कि आप जो कह रहे हैं उसके प्रति सचेत हों, जागरूक हों और देखें कि उसके निहितार्थ क्या हैं। गपशप को सही या गलत ठहराने की ज़रूरत नहीं है। उसके प्रति जागरूक रहें और आप देखेंगे कि कितनी शीघ्रता से आप गपशप को समाप्त कर देते हैं, क्योंकि वह आपके समक्ष आपकी अपनी कार्य-पद्धति, आपके अपने व्यवहार, अपने विचार-प्रारूप को प्रकट कर देती है; इस प्रकटीकरण में व्यक्ति अपने को खोज पाता है, और अपने को खोज पाना दूसरों के विषय में गपशप करने से, उनके कार्य के, उनकी विचार-क्रिया के, उनके व्यवहार के बारे में गपशप करने से कहीं अधिक महत्त्वपूर्ण है।

हममें से अधिकतर जो रोज़ाना अखबार पढ़ते हैं गपशप से, दुनिया भर की गपशप से भरे रहते हैं। यह सब अपने आपसे, अपनी क्षुद्रता से, अपने भद्देपन से पलायन है। हम सोचते हैं कि विश्व की घटनाओं में सतही दिलचस्पी रखने से हम अधिकाधिक बुद्धिमान होते जा रहे हैं, अपने स्वयं के जीवन का सामना करने में अधिक सक्षम होते जा रहे हैं। निस्संदेह ये सब अपने आप से पलायन की विधियां हैं। हम अपने आप में इतने अधिक खोखले, छिछले हैं, हम खुद से इतने डरे हुए हैं, हम अपने में इतने अधिक निर्धन हैं कि गपशप हमारे लिए एक समृद्ध मनोरंजन का, स्वयं से पलायन का कार्य करती है। हम अपने उस खोखलेपन को ज्ञान से, पूजा-पाठ से, गपशप से, सामूहिक सभाओं से अर्थात पलायन की अनगिनत विधियों से भरते रहते हैं, अतः पलायन ही सर्वाधिक महत्त्वपूर्ण हो जाता है, न कि ‘जो है’ उसकी समझ। ‘जो है’, उसकी समझ अवधान की मांग करती है; हम खोखले हैं, हम कष्ट में हैं, इसको जानने के लिए अपार अवधान

की, ध्यान की आवश्यकता है, न कि पलायनों की, परंतु हममें से अधिकतर लोग इन पलायनों को पसंद करते हैं, क्योंकि ये कहीं अधिक मज़ेदार, कहीं अधिक सुखद हैं। इसके अलावा जब हम स्वयं को वैसा जानते हैं जैसे कि हम हैं तो स्वयं का सामना करना बड़ा कठिन हो जाता है, यह भी एक समस्या है जो हमारे सामने है। हम नहीं जानते कि हमें करना क्या है। जब मैं जान लेता हूं कि मैं खोखला हूं, कि मैं दुःख भोग रहा हूं, कि मैं कष्ट में हूं, तो मुझे यह नहीं मालूम होता कि मैं क्या करूं, मैं इसका कैसे सामना करूं। इसीलिए हम हर तरह के पलायनों का सहारा लेते रहते हैं।

प्रश्न है, क्या करें? हम पलायन नहीं कर सकते यह तो स्पष्ट है, क्योंकि ऐसा करना तो कतई बेतुका और बचकाना होगा। लेकिन जब आपका सामना स्वयं से उस रूप में होता है जैसे कि आप हैं, तो आपको करना क्या होता है? पहली बात, क्या किसी प्रकार का निषेध या समर्थन न करते हुए, जैसे आप हैं उसके साथ बने रहना संभव है?--यह अत्यधिक कठिन है क्योंकि मन तो व्याख्या, निंदा, तादात्म्य ढूंढ़ा करता है। यदि मन इनमें से कुछ नहीं करता, अपितु केवल वस्तुस्थिति के साथ रहता है तो यह ऐसा ही है, जैसे कि आप कुछ स्वीकार कर लें। यदि मैं स्वीकार कर लूं कि मैं सांवला हूं तो बात खत्म हो जाती है, लेकिन यदि मैं अपने रंग को कुछ साफ करने की तबीयत रखता हूं, तब समस्या खड़ी होती है। 'जो है', उसे स्वीकार करना बहुत कठिन है, हम ऐसा तभी कर पाते हैं जब पलायन नहीं होता। और निंदा या पक्ष-समर्थन पलायन के ही रूप हैं। अतः जब व्यक्ति इस समस्त प्रक्रिया को समझ लेता है कि वह गपशप करता क्यों है, जब वह उसके बेतुकेपन को, उसकी क्रूरता को, उसमें निहित तमाम बातों को समझ लेता है, तब वह जो भी है, उसी के साथ रह जाता है; परंतु हम हमेशा उसको या तो नष्ट करना चाहते हैं या किसी दूसरे लक्षण में बदलना चाहते हैं। यदि हम इनमें से कोई क्रिया न करें, बल्कि इसे समझने की इच्छा से, समग्रता से, *पूरी तरह* इसके साथ रहें, तो हम पाएंगे कि यह अब कोई ऐसी स्थिति नहीं है जिससे हम भयभीत हों। तब जो कुछ है, उसके रूपांतरण की संभावना होती है।

15. आलोचना

प्रश्न : आलोचना का पारस्परिक संबंध में क्या स्थान है? विध्वंसात्मक और रचनात्मक आलोचना में क्या अंतर है?

कृष्णमूर्ति : पहली बात तो यह है कि हम आलोचना करते क्यों हैं? समझने के लिए ऐसा करते हैं या यह केवल छिद्रान्वेषण की, मीनमेख निकालने की प्रक्रिया है? आपकी आलोचना करने से, क्या मैं आपको समझ पाऊंगा? क्या समझ मूल्यांकन के माध्यम से आती है? यदि मैं केवल सतही तौर पर नहीं बल्कि गहराई में आपके साथ अपने रिश्ते के मर्म को समझना चाहता हूं, तो क्या मैं आपकी आलोचना करने लगता हूं? या आपके और मेरे बीच के संबंध का मौन अवलोकन करते हुए इसके प्रति मैं सजग रहता हूं--अपनी सम्मतियों का, आलोचनाओं का, मूल्यांकनों का, तादात्म्यों का या निंदाओं का प्रक्षेपण

किए बिना--जो घटित हो रहा है उसी का मौन निरीक्षण करते हुए? और यदि मैं आलोचना नहीं करता हूं तो क्या होता है? यही न कि हम नींद में चले जाते हैं? इसका तात्पर्य यह नहीं है कि जब हम मीनमेख निकालते हैं तब हम उनींदे नहीं होते। संभवतः वह एक आदत बन जाती है, और हम आदत के द्वारा ही अपने को निद्रामग्न करते रहते हैं। क्या आलोचना के द्वारा पारस्परिक संबंध की कोई गहरी और व्यापक समझ बन पाती है? यहां इससे कोई मतलब नहीं कि आलोचना रचनात्मक है या विध्वंसात्मक--निश्चित ही यह अप्रासंगिक है। अतः प्रश्न यह है, ''मन और हृदय की वह कौन सी अवस्था है जो संबंध को समझने के लिए आवश्यक है?'' समझ की प्रक्रिया क्या है? हम किसी वस्तु को कैसे समझते हैं? आप अपने बच्चे को कैसे समझते हैं, यदि आपकी उसमें रुचि है? आप अवलोकन करते हैं, है न? आप उसका खेलते समय अवलोकन करते हैं, उसका अलग-अलग मनःस्थितियों में अध्ययन करते हैं। आप उसके ऊपर अपनी सम्मति नहीं लादते। आप यह नहीं कहते कि उसको यह या वह होना चाहिए। आप उसका सतर्कता से निरीक्षण करते हैं, करते हैं न? आप सतर्कतापूर्वक देख रहे होते हैं, आप पूरी सक्रियता से जागरूक होते हैं। तब, संभवतः, आप अपने बच्चे को समझना आरंभ करते हैं। यदि आप निरंतर आलोचना करते रहें, यदि आप निरंतर अपने खास व्यक्तित्व को, रुझानों को, सम्मतियों को आरोपित करें, निरंतर यह तय करें कि उसे यह करना चाहिए, यह नहीं करना चाहिए, और इसी प्रकार की और तमाम बातें, तो स्पष्ट है कि आप उस संबंध में अवरोध खड़े कर लेंगे। दुर्भाग्य से हममें से अधिकतर लोग किसी को अपनी इच्छानुरूप ढालने के लिए, हस्तक्षेप करने के लिए आलोचना करते हैं। किसी भी स्थिति को, जैसे कि पति के साथ, संतान के साथ या और किसी के साथ रिश्ते को मनचाहा आकार देने में आपको बड़ा सुख मिलता है, तुष्टि मिलती है, या इसमें आपको एक प्रकार की सत्ता-शक्ति का एहसास होता है, आप स्वामी हैं और ऐसा होने में एक भारी परितोष होता है। निस्संदेह इस सारी प्रक्रिया के द्वारा संबंध को नहीं समझा जा सकता। इसमें केवल आरोपण है; आप अपने रुझान, अपनी आकांक्षा, अपनी इच्छा के विशेष सांचे में दूसरे को ढालना चाहते हैं और इस सब से संबंध को समझने में बाधा पड़ती है, पड़ती है न?

अब आत्म-आलोचना पर विचार करें। क्या अपने प्रति आलोचक होना, स्वयं अपनी आलोचना करना, अपनी निंदा करना अथवा पक्ष-समर्थन करना--क्या इस सबसे स्वयं को समझा जा सकता है? जब मैं अपनी आलोचना करना आरंभ करता हूं, तब क्या मैं समझ की, अन्वेषण की प्रक्रिया को सीमित नहीं कर देता? क्या अंतर्निरीक्षण, जो कि आत्म-आलोचना का ही एक रूप है, स्व को अनावृत करता है, उघाड़ता है? स्व का यह अनावरण किससे संभव होता है? निरंतर विश्लेषण करते रहना, भयाक्रांत रहना, आलोचना में लगे रहना, निस्संदेह इससे अनावरण संभव नहीं है। स्व को समझने के लिए स्व का अनावरण, उसका ज़ाहिर होना आवश्यक है और यह तभी संभव होता है जब आप स्व के प्रति निरंतर जागरूक हों, जिसमें कोई निंदा न हो, कोई तादात्म्य न हो। इसमें एक प्रकार की सहजता

अनिवार्य है; आप निरंतर विश्लेषण में नहीं लगे रह सकते, न ही लगातार इसे अनुशासित करने या कोई रूप देने में। यह सहजता समझ के लिए अनिवार्य है। यदि मैं केवल सीमित, नियंत्रित और निंदित करने में लगा रहूं, तो मैं चिंतन और भावना की गति को अवरुद्ध कर देता हूं, नहीं क्या? चिंतन और भावना की गति के दौरान ही खोज संभव है--नियंत्रण भर में नहीं। जब हमें यह मालूम पड़ता है तो पता लगाना ज़रूरी हो जाता है कि इस संदर्भ में क्या किया जाये। जब मैं किसी धारणा के अनुसार, किसी मापदंड के अनुसार, किसी आदर्श के अनुसार कार्य करता हूं, तब मैं स्व को जबरन किसी ढांचे में ढालने की कोशिश कर रहा होता हूं। उसमें न तो स्व की कोई समझ होती है, और न उसके पार जाना हो पाता है। यदि मैं बिना किसी निंदा के, बिना किसी तादात्म्य के, लगाव के स्व का निरीक्षण कर सकूं, तो उसके परे जाना संभव होता है। इसीलिए अपने आपको किसी आदर्श के अनुकूल बनाने की प्रक्रिया पूर्णतया दोषपूर्ण है। आदर्श अपने ही बनाये हुए देवता हैं, और स्वयं द्वारा प्रक्षेपित किसी प्रतिमा के अनुरूप बन जाना निस्संदेह मुक्ति नहीं है।

इस प्रकार समझ तभी संभव है जब मन चुपचाप जागरूक है, निरीक्षण कर रहा है। यह दुष्कर है, क्योंकि हम सक्रिय होने में, बेचैन होने में, आलोचक बनने में, निंदा में, पक्ष-समर्थन में आनंद लेते हैं। यही हमारे व्यक्तित्व की समस्त संरचना है; विचारों, पूर्वग्रहों, दृष्टिकोणों, अनुभवों, स्मृतियों के आवरण के माध्यम से हम समझने का प्रयत्न करते हैं। क्या इन सब आवरणों से मुक्त होना और प्रत्यक्ष रूप से समझ पाना संभव है? निस्संदेह जब कोई समस्या बड़ी तीव्र होती है तो हम उसे प्रत्यक्ष रूप से ही समझ पाते हैं, हम इन सारी पद्धतियों में नहीं पड़ते, उसका सीधा सामना करते हैं। पारस्परिक संबंध की समझ तभी आती है, जब आत्म-आलोचना की इस प्रक्रिया को समझ लिया जाता है और मन मौन होता है। यदि आप मुझे सुन रहे हैं और जो मैं कहना चाहता हूं उसे बिना बहुत अधिक प्रयत्न किये समझने की कोशिश कर रहे हैं, तो हमारे बीच परस्पर गहरी समझ की संभावना है। परंतु यदि आप निरंतर आलोचना कर रहे हैं, अपनी सम्मतियों को या जो आपने पुस्तकों से सीखा है, या किसी दूसरे ने आपको जो बताया है, उसे निरंतर सामने रख रहे हैं तो आप और मैं संबंधित नहीं हैं, क्योंकि यह पर्दा हमारे बीच में है। यदि हम दोनों ही समस्या के विभिन्न पक्षों को खोजने का प्रयास कर रहे हैं जो उस समस्या में ही निहित हैं, यदि हम दोनों उसकी तह में जाने के लिए, उसके सत्य का पता लगाने के लिए, वह क्या है इसका पता लगाने के लिए उत्सुक हैं, तो हम संबंधित हैं, जुड़े हैं। तब आपका मन सतर्क किंतु निष्क्रिय रहते हुए यह देख पाने के लिए निरीक्षण कर रहा है कि इसमें सत्य क्या है। अतः आपके मन को असाधारण रूप से फुर्तीला होना होगा। उसको ऐसी किसी भी धारणा या आदर्श, निर्णय अथवा सम्मति से बंधा होने की आवश्यकता नहीं है जिसे आप अपने किन्हीं विशिष्ट अनुभवों से दृढ़ करते रहे हैं। निस्संदेह समझ वहीं संभव है जहां निश्चेष्ट रूप से सजग मन का तत्पर लचीलापन है। तब उसमें ग्रहण करने की क्षमता होती है, तब वह संवेदनशील

होता है। जब मन पक्ष या विपक्ष के विचारों, पूर्वाग्रहों, सम्मतियों से भरा हुआ होता है, वह संवेदनशील नहीं होता।

संबंध को समझने के लिए एक अक्रिय, निःसंकल्प सजगता की आवश्यकता है, जो संबंध को नष्ट नहीं करती; इसके उलट वह संबंध को कहीं अधिक जीवंत, कहीं अधिक अर्थपूर्ण बना देती है। तभी उस संबंध में सच्चे स्नेह की संभावना होती है, उसमें एक आत्मीयता, एक निकटता का एहसास होता है जो भावुकता या संवेदन मात्र नहीं है। यदि हम हर चीज़ से अपने संबंध को इस तरह से लें, इस तरह से संबंधित हो सकें, तो हमारी समस्याएं आसानी से हल हो पाएंगी--संपत्ति की समस्याएं, स्वामित्व की समस्याएं--क्योंकि हम वही हैं जिस पर हम स्वामित्व चाहते हैं। धन को पकड़कर रखने वाला स्वयं धन *ही* होता है। अपनी संपत्ति से, अपने मकान से, अपने फर्नीचर से अपना तादात्म्य करने वाला मनुष्य स्वयं वह संपत्ति, वह मकान, वह फर्नीचर *ही* है। ऐसा ही धारणाओं और व्यक्तियों के साथ होता है; जब स्वामित्व का भाव होता है, तो कोई संबंध संभव नहीं है। हममें से अधिकांश स्वामित्व चाहते हैं, क्योंकि यदि हम परिग्रह न करें तो हमारे पास कुछ और है ही नहीं। हम रिक्त सीपियां, खाली खोल ही तो हैं अगर परिग्रह न करते रहें, अगर अपने जीवन को फर्नीचर से, संगीत से, ज्ञान से, इससे या उससे न भरा रखें। और तब उस खोल से खूब आवाज़ आती है, और उसी शोर को हम जीवन कहते हैं, और उसी से हम संतुष्ट रहते हैं। जब उसमें व्यवधान पड़ता है, वह छिन्न-भिन्न हो जाता है, तब दुःख होता है क्योंकि तब आपको अकस्मात ही यह एहसास होता है कि आप क्या हैं--एक खाली खोल, जिसका कोई खास अर्थ नहीं है। संबंध की समस्त अंतर्वस्तु के प्रति जागरूक होना ही कर्म है, और उस कर्म के द्वारा ही सच्चे संबंध की संभावना होती है, उसकी गहराई का, उसके महत्त्व का पता लगाना और यह जान पाना संभव होता है कि प्रेम क्या है।

16. ईश्वर में विश्वास

प्रश्न : ईश्वर में विश्वास श्रेष्ठ जीवन के लिए एक शक्तिशाली प्रेरक तत्त्व रहा है। आप ईश्वर को नकारते क्यों हैं? आप ईश्वर की धारणा में मानव के विश्वास को पुनरुज्जीवित करने का यत्न क्यों नहीं करते हैं?

कृष्णमूर्ति : आइए, इस समस्या को हम इसके व्यापक रूप में और समझदारी से देखें। मैं ईश्वर का निषेध नहीं कर रहा--ऐसा करना तो मूर्खता होगी। वास्तविकता को न जानने वाला व्यक्ति ही निरर्थक शब्दों में उलझता है। जो मनुष्य कहता है कि वह जानता है, वह नहीं जानता; और जो व्यक्ति क्षण-क्षण यथार्थ की अनुभूति कर रहा है, वह किसी भी तरह उस यथार्थ को किसी को बता नहीं सकता।

विश्वास सत्य का निषेध है; विश्वास सत्य की खोज में रुकावट बन जाता है। विश्वास करना ईश्वर को पाना नहीं है। ईश्वर में विश्वास करना ईश्वर को खोज लेना नहीं है। न तो विश्वास करने वाला ईश्वर को पाएगा और न उसमें विश्वास न करने

वाला ही; क्योंकि यथार्थ अज्ञात है, और अज्ञात में विश्वास या अविश्वास केवल एक आत्म-प्रक्षेपण ही होता है और इसलिए यथार्थ नहीं होता। मैं जानता हूं कि आप विश्वास करते हैं और मैं यह भी जानता हूं कि इसका आपके जीवन में कोई महत्त्व नहीं है। विश्वास करने वाले बहुतेरे लोग हैं; लाखों व्यक्ति ईश्वर में विश्वास करते हैं और सांत्वना पाते हैं। सर्वप्रथम प्रश्न यह उठता है कि आप विश्वास क्यों करते हैं? आप विश्वास करते हैं, क्योंकि यह आपको संतोष, सांत्वना और आशा देता है, और आप कहते हैं कि यह आपके जीवन को अर्थपूर्ण बनाता है। वास्तव में आपके विश्वास का कोई मतलब नहीं है, क्योंकि आप विश्वास भी करते हैं और शोषण भी, आप विश्वास भी करते हैं और हत्या भी, आप एक सार्वभौम ईश्वर में विश्वास करते हैं और एक-दूसरे का वध किया करते हैं। धनी व्यक्ति भी ईश्वर में विश्वास करता है; वह निष्ठुरता से शोषण करता है, धन संचित करता है और फिर मंदिर बनवा देता है या परोपकारी बन बैठता है।

जिन लोगों ने हिरोशिमा पर अणु बम गिराया था वे यही कहते थे कि ईश्वर उनके साथ है; और जिन लोगों ने जर्मनी को नष्ट करने के लिए इंग्लैंड से उड़ान भरी थी, उन्होंने भी कहा था कि ईश्वर उनका सह-चालक है। तानाशाह, प्रधानमंत्री, सेनापति, राष्ट्रपति, सभी ईश्वर की चर्चा करते हैं, उनकी ईश्वर पर भारी आस्था होती है। तो क्या वे सेवा कर रहे हैं, क्या वे मनुष्य के जीवन को बेहतर बना रहे हैं? ईश्वर पर विश्वास का दावा करने वाले लोगों ने आधे विश्व का नाश कर दिया है और विश्व पूरी तरह से दुर्दशा में है। धार्मिक असहनशीलता के कारण लोग विश्वास करने वालों और विश्वास न करने वालों में विभाजित हो गए हैं, और इसी कारण से धार्मिक युद्ध होते हैं। यह दर्शाता है कि आप किस कदर सियासती तबीयत के हैं।

क्या ईश्वर पर विश्वास 'श्रेष्ठ जीवन के लिए एक शक्तिशाली प्रेरक-तत्त्व' है? आप अच्छे जीवन के लिए कोई प्रेरक क्यों चाहते हैं? निस्संदेह आपका प्रेरक-तत्त्व तो निर्मलता एवं सरलता से रहने की आपकी अपनी आकांक्षा होनी चाहिए, है न? यदि आप कोई प्रेरक-तत्त्व चाहते हैं तो इसका अर्थ है कि आप जीवन को सबके लिए संभव बनाने में रुचि नहीं रखते; आप रुचि रखते हैं केवल अपने प्रेरक-तत्त्व में, जो मेरे प्रेरक-तत्त्व से भिन्न है और अब हम प्रेरक-तत्त्व पर ही झगड़ा करने लगेंगे। यदि हम खुशी-खुशी एक साथ रहें, इसलिए नहीं कि हम ईश्वर में विश्वास करते हैं बल्कि इसलिए कि हम मानव हैं, तो हम सभी के लिए ज़रूरी वस्तुओं का उत्पादन करने हेतु समस्त उत्पादन साधनों को आपस में बांट लेंगे। प्रज्ञा न होने के कारण हम महाप्रज्ञा की धारणा में विश्वास करने लगते हैं, जिसे हम 'ईश्वर' का नाम देते हैं। परंतु यह 'ईश्वर', यह महाप्रज्ञा, हमें कोई उत्तम जीवन देने नहीं जा रही। उत्तम जीवन प्रज्ञा से ही संभव है और जहां विश्वास है, जहां वर्ग-विभाजन है, जहां उत्पादन के साधन कुछ व्यक्तियों के हाथ में सीमित हैं, जहां अलग-अलग राष्ट्रीयता और प्रभुसत्ता-संपन्न सरकारें हैं, वहां प्रज्ञा नहीं हो सकती। ज़ाहिर है कि यह सब प्रज्ञा के अभाव को ही दर्शाता है और प्रज्ञा का यह अभाव ही बेहतर जीवन में बाधा डाल रहा है, ईश्वर पर अविश्वास नहीं।

आप सब भिन्न-भिन्न प्रकार से विश्वास करते हैं, परंतु आपके विश्वास की कोई वास्तविकता नहीं है। वास्तविकता वही है जो आप हैं, जो आप करते हैं, जो आप सोचते हैं, और ईश्वर पर आपका विश्वास आपके नीरस, मूढ़ और क्रूर जीवन से आपका एक पलायन मात्र है। इतना ही नहीं, विश्वास अनिवार्यतः लोगों को विभाजित करता है, वह हिंदू, बौद्ध, ईसाई, साम्यवादी, समाजवादी, पूंजीवादी और इसी प्रकार न जाने क्या-क्या बनाता है। विश्वास, विचार विभाजित करते हैं; ये कभी-भी व्यक्तियों को एक नहीं करते। आप कुछ लोगों को एक साथ किसी वर्ग में ला सकते हैं, परंतु वह वर्ग दूसरे वर्ग का विरोधी होता है। धारणाएं और विश्वास कभी-भी एक करने वाले नहीं होते; इसके विपरीत, वे अलग करनेवाले, विघटित करने वाले, और विध्वंसकारी होते हैं। इसलिए ईश्वर पर आपका विश्वास वास्तव में विश्व में दुर्दशा फैला रहा है; ऐसा हो सकता है कि इससे कुछ क्षणों के लिए आपको सांत्वना मिली हो, किंतु वास्तव में यह विश्वास युद्ध, अकाल, वर्ग-विभाजन तथा अलग-अलग व्यक्तियों के क्रूर कर्मों के रूप में आपके लिए अधिक दुर्गति और विनाश ही लाया है। इसलिए आपके विश्वास की कोई भी प्रामाणिकता नहीं है। यदि आप वास्तव में ईश्वर में विश्वास रखते, यदि वह आपके लिए एक सच्चा अनुभव होता, तो आपके चेहरे पर एक मुस्कान होती; आप मनुष्यों का नाश न कर रहे होते।

तो यथार्थ क्या है, ईश्वर क्या है? ईश्वर शब्द नहीं है; शब्द वह वस्तु नहीं होता। जो असीम है, जो कालातीत है, उसे जानने हेतु मन के लिए समय से मुक्त होना ज़रूरी है, जिसका अर्थ है कि मन को समस्त विचार से, ईश्वर के विषय में समस्त धारणाओं से मुक्त होना चाहिए। आप ईश्वर या सत्य के विषय में क्या जानते हैं? आप वास्तव में उस यथार्थ के विषय में कुछ नहीं जानते। जो कुछ आप जानते हैं वे बस शब्द हैं, वे या तो दूसरों के अनुभव हैं या आपके अपने अस्पष्ट अनुभवों के कुछ क्षण हैं। निस्संदेह यह ईश्वर नहीं है, यथार्थ नहीं है, यह काल के क्षेत्र के बाहर नहीं है। जो कालातीत है उसे जानने के लिए काल की, समय की प्रक्रिया को समझना अनिवार्य है, वह समय जो कि विचार है, कुछ होने की या ज्ञान-संचयन की प्रक्रिया है। यही मन की समस्त पृष्ठभूमि है, मन स्वयं ही वह पृष्ठभूमि है, चाहे वह चेतन हो या अचेतन, सामूहिक हो या व्यक्तिगत। अतः मन के लिए ज्ञात से मुक्त होना आवश्यक है, जिसका अर्थ है कि मन को पूर्णतया मौन होना चाहिए, न कि उसे मौन *बनाया जाना* चाहिए। किसी पूर्वनियत कर्म के, किसी साधना के, किसी अभ्यास के फलस्वरूप शांति हासिल करने वाला मन मौन मन नहीं होता। मन को जब बाध्य किया जाता है, नियंत्रित किया जाता है, किसी आकार या सांचे में ढाला जाता है और इस प्रकार खामोश कर लिया जाता है, तो वह शांत मन नहीं होता। कुछ समय के लिए मन को सतही तौर पर ज़बरदस्ती मौन करने में शायद आप कामयाब हो जायेंगे, लेकिन ऐसा मन एक निश्चल मन नहीं होगा। निश्चलता तभी आती है जब आप विचार की समग्र प्रक्रिया को समझ लेते हैं, क्योंकि इस प्रक्रिया को समझ लेने का अर्थ है इसका अंत करना और विचार की प्रक्रिया का अंत ही शांति का, मौन का आरंभ है।

जब केवल सतही तौर पर नहीं, बल्कि बुनियादी तौर पर, चेतना के बाहरी तथा भीतरी सभी स्तरों पर मन पूर्णतः मौन होता है, केवल तभी अज्ञात का उदय होता है। अज्ञात अनुभव का विषय नहीं है; अनुभव केवल शांति का ही संभव है, केवल शांति का। शांति को छोड़कर मन जब किसी भी दूसरी स्थिति का अनुभव करता है, वह केवल अपनी आकांक्षाओं का ही प्रक्षेपण कर रहा होता है और ऐसा मन मौन नहीं होता। जब तक मन मौन नहीं होता, जब तक विचार चेतन अथवा अचेतन किसी भी रूप में गतिशील रहता है, शांति संभव नहीं है। निश्चलता अतीत से मुक्ति है; यह ज्ञान से, चेतन और अचेतन दोनों प्रकार की स्मृति से मुक्ति है। जब मन पूर्णतया मौन होता है, जब वह कार्यरत नहीं होता, जब ऐसी शांति होती है जो कि प्रयास का परिणाम नहीं है, केवल तभी कालातीत एवं शाश्वत अस्तित्व में आता है। वह अवस्था स्मृति की अवस्था नहीं होती--वहां कोई ऐसी सत्ता नहीं होती है, जो स्मरण कर रही हो, अनुभव कर रही हो।

अतः ईश्वर अथवा सत्य, या इसे आप चाहे जो भी कहें, कुछ ऐसा है जो क्षण-क्षण अस्तित्वमय होता रहता है। यह स्वतंत्रता और सहजता की अवस्था में ही संभव है, न कि उस अवस्था में जब मन किसी प्रणाली के मुताबिक अनुशासित है। ईश्वर मन की वस्तु नहीं है, यह आत्म-प्रक्षेपण से नहीं आता; इसका आगमन केवल तभी होता है जब सदाचार हो जो कि मुक्ति है। सदाचार का अर्थ है 'जो है' उसके तथ्य का सामना करना, और तथ्य का सामना करना आह्लाद की स्थिति है। जब मन आनंदमय, मौन, स्वयं की किसी भी हलचल से मुक्त, चेतन या अचेतन सभी प्रकार के प्रक्षेपणों से रहित होता है, केवल तभी शाश्वत प्रकट होता है।

17. स्मृति

प्रश्न ः आप कहते हैं स्मृति एक अपूर्ण अनुभव है। आपकी पिछली वार्ताओं का मुझे स्मरण है एवं उनकी आज भी मुझ पर गहरी छाप है। किस अर्थ में यह अपूर्ण अनुभव है? कृपया इस बात को विस्तार से स्पष्ट कीजिए।

कृष्णमूर्ति ः स्मृति से हमारा क्या तात्पर्य है? आप स्कूल जाते हैं और तथ्यों से एवं तकनीकी ज्ञान से भरे रहते हैं। यदि आप एक इंजीनियर हैं, तो आप किसी पुल के निर्माण के लिए तकनीकी ज्ञान की स्मृति का प्रयोग करते हैं। यह तथ्यात्मक स्मृति है। एक मनोवैज्ञानिक स्मृति भी होती है। आपने मुझे कुछ कहा है, सुखद या दुःखद, और मैं इसे याद रखता हूं; जब मैं आपसे अगली बार मिलता हूं, उसकी स्मृति के साथ मिलता हूं जो भी आपने कहा या नहीं कहा है। स्मृति के दो पहलू हैं, मनोवैज्ञानिक और तथ्यात्मक। वे हमेशा एक-दूसरे से संबंधित होते हैं, इसलिए साफ तौर पर अलग-अलग नहीं हैं। हम जानते हैं कि तथ्यात्मक स्मृति आजीविका के संदर्भ में आवश्यक है, लेकिन क्या मनोवैज्ञानिक स्मृति आवश्यक है? वह क्या तत्त्व है जो मनोवैज्ञानिक स्मृति को धारण करता है? वह क्या है जिसके कारण हम मान-अपमान को मनोवैज्ञानिक रूप से स्मरण

रखते हैं? क्यों हम कुछ स्मृतियों को बनाये रखते हैं तथा कुछ को दूर रखते हैं? स्पष्ट है कि हम उन स्मृतियों को बनाये रखते हैं जो आनंददायक होती हैं तथा जो स्मृतियां आनंददायक नहीं हैं उनकी उपेक्षा कर देते हैं। यदि आप गौर करें तो देखेंगे कि दुःखद स्मृतियों को सुखद स्मृतियों की अपेक्षा जल्दी भुला दिया जाता है। मन स्मृति है, स्तर चाहे जो भी हो, चाहे जिस नाम से आप उसे पुकारें; मन अतीत की उत्पत्ति है, यह अतीत पर आधारित है और अतीत स्मृति है, एक संस्कारबद्ध अवस्था है। अब इसी स्मृति से हम जीवन का सामना करते हैं, नयी चुनौती का सामना करते हैं। चुनौती सदैव नयी होती है और हमारा प्रत्युत्तर सदैव पुराना, क्योंकि वह अतीत का परिणाम है। अतः स्मृति से रहित होकर अनुभव करना एक अवस्था है, और स्मृति के साथ अनुभव करना दूसरी। तात्पर्य यह है कि एक चुनौती होती है जो सदा नवीन होती है। मैं उसका सामना उस प्रत्युत्तर से करता हूं जो अतीत से बंधा है। तो क्या होता है? मैं नवीन को आत्मसात् कर लेता हूं, उसे समझता नहीं हूं; और नवीन का यह अनुभव अतीत से संस्कारित हो जाता है। इसलिए नवीन को हम केवल आंशिक रूप में समझ पाते हैं, पूर्ण रूप से नहीं। जब किसी चीज़ की पूर्ण समझ होती है, केवल तभी उसकी स्मृति के निशान शेष नहीं रहते।

चुनौती सदा नवीन होती है, पर जब वह आती है, आप उसका सामना अतीत के प्रत्युत्तर से करते हैं। और यह अतीत का प्रत्युत्तर नवीन को संस्कारित करता है और इस प्रकार उसको तोड़-मरोड़ देता है, पक्षपाती बना देता है। और इस तरह नवीन की पूरी समझ नहीं हो पाती है और वह नवीन पुराने में समा जाता है और पुराने को दृढ़ करता है। यह कुछ क्लिष्ट लग रहा होगा, परंतु यदि आप इस बात की बारीकी से तथा ध्यान से जांच-पड़ताल करें तो इसे समझना कठिन नहीं है। आज के विश्व की परिस्थिति एक नवीन दृष्टि की मांग करती है, क्योंकि समस्या नित्य नयी है और इस कारण उससे निपटने का तरीका भी नया ही होना चाहिए। हम उसको एक नये ढंग से देखने में सक्षम नहीं हैं, क्योंकि हम उसको अपने प्रतिबद्ध मन से, अर्थात राष्ट्रीय, स्थानीय, पारिवारिक और धार्मिक पूर्वाग्रहों की दृष्टि से देखा करते हैं। नयी चुनौती को समझने में हमारे अतीत के अनुभव आड़े आते हैं, इसलिए हम निरंतर स्मृति का ही संवर्धन, विकास किया करते हैं और इसे दृढ़ करते रहते हैं, अतः हम नवीन को कभी नहीं समझ पाते, हम उस चुनौती से समग्रता से, पूरी तरह से कभी नहीं मिल पाते। जब व्यक्ति किसी चुनौती का सामना नयेपन से, ताज़गी से करता है, अतीत से मुक्त होकर करता है, केवल तभी वह चुनौती अपने फल, अपने खजाने उसे देती है।

प्रश्नकर्ता कहते हैं, ''आपकी पिछली वार्ताओं का मुझे स्मरण है एवं उनकी आज भी मुझ पर गहरी छाप है। किस अर्थ में यह अपूर्ण अनुभव है?'' स्पष्ट है कि यदि यह सिर्फ एक छाप है, एक स्मृति है, तो यह एक अपूर्ण अनुभव ही है। यदि जो कुछ कहा गया है उसे आप समझते हैं, उसके सत्य को आप देखते हैं, तो वह सत्य स्मृति नहीं है। सत्य स्मृति नहीं होता, क्योंकि सत्य सदा नवीन होता है, वह निरंतर अपने को बदलता

रहता है। आपके पास पिछली वार्ता की स्मृति है। क्यों? क्योंकि आप पिछली वार्ता का इस्तेमाल एक संदर्शिका, गाइड के रूप में कर रहे हैं। आपने उसे पूरी तरह समझा नहीं है। आप उसमें और अधिक जाना चाहते हैं और जाने-अनजाने उसे बनाये रख रहे हैं। यदि आप किसी बात को पूर्णतया समझ लेते हैं, अर्थात आप उसके सत्य को उसकी समग्रता में देख लेते हैं, तो आप देख पाएंगे कि उसकी किसी प्रकार की कोई स्मृति नहीं रहती। हमारी शिक्षा स्मृति का संवर्धन है, वह स्मृति को ही दृढ़ करती है। आपके धार्मिक अभ्यास एवं अनुष्ठान, आपका अध्ययन और आपका ज्ञान सभी स्मृति को ही पुष्ट किया करते हैं। तो इसका क्या अर्थ है? हम स्मृति को क्यों पकड़े रहते हैं? मैं नहीं जानता कि आपने कभी ध्यान दिया है या नहीं कि जैसे-जैसे हम वृद्ध होते जाते हैं, हम अतीत को, उसके उल्लासों को, उसकी पीड़ाओं को, उसके सुखों को पीछे मुड़-मुड़ कर देखा करते हैं। यदि कोई युवक है, तो वह भविष्य की ओर ताकता है। हम ऐसा क्यों करते हैं? स्मृति इतनी महत्त्वपूर्ण क्यों हो गयी है? इसका सरल और स्पष्ट कारण यही है कि हम समग्रता से, पूर्णता से, वर्तमान में जीना नहीं जानते। वर्तमान का इस्तेमाल हम भविष्य के साधन के रूप में करते हैं, और इसलिए वर्तमान की हमारे लिए कोई सार्थकता नहीं है। हम वर्तमान में जीने में असमर्थ हैं, क्योंकि हम वर्तमान का प्रयोग भविष्य की ओर ले जाने वाले रास्ते की तरह करते हैं। चूंकि मैं भविष्य में कुछ बनने वाला हूं, इसलिए मैं कभी भी अपने आप को पूरी तरह समझ नहीं पाता, और अपने आप को--जो कुछ मैं अभी हूं उसे--समझने के लिए स्मृति के संवर्धन की ज़रूरत नहीं है; उलटे, सच्चाई को समझने में स्मृति एक बाधा बन जाती है। आपने संभवतः ध्यान दिया हो कि कोई नवीन विचार, कोई नवीन भावना केवल तभी संभव होती है जब मन स्मृति के जाल में जकड़ा नहीं होता। जब दो विचारों के बीच, दो स्मृतियों के बीच अंतराल होता है, खाली जगह होती है और जब उस अंतराल को बनाये रखना संभव होता है, तब उस अंतराल से ही, होने की एक नयी अवस्था आती है जो स्मृति नहीं होती। हमारे पास स्मृतियां होती हैं, और हम स्मृति का संवर्धन निरंतरता के साधन के रूप में करते हैं। जब तक स्मृति का संवर्धन होता है, 'मैं' और 'मेरा' बड़े महत्त्वपूर्ण बने रहते हैं और अधिकतर लोग 'मैं' और 'मेरे' से ही बने हुए होते हैं, इसलिए स्मृति हमारे जीवन में एक बड़ी महत्त्वपूर्ण भूमिका अदा करती है। यदि आपके पास स्मृति न होती, तो आपकी संपत्ति, आपका परिवार, आपकी धारणाएं इतने महत्त्वपूर्ण न होते; अतः 'मैं' और 'मेरा' को शक्ति प्रदान करने के लिए ही आप स्मृति का संवर्धन किया करते हैं। यदि आप अवलोकन करें, तो देखेंगे कि दो विचारों के बीच, दो भावों के बीच एक अंतराल होता है। यह अंतराल स्मृति का परिणाम नहीं होता और इसमें 'मैं' और 'मेरा' की जकड़ एकदम खत्म हो जाती है; यह अंतराल कालातीत, समय से परे होता है।

इस समस्या को ज़रा अलग नज़रिये से देखें। निस्संदेह स्मृति समय है, है न? स्मृति गुज़रे हुए कल को, आज को, और आने वाले कल को निर्मित करती है। बीते कल की स्मृति वर्तमान को संस्कारित करती है और इस प्रकार आने वाले कल को आकार देती

है। इसका अर्थ यह है कि वर्तमान के माध्यम से अतीत ही भविष्य का निर्माण करता है। समय की एक प्रक्रिया निरंतर चलती रहती है, जो कि कुछ बनने की चाह है। स्मृति समय है, और समय के माध्यम से हम किसी फल को पाना चाहते हैं। मैं आज एक क्लर्क हूं, और यदि समय और अवसर दिया जाये, तो मैं मैनेजर या मालिक बन जाऊंगा। अतः मेरे पास समय होना चाहिए, और ठीक इसी मानसिकता से मैं कहता हूं, ''मैं यथार्थ को पा लूंगा, मैं ईश्वर तक पहुंच जाऊंगा।'' यानी इस साक्षात्कार के लिए मेरे पास समय होना चाहिए, जिसका अर्थ है कि मुझे स्मृति का संवर्धन करना चाहिए, अभ्यास के द्वारा एवं साधना के द्वारा स्मृति को पुष्ट करते रहना चाहिए जिससे कि मैं कुछ पा सकूं, कुछ उपलब्ध कर सकूं। और इस सबका अर्थ है निरंतर समय में रहना। काल के ज़रिये हम कालातीत को पाने की आशा करते हैं, समय के द्वारा हम शाश्वत को पा लेना चाहते हैं। क्या आप ऐसा कर सकते हैं? क्या आप शाश्वत को समय के जाल में, अपनी स्मृति के द्वारा, जो कि स्वयं समय की ही है, आबद्ध कर सकते हैं? कालातीत केवल तभी अभिव्यक्त होता है, जब 'मैं' और 'मेरा' रूपी स्मृति का समापन हो जाता है। यदि आप इस सत्य को समझ लेते हैं कि समय के द्वारा शाश्वत को नहीं समझा और ग्रहण किया जा सकता, तो हम स्मृति की समस्या की जांच कर सकते हैं। तकनीकी बातों की स्मृति आवश्यक है, परंतु मनोवैज्ञानिक स्मृति जो 'स्व' को, 'मैं' और 'मेरे' को बनाये रखती है, जो स्व को निरंतरता और तादात्म्य देती है, वह जीवन और यथार्थ के लिए पूर्णतया क्षतिकर है। जब व्यक्ति इसके सत्य को देख लेता है, तो जो मिथ्या है वह लुप्त हो जाता है, अतः अतीत के अनुभव का कोई मनोवैज्ञानिक स्मृति-संचय नहीं होता।

आप एक प्यारे सूर्यास्त को या किसी मैदान में एक सुंदर वृक्ष को देखते हैं, और जब आप उसे पहली बार देखते हैं, आप उसका समग्रता से, पूर्णता से आनंद लेते हैं; परंतु आप फिर उसके पास जाते हैं, इस आकांक्षा से कि आप उसका पुनः आनंद ले सकें। उस आनंद को पाने की आकांक्षा से जब आप वापिस जाते हैं तब क्या होता है? वहां वह आनंद नहीं होता है, क्योंकि यह कल के सूर्यास्त की स्मृति है जो अब आपको वहां वापिस ले जा रही होती है, फिर वही आनंद लेने के लिए उस ओर धकेल रही होती है, प्रेरित कर रही होती है। कल कोई स्मृति नहीं थी, केवल एक सहज रसास्वादन व प्रशंसाभाव था, एक प्रत्यक्ष प्रत्युत्तर था; आज आप कल के अनुभव को पुनः प्राप्त करने की आकांक्षा कर रहे हैं अर्थात स्मृति आपके और सूर्यास्त के बीच में बाधा बन रही है, अतः वहां कोई आनंद नहीं है, सौंदर्य का वह वैभव, परिपूर्णता नहीं है। एक और दृष्टांत लें, आप का एक मित्र है, जिसने आपसे कल कुछ कहा था, अपमान किया था या प्रशंसा की थी। आप उस स्मृति को बनाये रखते हैं; उस स्मृति के साथ आप आज अपने मित्र से मिलते हैं। तो आप वस्तुतः अपने मित्र से नहीं मिल रहे होते--आप अपने साथ कल की स्मृति लादे रहते हैं, जो बीच में दखल देती है। तो इस प्रकार हम निरंतर स्वयं को तथा अपने कर्मों को स्मृति से घेरे रहते हैं, अतएव कोई नवीनता, कोई ताज़गी नहीं रहती। इसीलिए स्मृति जीवन को क्लांत, मंद और रीता बना देती है। हम परस्पर

वैमनस्य में जीते हैं, क्योंकि 'मैं' और 'मेरा' स्मृति से पुष्ट होते रहते हैं। वर्तमान में सक्रियता के माध्यम से स्मृति जी उठती है; हम वर्तमान के द्वारा स्मृति को जीवन देते रहते हैं, परंतु जब हम इस तरह स्मृति को जीवन नहीं देते, तब वह विलीन हो जाती है। तथ्यों की, तकनीकी चीज़ों की स्मृति एक स्पष्ट अनिवार्यता है, परंतु मनोवैज्ञानिक संचय के रूप में स्मृति, जीवन को समझने के लिए, परस्पर सहभागिता के लिए क्षतिकारी है।

18. 'जो है' के प्रति आत्मसमर्पण

प्रश्न : ईश्वर की इच्छा के सामने आत्मसमर्पण करना और जिसे आप 'जो है' को स्वीकार करना कह रहे हैं, उन दोनों में क्या अंतर है?

कृष्णमूर्ति : अवश्य ही बहुत बड़ा अंतर है, क्या आपको नहीं लगता? ईश्वर की इच्छा के प्रति समर्पण करने का अर्थ है कि आप ईश्वर की इच्छा को पहले ही से जानते हैं। आप किसी ऐसी वस्तु के सामने आत्मसमर्पण नहीं कर रहे हैं जिसे आप नहीं जानते, और यदि आप यथार्थ को जानते हैं तो उसके प्रति समर्पण का सवाल ही नहीं पैदा होता, तब न तो आप होते हैं और न ही किसी श्रेष्ठतर इच्छाशक्ति के सामने समर्पण। यदि आप किसी श्रेष्ठतर इच्छाशक्ति के प्रति समर्पण करते हैं, तो वह आपका अपना प्रक्षेपण ही होती है, क्योंकि यथार्थ को ज्ञात के द्वारा नहीं जाना जा सकता। वह केवल तभी व्यक्त होता है जब ज्ञात का लोप हो जाता है। जो ज्ञात है वह मन का निर्माण है, क्योंकि चिंतन ज्ञात का, अतीत का परिणाम है और चिंतन केवल वही कुछ निर्मित कर सकता है जिसे वह जानता है; अतः विचार जिसे जानता है वह शाश्वत नहीं है। यही कारण है कि जब आप ईश्वर की इच्छा के प्रति समर्पण करते हैं तो आप अपने प्रक्षेपणों के प्रति समर्पण कर रहे होते हैं। ऐसा समर्पण संतोषदायक, सांत्वनाप्रद हो सकता है, पर वह यथार्थ नहीं होगा।

'जो है' उसे समझने के लिए एक अलग ही प्रक्रिया की आवश्यकता है--संभवतः 'प्रक्रिया' शब्द यहां उचित नहीं है। परंतु मेरा तात्पर्य यही है कि 'जो है' उसे समझना कहीं अधिक दुष्कर है। किसी धारणा के प्रति अपने को समर्पित करने की या किसी धारणा को स्वीकार करने की अपेक्षा 'जो है' उसे समझने के लिए कहीं अधिक प्रज्ञा की, कहीं अधिक जागरूकता की आवश्यकता होती है। प्रयास का वहां कोई उपयोग नहीं है; प्रयास तो मन को भरमाना है। किसी भी बात को समझना हो, 'जो है' उसे समझना हो, तो आपका मन इधर-उधर नहीं दौड़ना चाहिए। आप जो कह रहे हैं, उसे अगर मैं समझना चाहूं तो मेरे कान संगीत या बाहर लोगों के शोरगुल पर नहीं लगे रह सकते। मुझे आपकी बात की ओर पूरा ध्यान देना होगा। इस प्रकार 'जो है' उसके प्रति जागरूक रहना असाधारण रूप से कठिन एवं दुष्कर है, क्योंकि हमारा अपना चिंतन ही एक विक्षेप, एक पलायन बन गया है। 'जो है' उसे हम नहीं समझना चाहते। उसे हम पूर्वाग्रह, तिरस्कार या तादात्म्य के चश्मे से देखते हैं, और इन चश्मों को हटाकर 'जो है' उसे देखना बहुत

दुष्कर है। निस्संदेह 'जो है' वह एक तथ्य है, एक सच्चाई है और बाकी सब कुछ पलायन है, वह सत्य नहीं है। 'जो है' उसे समझने के लिए द्वैत के द्वंद्व को समाप्त होना चाहिए, क्योंकि 'जो है' उससे भिन्न बनने के लिए होने वाली नकारात्मक प्रतिक्रिया, 'जो है' की समझ का निषेध करती है। यदि मैं दंभ को समझना चाहता हूं तो उसके लिए मुझे उसके विपरीत का आश्रय नहीं लेना चाहिए; कुछ बनने के प्रयास में, यहां तक कि 'जो है' उसे समझने के प्रयास में उलझकर भी विभ्रम में नहीं पड़ना चाहिए। यदि मैं दंभी हूं तो क्या होता है? यदि मैं दंभ को कोई संज्ञा, कोई नाम न दूं, तो वह मिट जाता है; इसका अर्थ है कि स्वयं समस्या में ही उसका समाधान है, न कि उससे हटकर कहीं और।

यहां प्रश्न 'जो है' को स्वीकार कर लेने का नहीं है; 'जो है' आपको उसे स्वीकार नहीं करना होता, आप यह स्वीकार नहीं करते कि आप गोरे हैं या काले हैं, क्योंकि वह एक तथ्य है; जब आप कुछ और बनना चाहते हैं तभी स्वीकार करने का सवाल पैदा होता है। जिस समय आप किसी तथ्य को पहचान लेते हैं, उसका कोई मतलब नहीं रहता। परंतु अतीत या भविष्य के विषय में सोचने के लिए प्रशिक्षित मन, जो विभिन्न दिशाओं में दौड़ने का अभ्यस्त है ऐसा मन, 'जो है' उसे समझने में अक्षम होता है। 'जो है' उसे बिना समझे आप यथार्थ क्या है यह नहीं जान सकते और बिना उस समझ के जीवन की कोई सार्थकता नहीं है; तब जीवन एक सतत संघर्ष है, जिसमें कष्ट और दुःखभोग निरंतर बने रहते हैं। 'जो है' उसे समझने से ही यथार्थ को समझा जा सकता है। यदि वहां निंदा है या जुड़ाव है, तो उसे नहीं समझा जा सकता। सदा तिरस्कार अथवा तादात्म्य करने वाला मन समझ नहीं पाता, वह केवल उसी को समझ सकता है जिसमें वह जकड़ा हुआ है। 'जो है' उसे समझना, 'जो है' उसके प्रति जागरूक होना उन असाधारण गहराइयों को प्रकट करता है, जिनमें यथार्थ है, प्रसन्नता है और आनंद है।

19. प्रार्थना और ध्यान

प्रश्न : क्या प्रार्थना में अभिव्यक्त की गई कामना ईश्वर-प्राप्ति का मार्ग नहीं है?

कृष्णमूर्ति : सर्वप्रथम इस प्रश्न में निहित समस्याओं की पड़ताल करना आवश्यक है। इसमें प्रार्थना, एकाग्रता और ध्यान का सवाल आ जाता है। प्रार्थना से हमारा क्या तात्पर्य है? पहले तो, प्रार्थना में जिसे आप ईश्वर कहते हैं, यथार्थ कहते हैं, उसके प्रति एक निवेदन होता है, एक याचना होती है। जिसे आप ईश्वर कहते हैं उससे आप एक व्यक्ति के रूप में कुछ मांगते हैं, निवेदन करते हैं, याचना करते हैं, मार्गदर्शन चाहते हैं; अतः आपकी दृष्टि कोई पुरस्कार या कोई परितोष प्राप्त करने की है। आप किसी परेशानी में हैं, वह राष्ट्रीय स्तर पर हो या व्यक्तिगत स्तर पर, और आप मार्गदर्शन के लिए प्रार्थना करते हैं, अथवा आप भ्रांत हैं और आप स्पष्टता के लिए प्रार्थना करते हैं। जिसे आप ईश्वर कहते हैं उसकी आप सहायता चाहते हैं। इसमें निहित है कि ईश्वर नाम की कोई सत्ता हमारी पैदा की गई उलझन को दूर करेगी--वह ईश्वर क्या है इस बात पर हम अभी

चर्चा नहीं करेंगे। आखिरकार, यह उलझन, यह पीड़ा, यह दुर्व्यवस्था, यह डरावना अत्याचार, यह प्रेम की कमी--सब हमारा ही किया कराया है, और हम चाहते हैं कि ईश्वर नाम की कोई हस्ती हमें इससे मुक्त कराए। दूसरे शब्दों में, हम चाहते हैं कि हमारे विभ्रम, हमारे कष्ट, हमारे दुःख, हमारे द्वंद्व को कोई दूसरा दूर करे; हम दूसरे से निवेदन करते हैं कि वह हमें प्रकाश दे और सुख दे।

अब आप जब प्रार्थना करते हैं, याचना करते हैं, किसी वस्तु की कामना करते हैं, तो सामान्यतः वह मिल जाती है। आप जो मांगते हैं, आप पाते हैं; परंतु जो आप पाते हैं वह व्यवस्था नहीं उत्पन्न करेगा, क्योंकि जो आप पाते हैं वह स्पष्टता एवं समझ नहीं लाता। वह केवल संतोष, केवल तसल्ली देता है; वह बोध नहीं देता, क्योंकि जब आप कोई मांग करते हैं तो आप उसी को प्राप्त करते हैं, जिसे आपने स्वयं प्रक्षेपित किया है। यथार्थ या ईश्वर आपकी विशिष्ट मांग को कैसे पूरा कर सकता है? वह जो असीम है, जो अकथनीय है, क्या उसका हमारी छोटी-छोटी चिंताओं, कष्टों, दुविधाओं से सरोकार हो सकता है? अतः वह क्या है जो हमें उत्तर देता है? ज़ाहिर है कि जो असीम है वह सीमित को, क्षुद्र को, लघु को उत्तर नहीं दे सकता। तो जो उत्तर देता है वह क्या है? जब हम प्रार्थना करते हैं, हम काफी शांत होते हैं, हम ग्रहणशीलता की अवस्था में होते हैं; और उस अवस्था में हमारा अपना अवचेतन क्षणिक स्पष्टता उत्पन्न करता है। आप कुछ चाहते हैं, आपको किसी वस्तु की कामना है, और कामना के उस क्षण, दासवत् याचना के क्षण में आप काफी ग्रहणशील होते हैं; आपका चेतन, सक्रिय मन अपेक्षाकृत शांत होता है और इसलिए अचेतन अपने को प्रक्षेपित करता है और आपको एक उत्तर मिलता है। निस्संदेह यह उत्तर आपको यथार्थ से, असीम से नहीं मिलता, यह आपका अपना अचेतन ही होता है जो प्रत्युत्तर दे रहा होता है। अतः हम इस विषय में भ्रांत न हों। और यह न समझ बैठें कि जब आपकी प्रार्थना का उत्तर मिलता है तो आप यथार्थ को पा लेते हैं। यथार्थ ही आपके पास आएगा; आप उसके पास नहीं जा सकते।

प्रार्थना की इस समस्या में एक दूसरा तत्त्व निहित है, और वह है हमारी तथाकथित अंतरात्मा की आवाज़। जैसा कि मैंने कहा, जब मन अनुनय कर रहा है, कामना कर रहा है, वह अपेक्षाकृत शांत होता है; जब आप अंतरात्मा की आवाज़ सुनते हैं, यह आपकी अपनी ही आवाज़ होती है, जो अपेक्षाकृत शांत मन में अपने को प्रक्षेपित कर रही है। और फिर यह यथार्थ की आवाज़ हो भी कैसे सकती है? एक दुविधाग्रस्त, अज्ञानी, लालची, याचक मन यथार्थ को कैसे समझ सकता है? मन केवल तभी यथार्थ को ग्रहण कर पाता है जब वह पूर्णतया शांत होता है, जब वह कुछ मांग नहीं करता, कुछ कामना नहीं करता, कुछ नहीं चाहता, चाहे वह अपने लिए हो या राष्ट्र के लिए या किसी दूसरे के लिए। जब मन पूर्णतया शांत होता है, जब आकांक्षा का लोप हो जाता है, केवल तभी यथार्थ प्रकट होता है। एक व्यक्ति जो मांग रहा है, निवेदन कर रहा है, याचना कर रहा है, मार्गदर्शन के लिए लालायित है, वह जो चाहता है उसे पा तो लेगा परंतु वह सत्य नहीं होगा। वह जो पाता है उसके अपने मन के अचेतन स्तरों की ही प्रतिक्रिया

होती है। ये अचेतन स्तर अपने को चेतन स्तर पर प्रक्षेपित करते हैं। वह शांत धीमा सा स्वर, जो उसका मार्गदर्शन करता है, यथार्थ नहीं होता। वह केवल अचेतन का प्रत्युत्तर होता है।

प्रार्थना की इस समस्या में ही निहित एकाग्रता की समस्या भी है। अधिकांश व्यक्तियों के लिए एकाग्रता बहिष्करण की प्रक्रिया है। प्रयत्न, दबाव, निर्देशन, अनुकरण के द्वारा एकाग्रता लायी जाती है, अतः एकाग्रता बाकी चीज़ों को बाहर निकाल देने की प्रक्रिया है। मैं तथाकथित ध्यान में रुचि रखता हूं, परंतु मेरे विचार विचलित हो जाते हैं और इसलिए मैं अपने मन को किसी चित्र, किसी प्रतिमा या किसी धारणा पर केंद्रित करता हूं और सभी दूसरे विचारों का बहिष्कार करता हूं। एकाग्रता की बहिष्करण रूपी यह प्रक्रिया ध्यान लगाने का साधन मानी जाती है। यही आप करते हैं, क्या नहीं करते? जब आप ध्यान के लिए बैठते हैं, आप अपने मन को किसी शब्द, किसी प्रतिमा या किसी चित्र पर केंद्रित करते हैं। परंतु मन इधर-उधर घूमता रहता है। दूसरे विचार, दूसरी कल्पनाएं, दूसरी भावनाएं निरंतर बाधा डालती रहती हैं, और आप अपना समय उन विचारों से जूझने में लगाये रखते हैं। इस प्रक्रिया को आप ध्यान कहते हैं। अर्थात आप एक ऐसी वस्तु पर एकाग्रचित्त होने का प्रयत्न कर रहे हैं जिसमें कि आपकी रुचि नहीं है। आपके विचारों की संख्या निरंतर बढ़ती जाती है, बाधा बढ़ती जाती है और इस प्रकार आप बहिष्करण में, विचारों को दूर रखने में, उन्हें हटाने में अपनी शक्ति का व्यय करते हैं। यदि आप अपने चुने हुए विचार पर, किसी एक विशेष लक्ष्य पर ध्यान केंद्रित कर सकें, तो आप समझते हैं कि अंततः आप अपने ध्यान में सफल हो गए। निस्संदेह यह ध्यान नहीं है, ध्यान कोई बहिष्कार की प्रक्रिया नहीं है, अतिक्रमण करने वाली धारणाओं का प्रतिरोध कर उन्हें दूर हटाने की प्रक्रिया ध्यान नहीं है। तो प्रार्थना ध्यान नहीं है और बहिष्करण के रूप में एकाग्रता भी ध्यान नहीं है।

ध्यान क्या है? एकाग्रचित्त होना ध्यान नहीं है, क्योंकि जहां रुचि होती है, वहां किसी वस्तु पर एकाग्रचित्त होना अपेक्षाकृत सरल होता है। युद्ध और नरसंहार की योजना बनाने वाला सेनापति बड़ा एकाग्रचित्त होता है। पैसा कमाने वाला व्यापारी बड़ा एकाग्रचित्त होता है--वह कठोर भी हो सकता है क्योंकि वह प्रत्येक दूसरी भावना को एक ओर करके जो चाहता है उस पर पूर्णतया एकाग्रचित्त होता है। यदि एक व्यक्ति की किसी वस्तु में रुचि है तो वह स्वभावतः सहज रूप में एकाग्रचित्त होता है। ऐसी एकाग्रता ध्यान नहीं है। वह केवल बहिष्करण है।

अतः ध्यान क्या है? निस्संदेह ध्यान समझ है--हृदय का ध्यान समझ है। यदि बहिष्करण होगा तो समझ कैसे हो सकती है? जहां निवेदन है, अनुनय है, वहां समझ कैसे हो सकती है? बोध में, समझ में शांति होती है, स्वतंत्रता होती है; जिसे आप समझ लेते हैं, उससे आप मुक्त हो जाते हैं। केवल एकाग्रचित्त होना अथवा प्रार्थना करना समझ नहीं लाता। समझ ध्यान का आधार है, ध्यान की मूलभूत प्रक्रिया है। आप इस विषय में मेरे शब्दों को बेशक स्वीकार न करें, परंतु यदि आप प्रार्थना और एकाग्रता का सावधानी

से परीक्षण करेंगे तो आप को पता चलेगा कि इनमें से कुछ भी समझ नहीं ला सकता। इनका परिणाम केवल दुराग्रह, दृढ़ता और भ्रम है। जबकि ध्यान में, जिसमें बोध होता है, स्वतंत्रता, स्पष्टता और समग्रता आती है।

फिर, बोध का, समझ का क्या अर्थ है? इसका अर्थ है सभी वस्तुओं को उचित अर्थवत्ता, उचित मूल्य प्रदान करना। अज्ञानी होने का अर्थ है गलत मूल्य प्रदान करना; मूर्खता का स्वभाव ही है कि वह उचित मूल्यों को नहीं समझती। बोध तभी होता है जब उचित मूल्य होते हैं, जब उचित मूल्यों की स्थापना होती है। तो उचित मूल्यों को स्थापित कैसे किया जाये--संपत्ति के उचित मूल्य को, संबंध के उचित मूल्य को, धारणाओं के उचित मूल्य को? उचित मूल्य स्थापित हो सके इसके लिए यह आवश्यक है कि आप विचारकर्ता को समझें। यदि मैं विचारकर्ता को नहीं समझता, जो कि मैं स्वयं हूं, तो मेरे चुनाव का, मेरे वरण का, कोई अर्थ नहीं है, अर्थात यदि मैं अपने आप को नहीं जानता तो मेरे कर्म का, मेरे विचार का कोई भी आधार नहीं है। अतः स्वबोध ध्यान का आरंभ है, वह बोध नहीं जिसे आप पुस्तकों से, अधिकारी व्यक्तियों से, गुरुओं से प्राप्त करते हैं, बल्कि वह समझ जो स्व-अन्वेषण से आती है, जो कि आत्म-सजगता है। ध्यान स्वबोध का आरंभ है और स्वबोध के बिना ध्यान संभव नहीं है। यदि मैं अपने विचारों के, अपनी भावनाओं के तौर-तरीकों को नहीं समझता, यदि मैं अपने अभिप्रायों को, अपनी आकांक्षाओं, अपनी मांगों, कर्म के विभिन्न प्रारूपों के अपने अनुशीलन को अर्थात धारणाओं को नहीं समझता, यदि मैं स्वयं को नहीं जानता तो चिंतन के लिए कोई आधार नहीं होता। खुद को समझे बिना जो विचारकर्ता केवल मांगता है, प्रार्थना करता है, बहिष्करण करता है, उसके हाथ दुविधा और भ्रांति ही लगने वाली है।

ध्यान का आरंभ स्वबोध है, स्वयं को जानना है, और स्वबोध का अभिप्राय है विचार और भावना की प्रत्येक गति के प्रति सजग होना; उसका अर्थ है अपनी चेतना की सभी सतहों को जानना, केवल ऊपरी सतहों को ही नहीं वरन अव्यक्त, गहराई में छिपी क्रियाओं को जानना। गहराई में छिपी अव्यक्त क्रियाओं, अभिप्रायों, अनुक्रियाओं, विचारों और भावनाओं को जानने के लिए चेतन मन में शांति का होना अनिवार्य है; तात्पर्य यह है कि अचेतन के प्रक्षेपणों को ग्रहण करने के लिए चेतन मन को स्थिर होना होगा। सतही एवं सक्रिय चेतन मन नित्य की क्रियाओं में, जीविकोपार्जन में, दूसरों को धोखा देने में, उनका शोषण करने में, समस्याओं से दूर भागने में अर्थात हमारे अस्तित्व की अनेकानेक गतिविधियों में व्यस्त रहता है। इस सतही मन को अपनी गतिविधियों के सही महत्त्व को समझना होगा और इस तरह स्वयं शांत होना होगा। विधि-विधान, बाध्यता, अनुशासन के द्वारा वह शांति, निश्चलता नहीं ला सकता। निश्चलता, शांति, स्थिरता तभी संभव है जब वह अवलोकन के द्वारा अपनी गतिविधियों के प्रति सजग होकर उन्हें समझे, स्वयं अपनी कठोरता को देखे और यह देखे कि अपने नौकर से, अपनी पत्नी से, पुत्री से, माता से वह कैसे व्यवहार करता है। जब वह सतही चेतन मन पूर्णतया अपनी गतिविधियों के प्रति सजग होता है, तो उस बोध के द्वारा वह सहज ही शांत

हो जाता है। यह किसी ज़बरदस्ती से लायी जाने वाली बेहोशी नहीं होती और न ही यह किसी लालसा से प्रेरित अनुशासन ही है। तब अचेतन के संकेतों को, मन की अनेकानेक परतों को, प्रजातिगत मूल प्रवृत्तियों को, दफन यादों को, अव्यक्त तलाशों को, अभी तक न भरे गहरे ज़ख्मों को देख-समझ पाना उसके लिए संभव होता है। जब इन सबने अपना प्रक्षेपण कर लिया होता है और इनको समझ लिया जाता है, जब समस्त चेतना इन घावों के, इन स्मृतियों के बोझ से मुक्त हो जाती है, तभी यह शाश्वत को ग्रहण करने की अवस्था में आती है।

ध्यान स्व का बोध है और बिना स्वबोध के ध्यान संभव नहीं है। यदि आप प्रत्येक क्षण अपने समस्त प्रत्युत्तरों के प्रति सजग नहीं है, यदि आप अपनी नित्य की क्रियाओं के प्रति पूर्णतया सचेत, उनसे पूर्णतया परिचित नहीं हैं, तो खुद को एक कमरे में बंद कर लेना और अपने गुरु या स्वामी के चित्र के सामने ध्यान के लिए बैठना एक पलायन है; क्योंकि स्वबोध के बिना सम्यक चिंतन नहीं होता और बिना सम्यक चिंतन के आप जो कुछ भी करते हैं, चाहे उसमें आपके इरादे कितने भी महान क्यों न हों, उसका कोई अर्थ नहीं है। स्वबोध के अभाव में प्रार्थना का कोई मूल्य नहीं है। इसलिए जहां स्वबोध है, वहां सम्यक चिंतन होगा और इसलिए उचित कर्म होगा। अतः जहां उचित कर्म होता है, वहां दुविधा नहीं होती और परिणामस्वरूप, वहां किसी व्यक्ति से इस अनुनय की आवश्यकता नहीं होती कि वह आपको उस दुविधा से मुक्त करे। पूरी तरह से सजग व्यक्ति ध्यानरत ही होता है; वह प्रार्थना नहीं करता क्योंकि उसे कुछ नहीं चाहिए। प्रार्थना के द्वारा, विधि-विधान के द्वारा, दोहराने और इसी प्रकार की तमाम बातों के द्वारा आप एक प्रकार की स्थिरता प्राप्त कर सकते हैं, परंतु वह केवल जड़ता है, अर्थात एक ऐसी स्थिति है जिसमें मन और हृदय एक थकावट की हालत में पहुंच जाते हैं। यह मन को बेहोश कर लेना है। और यह बहिष्करण जिसे आप एकाग्रता कहते हैं यथार्थ तक नहीं ले जाता, एक को छोड़कर अन्य को अलग हटाने की ऐसी कोई भी प्रक्रिया यह नहीं कर सकती। समझ अपने आपको जानने का परिणाम है और यदि हमारी मंशा सही है तो जागरूकता कोई मुश्किल काम नहीं है। यदि आप स्वयं की समस्त प्रक्रिया के, केवल सतही स्तर पर ही नहीं बल्कि अपने व्यक्तित्व की समस्त प्रक्रिया के अनुसंधान में रुचि रखते हैं, तो यह जागरूकता अपेक्षाकृत आसान होती है। यदि आप वास्तव में अपने को जानना चाहते हैं तो आप अपने हृदय और मन का अन्वेषण करेंगे जिससे कि आप उनकी समस्त विषयवस्तु को जान सकें और जब उसे जानने की मंशा होगी तो आप जान ही लेंगे। उस अवस्था में विचार और भावना की प्रत्येक गति का आप बिना निंदा या औचित्य-समर्थन के अध्ययन कर पाते हैं; जैसे-जैसे विचार या भावना उठती है, वैसे-वैसे उसका अनुगमन करने में आप एक ऐसी शांति का अनुभव करते हैं जो कि बाध्यता से या विधि-विधान से नहीं आती, बल्कि जो किसी समस्या के न होने का, किसी अंतर्विरोध के न होने का परिणाम है। यह उस सरोवर के समान है जो किसी भी शाम में शांत और नीरव हो जाता है, जब हवाएं नहीं चल रही होतीं। जब मन शांत होता है, तो असीम प्रकट होता है।

20. चेतन एवं अचेतन मन

प्रश्न : चेतन मन अचेतन मन से अपरिचित एवं भयभीत होता है। आप मुख्यतः चेतन मन को ही संबोधित कर रहे हैं, क्या यह पर्याप्त है? क्या आपकी पद्धति से अचेतन को मुक्ति मिल सकेगी? कृपया विस्तार से समझाएं कि अचेतन मन से पूरी तरह से कैसे निबटा जाये?

कृष्णमूर्ति : हम जानते हैं कि मन चेतन एवं अचेतन होता है, परंतु हममें से अधिकांश व्यक्ति केवल चेतन स्तर पर, मन के ऊपरी स्तर पर ही कार्य करते हैं और हमारा समस्त जीवन व्यावहारिक दृष्टि से उसी तक सीमित होता है। हम तथाकथित चेतन मन में ही रहते हैं और हम कभी-भी उस गहन अचेतन मन पर ध्यान नहीं देते जहां से कभी-कभी कोई संकेत आता है, कोई सूचना आती है; और उस संकेत को भी हमारी तात्कालिक विशिष्ट चेतन मांगों के अनुसार उपेक्षित, विकृत या रूपांतरित कर दिया जाता है। अब प्रश्नकर्ता पूछते हैं, ''आप मुख्यतः चेतन मन को ही संबोधित करते हैं; क्या यह पर्याप्त है?'' हमारा चेतन मन से क्या तात्पर्य है, यह हमें देखना होगा। क्या चेतन मन अचेतन मन से भिन्न है? हमने चेतन को अचेतन से पृथक कर लिया है, क्या यह उचित है? क्या यह सही है? क्या चेतन एवं अचेतन में ऐसा कोई विभाजन है? क्या कहीं कोई ऐसा निश्चित घेरा है, ऐसी रेखा है जहां चेतन समाप्त होता है तथा अचेतन आरंभ होता है? हम जानते हैं कि ऊपरी सतह, अर्थात चेतन मन सक्रिय है, परंतु क्या केवल वही एक उपकरण है जो दिनभर सक्रिय रहता है? यदि मैं केवल मन की ऊपरी सतह को ही संबोधित कर रहा होता, तो निस्संदेह जो मैं कह रहा हूं वह मूल्यहीन होता, उसका कोई अर्थ न होता। फिर भी हममें से अधिकांश व्यक्ति उसी से चिपके रहते हैं जिसे चेतन मन ने स्वीकार किया है, क्योंकि चेतन मन के लिए यह सुविधाजनक होता है कि वह किन्हीं सुव्यक्त तथ्यों से अपना सामंजस्य बिठा ले, परंतु अचेतन विद्रोह कर सकता है और प्रायः करता भी है, और इस प्रकार तथाकथित चेतन तथा अचेतन में द्वंद्व होने लगता है।

अतः यही हमारी समस्या है, है कि नहीं? वास्तव में अवस्था केवल एक ही है, चेतन या अचेतन जैसी कोई दो अवस्थाएं नहीं हैं। एक ही अवस्था होती है, जो कि चेतना है, भले ही आप उसे चेतन तथा अचेतन में विभाजित कर लें। परंतु वह चेतना सदा अतीत की होती है, वर्तमान की कभी नहीं होती; आप केवल उन्हीं बातों के प्रति सचेत होते हैं जो हो चुकी हैं। जो मैं आपको बताने का यत्न कर रहा हूं उसके प्रति आप एक पल बाद ही सचेत होते हैं, है न? आप उसे एक क्षण बाद समझते हैं। आप अभी के प्रति कभी सचेत अथवा सजग नहीं होते। आप अपने हृदय एवं मन का निरीक्षण करें, तो आप देखेंगे कि चेतना अतीत एवं भविष्य के बीच कार्य कर रही है और वर्तमान केवल अतीत से भविष्य की ओर जाने की राह भर है। अतः चेतना अतीत की भविष्य की ओर गति है।

यदि आप अपने मन को कार्य करते हुए देखें, तो आप पाएंगे कि अतीत की ओर तथा भविष्य की ओर होने वाली गति एक ऐसी प्रक्रिया है जिसमें वर्तमान है ही नहीं। या तो अतीत अनचाहे वर्तमान से पलायन का साधन बनता है, या फिर भविष्य उस वर्तमान से छुटकारा पाने की आस भर है। इस प्रकार मन या तो अतीत में लिप्त रहता है या भविष्य में, वर्तमान को वह केंचुल की तरह उतार देता है। यानी कि मन अतीत से बंधा है; वह एक भारतीय, एक ब्राह्मण अथवा अब्राह्मण, एक ईसाई, एक बौद्ध आदि के रूप में संस्कारबद्ध है और वही संस्कारबद्ध मन भविष्य में अपना प्रक्षेपण करता है, अतः वह किसी भी तथ्य को प्रत्यक्ष रूप से तथा निष्पक्षता से देखने में समर्थ नहीं होता। वह या तो तथ्य की निंदा करता है और उसका परित्याग कर देता है, अथवा उसे स्वीकार करके उसके साथ अपना तादात्म्य कर लेता है। स्पष्ट है, ऐसा मन तथ्य को तथ्य के रूप में देखने की क्षमता नहीं रखता। यही है हमारी चेतना की अवस्था जो कि अतीत से संस्कारित है। और हमारा विचार तथ्य की चुनौती के प्रति एक संस्कारबद्ध प्रतिक्रिया होता है। जितना अधिक आप अपने विश्वास, अपने अतीत की संस्कारबद्धता के अनुसार प्रतिक्रिया करेंगे, उतना ही अतीत दृढ़ होता जायेगा। अतीत का दृढ़ होना ही उसकी निरंतरता है, और उसे वह भविष्य कहता है। हमारे मन की, चेतना की यही अवस्था है--वह एक पेंडुलम के समान है जो आगे और पीछे, भविष्य और अतीत के बीच झूलता रहता है। मन केवल ऊपरी सतहों से नहीं बना है, बल्कि इसमें गहरी परतें भी हैं। स्पष्ट है, ऐसी चेतना एक भिन्न स्तर पर काम नहीं कर पाती, क्योंकि वह केवल आगे और पीछे की उन दो गतियों से ही परिचित है।

यदि आप बड़ी सावधानी से देखें तो आपको ज्ञात होगा कि यह चेतना एक सतत प्रवाहमान गति नहीं है, बल्कि दो विचारों के बीच में एक अंतराल भी हुआ करता है, भले ही वह एक पल का भी सूक्ष्मतम अंश हो, एक अंतराल होता है जिसका पेंडुलम के आगे और पीछे झूलने में महत्त्व है। हम देखते हैं कि हमारी सोच अतीत से संस्कारबद्ध है और उस अतीत को भविष्य में प्रक्षिप्त किया जाता है; जिस क्षण आप अतीत को स्वीकार कर लेते हैं उसी क्षण आपको भविष्य को भी स्वीकार करना पड़ेगा, क्योंकि अतीत और भविष्य जैसी कोई दो अवस्थाएं नहीं हैं, अवस्था केवल एक ही है जिसमें चेतन और अचेतन, सामूहिक अतीत और व्यक्तिगत अतीत दोनों का ही समावेश है। यह सामूहिक और व्यक्तिगत अतीत वर्तमान के प्रत्युत्तर में कुछ ऐसी अनुक्रियाएं करता है जिनसे व्यक्तिगत चेतना पैदा होती है; अतः चेतना अतीत की ही होती है और हमारे अस्तित्व की यही समस्त पृष्ठभूमि है। अब जिस समय आपके पास एक अतीत होता है उसी क्षण अनिवार्यतः एक भविष्य भी होता है, क्योंकि भविष्य केवल उस अतीत की ही संशोधित रूप में निरंतरता है, परंतु है यह अब भी अतीत ही। इसलिए हमारी समस्या यह है कि बिना दूसरी संस्कारबद्धता उत्पन्न किए, बिना दूसरा अतीत उत्पन्न किए, हम कैसे अतीत की इस प्रक्रिया में आमूल परिवर्तन लाएं।

एक दूसरे प्रकार से भी हम इस समस्या को रख सकते हैं। हममें से अधिकांश

लोग किसी विशेष संस्कारबद्धता को तो त्याग देते हैं, परंतु किसी दूसरी, अधिक व्यापक, अधिक महत्त्वपूर्ण या अधिक आनंदप्रद संस्कारबद्धता को स्वीकार कर लेते हैं। आप एक धर्म को छोड़ते हैं और दूसरे को मान लेते हैं, एक प्रकार के विश्वास का परित्याग करते हैं तथा दूसरे को स्वीकार कर लेते हैं। स्पष्ट है कि एक के स्थान पर अन्य को इस प्रकार प्रतिस्थापित करने का अर्थ जीवन को समझना नहीं है, जो कि पारस्परिकता है, संबंध है। हमारी समस्या है कि इस सारी संस्कारबद्धता से हम कैसे मुक्त हों। दो ही विकल्प हैं, या तो आप कहें कि यह असंभव है और कोई मानव मन कभी-भी संस्कारबद्धता से मुक्त नहीं हो सकता, अथवा आप प्रयोग करना, जांच करना, अन्वेषण करना आरंभ करें। यदि आप यह दावा करते हैं कि यह असंभव है तो स्पष्ट है कि आप दौड़ से बाहर हो चुके हैं। आपका यह दावा सीमित अथवा व्यापक अनुभव पर आधारित हो सकता है, ऐसा भी हो सकता है कि यह किसी विश्वास पर आधारित हो। परंतु ऐसे कथन का तात्पर्य यही है कि आप खोज का, अनुसंधान का, जांच का, अन्वेषण का निषेध कर रहे हैं। यह जानने के लिए कि समस्त संस्कारबद्धता से पूर्णतया मुक्त होना मन के लिए संभव है या नहीं, हमें अन्वेषण एवं अनुसंधान के लिए स्वतंत्र होना होगा।

मेरा कहना है कि समस्त संस्कारबद्धता से मुक्त होना मन के लिए निश्चय ही संभव है--इसका अर्थ यह नहीं है कि आपको मेरे प्रामाण्य के आधार पर इसे स्वीकार कर लेना चाहिए। यदि आप किसी के प्रामाण्य के आधार पर इसे स्वीकार कर लेते हैं, तो आप कभी-भी खोज नहीं कर पाएंगे, उस प्रकार का स्वीकार मात्र प्रतिस्थापन ही होगा और उसका कोई महत्त्व नहीं होगा। जब मैं कहता हूं कि वह संभव है तो मैं इसलिए कहता हूं कि मेरे लिए वह एक तथ्य है और मैं उसे शब्दों के माध्यम से आपको बता सकता हूं, परंतु यदि आपको स्वयं उसके सत्य का पता लगाना है तो आपको उसके साथ प्रयोग करना होगा और बड़े गौर से उसका अवलोकन करते रहना होगा।

विश्लेषण या आत्म-निरीक्षण के द्वारा आपके लिए संस्कारबद्धता की समस्त प्रक्रिया को समझ पाना संभव नहीं है, क्योंकि विश्लेषक भी उसी पृष्ठभूमि का एक हिस्सा होता है और इसलिए उसके इस विश्लेषण का कोई महत्त्व नहीं रह जाता है। वह विश्लेषक जो छानबीन कर रहा है, जो उस विषयवस्तु का विश्लेषण कर रहा है, स्वयं भी उस संस्कारग्रस्त अवस्था का ही अंग है, और इसलिए जो भी उसकी व्याख्या, उसका बोध, उसका विश्लेषण हो रहा है वह सब उसी पृष्ठभूमि का हिस्सा है। अतः इस तरह से देखें तो पलायन संभव ही नहीं है और उस पृष्ठभूमि का तोड़ा जाना आवश्यक है, क्योंकि नवीन की चुनौती का सामना करने के लिए मन को भी नवीन होना होगा; ईश्वर, सत्य, अथवा जो भी आप कहें, उसे खोजने के लिए मन का अभिनव, ताज़ा होना ज़रूरी है, उसमें अतीत की मिलावट नहीं चाहिए। अतीत के विश्लेषण का, प्रयोगों की एक शृंखला के द्वारा किन्हीं निष्कर्षों पर पहुंचने का, किसी प्रकार के स्वीकार और निषेध आदि की स्थापना का अभिप्राय है कि इस पृष्ठभूमि की किसी-न-किसी रूप में निरंतरता बनी है। जब आप इस तथ्य की सच्चाई को समझ लेंगे, आप देखेंगे कि विश्लेषक का लोप

हो गया है। उस अवस्था में पृष्ठभूमि के अतिरिक्त और किसी की सत्ता नहीं रह जाती; पृष्ठभूमि के रूप में वहां केवल विचार रह जाता है, जो कि चेतन तथा अचेतन, वैयक्तिक तथा सामूहिक स्मृति का प्रत्युत्तर है।

मन अतीत का परिणाम है और अतीत संस्कारबद्धता की प्रक्रिया है। तो मन के लिए मुक्त होना कैसे संभव हो? स्वतंत्र होने के लिए मन को न केवल यह देखना, समझना होगा कि वह अतीत और भविष्य के बीच पेंडुलम की भांति झूलता रहता है, बल्कि उसे विचारों के बीच होने वाले अंतराल के प्रति भी जागरूक होना होगा। यह अंतराल स्वतः होता है; यह किसी कारण से, किसी इच्छा के द्वारा, किसी दबाव के द्वारा नहीं लाया जा सकता।

यदि आप बड़ी सावधानी से निरीक्षण करें तो आप देखेंगे कि यद्यपि यह अनुक्रिया, विचार की यह गति बड़ी तीव्र प्रतीत होती है, लेकिन उसमें बीच-बीच में अवकाश होते हैं, विचारों के बीच अंतराल होते हैं। दो विचारों के बीच मौन की एक अवधि होती है, जो विचार-प्रक्रिया से संबंधित नहीं होती। निरीक्षण करने पर आप देखेंगे कि मौन की यह अवधि, यह अंतराल, समय से संबंधित नहीं है, और इस अंतराल का अन्वेषण, इस अंतराल की पूर्ण अनुभूति आपको संस्कारबद्धता से मुक्त कर देती है, या यूं कहें कि यह 'आपको' मुक्त नहीं करती, बल्कि संस्कारों से मुक्ति घटित होती है। अतः सोच-विचार की प्रक्रिया को समझना ही ध्यान है। हम इस समय विचार की संरचना और प्रक्रिया की ही चर्चा नहीं कर रहे हैं जो हमारी स्मृति, अनुभव और ज्ञान का आधार है, बल्कि हम यह भी जानने का यत्न कर रहे हैं कि क्या मन स्वयं को उस पृष्ठभूमि से मुक्त कर सकता है। जब मन विचार को निरंतरता प्रदान नहीं कर रहा होता, जब वह ऐसी स्थिरता में स्थिर है जो न प्रेरित है और न जिसका कोई कारण है, केवल तभी उस पृष्ठभूमि से मुक्ति संभव है।

21. काम-वृत्ति

प्रश्न : हम जानते हैं कि काम-वृत्ति एक ऐसी शारीरिक एवं मनोवैज्ञानिक आवश्यकता है जिससे बचा नहीं जा सकता, और ऐसा प्रतीत होता है कि वह हमारी पीढ़ी के लोगों के व्यक्तिगत जीवन में अव्यवस्था का मूल कारण है। इस समस्या से हम कैसे दो-चार हों?

कृष्णमूर्ति : ऐसा क्यों होता है कि हम जो कुछ भी छूते हैं वह समस्या में परिवर्तित हो जाता है? हमने ईश्वर को एक समस्या बना दिया है, हमने प्रेम को एक समस्या बना दिया है, हमने संबंध को, जीने को एक समस्या बना दिया है, और हमने काम-वृत्ति को भी एक समस्या बना दिया है। क्यों? क्यों जो कुछ हम करते हैं, वह एक समस्या बन कर रह जाता है--एक आतंक बन कर रह जाता है? हम क्यों दुःख भोग रहे हैं? क्यों काम-वृत्ति एक समस्या बन गई है? हम क्यों खुद को समस्याओं से भरे जीवन को समर्पित कर देते हैं? हम क्यों उनका अंत नहीं करते? हम अपनी समस्याओं को दिन-प्रतिदिन,

वर्ष-प्रतिवर्ष ढोते रहने के बजाय उनसे पीछा क्यों नहीं छुड़ा लेते? काम-वृत्ति निस्संदेह एक प्रासंगिक प्रश्न है, परंतु मूलभूत प्रश्न यह है कि क्यों हम जीवन को ही समस्या बना लेते हैं? धंधा, धनोपार्जन, काम-वृत्ति, सोचना, भावना, अनुभव--जीवन का यह समस्त व्यापार, यह सब एक समस्या क्यों है? मूलतः क्या यह इसीलिए नहीं है कि हम सदा एक खास दृष्टिकोण से, एक बंधे-बंधाए दृष्टिकोण से सोचा करते हैं? अपने सोच-विचार में हम सदा केंद्र से परिधि की ओर जाते हैं, लेकिन हममें से अनेक के लिए परिधि ही केंद्र बन जाती है, अतः जिस वस्तु का हम स्पर्श करते हैं वही सतही हो जाती है। किंतु जीवन सतही नहीं है, उसकी मांग तो समग्रता में जीने की है; चूंकि हम केवल सतही ढंग से जीते हैं, हम केवल सतही प्रतिक्रिया ही जानते हैं। परिधि पर रह कर हम चाहे जो कुछ भी करें उससे समस्या ही पैदा होती है, और यही हमारा जीवन है। हम सतही स्तर पर जीते हैं और उसकी तमाम समस्याओं के साथ जी कर ही संतोष कर लिया करते हैं। जब तक हम सतही स्तर पर, परिधि पर जीते हैं, समस्याओं का अस्तित्व बना रहता है, और यह परिधि है--मैं और उसके संवेदन, उसकी उत्तेजनाएं। इस 'मैं' को हम एक बाह्य रुख दे सकते हैं या फिर व्यक्तिनिष्ठ बना सकते हैं जिसका हम सृष्टि के साथ, राष्ट्र के साथ अथवा मन की बनाई हुई किसी दूसरी चीज़ के साथ तादात्म्य कर सकते हैं।

जब तक हम मन के दायरे में रहते हैं, जटिलताएं बनी रहेंगी, समस्याएं बनी रहेंगी; यही है जो हम जानते हैं। मन संवेदन है, मन संचित उत्तेजनाओं तथा प्रतिक्रियाओं का नतीजा है, और जिस किसी चीज़ को भी वह छू लेगा, वह पीड़ा तथा अंतहीन समस्या ही पैदा करेगी। मन ही हमारी समस्याओं का वास्तविक कारण है, मन जो कि चेतन व अचेतन स्तर पर रात-दिन यंत्रवत् कार्य कर रहा है। मन एक अत्यंत सतही चीज़ है, और इसी मन का संवर्धन करने में, इसे चालाक बनाने में, अधिकाधिक धूर्त एवं दुष्ट बनाने में हमने पीढ़ी-दर-पीढ़ी पूरी ज़िंदगी बिता डाली है। यह सब हमारे जीवन की हरएक गतिविधि से ज़ाहिर होता है। मन स्वभाव से ही कपटी तथा कुटिल है, तथ्यों का मुकाबला करने में असमर्थ है, और यही समस्याओं की जड़ है; यही तो है मूल समस्या।

काम-वृत्ति की समस्या से हमारा क्या तात्पर्य है? समस्या यह क्रिया है अथवा उस क्रिया के बारे में हमारा कोई विचार? समस्या उस क्रिया की नहीं है। यौन-क्रिया आपके लिए कोई समस्या नहीं है, उसी प्रकार जैसे भोजन करना कोई समस्या नहीं है, लेकिन यदि भोजन करने के बारे में या और किसी चीज़ के बारे में आप दिन भर सोचते रहें क्योंकि आपके पास दूसरा कुछ सोचने के लिए है ही नहीं, तो फिर वह आपके लिए एक समस्या बन जाता है। तो समस्या यौन-क्रिया है या उस क्रिया के बारे में विचार? आप उसके विषय में सोचते क्यों हैं? आप उसे बढ़ावा क्यों देते हैं, जैसा कि आप वास्तव में कर रहे हैं? सिनेमा, पत्रिकाएं, कहानियां, स्त्रियों के वस्त्र पहनने के ढंग, ये सभी बातें काम-वृत्ति के बारे में आपकी सोच को पुष्ट करती रहती हैं। तो मन इसे बढ़ावा क्यों दिया करता है, मन काम-वृत्ति के बारे में सोचता ही क्यों है? क्यों? क्यों वह आपके

जीवन का केंद्रीभूत विषय बन गया है? जब अनगिनत मसले हैं जो आपको पुकार रहे हैं, आपकी तवज्जो की मांग कर रहे हैं, तब आप काम-वृत्ति के विचार को ही अपना सारा ध्यान दे रहे हैं। होता क्या है, क्यों आपका मन उसमें लगा रहता है? क्योंकि वही चरम पलायन का मार्ग है, नहीं क्या? वह पूर्ण आत्म-विस्मृति का एक तरीका है। उस क्षण के लिए, कम-से-कम उस क्षण में तो आप अपने को भूल पाते हैं और खुद को भुलाने की दूसरी कोई राह दीखती नहीं। जीवन में और जो कुछ भी आप करते हैं वह 'मैं' को, स्व को ही बल देता है। आपका व्यवसाय, आपका धर्म, आपके देवता, आपके नेता, आपके राजनीतिक एवं आर्थिक कर्म, आपके पलायन, आपके सामाजिक कार्य, आपका एक दल में शामिल होना तथा दूसरे को छोड़ना, ये सब 'मैं' को ही गौरव दे रहे हैं, उसे ही पुष्ट कर रहे हैं। तात्पर्य यह हुआ कि केवल एक ही क्रिया है जिसमें 'मैं' पर कोई ज़ोर नहीं दिया जा रहा, इसीलिए वह एक समस्या बन जाती है, नहीं? जब आपके जीवन में केवल एक ही चीज़ है जो चरम पलायन का, पूर्ण आत्म-विस्मृति का अनुभव है, कुछ क्षणों के लिए ही सही, तो आप उसी से चिपके रहते हैं, क्योंकि केवल वही क्षण है जिसमें आप सुखी होते हैं। दूसरी हर चीज़ जिसे आप छूते हैं एक दुःस्वप्न बन जाती है, व्यथा और पीड़ा का स्रोत बन जाती है, इसलिए आप उस चीज़ के साथ चिपके रहते हैं जो आपको पूर्ण आत्म-विस्मृति देती है और जिसे आप सुख कहते हैं। लेकिन जब आप उसमें आसक्त हो जाते हैं तो यह भी दुःस्वप्न बन जाता है, क्योंकि तब आप उससे मुक्त होना चाहते हैं, आप उसके दास नहीं होना चाहते। इसी कारण फिर आप मन से ही शुचिता के, संयम के विचार का आविष्कार कर लेते हैं और दमन के द्वारा संयत होना चाहते हैं, संयमी होना चाहते हैं, और ये सब वास्तविकता से कटने की, तथ्यों से पलायन की प्रक्रियाएं हैं जो मन रचा करता है। इनसे पुनः 'मैं' को विशेष बल मिल जाता है, जो कि कुछ बनना चाहता है। इस प्रकार आप फिर क्लेश में, परेशानी में, प्रयास में, कष्ट में फंस जाते हैं।

जब तक आप काम-वृत्ति के बारे में सोचने वाले मन को नहीं समझ लेते, तब तक काम-वृत्ति असाधारण रूप से कठिन एवं जटिल समस्या बनी रहती है। वह क्रिया अपने आप में कभी भी समस्या नहीं हो सकती, समस्या उस क्रिया के बारे में सोचने के कारण पैदा होती है। उस क्रिया को आप सुरक्षा कवच पहना देते हैं; आप असंयमी जीवन बिताने लगते हैं, अथवा विवाह का सहारा लेकर अपनी पत्नी को वेश्या के रूप में इस्तेमाल करते हैं जो सब बड़ा प्रतिष्ठित लगता है और आप इस स्थिति से संतुष्ट रहते हैं। इस समस्या का समाधान निस्संदेह तभी किया जा सकता है जब आप 'मैं' और 'मेरे' की--मेरी पत्नी, मेरा पुत्र, मेरी संपत्ति, मेरी कार, मेरी उपलब्धि, मेरी सफलता--इस समस्त प्रक्रिया एवं संरचना को समझ लेते हैं; जब तक आप उसको नहीं समझते, उसका निराकरण नहीं करते, काम-वृत्ति एक समस्या के रूप में बनी रहेगी। जब तक राजनीतिक, धार्मिक या और किसी भी दृष्टि से आप महत्त्वाकांक्षी बने रहते हैं, जब तक आप स्व को, विचारक को, अनुभवकर्ता को महत्त्वाकांक्षा से पोसते रहते हैं, चाहे वह व्यक्तिगत

हो अथवा देश के नाम पर अथवा किसी दल के नाम पर, या फिर किसी धारणा के नाम पर हो, जिसे आप धर्म कहते हैं, जब तक आत्म-विस्तार की यह गतिविधि बनी रहती है, आपके सामने काम-वृत्ति की समस्या भी रहेगी। एक ओर आप अपने स्व की सृष्टि कर रहे हैं, उसका पोषण कर रहे हैं, उसका विस्तार कर रहे हैं, और दूसरी ओर आप खुद को भुलाने की कोशिश कर रहे हैं, चाहे एक क्षण के लिए ही सही, आप अपने आप को खोने का प्रयत्न कर रहे हैं। तो ये दोनों बातें एक साथ कैसे हो सकती हैं? आपका जीवन अंतर्विरोधी है, 'मैं' भी और 'मैं' को भुलाना भी। काम-वृत्ति समस्या नहीं है; समस्या आपके जीवन का यही अंतर्विरोध है, और इस अंतर्विरोध की खाई को आपका मन कभी पाट नहीं सकता, क्योंकि मन स्वयं ही एक अंतर्विरोध है। इस अंतर्विरोध को आप केवल तभी समझ सकते हैं जब आप अपने नित्य-प्रति के अस्तित्व की समस्त प्रक्रिया को पूर्णतया समझ लें। सिनेमा जाना तथा वहां पर्दे पर स्त्रियों को देखना, उन पुस्तकों को पढ़ना जो सोच को उत्तेजित करती हैं, अर्ध-नग्न चित्रों वाली पत्रिकाएं, स्त्रियों की ओर देखने का आपका तरीका, चोरी-छिपे आने वाली नज़र जो आपकी नज़र से मिलती है--ये सभी ऐसी बातें हैं जो मन को कुटिल तरीकों से प्रोत्साहित करती हैं कि वह स्व को बल दे, और उसके साथ-ही-साथ आप दयालु, स्नेहपूर्ण एवं मृदु भी होना चाहते हैं। ये दोनों बातें साथ-साथ नहीं रह सकतीं। आध्यात्मिक या और किसी भी दृष्टि से महत्त्वाकांक्षी व्यक्ति समस्याओं से मुक्त कभी नहीं हो सकता, क्योंकि समस्याओं का तभी अंत होता है जब स्व का विस्मरण हो जाता है, जब 'मैं' नहीं रहता; और स्व के अभाव की यह अवस्था संकल्प का कर्म नहीं है, कोई प्रतिक्रिया नहीं है। काम-वृत्ति एक प्रतिक्रिया बन जाती है; जब मन समस्या का समाधान करने का यत्न करता है, वह उस समस्या को और अधिक गड़मड़, अधिक परेशान करने वाली, ज़्यादा तकलीफदेह बना देता है। वह क्रिया समस्या नहीं है, समस्या मन है--वह मन जो कहता है कि उसे शुचिता का, ब्रह्मचर्य का पालन करना चाहिए। शुचिता मन की वस्तु नहीं है। मन केवल अपनी क्रियाओं का दमन कर सकता है और दमन शुचिता नहीं है। शुचिता कोई सद्‌गुण नहीं है, शुचिता का संवर्धन नहीं किया जा सकता। विनम्रता का संवर्धन करने वाला व्यक्ति निस्संदेह विनम्र नहीं होता, वह अपने घमंड को विनम्रता कह सकता है परंतु है वह घमंडी व्यक्ति, और यही कारण है कि वह विनम्र बनना चाहता है। घमंड कभी-भी विनम्रता नहीं हो सकता और शुचिता कोई मन की चीज़ है नहीं; आप संयमी बन नहीं सकते। शुचिता का आपको तभी अवबोध होगा जब प्रेम हो, और प्रेम न तो मनोबुद्धि की देन है और न उनका विषय।

अतः दुनिया भर में कई लोगों को सताने वाली इस यौन-समस्या का निराकरण तब तक मुमकिन नहीं है, जब तक मन को समझ नहीं लिया जाता। हम विचार-क्रिया को समाप्त नहीं कर सकते परंतु जब विचारक का अंत हो जाता है, विचार का भी अंत हो जाता है, और विचारक का अंत तभी होता है जब हम इस पूरी प्रक्रिया को समझ लेते हैं। भय तभी पैदा होता है जब विचारक एवं उसके विचार में विभाजन होता है; जब विचारक नहीं होता, केवल तभी विचार में कोई द्वंद्व नहीं होता। अंतर्निहित को समझने के लिए

प्रयास नहीं करना पड़ता। विचार ही विचारक का जनक है, और यह विचारक अपने विचारों को आकार देने का, उन्हें नियंत्रित करने का, समाप्त करने का प्रयास करता है। विचारक एक काल्पनिक हस्ती है, मन का भ्रम है। जब किसी विचार का एक तथ्य के रूप में अनुभव हो जाता है तब उस तथ्य के बारे में सोचने की ज़रूरत नहीं रहती। यदि सहज, बिना पसंद-नापसंद के, जागरूकता है तो तथ्य का निहितार्थ प्रकट होने लगता है। अतः तथ्य के रूप में विचार का अंत हो जाता है। तब आप देखेंगे कि हमारे दिलोदिमाग को कुरेदने वाली समस्याएं, हमारी सामाजिक संरचना की समस्याएं हल की जा सकती हैं। तब काम-वृत्ति कोई समस्या नहीं रहती; उसका अपना स्थान होता है, वह न तो पवित्र होती है और न अपवित्र। काम-वृत्ति की, सैक्स की अपनी जगह है, लेकिन जब मन उसे हद से ज़्यादा तवज्जो देता है तो यह वृत्ति एक समस्या बन जाती है। मन इसे हद से ज़्यादा तवज्जो इसलिए देता है क्योंकि वह थोड़े-बहुत सुख के बिना नहीं रह सकता और इसी कारण काम-वृत्ति समस्या बनती है। जब मन अपनी समस्त प्रक्रिया को समझ लेता है और उसका अवसान हो जाता है, अर्थात जब विचार-क्रिया का समापन हो जाता है तभी सृजन संभव होता है, और यह सृजन ही है जो हमें सुखी बनाता है। सृजन की उस अवस्था में रहना ही आनंद है, क्योंकि वह आत्म-विस्मृति की अवस्था है, जिसमें स्व की कोई प्रतिक्रिया नहीं होती। काम-वृत्ति की समस्या का यह कोई सैद्धांतिक समाधान नहीं है, बल्कि एकमेव वास्तविक हल है। मन प्रेम का निषेध करता है और प्रेम के अभाव में शुचिता संभव नहीं; प्रेम न होने के कारण ही आप काम-वृत्ति को समस्या बना लेते हैं।

22. प्रेम

प्रश्न : प्रेम से आपका क्या अभिप्राय है?

कृष्णमूर्ति : प्रेम क्या नहीं है यह समझ कर ही हम तथ्य का पता लगा पाएंगे, क्योंकि प्रेम अज्ञात है, अतः ज्ञात को छोड़कर ही हमें उस तक आना होगा। ज्ञात से भरा मन अज्ञात को नहीं खोज सकता। हम यही करने जा रहे हैं कि हम ज्ञात के मूल्य को समझें, ज्ञात को देखें, और जब हम ज्ञात का बिना किसी निंदा या तादात्म्य के अवलोकन कर पाते हैं, मन ज्ञात से मुक्त हो जाता है; तभी हम जान पाते हैं कि प्रेम क्या है। अतः हमें प्रेम को निषेध के द्वारा समझना होगा, न कि उसे परिभाषित करते हुए।

हममें से अधिकांश के लिए प्रेम क्या है? जब हम कहते हैं कि हम किसी से प्रेम करते हैं, तो हमारा क्या तात्पर्य होता है? हमारा तात्पर्य होता है कि उस व्यक्ति पर हमारा अधिकार है। उस अधिकार से ईर्ष्या पैदा होती है, क्योंकि अगर मैं उसे खो दूं तो क्या होगा? मैं अपने आप को खाली-खाली, लुटा हुआ अनुभव करूंगा; इसीलिए मैं उस अधिकार को वैधानिक बना लेता हूं, मैं उस स्त्री या पुरुष पर अपनी पकड़ बनाये रखता हूं। इस प्रकार उस व्यक्ति पर पकड़ और कब्ज़ा बनाये रखने का सिलसिला ईर्ष्या लाता है, भय लाता है तथा कई तरह के दूसरे द्वंद्व पैदा करता है। निस्संदेह ऐसा कब्ज़ा प्रेम नहीं है, या है?

ज़ाहिर है कि प्रेम भावावेश नहीं है। भावाविष्ट होना, भावुक होना प्रेम नहीं है, क्योंकि भावावेश व भावुकता संवेदन मात्र हैं। ईसा या कृष्ण के लिए, अपने गुरु के लिए या किसी और के लिए रोने वाला धार्मिक व्यक्ति बस भावुक होता है, भावनाओं में डूबा होता है। वह संवेदन में, उत्तेजना में लिप्त होता है जो विचार की प्रक्रिया है, और विचार प्रेम नहीं है। विचार संवेदन का परिणाम है, अतः भावाविष्ट या भावुक व्यक्ति संभवतः प्रेम को नहीं जान सकता। क्या हम भावाविष्ट नहीं हैं, भावुक नहीं हैं? भावुकता, भावावेश आत्मविस्तार का ही एक रूप है। भावपूर्ण होना तो प्रेम नहीं है, क्योंकि जब किसी भावाविष्ट व्यक्ति को अपनी भावनाओं का प्रत्युत्तर नहीं मिलता, जब उसे अपने जज़्बात का कोई निकास नहीं मिलता, वह क्रूर हो सकता है। किसी भावुक व्यक्ति को घृणा के लिए, युद्ध के लिए, नरसंहार के लिए उकसाया जा सकता है। एक मनुष्य, जो भावनाओं में डूबा है, अपने धर्म के लिए आंसू बहा रहा है, उसका प्रेम से कोई संबंध नहीं।

क्या क्षमा प्रेम है? क्षमा में क्या निहित है? आप मेरा अपमान करते हैं और मुझे इस पर गुस्सा आता है, मैं इसे याद रखता हूं; तब या तो दबाव के कारण या पश्चात्ताप के कारण मैं कहता हूं, ''मैं आपको क्षमा करता हूं।'' पहले तो मैं गुस्सा पालता हूं और फिर उसको नकारता हूं। तो इसका मतलब क्या हुआ? यही कि मैं अब भी केंद्र में हूं, मैं अब भी महत्त्वपूर्ण हूं, मैं ही हूं जो किसी को क्षमा कर रहा हूं। जब तक क्षमा का यह तौर-तरीका बना रहता है, तब तक महत्त्वपूर्ण मैं ही रहता हूं, न कि वह व्यक्ति जिसने मेरा तथाकथित अपमान किया है। अतः जब मैं रोष को इकट्ठा करता हूं और फिर उसे नकारता हूं जिसे आप क्षमा कहते हैं, तो वह प्रेम नहीं होता। प्रेम करने वाले व्यक्ति में वैरभाव नहीं होता, और इन तमाम बातों के विषय में वह उदासीन रहता है। सहानुभूति, क्षमा, आधिपत्य का संबंध, ईर्ष्या, भय--यह सब तो प्रेम नहीं है। ये सब तो मन के क्रियाकलाप हैं। जब तक मन मध्यस्थ की भूमिका में है, प्रेम संभव नहीं है, क्योंकि मन केवल आधिपत्य के द्वारा ही मध्यस्थता करता है। उसकी मध्यस्थता मात्र आधिपत्य ही है, उसके रूप अलग-अलग हो सकते हैं। मन प्रेम को भ्रष्ट ही कर सकता है, वह प्रेम को जन्म नहीं दे सकता, वह सौंदर्य नहीं ला सकता। आप प्रेम पर कोई कविता लिख सकते हैं, पर वह प्रेम नहीं है।

बेशक जब वास्तविक सम्मान नहीं होता, जब आप दूसरे का सम्मान नहीं करते, चाहे वह आपका नौकर हो या आपका मित्र हो, तो प्रेम भी नहीं होता। क्या आपने इस पर कभी गौर किया है कि अपने नौकरों के प्रति, उन लोगों के प्रति जिन्हें आप से 'निम्न' कहा जाता है, आप सम्मानपूर्ण, दयालु, उदार नहीं होते। जो आपसे उच्च माने जाते हैं--जो आपका अफसर है, जो खूब पैसेवाला है, जिसका अच्छा-बड़ा मकान है, अच्छी पदवी है, जो आपको बेहतर पद-प्रतिष्ठा दे सकता है, जिससे आपको कुछ हासिल हो सकता है--सम्मान आप ऐसे ही लोगों को देते हैं। पर जो आपसे नीचे होते हैं उन्हें आप ठोकरें मारते हैं, उनके लिए आपके पास एक खास ज़बान होती है। अब, जहां सम्मान नहीं होता, वहां प्रेम भी नहीं होता। जहां करुणा नहीं है, दया नहीं है,

क्षमा नहीं है, वहां प्रेम भी नहीं है। और चूंकि हममें से अधिकांश इसी स्थिति में हैं, हममें प्रेम नहीं है। हम न तो आदर करना जानते हैं, न हममें करुणा व उदारता है। हममें तो स्वामित्व का भाव है, भावुकता है, भावावेश है, जिन्हें किसी ओर भी मोड़ा जा सकता है : चाहे हत्या करानी हो, मार-काट करानी हो, या फिर किसी बेवकूफीभरे जाहिल मकसद के लिए लोगों को जुटाना हो। तो प्रेम हो ही कैसे सकता है?

प्रेम को आप तभी जान पाएंगे जब यह सब कुछ विदा हो चुका हो, समाप्त हो चुका हो, जब अधिकार जमाने का भाव न रहे, जब किसी विषय के प्रति भक्तिभाव में आप बहे न जा रहे हों। ऐसा भक्तिभाव तो याचना ही है, किसी अन्य रूप में कामनापूर्ति की तलाश। जो प्रार्थना कर रहा है उसे प्रेम नहीं मालूम। चूंकि आपमें अधिकारभाव है, चूंकि आप ऐसी भक्ति के द्वारा, ऐसी प्रार्थना के द्वारा जो आपको भावाविष्ट और श्रद्धालु बना देती है, किसी लक्ष्य या किसी परिणाम की खोज कर रहे हैं, तो भला वहां प्रेम कैसे हो सकता है! जब आदर नहीं होता, ज़ाहिर है प्रेम भी नहीं होता। आप कहते हैं कि आप तो आदर करते हैं, लेकिन आपका यह आदर केवल ऊंचे लोगों के लिए है; ऐसा आदर तो कुछ पाने की तमन्ना या किसी डर की वजह से है। यदि आप वास्तव में सम्मान करते हैं, तो आप निम्नतम का भी उतना ही सम्मान करेंगे जितना कि तथाकथित उच्चतम का। आपके अंदर वह भाव नहीं है, इसलिए प्रेम भी नहीं है। हममें से कितने कम लोग उदार, क्षमाशील और करुणापूर्ण होते हैं! जब आपको उदारता से कोई लाभ होता है तब आप उदार हो जाते हैं, जब आप को करुणा से कुछ मिलने वाला होता है तब आप करुणापूर्ण हो जाते हैं। जब ये सारी विसंगतियां समाप्त हो जाती हैं, जब ये सब बातें आपके मन को नहीं घेरे रहतीं और जब आपका हृदय मन के विषयों से नहीं भरा होता, तब प्रेम होता है; और सिर्फ प्रेम ही इस दुनिया के खब्त और पागलपन भरे मौजूदा हालात में बुनियादी बदलाव ला सकता है। विचार-पद्धतियों से, सिद्धांतों से, चाहे वे वामपंथी हों या दक्षिणपंथी, कोई सच्चा परिवर्तन नहीं आ सकता। प्रेम आप वास्तव में केवल तभी कर पाते हैं जब आपमें स्वामित्वभाव नहीं होता, जब आप ईष्र्यालु नहीं होते, लोभी नहीं होते, जब आप आदरयुक्त होते हैं, जब आपमें दया एवं करुणा होती है, जब आप अपनी पत्नी का, अपने बच्चों का, अपने पड़ोसी का, अपने अभागे नौकरों का ख्याल रखते हैं।

प्रेम के बारे में सोचा नहीं जा सकता, उसका पोषण नहीं किया जा सकता, उसका अभ्यास नहीं किया जा सकता। प्रेम का अभ्यास, भाईचारे का अभ्यास, मन के ही दायरे में होता है, अतः वह प्रेम नहीं है। जब यह सब नहीं रहता, तभी प्रेम संभव होता है; तभी आप जान पाएंगे कि प्रेम करना किसे कहते हैं। तब प्रेम मापतोल का विषय नहीं होता, गुणात्मक होता है। तब आप यह नहीं कहते, ''मैं सारे विश्व से प्रेम करता हूं'', बल्कि जब आप एक से प्रेम करना जान लेते हैं, तब आपको समग्र से प्रेम करना भी आ जाता है। चूंकि हम एक से प्रेम करना नहीं जानते, मानवता के प्रति हमारा प्रेम थोथी कल्पना है। जब आप प्रेम करते हैं तो वहां न एक होता है, न अनेक : बस प्रेम होता है। केवल तभी, जब प्रेम होता है, हमारी सारी समस्याओं का समाधान हो पाता है, और तभी हम इसके आनंद, इसके प्रसाद को जान पाते हैं।

23. मृत्यु

प्रश्न : मृत्यु का जीवन से क्या संबंध है?

कृष्णमूर्ति : क्या जीवन और मृत्यु में कहीं कोई विभाजन है? हम मृत्यु को जीवन से अलग क्यों मानते हैं? हम मृत्यु से भयभीत क्यों हैं? और क्यों मृत्यु पर इतनी सारी पुस्तकें लिखी गई हैं? जीवन और मृत्यु के बीच यह विभाजन रेखा क्यों है? क्या यह विभाजन वास्तविक है, या केवल मनमाना है, मन की कल्पना है?

जब हम जीवन की बात करते हैं, तो जीवन से हमारा तात्पर्य निरंतरता की एक प्रक्रिया से होता है जिसमें जुड़ाव-लगाव होता है। मैं और मेरा मकान, मैं और मेरी पत्नी, मैं और मेरा बैंक-खाता, मैं और मेरे अतीत के अनुभव, यही होता है जीवन से हमारा तात्पर्य, है न? जीना निरंतरता की प्रक्रिया है जो स्मृति के माध्यम से होती है, चाहे वह स्मृति सचेतन हो या अचेतन; इसी स्मृति में विभिन्न प्रकार के संघर्ष, झगड़े, घटनाएं, अनुभव आदि हुआ करते हैं। यही सब है जिसे हम जीवन कहते हैं; इसके विपरीत रखा गया है मृत्यु को, जो कि इस सारी प्रक्रिया का अवसान है। मृत्यु के रूप में एक विपरीत को रच कर और फिर उसीसे भयभीत होकर हम जीवन और मृत्यु के बीच संबंध की खोज किया करते हैं; यदि किसी व्याख्या से, किसी पारलौकिक निरंतरता पर विश्वास रखकर, हम इन दोनों के बीच की खाई को पाट सकें, तो हम संतुष्ट हो जाते हैं। हम पुनर्जन्म में या विचार की निरंतरता के किसी अन्य रूप में विश्वास करने लगते हैं और फिर उससे ज्ञात एवं अज्ञात में संबंध स्थापित करने का प्रयत्न करते हैं। ज्ञात और अज्ञात के बीच हम सेतु बांधने की कोशिश करते हैं और इस प्रकार अतीत और भविष्य के बीच हम कोई संबंध खोज लेना चाहते हैं। जब हम यह छान-बीन करते हैं कि जीवन और मृत्यु के बीच क्या कोई संबंध है, तो हम यही सब कर रहे होते हैं, है न? हम जानना चाहते हैं कि जीवन और मृत्यु के बीच सेतु कैसे बांधा जाये--यही हमारी मूलभूत आकांक्षा है।

तो क्या जीवित रहते हुए अंत के बारे में, मृत्यु के बारे में जाना जा सकता है। जीवित रहते हुए ही यदि हम जान सकें कि मृत्यु क्या है, तब हमें कोई समस्या नहीं होगी। पर चूंकि हम जीवित रहते हुए उस अज्ञात की अनुभूति नहीं कर पाते, हम उससे भयभीत रहा करते हैं। हमारा संघर्ष यह है कि हम जो कि ज्ञात का परिणाम हैं, और अज्ञात जिसे हम मृत्यु कहते हैं, इन दोनों के बीच कोई संबंध सिद्ध हो जाये। क्या अतीत के साथ उसका कोई संबंध हो सकता है जिसकी मन कोई कल्पना तक नहीं कर पाता, जिसे हम मृत्यु कह देते हैं? हम इन दोनों को पृथक क्यों करते हैं? क्या हम ऐसा इसलिए नहीं करते कि हमारा मन केवल ज्ञात के क्षेत्र में, केवल निरंतरता के क्षेत्र में ही कार्य कर सकता है? हम स्वयं को एक विचारक के रूप में, एक कर्ता के रूप में ही जानते हैं जिसके पास क्लेश, सुख, प्रेम, स्नेह और विविध प्रकार के अनुभवों की कुछ स्मृतियां हैं; हम स्वयं को एक निरंतरता के रूप में ही जानते हैं--नहीं तो हमें स्वयं के कोई-न-कोई

होने की याद ही न रहती। तो, जबकि अब वह 'कोई' खत्म होता है और इसे हम मृत्यु कहते हैं, तो अज्ञात का भय पैदा होता है; इसलिए हम अज्ञात को ज्ञात में खींच लाना चाहते हैं और हमारा सारा प्रयास अज्ञात को कोई निरंतरता दे देने का होता है। तात्पर्य यह हुआ कि हम जीवन को, जिसमें मृत्यु भी सम्मिलित है, नहीं जानना चाहते, हम बस यही जानना चाहते हैं कि हम लगातार कैसे बने रहें और कैसे हमारा कभी अंत ही न हो। हम जीवन और मृत्यु को नहीं जानना चाहते, हम केवल यही जानना चाहते हैं कि बिना खत्म हुए हम लगातार कैसे बने रहें।

जो जारी रहता है, वह पुनः नूतन नहीं होता। जिसमें निरंतरता है उसमें नया, सर्जनात्मक कुछ नहीं हो सकता--इसमें भला संदेह की कहां गुंजाइश है। जब निरंतरता का अंत होता है, केवल तभी उसके होने की संभावना होती है जो कि नित्य नूतन है। परंतु इसी अंत से हम डरते हैं और यह नहीं देख पाते कि इस अंत में ही वह नवीकरण, वह सर्जनशील, वह अज्ञात संभव है, न कि अपने अनुभवों, अपनी स्मृतियों और अपने दुर्भाग्यों को दिन-प्रतिदिन ढोते रहने में। जो कुछ पुराना है उसके प्रति जब हम प्रतिदिन मृत्यु का वरण करते हैं, तभी नूतन संभव होता है। जहां निरंतरता है, वहां नूतन विद्यमान नहीं हो सकता, क्योंकि नूतन का अर्थ है वह सर्जनशील, अज्ञात, शाश्वत, ईश्वर या उसे आप जो भी कहें। वह व्यक्ति, वह नैरंतर्य जब उस अज्ञात को, यथार्थ को, शाश्वत को ढूंढ़ता है, उसे कभी नहीं पा सकेगा, क्योंकि वह केवल उसी को पा सकता है जिसे वह स्वयं ही से बाहर प्रक्षेपित कर रहा हो, और जिसे वह प्रक्षेपित कर रहा है, वह यथार्थ नहीं है। केवल उस अंत में ही, मृत होने में ही नूतन को जाना जा सकता है; और जो व्यक्ति जीवन और मृत्यु के बीच संबंध की तलाश में है, जो इस निरंतरता से उस तक सेतु बांधना चाहता है जो उसके विचार में निरंतरता से परे है, वह एक मनगढ़ंत, अवास्तविक संसार में रह रहा है, जो उसका अपना ही प्रक्षेपण है।

तो क्या जीवित रहते हुए मर पाना संभव है, जिसका अर्थ है अंत हो जाना, न-कुछ हो जाना? क्या इस संसार में जहां सब कुछ और-और अधिक या और-और कम होता जा रहा है, जहां सारा कुछ बढ़ते जाने की, हासिल करने की, कामयाब होने की प्रक्रिया है, क्या ऐसे संसार में मृत्यु को जान पाना संभव है? क्या सभी स्मृतियों का अंत करना संभव है--तथ्यों की, आपके घर का मार्ग किधर है, इस सब की स्मृति का नहीं, बल्कि स्मृति के ज़रिये मनोवैज्ञानिक सुरक्षा से आंतरिक आसक्ति का अंत, उन स्मृतियों का अंत जिन्हें हमने एकत्रित व संचित किया है और जिनमें हम सुरक्षा और खुशी खोज रहे हैं? क्या इस सबका अंत कर पाना संभव है, जिसका अर्थ है प्रतिदिन मृत होना, जिससे कि आने वाला हर दिन नवजीवन से भरा हो। जीते हुए ही मृत्यु को जान लेना तभी संभव है। उस मरने में, उस अंत हो जाने में, निरंतरता का समापन करने में ही नवजीवन है, वह सृजन है जो शाश्वत है।

24. समय

प्रश्न : क्या अतीत का तुरंत विसर्जन संभव है, या फिर उसके लिए अनिवार्यतः समय की आवश्यकता होती है?

कृष्णमूर्ति : हम अतीत का परिणाम हैं। हमारे विचार बीते कल पर और हज़ारों बीते दिनों पर आधारित हैं। हम समय का परिणाम हैं; हमारे प्रत्युत्तर एवं वर्तमान तौर-तरीके हज़ारों क्षणों, घटनाओं और अनुभवों का संचयी परिणाम हैं। अतः हममें से अधिकांश के लिए अतीत ही वर्तमान है, और यह एक ऐसा तथ्य है जिससे इनकार नहीं किया जा सकता। आप, आपके विचार, आपके कर्म, आपके प्रत्युत्तर अतीत के परिणाम हैं। तो प्रश्नकर्ता जानना चाहते हैं कि क्या उस अतीत को तत्काल पोंछा जा सकता है, अर्थात समय के दायरे में नहीं, बल्कि तत्क्षण ही; या फिर इस संचयी अतीत से वर्तमान में मुक्त होने के लिए मन को समय की दरकार होती है। इस प्रश्न को समझ लेना आवश्यक है। प्रश्न यह है : चूंकि हममें से हर कोई अतीत का परिणाम है, अगणित प्रभावों से निर्मित उसकी एक पृष्ठभूमि है जो निरंतर बदल रही है, निरंतर परिवर्तनशील है, तो क्या समय की प्रक्रिया से गुज़रे बिना इस पृष्ठभूमि को पोंछ डालना संभव है?

यह अतीत क्या है? अतीत से हमारा क्या तात्पर्य है? निस्संदेह उससे हमारा तात्पर्य क्रमागत, ऐतिहासिक अतीत से नहीं है, अपितु संचित अनुभवों से है, संचित अनुक्रियाओं, स्मृतियों, परंपराओं एवं ज्ञान से है, अगणित विचारों, भावनाओं, प्रभावों और प्रतिक्रियाओं के अवचेतन भंडार से है। अतीत की इस पृष्ठभूमि के रहते यथार्थ को समझना संभव नहीं है, क्योंकि यथार्थ का समय से क्या संबंध! वह तो कालातीत है, समय से परे है। मन जो स्वयं काल की उपज है, उससे हम कालातीत को नहीं समझ सकते। प्रश्नकर्ता यह जानना चाहते हैं कि क्या मन को मुक्त करना संभव है, अथवा मन जो कि समय का परिणाम है, क्या उसके लिए यह संभव है कि उसका तत्क्षण अवसान हो जाये? अथवा, क्या यह आवश्यक है कि व्यक्ति परीक्षाओं और विश्लेषणों की एक लंबी शृंखला से गुज़रे और इस प्रकार धीरे-धीरे मन को इसकी पृष्ठभूमि से मुक्त कर ले।

मन ही वह पृष्ठभूमि है, मन ही काल का परिणाम है; मन ही अतीत है, मन भविष्य नहीं है। वह स्वयं को भविष्य में प्रक्षेपित कर सकता है, और मन वर्तमान को भविष्य की ओर ले जाने वाली एक राह के रूप में इस्तेमाल किया करता है। अतः जो कुछ भी मन करता है, जो भी उसकी गतिविधि होती है, चाहे वह भविष्य की हो, वर्तमान की हो या अतीत की, होती वह काल के जाल में ही है। क्या मन के लिए यह संभव है कि उसका पूर्ण अवसान हो जाये, विचार-प्रक्रिया का अंत हो जाये? यह तो हमें मालूम ही है कि मन की अनेक परतें होती हैं; जिसे हम चेतना कहते हैं उसकी भी अनेक परतें होती हैं, और प्रत्येक परत दूसरी परत से जुड़ी हुई होती है, प्रत्येक परत दूसरी पर अवलंबित होती है, उनमें परस्पर क्रिया-प्रतिक्रिया होती है। हमारी समूची चेतना केवल अनुभव क्रिया ही नहीं है, उसमें नाम देना या शब्दों में व्यक्त करना और स्मृति के रूप में संगृहीत करना

भी निहित है। चेतना की यही समस्त प्रक्रिया है, ठीक है न?

जब हम चेतना की बात करते हैं तो क्या हमारा अभिप्राय इस अनुभव-क्रिया से नहीं होता? क्या हमारा अभिप्राय अनुभव के इस नामकरण और शब्दीकरण से तथा इस प्रकार स्मृति में उस अनुभव को संचित करने से नहीं होता? चेतना के यही सब विभिन्न स्तर हैं। क्या मन जो कि काल का परिणाम है अपने आप को इस पृष्ठभूमि से मुक्त करने के लिए विश्लेषण की इस लंबी प्रक्रिया से कदम-दर-कदम गुज़र सकता है? अथवा क्या यह संभव है कि मन समय से पूरी तरह मुक्त हो जाये एवं प्रत्यक्ष रूप से यथार्थ के सन्मुख हो पाए?

अनेक विश्लेषक कहते हैं कि इस पृष्ठभूमि से मुक्त होने के लिए, हर प्रतिक्रिया, हर जटिलता, हर बाधा, हर अवरोध की छानबीन करना ज़रूरी है, जिसका स्पष्ट निहितार्थ समय की प्रक्रिया है। इसका अर्थ है कि विश्लेषक के लिए यह समझना ज़रूरी है कि वह किसका विश्लेषण कर रहा है और यह भी ज़रूरी है कि अपने विश्लेषण में वह उसका गलत अर्थ न निकाले। यदि वह ऐसा करता है तो वह गलत निष्कर्षों पर पहुंचेगा और इस प्रकार एक दूसरी पृष्ठभूमि स्थापित कर लेगा। ज़रा भी इधर-उधर न हट कर अपने विचारों तथा भावनाओं का विश्लेषण करने की क्षमता विश्लेषक में होनी चाहिए, और अपने विश्लेषण में उसे एक भी चरण को नज़रअंदाज़ नहीं करना चाहिए। क्योंकि एक गलत कदम उठाने का, एक गलत निष्कर्ष निकालने का मतलब है किसी दूसरी दिशा में, किसी दूसरे स्तर पर दोबारा एक अन्य पृष्ठभूमि को स्थापित करना। वहीं पर यह समस्या भी खड़ी हो जाती है कि क्या विश्लेषक जिसका विश्लेषण कर रहा है उससे भिन्न है? क्या विश्लेषक और विश्लेषित विषय एक संयुक्त घटना नहीं है?

निस्संदेह अनुभवकर्ता और अनुभव एक संयुक्त घटना है, वे दो पृथक प्रक्रियाएं नहीं हैं, अतः सबसे पहले हमें विश्लेषण में निहित कठिनाई को देखना चाहिए। चेतना की समस्त विषयवस्तु का विश्लेषण करना और उस प्रक्रिया के द्वारा मुक्त हो पाना लगभग असंभव है। आखिरकार यह विश्लेषणकर्ता है कौन? विश्लेषणकर्ता विश्लेषित वस्तु से भिन्न नहीं है। भले ही वह खुद को भिन्न समझे। जिस विषयवस्तु का वह विश्लेषण करता है, खुद को वह उससे पृथक कर सकता है लेकिन विश्लेषक उस विश्लेषित विषय का ही हिस्सा है। मान लीजिए, मुझमें कोई विचार उठता है, कोई भाव जागता है--जैसे कि मैं क्रोधित हो जाता हूं। क्रोध का विश्लेषण करने वाला स्वयं उसी क्रोध का हिस्सा है, और इसलिए विश्लेषक और विश्लेषण का विषय, दोनों एक ही संयुक्त घटना हैं--दो अलग-अलग प्रक्रियाएं नहीं हैं। इसलिए खुद का विश्लेषण करना, पृष्ठ-दर-पृष्ठ अपना अध्ययन करना, प्रत्येक प्रतिक्रिया और प्रत्युत्तर को देखना बेहद मुश्किल और लंबी प्रक्रिया है। अतः उस पृष्ठभूमि से स्वयं को मुक्त करने का यह मार्ग नहीं है। उसके लिए इससे अधिक सरल और सीधा मार्ग होना चाहिए और उसी को हम और आप खोजने जा रहे हैं। किसी भी खोज के लिए यह ज़रूरी है कि जो मिथ्या है उसे हम छोड़ते चलें, उससे

चिपके न रहें। अतः विश्लेषण हल नहीं है और विश्लेषण की इस प्रक्रिया से हमें मुक्त होना होगा।

तो आपके पास अब क्या रहा? आप तो केवल विश्लेषण के अभ्यस्त हैं, नहीं? द्रष्टा जो देख रहा है--द्रष्टा और दृश्य संयुक्त घटना ही है--उस द्रष्टा का दृश्य के विश्लेषण का प्रयास उसे अपनी पृष्ठभूमि से मुक्त नहीं करेगा। यदि ऐसा है, और है भी ऐसा ही, तो आप को उस प्रक्रिया को बिलकुल छोड़ देना होता है। यदि आप देख लेते हैं कि वह तरीका ही गलत है, यदि आप को शाब्दिक रूप से ही नहीं बल्कि वस्तुतः इसका एहसास हो जाता है कि वह एक मिथ्या प्रक्रिया है, तो अब आपके विश्लेषण का क्या होता है? आप विश्लेषण करना बंद कर देते हैं। तब बाकी क्या रहा? इसे देखें, इसके साथ आगे बढ़ें और आप देख पाएंगे कि कितनी जल्दी, कितनी सहजता से उस पृष्ठभूमि से मुक्त हुआ जा सकता है। अगर यह रास्ता नहीं है, तो आपके पास दूसरा और रास्ता बचता ही कौन सा है? अब विश्लेषण, खोजबीन, परीक्षण, निष्कर्ष निकालने वगैरह के आदी मन की क्या स्थिति है? यदि वह प्रक्रिया समाप्त हो चुकी है, तो आपके मन की स्थिति क्या है?

आप कहेंगे कि मन बिलकुल खाली हो गया। इस खाली मन में और आगे देखिए। दूसरे शब्दों में, ज्ञात को मिथ्या जान कर आप जब उसे एक तरफ हटा देते हैं, तब आप के मन के साथ क्या होता है? आखिरकार आपने छोड़ा क्या है? आपने उस मिथ्या प्रक्रिया का परित्याग किया है जो किसी पृष्ठभूमि का परिणाम है। क्या ऐसा नहीं है? एक ही झटके में आपने वह सब पीछे छोड़ दिया है। अतः जब आप उस विश्लेषणात्मक प्रक्रिया का उसके समस्त निहितार्थों के साथ परित्याग कर देते हैं और उसके मिथ्यापने को देख लेते हैं, तब आपका मन अतीत से मुक्त हो जाता है। इस प्रकार बिना समय की प्रक्रिया से गुज़रे आपका मन प्रत्यक्ष रूप से देख पाने तथा फलस्वरूप उस पृष्ठभूमि का तत्क्षण परित्याग करने में सक्षम होता है।

इस पूरे सवाल को हम कुछ अलग तरह से रखें तो विचार समय का परिणाम है, है कि नहीं? विचार परिवेश का, सामाजिक और धार्मिक प्रभावों का परिणाम है जो समय के अंतर्गत ही आते हैं। तो क्या विचार समय से मुक्त हो सकता है? अर्थात विचार जो कि समय का परिणाम है, क्या कभी थम सकता है, समय की प्रक्रिया से मुक्त हो सकता है? विचार को नियंत्रित किया जा सकता है, उसे आकार प्रदान किया जा सकता है, परंतु विचार का नियंत्रण समय के क्षेत्र में ही होता है और इसलिए हमारी कठिनाई यह है कि जो मन समय का, हज़ारों बीते दिनों का परिणाम है, वह इस जटिल पृष्ठभूमि से तत्काल कैसे मुक्त हो? आप अभी, इसी वक्त मुक्त हो सकते हैं, कल नहीं। ऐसा तभी हो सकता है जब आप जो मिथ्या है उसे देख-जान लें, और मिथ्या स्पष्टतः यह विश्लेषणात्मक प्रक्रिया ही है और ले-देकर यही हमारे पास है। जब इस विश्लेषणात्मक प्रक्रिया का पूर्णतया अंत हो जाता है, किसी दबाव से नहीं बल्कि उस प्रक्रिया के अपरिहार्य मिथ्यात्व के बोध से, तो आप देखेंगे कि आपका मन अतीत से पूरी तरह विच्छिन्न हो गया है; इसका अर्थ

यह नहीं है कि आप अतीत को पहचानते ही नहीं, इसका अर्थ केवल यह है कि आपके मन की अतीत से प्रत्यक्ष सहभागिता नहीं है। अतः वह अपने को अतीत से अभी, तत्क्षण मुक्त कर सकता है; अतीत से यह विलगाव, बीते हुए कल से यह संपूर्ण मुक्ति--ऐतिहासिक कल से नहीं बल्कि मनोवैज्ञानिक कल से मुक्ति--संभव है; और यथार्थ को समझने का बस एक यही तरीका है।

बिलकुल सरल ढंग से कहें तो, जब आप किसी चीज़ को समझना चाहते हैं तब आपके मन की क्या स्थिति होती है? जब आप अपने पुत्र को समझना चाहते हैं, जब आप किसी व्यक्ति को समझना चाहते हैं, किसी की कही किसी बात को समझना चाहते हैं, तो आपके मन की स्थिति क्या होती है? उस समय वह व्यक्ति जो कह रहा है उसका आप विश्लेषण नहीं कर रहे होते, उसकी आलोचना नहीं कर रहे होते, उसका मूल्यांकन नहीं कर रहे होते; आप उसे सुन भर रहे होते हैं। आपका मन एक ऐसी स्थिति में होता है जिसमें विचार-प्रक्रिया सक्रिय तो नहीं है, लेकिन बहुत सतर्क है। यह सतर्कता समय के दायरे में नहीं होती। आप केवल सतर्क होते हैं, निष्क्रिय रूप से ग्रहणशील किंतु फिर भी आप पूर्णतया जागरूक होते हैं, और समझना केवल इसी अवस्था में हो पाता है। जब मन उद्वेलित है, प्रश्न कर रहा है, चिंतारत है, विच्छेदन और विश्लेषण में लगा है, तब समझना नहीं हो पाता। जब समझने की तड़प होती है, चाह होती है, स्पष्टतः तब मन शांत होता है। निस्संदेह इसके लिए आपको प्रयोग करना होगा, इस विषय में मेरे शब्दों को स्वीकार कर लेने से बात नहीं बनेगी। लेकिन यह तो आपको समझ आ ही गया होगा कि जितना अधिक आप विश्लेषण करते हैं, आपकी समझ उतनी ही कम होती चली जाती है। आप कुछ घटनाओं को, कुछ अनुभवों को भले ही समझ लें, परंतु चेतना की समस्त अंतर्वस्तु को विश्लेषणात्मक प्रक्रिया के द्वारा निरस्त नहीं किया जा सकता। चेतना को रिक्त तभी किया जा सकता है जब आप विश्लेषण की दृष्टि के मिथ्यात्व को समझ लेते हैं। जब आप मिथ्या को मिथ्या के रूप में देख लेते हैं तो आप सत्य को देखना आरंभ करते हैं; और मात्र सत्य ही आपको उस पृष्ठभूमि से मुक्त करता है।

25. धारणामुक्त कर्म

प्रश्न : सत्य के प्रकट होने के लिए आप धारणामुक्त कर्म का अनुमोदन करते हैं। क्या हमेशा बिना मनोधारणा के कर्म करना यानी बिना किसी लक्ष्य को सामने रखे कर्म करना मुमकिन है?

कृष्णमूर्ति : वर्तमान में हमारा कर्म क्या है? कर्म से हमारा क्या अभिप्राय है? हमारा कर्म, अर्थात जो हम करना या होना चाहते हैं, किसी धारणा, किसी विचार पर आधारित है, है या नहीं? बस हम यही जानते हैं; हम क्या हैं और हम क्या नहीं हैं इसके बारे में हमारे पास अनेक ख्याल, आदर्श, आश्वासन और तरह-तरह के सूत्र हैं। हमारे कर्म का आधार या तो भविष्य में मिलने वाला कोई पुरस्कार है या दंड का डर है। हम इसे जानते हैं, क्या नहीं जानते? ऐसी क्रिया अलग करने वाली, स्वयं में संकीर्ण करने वाली

होती है। आपके पास सदाचार की एक धारणा है और आप उस विचार के अनुसार रिश्तों के बीच जीते हैं, कर्म करते हैं। आपके लिए संबंध, चाहे वह सामूहिक हो या व्यक्तिगत, एक ऐसा कर्म है जिसका लक्ष्य कोई उपलब्धि, कोई सद्गुण, कोई आदर्श इत्यादि होता है।

जब मेरा कर्म किसी आदर्श पर आधारित होता है, जो कि एक धारणा है--जैसे कि ''मुझे वीर होना चाहिए'', ''मुझे किसी के पीछे चलना चाहिए'', ''मुझे दानशील होना चाहिए'', ''मुझे सामाजिक रूप से सचेत होना चाहिए'' आदि-आदि--यही धारणा मेरे कर्म को ढालती है और उसका निर्देशन करती है। हम सब कहा करते हैं, ''वह है सदाचार का आदर्श, मुझे उसका अनुसरण करना चाहिए,'' जिसका अर्थ है, ''मुझे उसके अनुसार जीना चाहिए।'' इस प्रकार कर्म उस धारणा पर आधारित है। कर्म और धारणा के बीच में एक खाई है, एक विभाजन है, एक काल-प्रक्रिया है। क्या ऐसा नहीं है? दूसरे शब्दों में, मैं उदार नहीं हूं, मैं स्नेहपूर्ण नहीं हूं, मेरे हृदय में क्षमा नहीं है, लेकिन मैं महसूस करता हूं कि मुझे उदार होना चाहिए। जो मैं हूं और जो मुझे होना चाहिए इनके बीच एक खाई है, और हम सदा उस खाई को पाटने की कोशिश करते रहते हैं। यही हमारा क्रियाकलाप है, है न?

यदि धारणा नहीं होती तो क्या होता? एक ही बार में आपने उस खाई को भर दिया होता, नहीं क्या? आप जो हैं वही रहते। आप कहते हैं, ''मैं कुरूप हूं, मुझे सुंदर बनना है, अब मैं क्या करूं''? यह है धारणा पर आधारित कर्म। आप कहते हैं, ''मैं दयालु नहीं हूं, मुझे दयालु होना चाहिए''। इस प्रकार आप कर्म से हटकर धारणा को बीच में ले आते हैं। अतः आप जो हैं, कर्म वस्तुतः वहां से नहीं आता, बल्कि जो आप होने वाले हैं सदा उसी आदर्श पर आधारित होता है। बेवकूफ आदमी हमेशा कहता है कि वह होशियार होने जा रहा है। वह होशियार बनने में लगा रहता है, उसके लिए जूझता रहता है; वह रुकता कभी नहीं, ''मैं बेवकूफ हूं'' ऐसा वह कभी नहीं कहता। अतः उसका कर्म, जो धारणा पर आधारित है, कर्म है ही नहीं।

कर्म का अर्थ है करना, गतिशील होना। लेकिन जब आप कोई धारणा ले कर चलते हैं, तो केवल एक मानसिक कल्पना ही चलती रहती है, कर्म से जुड़ी हुई एक विचार-प्रक्रिया ही चलती रहती है। यदि धारणा न हो तो क्या होगा? आप जो हैं वही रहेंगे। आप कृपण हैं, आप क्षमाशील नहीं हैं, आप निष्ठुर, मूर्ख, विवेकहीन हैं। क्या आप इस सबके साथ ठहर सकते हैं? यदि आप ऐसा कर सकते हैं तो देखिए कि क्या होता है। जब मैं देख लेता हूं कि मैं अनुदार हूं, मूर्ख हूं, जब मैं सजग होता हूं कि ऐसा है तब क्या होता है? क्या तब दानशीलता, प्रज्ञा विद्यमान नहीं होती? जब मैं अपनी कृपणता को पहचान लेता हूं, केवल शाब्दिक या औपचारिक रूप से ही नहीं, बल्कि जब मुझे सच में यह एहसास हो जाता है कि मैं कृपण हूं, स्नेहविहीन हूं, तो 'जो है' उसके प्रत्यक्ष दर्शन में ही क्या प्रेम नहीं समाया होता? क्या मैं तत्क्षण उदार नहीं हो जाता हूं? यदि मैं स्वच्छ होने की आवश्यकता महसूस करता हूं तो यह बहुत सरल सी बात है, मैं जाऊंगा और

हाथ-मुंह धो लूंगा। लेकिन मुझे साफ-सुथरा रहना चाहिए, यह यदि एक आदर्श हो, तब क्या होता है? तब स्वच्छता या तो स्थगित कर दी जाती है, या वह एक सतही मामला हो जाता है।

धारणा पर, विचार पर आधारित कर्म बड़ा सतही होता है, वह वास्तविक कर्म होता ही नहीं, वह महज़ एक कल्पना होती है जो सतत बनी रहने वाली विचार-प्रक्रिया ही है।

वह कर्म जो मनुष्य के रूप में हमारा कायापलट कर दे, हममें नवजीवन का संचार करे, हमें पूरी तरह से रूपांतरित कर दे, मुक्त कर दे--ऐसा कर्म धारणा पर आधारित नहीं होता। यह कर्म पुरस्कार और दंड के क्रम से अप्रभावित रहता है। ऐसा कर्म समय से परे होता है, क्योंकि मन जो कि समय की प्रक्रिया है, जो कि आकलन, विभाजन, अलगाव की प्रक्रिया है, उसकी ऐसे कर्म में कोई भूमिका नहीं होती।

इस प्रश्न का इतना आसान हल संभव नहीं है। आप में से अधिकांश लोग प्रश्न करते हैं और 'हां' या 'नहीं' में किसी उत्तर की अपेक्षा रखते हैं। ''आपका इससे क्या अर्थ है?'' ऐसा कोई प्रश्न आप पूछ लें, आराम से बैठ जायें और मैं फिर समझाता रहूं--यह सब तो बहुत आसान है, लेकिन उस उत्तर को खुद अपने लिए खोजना, उस समस्या का इतनी गहराई से, इतनी अधिक स्पष्टता और बिना किसी तोड़-मरोड़ के अन्वेषण करना कि वह समस्या रह ही न जाये, यह कहीं अधिक दुष्कर है। यह तभी संभव है जब कि समस्या का सामना करते वक्त मन वास्तव में शांत हो, मौन हो। अगर उस समस्या से आप प्यार करते हैं तो वह उतनी ही सुंदर है जितना कि सूर्यास्त। यदि उस समस्या के प्रति आपका विरोधभाव है, तो उसे आप कभी समझ नहीं पाएंगे। हममें से अधिकतर व्यक्ति विरोधग्रस्त होते हैं, क्योंकि हम परिणाम से भयभीत रहते हैं, इस एहसास से डरे रहते हैं कि यदि हम इसमें आगे बढ़े, तो न जाने क्या होगा; अतः हम समस्या के महत्त्व को, उसकी व्याप्ति को खो बैठते हैं।

26. पुरातन और नूतन

प्रश्न : जब मैं आपको सुनता हूं, सब कुछ स्पष्ट और नया लगता है; लेकिन घर जाकर फिर वही पुरानी, उबाऊ बेचैनी आ घेरती है। मेरे साथ दिक्कत क्या है?

कृष्णमूर्ति : हमारे जीवन में वास्तव में क्या हो रहा है? लगातार कोई चुनौती है और उसका प्रत्युत्तर है। निरंतर चुनौती और निरंतर प्रत्युत्तर--यही है अस्तित्व और यही है जीवन, नहीं? चुनौती सदा नूतन होती है और प्रतिक्रिया सदा पुरातन। मैं कल आपसे मिला था और आज आप मेरे पास आते हैं। आज आप कुछ भिन्न हैं, कुछ अलग-से हैं, आप में कुछ बदलाव आया है, कुछ नयापन है; लेकिन कल आप जैसे थे उसकी मेरे दिमाग में एक तस्वीर है। अतः मैं पुराने में नये को जज़्ब कर लेता हूं। मैं नये सिरे से आपसे नहीं मिलता, बल्कि आपकी कल की एक छवि मेरे पास होती है, अतः उस चुनौती का मेरा प्रत्युत्तर सदा संस्कारबद्ध होता है। यहां जब आप उपस्थित हैं तो कुछ एक क्षणों के लिए आप ब्राह्मण, ईसाई, किसी ऊंची जाति के, या ऐसा ही कुछ और नहीं रह जाते--आप

यह सब भूल जाते हैं। आप बस सुन रहे होते हैं, आप डूबे होते हैं, समझने की कोशिश कर रहे होते हैं। फिर आप जब अपने रोज़ाना के जीवन की ओर लौटते हैं, आपका पुराना अपना आपा लौट आता है--आप पुनः अपने नौकरी-धंधे में, अपनी जाति में, अपनी व्यवस्था में, अपने परिवार में वापिस आ जाते हैं; दूसरे शब्दों में, नूतन सदा पुरातन में, पुरानी आदतों, रीति-रिवाज़ों, मनोधारणाओं, परंपराओं, स्मृतियों में विलीन होता रहता है। नया कभी संभव ही नहीं हो पाता, क्योंकि आपकी नये से मुलाकात तो होती है लेकिन हमेशा पुराने बोझ के साथ। चुनौती नयी है लेकिन उसका सामना आप पुरानी तरह से करते हैं। तो इस प्रश्न में समस्या यह है कि विचार को पुरातन से कैसे मुक्त किया जाये जिससे कि वह सदा नवीन बना रहे। जब आप किसी फूल को देखते हैं, किसी चेहरे को देखते हैं, आकाश को, वृक्ष को या एक मुस्कुराहट को देखते हैं, तो यह सब देखना नये ढंग से कैसे हो? ऐसा क्यों होता है कि हम कुछ भी नयी दृष्टि से नहीं देख पाते? ऐसा क्यों होता है कि पुराना नये को निगल कर उसमें रद्दो-बदल कर देता है? आपके घर पहुंचते ही नया गायब क्यों हो जाता है?

पुरानी प्रतिक्रिया का उदय विचारक से ही होता है। क्या विचारक सदा पुराना नहीं होता? क्योंकि आपके विचार अतीत पर आधारित हैं, अतः जब आप नये से भेंट करते हैं तो यह विचारक ही है जो भेंट कर रहा होता है, यह बीते हुए कल का अनुभव ही है जो उस नये से मिल रहा होता है। विचारक सदा पुराना होता है। इस प्रकार एक दूसरे रास्ते से हम फिर उसी समस्या पर आ जाते हैं कि मन को अपनी विचारक की भूमिका से कैसे मुक्त किया जाये। स्मृति को समाप्त कैसे करें, तथ्यात्मक स्मृति को नहीं बल्कि मनोवैज्ञानिक स्मृति को, जो कि अनुभवों का संचय है? अनुभव के अवशेष से मुक्त हुए बिना नये का ग्रहण संभव नहीं है। विचार को मुक्त करना, विचार-प्रक्रिया से मुक्त होना तथा नवीन का साक्षात करना अत्यंत कठिन है, है न? क्योंकि हमारे सभी विश्वास, हमारी सभी परंपराएं, शिक्षा की हमारी सभी पद्धतियां नकल और अनुकरण की प्रक्रिया ही हैं जो स्मृति का भंडार बढ़ाती रहती हैं। वह स्मृति निरंतर नये की चुनौती का जवाब दिया करती है; स्मृति की उसी प्रतिक्रिया को हम विचार-क्रिया कहते हैं और यह विचार-क्रिया ही नये से मुलाकात करती है। तो नूतन कैसे संभव हो? जब स्मृति का अवशेष नहीं रहता, केवल तभी नूतनता संभव होती है; और यह अवशेष तब रह जाता है जब अनुभव पूर्ण नहीं होता, समाप्त नहीं होता, यानी जब अनुभव की समझ अधूरी रहती है। जब अनुभव पूर्ण हो जाता है, तब कोई अवशेष नहीं रहता। यही जीवन का सौंदर्य है। प्रेम कोई अवशेष नहीं है, प्रेम अनुभव नहीं है; वह तो होने की एक अवस्था है। प्रेम शाश्वत रूप से नूतन होता है। अतः हमारी समस्या है कि क्या यह संभव है कि हम सदा नये से मिल सकें, यहां तक कि जब यहां से लौट कर घर जायें तो वहां भी? यकीनन ऐसा किया जा सकता है। इसके लिए हमें अपनी भावना में, अपनी सोच में क्रांति लानी होगी। आप स्वतंत्र तभी हो सकते हैं जब प्रत्येक घटना से आप पल-पल निबटते चलते हैं, जब हर प्रतिक्रिया को पूरी तरह समझ लेते हैं, उस पर केवल सरसरी तौर पर नज़र डालकर एक तरफ नहीं

कर देते। संचित हो रही स्मृति से मुक्ति तभी संभव है जब प्रत्येक विचार, प्रत्येक भाव को उसकी परिणति तक पहुंचा दिया जाता है, उसे पूरी तरह से सोच-समझ लिया जाता है। दूसरे शब्दों में, जब प्रत्येक विचार एवं भाव का समापन, उसका उपसंहार कर लिया जाता है तब इति हो जाती है, और इस इति के तथा इसके बाद आने वाले विचार के मध्य एक अवकाश होता है। मौन के इस अंतराल में ही नवस्फूर्ति का उदय होता है, नयी सर्जनशीलता जन्म लेती है।

यह कोई सैद्धांतिक या अव्यावहारिक बात नहीं है। यदि आप प्रत्येक विचार एवं प्रत्येक भाव को उसकी परिणति तक समझने की कोशिश करें तो आप देखेंगे कि आपके नित्य के जीवन में यह असाधारण रूप से व्यावहारिक है, क्योंकि तब आप नये होंगे, और जो नया होता है वही चिरस्थायी होता है। नया होना सर्जनशील होना है और सर्जनशील होना सुखी होना है; एक सुखी व्यक्ति इस बात की चिंता नहीं करता कि वह धनी है या निर्धन, वह इस बात की परवाह नहीं करता कि वह समाज के किस स्तर से है, वह किस जाति का है या किस देश का है। उसका कोई नेता नहीं होता, कोई देवता नहीं होता, कोई मंदिर नहीं होता, कोई गिरजाघर नहीं होता, और इसीलिए न कोई झगड़ा होता है, न वैरभाव।

निश्चय ही, अव्यवस्था से पीड़ित वर्तमान विश्व में हमारी समस्याओं के समाधान का यही सर्वाधिक व्यावहारिक मार्ग है। चूंकि हम सर्जनशील नहीं हैं--सर्जनशील शब्द का प्रयोग मैं जिस अर्थ में कर रहा हूं--इसीलिए हम अपनी चेतना के विभिन्न स्तरों पर इतने अधिक असामाजिक हैं। अपने सामाजिक संबंधों में, अपने हर संबंध में, अधिक व्यावहारिक एवं प्रभावी होने के लिए यह आवश्यक है कि हम सुखी हों, खुश हों; अगर अंत नहीं है तो प्रसन्नता भी नहीं है, अगर कुछ बनने की प्रक्रिया निरंतर जारी रहती है तो सुख-शांति संभव नहीं है। अंत होने में नवजीवन है, पुनर्जन्म है, नूतनता, निर्मलता तथा उल्लास है।

जब तक मन या विचारक अपने विचार से संस्कारित है, जब तक पृष्ठभूमि है, पुराना नये को निगल लेता है, नष्ट कर देता है। इस पृष्ठभूमि से, संस्कारित करने वाले प्रभावों से एवं स्मृति से मुक्त हो पाने के लिए निरंतरता से मुक्ति ज़रूरी है। जब तक विचार और भावनाओं का पूर्णतया पर्यवसान नहीं हो जाता, तब तक निरंतरता बनी रहती है। आप जब किसी विचार का उसके आखिरी आयाम तक अनुशीलन करते हैं तो आप उस विचार का अवसान कर पाते हैं और इस प्रकार प्रत्येक विचार, प्रत्येक भावना का समापन हो पाता है। प्रेम अभ्यास या स्मृति नहीं है; प्रेम सदैव नूतन होता है। नये से भेंट तभी हो सकेगी, जब मन ताज़ा होगा, और मन तब तक ताज़ा नहीं होता, जब तक स्मृति का कोई अवशेष रहे। स्मृति तथ्यात्मक भी होती है और मनोवैज्ञानिक भी। मैं तथ्यात्मक स्मृति की नहीं, बल्कि मनोवैज्ञानिक स्मृति की बात कर रहा हूं। जब तक अनुभव को पूरी तरह से नहीं समझ लिया जाता, तब तक पुरातन का, बीते हुए कल का अवशेष रहता है। अतीत सदा अभिनव को आत्मसात करता रहता है और इस प्रकार उसे नष्ट करता रहता है। जब मन पुरातन से मुक्त होता है, तभी वह हर चीज़ का नये सिरे से सामना कर पाता है, और इसी में आनंद है, आह्लाद है।

27. नाम देने की प्रवृत्ति

प्रश्न : कोई नाम या लेबल दिए बिना हमें किसी भावना का पता कैसे चल पाएगा? अगर मुझमें कोई भावना जगती है तो लगता है कि उस भावना के उठने के साथ ही पता लग जाता है कि वह क्या है। या आपका कुछ भिन्न अभिप्राय है जब आप कहते हैं, ''नाम मत दो''?

कृष्णमूर्ति : हम किसी भी चीज़ को नाम क्यों देते हैं? हम किसी फूल, किसी व्यक्ति, किसी भावना को कोई लेबल क्यों लगा देते हैं? या तो हम ऐसा अपनी भावनाओं को संप्रेषित करने, उस फूल का बखान करने आदि-आदि के लिए करते हैं, या फिर उस भावना से अपना तादात्म्य करने के लिए। मैं संप्रेषण के लिए किसी वस्तु को या किसी भाव को कोई नाम देता हूं : 'मैं क्रोधित हूं'। या उस भावना को पुष्ट करने अथवा उसका विसर्जन करने या उसके बारे में कुछ और करने के प्रयोजन से मैं उसके साथ अपना तादात्म्य कर लेता हूं। हम किसी चीज़ को, गुलाब के एक फूल को कोई संज्ञा इसलिए देते हैं ताकि हम उसे दूसरों को बता सकें, या उसे एक नाम देकर हम सोचते हैं कि हमने उसे समझ लिया है। हम कहते हैं, ''वह एक गुलाब का फूल है'', एक निगाह उस पर डालते हैं और आगे बढ़ जाते हैं। उसे नाम देकर हम सोचते हैं कि हमने उसे समझ लिया है; हमने उसका वर्गीकरण कर लिया है और हम सोचते हैं कि ऐसा करके हमने उस फूल की समस्त अंतर्वस्तु तथा सौंदर्य को समझ लिया है।

किसी वस्तु को एक संज्ञा देकर हमने उसे केवल एक कोटि में रख दिया है और हम सोचते हैं कि हमने उसे समझ लिया; हम उसे और ध्यान से नहीं देखते। लेकिन यदि हम उसे कोई नाम नहीं देते, तो हमें उसे देखना *पड़ता* है; तात्पर्य यह कि तब हम किसी फूल या किसी भी वस्तु को एक नयेपन के साथ, परख की एक नवीन मौलिकता के साथ देखते हैं; हम उसे ऐसे देखते हैं, मानो हमने पहले उसे कभी न देखा हो। नाम देना व्यक्तियों या वस्तुओं को निपटा देने का एक बड़ा आसान तरीका है--वे जर्मन हैं, जापानी हैं, अमेरिकन हैं, हिंदू हैं, ऐसा कह कर आप उन्हें एक लेबल बना सकते हैं, और फिर उस लेबल को नष्ट कर सकते हैं। यदि व्यक्तियों को आप कोई लेबल न दें, तो आप उन्हें देखने पर मजबूर होंगे और तब किसी की हत्या करना कहीं अधिक कठिन हो जायेगा। आप किसी लेबल को एक बम से नष्ट कर सकते हैं, और खुद को बड़ा धर्मात्मा समझ सकते हैं। लेकिन यदि आप कोई लेबल, कोई कोटि न दें और उस वस्तु विशेष को ही सीधे-सीधे देखें--वह चाहे कोई मनुष्य हो, कोई फूल हो, कोई प्रसंग हो या कोई भावना--तब आप उसके साथ अपने संबंध पर और सहवर्ती कर्म के साथ संबंध पर गौर किए बिना नहीं रह सकेंगे। अतः नाम या लेबल देना किसी चीज़ से पीछा छुड़ाने की, उसके निषेध की, उसकी निंदा-प्रशंसा की एक बड़ी सुविधाजनक विधि है। यह इस प्रश्न का एक पक्ष हुआ।

वह केंद्र क्या है जिससे आप नाम देते हैं, हमेशा नामकरण करने वाला, चुनने वाला,

लेबल देने वाला वह केंद्र कौन सा है? हम सभी महसूस करते हैं कि ऐसा कोई केंद्र, कोई मर्म तो है, जहां से हम कर्म कर रहे हैं, मूल्यांकन कर रहे हैं, नामकरण कर रहे हैं। क्या है वह केंद्र, वह स्रोत? कुछ व्यक्ति ऐसा सोचना पसंद करेंगे कि वह एक आध्यात्मिक तत्त्व है, ईश्वर है, या ऐसा ही कुछ है। अतः हमें यह जानना चाहिए कि वह मर्म, वह केंद्र, क्या है जो नाम दे रहा है, शब्द दे रहा है, मूल्यांकन कर रहा है? निस्संदेह वह केंद्र है स्मृति, है न? वह संवेदनों की एक शृंखला है, जिनके साथ तादात्म्य कर लिया गया है और जिनके घेरे बना दिए गये हैं--वर्तमान के माध्यम से जीवन पाता अतीत। वह मर्म, वह केंद्र नाम देने, लेबल आरोपित करने और यादों को बनाये रखने के ज़रिये वर्तमान द्वारा पोषित होता रहता है।

जैसे-जैसे हम इसे समझते जायेंगे, हम देखेंगे कि जब तक इस केंद्र का, इस मर्म का अस्तित्व है, बोध, समझ संभव नहीं है। इस केंद्र के विसर्जित हो जाने पर ही बोध संभव होता है, क्योंकि अंततः यह केंद्र स्मृति ही है; उन विविध अनुभवों की स्मृति जिन्हें नामांकित किया गया है, जिन्हें लेबल दिए गये हैं, पहचान दी गयी है। इस प्रकार नामांकित और लेबल लगे अनुभवों वाले इस केंद्र से ही स्वीकार और परित्याग होता है, होने अथवा न होने के निश्चय का निर्धारण होता है; और यह सब होता है विगत अनुभव की स्मृति के संवेदनों, सुखों तथा पीड़ाओं के अनुसार। इस प्रकार वह केंद्र *ही* शब्द है। यदि आप उस केंद्र को कोई नाम न दें, तो क्या कोई केंद्र होगा? यानी यदि आप शब्दों के ज़रिये विचार न करें, यदि आप शब्दों का प्रयोग न करें, तो क्या आप विचार कर सकते हैं? शब्दीकरण के द्वारा ही विचार-क्रिया अस्तित्व में आती है या फिर, सोचने की प्रतिक्रिया के रूप में शब्दीकरण शुरू होता है। सुख और पीड़ा के अगणित अनुभवों की स्मृति जब शब्दीकृत हो जाती है, तब वह इस केंद्र का, इस स्रोत का रूप ले लेती है। कृपया इसे अपने भीतर देखिए, आप देख पाएंगे कि तत्त्व की अपेक्षा शब्द और लेबल कहीं अधिक महत्त्वपूर्ण हो गए हैं; हम शब्दों पर जी रहे हैं।

हमारे लिए सत्य एवं ईश्वर जैसे शब्द, अथवा वह भाव जिसे ये द्योतित करते हैं, बड़े महत्त्वपूर्ण हो गए हैं। जब हम 'अमरीकी', 'ईसाई', 'हिंदू' या फिर 'क्रोध' शब्द को प्रयोग में लाते हैं, तो उस भाव को प्रकट करने वाला वह शब्द हम *ही* होते हैं। लेकिन हम यह नहीं जानते कि वह भाव क्या है, क्योंकि वह शब्द महत्त्वपूर्ण बन गया है। जब आप स्वयं को एक बौद्ध, एक ईसाई कहते हैं, तो उस शब्द का मतलब क्या है, उस शब्द के पीछे, जिसकी आपने कभी पड़ताल नहीं की है, क्या अर्थ छिपा है? हमारा केंद्र यानी वह मर्म *ही* वह शब्द, वह लेबल है। जब नाम का महत्त्व नहीं होता, बल्कि उस लेबल के *पीछे* जो है उसका महत्त्व होता है, तब आप अन्वेषण में सक्षम होते हैं, लेकिन यदि आप उस लेबल से तादात्म्य स्थापित कर लेते हैं, उसी में अटक जाते हैं तो आप आगे नहीं बढ़ पाते। और हमने लेबलों से, संज्ञाओं से--मकान से, रूप से, नाम से, फर्नीचर से, बैंक खाते से, अपनी सम्मतियों से, अपने नशों से और ऐसी ही तमाम चीज़ों से--तादात्म्य

कर लिया है, अपनी पहचान जोड़ ली है। हम ही वे सब चीज़ें हैं--चीज़ें जिन्हें अमुक नाम से पुकारा जाता है। *वस्तुएं,* नाम, लेबल महत्त्वपूर्ण हो गए हैं; अतएव वह केंद्र, वह अंतस, शब्द *ही* है।

यदि कोई शब्द, कोई लेबल नहीं है, तो केंद्र भी नहीं है, या है? बस एक विसर्जन है, एक रिक्तता है--भय की रिक्तता नहीं, जो एकदम अलग बात है। बस कुछ नहीं के रूप में होने का एक एहसास; चूंकि आपने सभी लेबल हटा दिए हैं, सभी संज्ञाओं का निराकरण कर दिया है, या यूं कहें कि आपने समझ लिया है कि आप क्यों मनोभावों एवं मनोधारणाओं को कोई संज्ञा दे दिया करते हैं; अतः अब आप पूर्णतया नवीन होते हैं, है न? आपके कर्म का कोई केंद्र नहीं रहा, जहां से आप क्रिया कर रहे हों। केंद्र, जो कि एक शब्द है, विसर्जित हो गया है। लेबल हटा लिया गया और अब आप केंद्र के रूप में हैं कहां? आप हैं, लेकिन एक रूपांतरण हो चुका है। यह थोड़ा-सा डरा देने वाला तो है, इसलिए इसमें जो अभी भी निहित है, उसके साथ आप आगे नहीं बढ़ते; बल्कि आप मूल्यांकन करना, यह तय करना शुरू कर चुके होते हैं कि आपको यह पसंद है या नापसंद है। जो भी हो रहा है, उसके बोध के साथ आप आगे नहीं बढ़ते, बल्कि आपने निर्णय लेना शुरू कर दिया होता है, जिसका अर्थ है कि कोई केंद्र है जहां से आप कुछ कर रहे हैं। अतः जिस क्षण आप निर्णय लेते हैं, आप वहीं अटक जाते हैं; 'पसंद' और 'नापसंद' शब्द महत्त्वपूर्ण हो जाते हैं। परंतु जब आप नामकरण नहीं करते, उस समय क्या होता है? तब आप किसी भावना को, किसी संवेदन को अधिक प्रत्यक्ष रूप से देख पाते हैं, इसलिए आपका उसके साथ पूर्णतया भिन्न प्रकार का संबंध होता है--ठीक उसी प्रकार जैसे किसी फूल के साथ होता है, जब आप उसे कोई नाम नहीं देते। आपको उसे नये सिरे से देखना *होता* है। जब आप व्यक्तियों के समूह को कोई नाम नहीं देते, तो आप प्रत्येक व्यक्ति के चेहरे को देखने के लिए बाध्य होते हैं, आप उन सबको एक भीड़ के रूप में नहीं लेते। इसलिए आप कहीं अधिक सतर्क, सहानुभूतिपूर्ण होते हैं, देख-समझ पाते हैं; आपमें करुणा, प्रेम का एक गहरा भाव होता है; लेकिन यदि आप उन्हें एक समूह के रूप में देखते हैं, तो बात ही खत्म हो जाती है।

अगर आप कोई लेबल, कोई नाम न दें तो आपको प्रत्येक भावना के जागने के साथ ही उस पर गौर करना होगा। जब आप कोई लेबल आरोपित करते हैं, तो क्या वह भावना उस लेबल से भिन्न होती है? या दिया हुआ वह नाम ही उस भावना को जगाता है? कृपया इस पर विचार करें। जब हम किसी भावना को कोई नाम दे देते हैं, हममें से अधिकांश उस भावना को अधिक तीव्र बना रहे होते हैं। भाव और उसका नामकरण तत्क्षण घटित होते हैं। यदि नाम प्रदान करने और भाव उदित होने में कोई अंतराल होता, तो आप पता लगा लेते कि क्या वह भाव नामकरण से भिन्न है, और तब आप उस भाव को कोई नाम दिए बिना ही उसका सामना करने में सक्षम होते।

समस्या यह है कि जिस भावना को हम कोई नाम दे रहे हैं, जैसे कि क्रोध, उससे

मुक्त कैसे हों? समस्या यह नहीं है कि हम कैसे उसे अपने अधीन करें, उसका उन्नयन करें, दमन करें; यह सब तो मूढ़तापूर्ण एवं अपरिपक्व होगा। समस्या यही है कि हम उससे वास्तव में कैसे मुक्त हों? उससे वस्तुतः मुक्त होने के लिए हमें यह खोज लेना होगा कि क्या वह शब्द उस भाव से अधिक महत्त्वपूर्ण है। वह शब्द 'क्रोध' उस भाव विशेष से अधिक अर्थपूर्ण हो गया है। सच में इसका पता लगा लेने के लिए भावना और उसके नामकरण के बीच एक अंतराल का होना ज़रूरी है। यह समस्या का एक पक्ष है।

यदि मैं किसी भावना का नामकरण न करूं, तात्पर्य यह कि यदि विचार केवल शब्दों के ही कारण कार्यरत नहीं है अथवा यदि मैं शब्दों, छवियों या प्रतीकों की भाषा में विचार न करूं--जैसा कि हममें से अधिकांश किया करते हैं--तो क्या होता है? निस्संदेह तब मन निरीक्षक मात्र नहीं होता। जब मन शब्दों, प्रतीकों, प्रतिमाओं की भाषा में नहीं सोच रहा होता, तो विचार से अर्थात शब्द से भिन्न कोई विचारक नहीं होता। तब मन मौन, शांत होता है; शांत *बनाया* नहीं जाता, शांत *होता* है। जब मन वास्तव में मौन होता है, तब उदित हो रहे मनोभावों से तत्काल ही निपटा जा सकता है। भावों को निरंतरता केवल तभी मिलती है, जब हम उन्हें कोई नाम दे देते हैं और इस प्रकार उन्हें पुष्ट करते रहते हैं; वे भाव उस केंद्र में संचित हो जाते हैं जहां से उन्हें हम और संज्ञाएं दिया करते हैं जिनके द्वारा या तो हम उन्हें पुष्ट करना चाहते हैं, या फिर संप्रेषित करना चाहते हैं।

जब मन शब्दों तथा अतीत के अनुभवों द्वारा निर्मित विचारक के रूप में वह केंद्र नहीं रह जाता--जो सब के सब शब्द, अनुभव अलग-अलग श्रेणियों में, खांचों में डाली जा रही संचित स्मृतियां हैं, लेबल हैं--जब मन, विचारक यह सब कुछ नहीं कर रहा होता है, तो ज़ाहिर है कि मन चुप हो जाता है। यह अब बंधनग्रस्त नहीं है, इसका मैं के रूप में कोई केंद्र नहीं रहा--मेरा मकान, मेरी उपलब्धि, मेरा कार्य--जो सभी शब्द हैं, ये भावनाओं को आवेग प्रदान करते हैं और इस प्रकार स्मृति को दृढ़ करते रहते हैं। जब इनमें से कुछ भी नहीं हो रहा होता तो मन नितांत मौन होता है। यह कोई निषेध की अवस्था नहीं है। उलटे, यहां तक पहुंचने के लिए इस सब से आपको गुज़रना होता है, और यह एक विराट उद्यम है; यह किसी स्कूली बच्चे की तरह 'नाम न दो', 'नाम न दो' जैसे कुछ जुमले याद करके उन को दोहराने वाली बात नहीं है। इसके सभी निहितार्थों की समझ से गुज़रना, इसका अनुभव करना, मन कैसे कार्य करता है यह देखना, और उस स्थल तक आना जहां आप अब और नामकरण नहीं कर रहे, जिसका अर्थ है कि विचार से पृथक कोई केंद्र नहीं रह गया है--निस्संदेह यह समस्त प्रक्रिया ही सच्चा ध्यान है।

जब मन वास्तव में शांत होता है, तभी उस असीम का आविर्भाव संभव होता है। कोई भी अन्य प्रक्रिया, यथार्थ की कोई भी और तलाश, केवल आत्म-प्रक्षेपण ही है, वह हमारी ही बनायी हुई अतएव मिथ्या है। परंतु यह प्रक्रिया श्रमसाध्य है, और इसका अर्थ है अपने भीतर हो रही हर हलचल के प्रति मन को निरंतर सजग रहना होगा। यहां तक

आने के लिए, आरंभ से अंत तक कहीं भी कोई मूल्यांकन या पक्ष-समर्थन नहीं हो सकता--ऐसा नहीं कि यह अंत है। अंत है ही नहीं, क्योंकि कुछ असाधारण अब भी जारी है। यह कोई वादा नहीं है। यह तो आप पर है कि आप प्रयोग करें, अपने अंदर उत्तरोत्तर गहराई में जायें, ताकि उस केंद्र की तमाम परतों का विसर्जन, समापन हो जाये, और आप यह सब शीघ्रता से कर सकते हैं, या फिर आराम से, धीमे-धीमे। मन की प्रक्रिया को देखना--कैसे वह शब्दों पर निर्भर करता है, शब्द कैसे स्मृति को उद्दीप्त करते हैं, या मृत अनुभव में प्राण संचारित कर कैसे इसे वे जीवन प्रदान करते हैं--असाधारण रूप से दिलचस्प है। उस प्रक्रिया में मन या तो भविष्य में या फिर अतीत में जी रहा होता है। इसलिए शब्दों की ज़बरदस्त महत्ता है, स्नायुविज्ञान की दृष्टि से, और मनोवैज्ञानिक तौर पर भी। और मेहरबानी करके इस सब को मुझसे या किसी पुस्तक से मत सीखिए। आप इसे किसी दूसरे से नहीं सीख सकते और न ही किसी पुस्तक में पा सकते हैं। आप जो सीखेंगे या जो पुस्तक से प्राप्त करेंगे, वह यथार्थ नहीं होगा। परंतु आप इसका अनुभव कर सकते हैं, किसी काम को करते हुए खुद का निरीक्षण कर सकते हैं, अपने आप को सोचते वक्त देख सकते हैं, यह देख सकते हैं कि आप सोचते कैसे हैं, कैसे आप जल्दी-जल्दी किसी भावना को, उसके जागते ही कोई नाम दे दिया करते हैं--और इस समस्त प्रक्रिया का यह निरीक्षण ही मन को उसके केंद्र से मुक्त कर देता है। तब मन मौन होता है व उसे ग्रहण कर पाता है जो शाश्वत है।

28. ज्ञात और अज्ञात

प्रश्न : हमारा मन केवल ज्ञात को जानता है। हमारे अंदर वह क्या है जो हमें उस अज्ञात यथार्थ को, ईश्वर को जानने के लिए प्रेरित करता है?

कृष्णमूर्ति : क्या आपका मन अज्ञात के लिए आग्रह करता है? क्या हमारे अंदर अज्ञात के लिए, यथार्थ के लिए, ईश्वर के लिए कोई अभिलाषा है? कृपया इस पर गंभीरता से विचार करें। यह कोई शब्दाडंबरपूर्ण सवाल नहीं है, बल्कि हम वास्तव में इसका पता लगाएं। क्या हममें से प्रत्येक के भीतर अज्ञात को जानने की कोई आंतरिक प्रेरणा है? क्या ऐसा है? आप अज्ञात को कैसे पा सकते हैं? यदि आप उसे जानते नहीं तो आप को उसका पता कैसे चलेगा? यह ललक सचमुच यथार्थ के लिए है या ज्ञात को ही कुछ विस्तृत रूप में पाने के लिए है? क्या मेरा तात्पर्य आप समझ रहे हैं? मैंने अनेक वस्तुओं को देखा-जाना है; उन्होंने मुझे सुख, संतोष, आनंद नहीं दिया है। अतः अब मैं *कुछ और* चाहने लगा हूं जो मुझे अधिक आनंद, अधिक सुख, अधिक जीवन-शक्ति आदि देगा। क्या ज्ञात, अर्थात मेरा मन--क्योंकि मेरा मन *ही* ज्ञात है, अतीत का परिणाम है--क्या वह मन अज्ञात को खोज सकता है? यदि मैं अज्ञात को नहीं जानता, तो मैं उसे खोजूंगा कैसे? निस्संदेह उसी को आना होगा, मैं उसके पीछे नहीं दौड़ सकता। यदि मैं उसकी तलाश में जाता हूं, तो उसका अर्थ यही है कि मैं

एक ऐसी चीज़ की तलाश में जा रहा हूं जो ज्ञात ही है, जो मेरे द्वारा ही प्रक्षेपित है।

हमारी समस्या यह नहीं है कि हमें अज्ञात की खोज की ओर ले जाने वाली कौन सी भीतरी प्रेरणा है--वह तो काफी स्पष्ट है। अधिक सुरक्षित, अधिक स्थायी, अधिक प्रतिष्ठित, अधिक प्रसन्न होने की, विक्षोभ से, पीड़ा से, विभ्रम से बचने की हमारी अपनी आकांक्षा ही वह प्रेरणा है, यह बिलकुल स्पष्ट है। जब इस प्रकार की प्रेरणा, इस प्रकार की ललक होती है, तब आप बुद्ध में, ईसा में, किसी राजनीतिक नारेबाज़ी में अथवा इसी प्रकार की किसी और बात में एक अद्भुत पलायन, एक अद्भुत शरण पा लेंगे। लेकिन वह यथार्थ नहीं है; वह अविज्ञेय नहीं है, अज्ञात नहीं है। इसलिए अज्ञात के लिए व्यग्रता का अंत होना, अज्ञात की तलाश का रुकना ज़रूरी है; इसका अर्थ यह है कि संचय करने वाले ज्ञात की--मन की--समझ होना ज़रूरी है। मन के लिए स्वयं को ज्ञात के *तौर* पर समझ लेना ज़रूरी है, क्योंकि वह सिर्फ उसे ही तो जानता है। जिसे आप जानते ही नहीं, उसके बारे में आप सोच भी नहीं सकते। जिसे आप जानते हैं, उसी के बारे में आप सोच पाते हैं।

हमारी कठिनाई यह है कि मन ज्ञात *में* गति न करता रहे; ऐसा तभी संभव है जब मन अपने आप को तथा इस बात को समझ लेता है कि उसकी सारी गतिविधि अतीत से ही आ रही है, जो कि वर्तमान के ज़रिये, भविष्य में प्रक्षिप्त हो रही है। वह ज्ञात की ही एक सतत गति है; क्या उस गतिविधि का अंत हो सकता है? उसका अंत केवल तभी हो सकता है, जब उसकी अपनी प्रक्रिया की कार्यविधि को समझ लिया जाता है, जब मन अपने को और अपने क्रियाकलाप को, अपने तौर-तरीकों को, अपने उद्देश्यों को, अपने लक्ष्यों और इरादों को, अपनी मांगों को समझ लेता है--केवल सतही मांगों को ही नहीं, अपितु गहरी, आंतरिक व्यग्रताओं और प्रयोजनों को भी। यह काफी मुश्किल काम है। किसी एक मीटिंग अथवा एक व्याख्यान में या किसी किताब का अध्ययन करके आप इसका पता नहीं लगा पाएंगे। उसके लिए तो विचार की प्रत्येक गतिविधि के सतत निरीक्षण की, उसके प्रति सतत सजगता की ज़रूरत होती है--केवल जागते हुए ही नहीं, बल्कि तब भी जब आप सोये हुए हैं। यह एक समग्र प्रक्रिया होनी चाहिए, न कि कभी-कभार होने वाली आंशिक प्रक्रिया।

और फिर *मंशा* भी ठीक-ठीक होनी चाहिए। मतलब यह कि इस अंधविश्वास का अंत होना चाहिए कि अंदरूनी तौर पर हम सब को अज्ञात की चाह है। हम सब ईश्वर को खोज रहे हैं, यह सोच केवल भ्रम है। ऐसा कतई नहीं है। हमें प्रकाश को *खोजना* नहीं पड़ता। जब अंधकार नहीं होगा तब प्रकाश होगा ही, और अंधकार के माध्यम से हम प्रकाश को नहीं पा सकते। बस अंधकार निर्मित करने वाली बाधाओं को हटाना हमारे वश में है, और उन्हें हटाना हमारी *मंशा* पर निर्भर करता है। यदि आप उन्हें इसलिए मिटा रहे हैं *ताकि* आप प्रकाश को देख पाएं, तो आप कुछ भी नहीं मिटा रहे, आप बस अंधकार शब्द की जगह प्रकाश शब्द को ला रहे हैं। अंधकार के पार ताकना भी अंधकार

से पलायन ही है।

हमें चलाने वाली प्रेरणा कौन सी है--हमें इस बात पर नहीं बल्कि इस पर गौर करना होगा कि हमारे अंदर इतनी उलझन, इतना संघर्ष, इतना विरोधभाव क्यों है, हमारे जीवन में इतनी सारी बेवकूफियां क्यों हैं। जब ये सब नहीं हों, तब प्रकाश *होता ही* है, तब हमें उसकी खोज नहीं करनी पड़ती। जब मूर्खता दूर हो जाती है, प्रज्ञा होती ही है, लेकिन प्रज्ञावान बनने की कोशिश में लगा मूर्ख मनुष्य फिर भी मूर्ख ही रहता है। मूर्खता को बुद्धिमानी कभी नहीं बनाया जा सकता; केवल तभी, जब मूर्खता का अंत हो जाता है, बुद्धिमत्ता, प्रज्ञा विद्यमान होती है। वह व्यक्ति जो मूर्ख है और बुद्धिमान, प्रज्ञावान बनने का प्रयत्न कर रहा है, स्पष्ट है कि ऐसा वह कभी नहीं कर पाएगा। मूर्खता क्या है, यह जानने के लिए व्यक्ति को सतही रूप से नहीं बल्कि पूर्णता से, समग्रता से, गहराई से, गंभीरता से उसकी पड़ताल करनी होगी; उसे मूर्खता की विभिन्न परतों की छानबीन करनी होगी और जब उस मूर्खता का अंत हो जायेगा, तब बुद्धिमत्ता मौजूद होगी।

क्या हमें अज्ञात की ओर प्रेरित करने वाली, ज्ञात से बढ़कर, ज्ञात से श्रेष्ठतर कोई सत्ता है, महत्त्व इसके अन्वेषण का नहीं, बल्कि यह पता लगाने का है कि हममें वह क्या है, जो विभ्रम, युद्ध, वर्ग-भेद, मिथ्याभिमान, प्रख्यात का अनुसरण, ज्ञान का संचय, और इसी तरह संगीत, कला और ऐसे ही कई अन्य तरीकों के ज़रिये पलायन निर्मित करता जा रहा है। निस्संदेह यह महत्त्वपूर्ण है कि हम इस सबको ठीक उसी रूप में देखें जैसे कि ये हैं, तब फिर अपनी ओर लौटकर देखें जैसे भी हम हैं। वहां से तब हम आगे बढ़ सकते हैं। ज्ञात के बोझ को उतारना तब अपेक्षाकृत आसान हो जाता है। जब मन मौन होता है, जब यह कुछ पाने की चाह में अपने आप को भविष्य में प्रक्षेपित नहीं कर रहा होता; जब मन सच में ही चुप होता है, गहन रूप से शांत होता है, तब अज्ञात अस्तित्व में आता है। आपको उसे खोजना नहीं पड़ता। आप उसे आमंत्रित नहीं कर सकते। आमंत्रित तो आप केवल उसी को कर सकते हैं जिससे आप परिचित हैं। आप किसी अनजाने अतिथि को आमंत्रित नहीं कर सकते। जिसे आप जानते हैं उसी को आप बुलावा दे सकते हैं। लेकिन आप अज्ञात, ईश्वर, यथार्थ को, या उसे आप जो भी कहते हों उसको जानते नहीं हैं। तो उसे ही आना होगा। और वह केवल तभी आ सकेगा जब भूमि तैयार हो, उसे ठीक से जोता गया हो। लेकिन यदि आप इस *प्रयोजन* से भूमि को जोतने लगें कि वह आ सके, तो आप उसे नहीं पा सकेंगे।

अविज्ञेय को कैसे खोजा जाये हमारी समस्या यह नहीं है, हमारी समस्या है उस मन की--जो हमेशा ज्ञात ही होता है--संचयी प्रक्रियाओं को समझना। यह एक दुष्कर कार्य है : इसके लिए निरंतर अवधान, निरंतर जागरूकता की आवश्यकता है, जिसमें मन के भटकने का, तादात्म्य का, निंदा का कोई भाव नहीं होता--वह तो बस *जो है* उसके साथ *रहना* होता है। मन तभी निश्चल हो पाता है। आप चाहे जितनी ध्यान-धारणा करें, अनुशासन का पालन करें, उससे सही मायने में मन निश्चल नहीं किया जा सकेगा। केवल

तभी, जब वायु का बहना बंद हो जाता है, झील शांत हो जाती है। आप झील को शांत *बना* नहीं सकते। हमारा कार्य अज्ञात का अनुशीलन नहीं, वरन अपने आप में विभ्रम, विक्षोभ एवं कष्ट को समझना है; और तभी, जो आनंद से पूर्ण है, रहस्यमय ढंग से प्रकट होता है।

29. सच और झूठ

प्रश्न : आपने कहा कि बार-बार दोहराने से सच झूठ हो जाता है। यह कैसे संभव है? झूठ वास्तव में क्या है? झूठ बोलना दोषपूर्ण क्यों है? हमारे अस्तित्व के सभी स्तरों पर क्या यह एक गंभीर और जटिल समस्या नहीं है?

कृष्णमूर्ति : इसमें दो प्रश्न हैं, इनमें से पहले की छान-बीन से शुरू करें। प्रश्न है : सच जब दोहराया जाता है, तब वह झूठ कैसे बन जाता है? वह क्या है जिसे हम दोहराते हैं? क्या आप किसी समझ को दोहरा सकते हैं? मैं कुछ समझ जाता हूं। क्या मैं उस समझ की पुनरावृत्ति कर सकता हूं? मैं उसे शब्दीकृत कर सकता हूं, मैं उसे संप्रेषित कर सकता हूं, लेकिन जिसे दोहराया जा रहा है, वह निश्चित ही वह अनुभव नहीं है। हम शब्दों में फंस जाते हैं और अनुभव की अर्थवत्ता को चूक जाते हैं। यदि आपको कोई अनुभव हुआ है, तो क्या उसे आप दोहरा सकते हैं? आप उसे दोहराने की चाह रख सकते हैं, उसकी पुनरावृत्ति की, उसके संवेदन की आप में आकांक्षा हो सकती है, लेकिन जब एक बार आपने कोई अनुभव कर लिया, तो उसका समापन हो जाता है और उसे दोहराया नहीं जा सकता। जिसकी पुनरावृत्ति की जाती है, वह है संवेदन और उस संवेदन को जीवन प्रदान करने वाला उसके तदनुरूप शब्द। चूंकि दुर्भाग्यवश हममें से अधिकांश व्यक्ति प्रचारक हुआ करते हैं, हम शब्दों की पुनरावृत्ति में फंसे रहते हैं। हम शब्दों पर जीते हैं और सत्य से वंचित रह जाते हैं।

उदाहरण के लिए, प्रेम की भावना को लें। क्या आप उसे दोहरा सकते हैं? जब आप इन शब्दों को सुनते हैं, ''अपने पड़ोसी से प्रेम करो'', तो क्या वह आपके लिए एक सत्य है? सत्य वह तभी होगा, जब आप अपने पड़ोसी से वास्तव में प्रेम करेंगे; उस प्रेम की पुनरावृत्ति नहीं की जा सकती, पुनरावृत्ति केवल शब्द की हो सकती है; और फिर भी हममें से अधिकतर व्यक्ति ''अपने पड़ोसी से प्रेम करो'' या ''लोभी मत बनो'' आदि को दोहराते रहने में प्रसन्न तथा संतुष्ट रहते हैं। इसलिए किसी दूसरे का सत्य या आपका अपना कोई वास्तविक अनुभव केवल पुनरावृत्ति से यथार्थ नहीं हो जाता। यही नहीं, पुनरावृत्ति यथार्थ के लिए बाधक होती है। किन्हीं मनोधारणाओं को केवल दोहरा भर देना यथार्थ नहीं है।

यहां कठिनाई यही है कि हम इस प्रश्न को बिना विपरीत की भाषा में सोचे नहीं समझ पाते। झूठ कोई सच का उलटा नहीं है। जो कहा जा रहा है इसकी सच्चाई को देख पाने के लिए झूठ या सच के रूप में विपरीतताओं का, तुलनाओं का सहारा लेने

की दरकार नहीं है; बस यह देख लीजिए कि हममें से अधिकांश बिना समझे-जाने ही दोहराते रहते हैं। जैसे, हम किसी भावना को नाम देने या न देने की, या इसी प्रकार की कोई और चर्चा करते रहे हैं। मुझे यकीन है कि आपमें से ज़्यादातर लोग उसे दोहराते रहेंगे और सोच लेंगे कि वही 'सत्य' है। यदि वह प्रत्यक्ष अनुभव है, तो आप उसे दोहराएंगे नहीं। आप उसे संप्रेषित कर सकते हैं, परंतु जब वह एक *यथार्थ* अनुभव होता है तो उसमें अंतर्निहित संवेदन विदा हो चुके होते हैं, शब्दों के पीछे की भावात्मक अंतर्वस्तु पूर्णतया लुप्त हो चुकी होती है।

उदाहरण के लिए, इस अवधारणा को लें कि विचारक और विचार एक हैं। आपके लिए यह एक सत्य हो सकता है, क्योंकि आपने इसकी प्रत्यक्ष अनुभूति की है। यदि मैं इसे दोहराता हूं तो यह सत्य नहीं होगा, या होगा? कृपया ध्यान रखें--हम यहां सत्य की बात कर रहे हैं, मिथ्या के विपरीत की नहीं। वह वास्तविक नहीं होगा, वह दोहराव भर होगा, और इसलिए उसका कोई महत्त्व न होगा। आप देखें कि इस प्रकार की पुनरावृत्ति के द्वारा हम धार्मिक मत बनाते हैं, हम संप्रदाय बनाते हैं और उसमें शरण ले लेते हैं। सत्य की जगह वह शब्द ही 'सत्य' बन जाता है। शब्द वस्तु नहीं है। हमारे लिए *शब्द* ही वास्तविकता हो जाता है और इसीलिए हमें इस विषय में अत्यधिक सावधानी बरतनी होगी कि जिसे हम वास्तव में समझ नहीं लेते हैं उसे दोहराएं नहीं। यदि आप कोई बात समझ लेते हैं, आप उसे संप्रेषित तो कर सकते हैं, लेकिन वे शब्द और स्मृति भावनात्मक सार्थकता खो चुके होते हैं। अतः यदि कोई यह समझ जाता है तो सामान्य बातचीत में उसका दृष्टिकोण, उसकी शब्दावली बदल जाती है।

हम स्वयं को जानने के द्वारा सत्य की खोज कर रहे हैं और महज़ कोई प्रचारक नहीं हैं, यह समझ लेना बहुत ज़रूरी है। किसी बात को दोहराकर व्यक्ति शब्दों और संवेदनों के द्वारा खुद को सम्मोहित किया करता है। वह भ्रांतियों में फंस जाता है। इससे मुक्त होने के लिए प्रत्यक्ष अनुभव की अनिवार्यता है और प्रत्यक्ष अनुभव के लिए यह आवश्यक है कि व्यक्ति पुनरावृत्ति की, आदतों की, शब्दों की, संवेदनों की प्रक्रिया में स्वयं के प्रति सजग हो। इस प्रकार की सजगता व्यक्ति को एक असाधारण स्वातंत्र्य देती है, ताकि एक नवीकरण, एक निर्बाध अनुभूति, एक नयापन संभव हो।

दूसरा प्रश्न है, ''झूठ वास्तव में क्या है? झूठ बोलना दोषपूर्ण क्यों है? हमारे अस्तित्व के सभी स्तरों पर क्या यह एक गंभीर और जटिल समस्या नहीं है?''

झूठ क्या है? एक अंतर्विरोध, एक आत्म-विसंगति, अपनी ही बातों में परस्पर-विरोध, है न? स्वयं का ही यह विरोध चेतन स्तर पर हो सकता है, या अचेतन स्तर पर; ऐसा जान-बूझ कर भी किया जा सकता है या अनजाने भी; यह अंतर्विरोध अत्यंत सूक्ष्म भी हो सकता है या फिर खुले तौर पर भी। जब अंतर्विरोध में खाई बहुत बड़ी होती है, अंतर बहुत ज़्यादा होता है, तब या तो व्यक्ति असंतुलित हो जाता है, अथवा उस अंतर को महसूस करके वह उसे दुरुस्त करने में जुट जाता है।

इस समस्या को समझने के लिए कि झूठ क्या है और हम झूठ क्यों बोलते हैं, हमें विपरीत की भाषा में सोचे बिना उसकी तह में जाना होगा। क्या अंतर्विरोध की इस समस्या को हम अंतर्विरोधग्रस्त न होने की कोशिश किये बिना देख सकते हैं, समझ सकते हैं? इस प्रश्न की पड़ताल करने में हमारी कठिनाई यह है कि हम झूठ की निंदा बड़ी तत्परता से करने लग जाते हैं, लेकिन हम यदि उसे समझना चाहते हैं तो क्या हम सच और झूठ की शब्दावली में न सोचते हुए *अंतर्विरोध* क्या है, इस पर विचार कर सकते हैं? हम अंतर्विरोध क्यों करते हैं? हमारे भीतर अंतर्विरोध क्यों है? क्या हम किसी मानक के अनुसार, किसी प्रारूप के अनुसार बरतने का प्रयत्न नहीं किया करते? अपने को निरंतर किसी प्रारूप के अनुसार ढालने की कोशिश चलती है, अपनी दृष्टि में या दूसरों की दृष्टि में हम निरंतर कुछ *होना* चाहते हैं। किसी प्रारूप का अनुसरण करने की एक आकांक्षा होती है, है न? और जब हम उस प्रारूप के अनुसार जीवन-यापन नहीं करते, तब अंतर्विरोध होता है।

तो प्रश्न है कि हम क्यों अपने सामने एक प्रारूप, एक मापदंड, एक लक्ष्य, एक अवधारणा रखते हैं जिसके अनुरूप हम जीने की कोशिश किया करते हैं। ऐसा क्यों होता है? ज़ाहिर है कि हम सुरक्षित होना चाहते हैं, लोकप्रिय होना चाहते हैं, अपने बारे में दूसरों की अच्छी राय बनाना चाहते हैं, इत्यादि। *वहीं* अंतर्विरोध का बीज है। जब तक हम अपने को किसी बात के अनुरूप बनाना चाहेंगे, कुछ होने की कोशिश करेंगे, अंतर्विरोध *ज़रूर* होगा; इसीलिए मिथ्या एवं सत्य के बीच यह दरार भी ज़रूर होगी। मेरे विचार में यह महत्त्वपूर्ण है, अगर आप शांति से इस बात की तह में जायें। ऐसा नहीं है कि मिथ्या एवं सत्य जैसा कुछ होता नहीं है, लेकिन प्रश्न यह है कि हममें अंतर्विरोध क्यों है। क्या यह इसीलिए नहीं है कि हम कुछ *होने* के लिए प्रयत्नशील हैं, हम महान, भले, सदाचारी, सर्जनशील, सुखी इत्यादि होना चाहते हैं? कुछ होने की आकांक्षा में ही अंतर्विरोध है--कुछ अन्य न हो पाना। यह अंतर्विरोध अत्यंत विनाशकारी है। यदि व्यक्ति किसी के साथ, इसके या उसके साथ पूर्णतया तादात्म्य कर लेता है, तब अंतर्विरोध रहता तो नहीं है, लेकिन जब हम किसी चीज़ के साथ पूर्णतया तादात्म्य कर भी लेते हैं, तो अपने आप को दायरे में कैद कर कर रहे होते हैं, प्रतिरोध कर रहे होते हैं, जिससे स्पष्टतः असंतुलन ही जन्म लेता है।

हममें अंतर्विरोध क्यों है? मैंने कुछ किया है और मैं नहीं चाहता कि दूसरे उसे जानें; मैंने कुछ सोचा है और वह उस स्तर का नहीं है जिसका उसे होना चाहिए, जो मुझे अंतर्विरोध की हालत में ले आता है और मुझे यह पसंद नहीं है। जहां अनुरूपता की कोशिश है, वहां भय होगा ही, और यह भय ही है जो अंतर्विरोध पैदा करता है। जब कि यदि कुछ बनना नहीं है, कुछ और हो जाने की चेष्टा नहीं है, तब भय का कोई एहसास नहीं है, कोई अंतर्विरोध नहीं है, चेतन या अचेतन स्तर पर कहीं झूठ नहीं है--ऐसा झूठ जिसे दबाना, जिसे उघाड़ना ज़रूरी हो। चूंकि हमारी तमाम ज़िंदगी मिज़ाज और दिखावे

की कहानी है, हम अपने मिज़ाज, अपनी मनोदशा के मुताबिक दिखावा किया करते हैं--जो कि अंतर्विरोध है। जब वह मिज़ाज गायब हो जाता है, तब हम जैसे थे, फिर वैसे हो जाते हैं। तो समझने की बात यह अंतर्विरोध ही है, यह नहीं कि आप कोई शिष्ट सफेद झूठ बोल लेते हैं या नहीं। जब तक यह अंतर्विरोध है, तब तक एक सतही जीवन, अतएव सतही भय आवश्यक बने रहते हैं जिन्हें छिपाए रखना ज़रूरी हो जाता है, और तब सफेद झूठ का सहारा--आपको पता ही है वह सब, जो हुआ करता है। तो प्रश्न को इस तरह से देखें, झूठ क्या है और सच क्या है, इन विपरीतों में उलझे बिना, स्वयं में अंतर्विरोध की जो समस्या है, उसकी गहराई में जायें जो कि बहुत ही मुश्किल काम है, क्योंकि हम संवेदनों, उत्तेजनाओं पर अत्यधिक निर्भर हैं और इसीलिए हमारा अधिकांश जीवन अंतर्विरोध से भरा है। हम स्मृतियों पर, सम्मतियों पर निर्भर हैं, हमारे अनेक भय हैं जिन्हें हम छिपाए रखना चाहते हैं--इन सब से हमारे अपने भीतर अंतर्विरोध निर्मित होता है; जब यह अंतर्विरोध बर्दाश्त के बाहर हो जाता है, हम अपना मानसिक संतुलन खो बैठते हैं। हम चाहते शांति हैं, लेकिन जो कुछ भी हम करते हैं, वह युद्ध पैदा करता है--परिवार में ही नहीं, बल्कि बाहरी दुनिया में भी। द्वंद्व का कारण क्या है, इसे समझने के बजाय, हम इस कोशिश में लगे रहते हैं कि हम और-और यह बन जायें, या वह बन जायें जो कि 'यह' का विपरीत है, और इस तरह हम दरार को और बढ़ा दिया करते हैं।

क्या यह समझ पाना संभव है कि हमारे भीतर अंतर्विरोध क्यों है--न केवल सतही रूप से बल्कि गहरे, मानसिक रूप से भी? सबसे पहली बात, क्या हमें इसका एहसास है कि हम एक अंतर्विरोधी जीवन जी रहे हैं? हम शांति चाहते हैं, पर हम राष्ट्रवादी हैं; हम सामाजिक दुर्दशा को दूर करना चाहते हैं, फिर भी हममें से हर कोई व्यक्तिवादी है, संकुचित और अपने में घिरा हुआ है। हम निरंतर अंतर्विरोध में जी रहे हैं। क्यों? क्या इसलिए नहीं कि हम संवेदन के, उत्तेजना के दास हैं? इस बात को स्वीकार करने या नकारने की ज़रूरत नहीं है। इसके लिए संवेदन के निहितार्थों को, जो कि इच्छाएं ही हैं, भली-भांति समझने की आवश्यकता है। हम कई सारी चीज़ें चाहते हैं, जो सभी एक दूसरे के प्रतिकूल होती हैं। हम बहुत से परस्पर-विरोधी नकाब हैं; जब कोई नकाब हमारे अनुकूल पड़ता है, हम उसे पहन लेते हैं, और जब कोई अन्य हमारे लिए अधिक सुखप्रद एवं उपयोगी हो जाता है, तो हम पहले को नकार देते हैं। अंतर्विरोध की यह अवस्था ही झूठ को निर्मित करती है, और फिर उसके विरोध में हम 'सत्य' गढ़ लिया करते हैं। परंतु यह निश्चित है कि सत्य झूठ का विपरीत नहीं है। जिसका कोई विपरीत हो, वह सत्य नहीं है। उस विपरीत में तो उसका अपना विपरीत भी है, अतः वह सत्य नहीं है, और इस समस्या को खूब गहराई से समझने के लिए हमें उन सभी अंतर्विरोधों के प्रति सजग होना होगा जिनमें हम जीते हैं। जब मैं कहता हूं, "मैं आपसे प्रेम करता हूं", तब इसके साथ ईर्ष्या, डाह, चिंता, भय भी जारी रहते हैं--जो कि अंतर्विरोध है। इसी अंतर्विरोध का समझ लिया जाना ज़रूरी है, और हम इसे तभी समझ सकते हैं जब हम इसके प्रति

बिना किसी निंदा या औचित्य-समर्थन के जागरूक हों, इसे देख भर रहे हों। निष्क्रिय होकर इस अंतर्विरोध को देख पाने के लिए हमें इसे सही ठहराने या इसे बुरा बताने की सभी प्रक्रियाओं को समझ लेना होगा।

निष्क्रियता के साथ देख पाना इतना आसान नहीं है; पर इस बात को समझ लेने पर हमें अपनी भावनाओं व सोच के तौर-तरीकों की समस्त प्रक्रिया समझ में आने लगती है। अपने अंतर्विरोध के पूरे अभिप्राय के प्रति जब हम सजग होते हैं, तो यह सजगता एक असाधारण बदलाव लाती है : तब आप बस आप होते हैं, न कि वह, जो बनने की आपकी कोशिश रही है। तब आप किसी आदर्श के पीछे नहीं चल रहे होते, खुशी की तलाश नहीं कर रहे होते। आप वही होते हैं जो आप हैं, और वहां से आप आगे बढ़ सकते हैं। तब अंतर्विरोध की कोई संभावना नहीं होती।

30. ईश्वर

प्रश्न : आपने यथार्थ का साक्षात्कार कर लिया है। क्या आप हमें बता सकते हैं कि ईश्वर क्या है?

कृष्णमूर्ति : आप कैसे जानते हैं कि मैंने साक्षात्कार कर लिया है? यह जानने के लिए आपको खुद भी साक्षात्कार करना होगा। मैंने जो कहा वह कोई चतुराई से भरा उत्तर नहीं है। किसी अवस्था को जानने के लिए आपको भी उसी में होना चाहिए। आपको भी वही अनुभव घटा होना चाहिए, अतएव स्पष्ट है कि आपके इस कथन का कोई अर्थ नहीं है। इससे क्या फर्क पड़ता है कि मुझे साक्षात्कार हुआ है या नहीं? जो मैं कह रहा हूं वह सच है या नहीं? चाहे मैं सबसे अधिक पहुंचा हुआ व्यक्ति भी क्यों न होऊं, लेकिन जो मैं कहता हूं यदि वह सत्य नहीं है, तो आप मुझे सुनें भी क्यों? निस्संदेह मेरे साक्षात्कार का उससे कोई संदर्भ नहीं बनता जो मैं कह रहा हूं, और जो व्यक्ति किसी अन्य की उपासना इसलिए कर रहा है कि उस अन्य ने साक्षात्कार कर लिया है, वह केवल सत्ता की उपासना कर रहा है सत्य की नहीं, और इसलिए वह कभी-भी सत्य को नहीं प्राप्त कर सकेगा। किसका साक्षात्कार किया गया है, और किसने साक्षात्कार किया है, इसे जान लेने का कोई मतलब नहीं है।

मैं जानता हूं कि सारी परंपरा यही कहती है कि ''उस व्यक्ति का संग करो जिसे साक्षात्कार हुआ है।'' आप कैसे जान सकते हैं कि उसे साक्षात्कार हुआ है? जो आप कर सकते हैं वह यही है कि आप उसके साथ रहें, और वह भी आजकल बड़ा ही मुश्किल हो गया है। सही मायने में अच्छे लोग बहुत ही कम हैं--ऐसे लोग जो कुछ तलाश नहीं रहे, जो कुछ हासिल करने के पीछे नहीं हैं। जिन्हें कुछ तलाश है, कुछ हासिल करने का प्रयोजन है, वे सब तो शोषण करने वाले हैं, अतः किसी भी व्यक्ति के लिए एक ऐसा साथी मिल पाना बड़ा कठिन है जिससे वह प्रेम कर सके।

जिन्होंने साक्षात्कार कर लिया है, उन व्यक्तियों को हम आदर्श के उच्च आसन

पर बिठा देते हैं, और आशा करते हैं कि वे हमें कुछ दे देंगे, और यह एक मिथ्या संबंध है। यदि प्रेम नहीं है तो साक्षात्कार को उपलब्ध वह व्यक्ति कैसे कुछ संप्रेषित कर सकेगा? यही हमारी कठिनाई है। हम जब आपस में बातचीत करते हैं तो वस्तुतः हममें परस्पर प्रेम नहीं होता, हम शक से घिरे रहते हैं। आप मुझसे कुछ चाहते हैं, ज्ञान, साक्षात्कार, या फिर आप मेरा संग-साथ चाहते हैं--यह सब इसी का सूचक है कि आप प्रेम नहीं करते; आप कुछ चाहते हैं, अतः आप शोषण करने के लिए उद्यत हैं। यदि हम वास्तव में परस्पर प्रेम करते हैं तो संप्रेषण तत्क्षण होगा। तब इससे कोई अंतर नहीं पड़ेगा कि आपने साक्षात्कार कर लिया है और मैंने नहीं किया है, अथवा आप बड़े हैं या छोटे हैं। चूंकि हमारे हृदय मुरझा गये हैं, ईश्वर हमारे लिए अत्यधिक महत्त्वपूर्ण हो गया है। तात्पर्य यह कि आप ईश्वर को जानना चाहते हैं क्योंकि आपने अपने हृदय के संगीत को खो दिया है; आप गायक के पीछे दौड़ते हैं और उससे पूछते हैं कि क्या वह आपको गायन सिखा सकेगा। आपको वह तकनीक तो सिखा देगा, परंतु वह तकनीक आपको सृजन की दिशा में नहीं ले जा सकेगी। गाया कैसे जाता है केवल यह जान लेने से ही आप संगीतज्ञ नहीं हो सकते। चाहे आप किसी नृत्य के प्रत्येक पद को जानते हों, परंतु यदि आपके हृदय में सृजन नहीं है तो आप एक यंत्र की भांति ही क्रिया करेंगे। यदि कुछ हासिल कर लेना ही आपका प्रयोजन है, तो आप प्रेम न कर पाएंगे। आदर्श जैसी कोई वस्तु नहीं होती, क्योंकि वह तो एक उपलब्धि मात्र है। सौंदर्य कोई उपलब्धि नहीं है; वह एक यथार्थ है और वह अभी है, इसी समय, भविष्य में नहीं। यदि प्रेम है, तो आप अज्ञात को समझ लेंगे, आप जान लेंगे कि ईश्वर क्या है और तब किसी दूसरे के बताने की ज़रूरत नहीं होगी--और यही प्रेम का सौंदर्य है। प्रेम स्वयं चिरंतनता ही है। चूंकि प्रेम का अभाव है, हम चाहते हैं कि कोई दूसरा अथवा ईश्वर हमें प्रेम दे। यदि हम वास्तव में प्रेम करते होते तो आप जानते हैं कि यह संसार कितना अलग होता? तब हम वास्तव में प्रसन्न लोग होते। हम अपनी खुशी को वस्तुओं में, परिवार में, आदर्शों में नहीं खोज रहे होते। हम खुश होते, और चीज़ों, लोगों तथा आदर्शों का हमारे जीवन पर आधिपत्य नहीं होता। वे सभी गौण वस्तुएं हैं। चूंकि हम प्रेम नहीं करते और चूंकि हम खुश नहीं हैं इसलिए हम वस्तुओं में विनियोग करते हैं, उनमें अपनी ऊर्जा लगाते हैं, और यह सोचते हैं कि वे हमें खुशी देंगी, और इन्हीं में से एक है ईश्वर।

आप चाहते हैं कि मैं आपको यह बताऊं कि यथार्थ क्या है। क्या अवर्णनीय को शब्दों में प्रस्तुत किया जा सकता है? क्या असीम को मापा जा सकता है? क्या आप वायु को अपनी मुट्ठी में पकड़ सकते हैं? और यदि आप ऐसा कर लेते हैं तो क्या वह वायु है? यदि अपरिमेय को आप मापते हैं, तो क्या वह यथार्थ है? यदि आप उसका प्रतिपादन करते हैं, तो क्या वह यथार्थ है? एकदम नहीं, क्योंकि जब आप किसी अवर्णनीय तत्त्व का वर्णन करते हैं, वह यथार्थ नहीं रहता। जिस क्षण आप अज्ञेय को ज्ञात में अनूदित करते हैं, वह अज्ञेय नहीं रहता। फिर भी यही है जिसके लिए हम लालायित रहते हैं।

हम सदा *जानना* चाहते हैं, क्योंकि तभी हम अपनी निरंतरता बनाये रखने में सफल हो सकेंगे; हम सोचते हैं कि तभी हम चरम प्रसन्नता को, स्थायित्व को हथिया सकने में सफल होंगे। हम ज्ञान चाहते हैं, क्योंकि हम खुश नहीं हैं, क्योंकि हम बुरी तरह संघर्षरत हैं, हम थक गए हैं, पस्त हो गये हैं। लेकिन फिर भी हम इस साधारण से तथ्य से परिचित नहीं होते कि हम पतनोन्मुख हैं, सुस्त पड़ चुके हैं, थके-हारे व अशांत हैं, इसके बजाय हमें जो ज्ञात है उससे दूर हटकर हम अज्ञात की ओर बढ़ना चाहते हैं। वह अज्ञात पुनः ज्ञात बन जाता है, और इसलिए हम कभी-भी यथार्थ को नहीं पा सकते।

अतः किस ने साक्षात्कार कर लिया है या ईश्वर क्या है, यह पूछने की बजाय आप अपना सारा अवधान, पूरी जागरूकता 'जो है' उसी को क्यों नहीं देते? तब आप अज्ञात को खोज लेंगे, या यह कहें कि वह आपके पास आएगा। यदि जो ज्ञात है उसे आप समझ लेंगे, तो आप उस मौन का, उस अद्भुत शांति का अनुभव करेंगे जो पैदा की हुई, थोपी हुई नहीं है, और अनुभव करेंगे उस सर्जनशील रिक्तता का, केवल जिसके रहते यथार्थ का आगमन संभव है। वह उस तक नहीं आएगा जो कुछ बनने में लगा है, संघर्षरत है; वह केवल उसी तक आ पाता है, जो *विद्यमान* है, जो बस है, जो उसे समझ रहा है 'जो वस्तुतः है'। तब आप देखेंगे कि यथार्थ कहीं दूर नहीं है, अज्ञात दूर नहीं है, 'जो है' उसी में वह है। जैसे किसी समस्या का उत्तर समस्या में ही निहित होता है, उसी प्रकार वह यथार्थ भी 'जो है', उसी में होता है। यदि हम इसे समझ सकें, तो हम सत्य को जान लेंगे।

मूढ़ता, लोभ, दुर्भावना, महत्त्वाकांक्षा इत्यादि के प्रति सजग होना बहुत ही कठिन है। 'जो है', उसके प्रति जागरूक हो जाने का तथ्य ही सत्य है। और सत्य ही मुक्त करता है, न कि मुक्त होने के लिए आपका प्रयत्न। इस प्रकार यथार्थ दूर नहीं है, पर हम उसे कहीं दूर मान लेते हैं, क्योंकि हम उसका प्रयोग स्व की निरंतरता को बनाये रखने के साधन के रूप में करना चाहते हैं। यथार्थ यहां है, अभी है, इसी वर्तमान में है। जो चिरंतन है, कालातीत है, वह अभी इस वर्तमान में है, परंतु इस वर्तमान को वह व्यक्ति नहीं समझ सकता जो समय के जाल में जकड़ा हुआ है। विचार को समय से मुक्त करने के लिए कर्म की आवश्यकता होती है, लेकिन मन आलसी है, काहिल है और इसलिए वह सदा और-और बाधाएं निर्मित करता रहता है। विचार को काल से मुक्त करना केवल सही ध्यान से ही संभव है, और सही ध्यान का अर्थ है संपूर्ण कर्म--निरंतर कर्म नहीं; और संपूर्ण कर्म को तभी समझा जा सकता है, जब मन निरंतरता की प्रक्रिया को समझ लेता है जो कि स्मृति है--तथ्यात्मक नहीं अपितु मनोवैज्ञानिक स्मृति। जब तक स्मृति कार्यरत है, मन के लिए 'जो है' उसे समझना संभव नहीं। लेकिन जब व्यक्ति समापन के महत्त्व को समझ लेता है तो उसका मन, उसका समस्त व्यक्तित्व असाधारण रूप से सर्जनशील हो जाता है, क्योंकि समापन में ही नूतन उदित होता है, जब कि निरंतरता में मृत्यु है, क्षय है।

31. तत्क्षण साक्षात्कार

प्रश्न : उस सत्य का जिसकी आप चर्चा कर रहे हैं, क्या हम बिना किसी पूर्व तैयारी के, तत्क्षण साक्षात्कार कर सकते हैं?

कृष्णमूर्ति : आपका सत्य से क्या तात्पर्य है? हम उस शब्द का प्रयोग न करें जिसके अर्थ को हम नहीं जानते; हम एक अपेक्षाकृत सरल शब्द का, अधिक प्रत्यक्ष शब्द का प्रयोग कर सकते हैं। क्या आप किसी समस्या को सीधे-सीधे समझ सकते हैं? यही आपके प्रश्न में निहित है, नहीं? क्या आप, 'जो है' उसे तुरंत, अभी समझ सकते हैं? 'जो है' उसको समझने में आपको सत्य का तात्पर्य समझ में आ जायेगा, लेकिन सत्य को समझना चाहिए, ऐसा कहने का कोई मतलब नहीं। क्या आप किसी समस्या को सीधे तौर पर, पूर्णतया समझ सकते हैं और उससे मुक्त हो सकते हैं? यही है जो इस प्रश्न में निहित है, है कि नहीं? क्या आप किसी संकट को, चुनौती को तत्काल समझ सकते हैं, उसके समस्त तात्पर्य को देख कर उससे मुक्त हो सकते हैं? जिसे आप समझ लेते हैं, उसका आपमें कोई संस्कार नहीं रह जाता; अतः बोध अथवा सत्य ही आपका मुक्तिदाता है। क्या आप किसी समस्या से, किसी चुनौती से अभी मुक्त हो सकते हैं? क्या जीवन चुनौतियों की और उनके प्रत्युत्तरों की शृंखला नहीं है? यदि किसी चुनौती के प्रति आपका प्रत्युत्तर संस्कारजनित है, सीमित है, अधूरा है तो उस चुनौती का निशान, उसका अवशेष रह जाता है, जो किसी दूसरी नयी चुनौती द्वारा और मजबूत हो जाता है। इस प्रकार अवशिष्ट स्मृति, संचित अनुभव, ये निशान निरंतर बने रहते हैं और इन निशानों, इन संस्कारों के द्वारा आप नये का सामना करने का प्रयत्न करते हैं और इसलिए आपका नये से मिलना कभी हो नहीं पाता। अतः आप कभी समझ नहीं पाते, किसी भी चुनौती से मुक्ति संभव नहीं हो पाती।

तो समस्या, प्रश्न, यह है कि क्या मैं किसी चुनौती को पूर्णतया एवं सीधे-सीधे समझ सकता हूं; उसके समस्त महत्त्व का, उसकी समस्त सुगंध का, उसकी गहराई, उसके सौंदर्य, उसकी कुरूपता का बोध कर सकता हूं और इस प्रकार उससे मुक्त हो सकता हूं? चुनौती सदा नयी होती है, क्या नहीं होती? समस्या हमेशा नयी होती है। उदाहरण के लिए, जो समस्या कल आपके सामने थी, उसमें आज इतने परिवर्तन हो चुके होते हैं कि आज जब आप उसका सामना करते हैं तो वह एकदम नयी होती है। लेकिन आप उसका सामना पुरातन के साथ करते हैं, क्योंकि आप उसका सामना बिना स्वयं में परिवर्तन लाये ही करते हैं, बस अपने विचारों में कुछ हेर-फेर भर कर लिया करते हैं।

मैं इसे दूसरी तरह से कहूंगा। मैं आपसे कल मिला था। इस बीच आपमें परिवर्तन आया है। आप कुछ बदलावों से गुज़रे हैं, लेकिन मेरे पास अब भी आपकी कल वाली छवि है। मैं आज आपसे आपकी कल वाली छवि के साथ मिलता हूं और इसलिए आपको समझ नहीं पाता; मैं केवल आपके कल वाले चित्र को समझता हूं। यदि मैं आपके संशोधित, परिवर्तित रूप को समझना चाहता हूं तो मुझे कल के चित्र को हटाना होगा, उससे मुक्त

होना होगा। दूसरे शब्दों में, चुनौती सदा नवीन होती है, और मुझे उससे सदा नये रूप में मिलना होगा, बीते हुए कल का कोई अवशेष नहीं रहना चाहिए; इसलिए मुझे उस कल को अलविदा कहना होगा।

आखिरकार जीवन है क्या? वह सदैव नवीन है, है न? वह कुछ ऐसा है जिसमें सदा परिवर्तन हो रहा है, जो सदा एक नया भाव रच रहा है। आज कभी कल जैसा नहीं होता, और यही जीवन का सौंदर्य है। क्या आप और मैं हर समस्या का सामना नये रूप में कर सकते हैं? जब आप घर जायें, तब क्या अपनी पत्नी और अपने बच्चे से अभिनव रूप में मिल सकते हैं, उस स्थिति से, उस चुनौती से क्या आपका मिलना नये तौर पर हो सकता है? यदि आप कल की स्मृतियों के बोझ से दबे हैं, तो आप ऐसा नहीं कर सकेंगे। अतः एक समस्या के, एक संबंध के सत्य को समझने के लिए आपको उसके निकट नये सिरे से आना होगा, 'खुले दिमाग' से नहीं, क्योंकि उसका कोई अर्थ नहीं है। आपको उसके निकट कल की स्मृतियों के निशानों से मुक्त होकर आना होगा--जिसका अर्थ है कि जैसे-जैसे प्रत्येक चुनौती आए, आप अतीत के सभी प्रत्युत्तरों के प्रति सजग रहें, और कल के अवशेष, कल की स्मृतियों के प्रति सजग होने पर आप पाएंगे कि वे एक-एक कर बिना संघर्ष के समाप्त होती जाती हैं और इसलिए आपका मन नूतन हो जाता है।

क्या हम सत्य का तत्क्षण, बिना किसी तैयारी के साक्षात्कार कर सकते हैं? मैं कहता हूं, हां, कर सकते हैं। और मेरा यह कहना मेरी कोई कल्पना नहीं है, मेरा कोई भ्रम नहीं है; आप स्वयं मनोवैज्ञानिक ढंग से प्रयोग करें और आप को पता चल जायेगा। आप किसी भी चुनौती को लें, किसी भी छोटी-से-छोटी घटना को--किसी बड़े संकट की आप प्रतीक्षा न करें--और देखें कि कैसे आप उसका प्रत्युत्तर देते हैं। अपने प्रत्युत्तरों, अपने अभिप्रायों के प्रति, अपनी अभिवृत्तियों, तौर-तरीकों के प्रति आप जागरूक हों, तो उनको आप समझ लेंगे, आप अपनी पृष्ठभूमि को समझ लेंगे। मैं आपको भरोसा दिलाता हूं, यदि आप अपना संपूर्ण अवधान, ध्यान इसे दें, तो आप इसे तत्काल समझ लेंगे। यदि आप अपनी पृष्ठभूमि के संपूर्ण अर्थ को खोज रहे होते हैं, तो यह अपना तात्पर्य प्रकट कर देती है, और तब आप तत्काल ही उस समस्या को, उसके सच को समझ लेते हैं। समझ अभी, वर्तमान में ही होती है, और वर्तमान समय से परे है। हालांकि यह आने वाला कल हो सकता है, होता यह अब ही है; स्थगित करते रहने, जो कल होगा उसे ग्रहण कर पाने के लिए तैयारी करते रहने का अर्थ है कि आप स्वयं को, जो अभी है उसे समझ पाने से वंचित कर रहे हैं, रोक रहे हैं। निस्संदेह, जो अभी, इस क्षण है उसे आप प्रत्यक्ष रूप से समझ सकते हैं, है न? 'जो है', उसे समझने के लिए आपको अनुद्विग्न, अविचलित रहना होगा, अपना दिल और दिमाग इसमें लगाना होगा। उस क्षण, पूरी तरह से आपकी वही एकमात्र रुचि होनी चाहिए। तब 'जो है', वह आपके लिए अपनी सारी गहराई, अपना सारा अभिप्राय व्यक्त कर देगा, और इस प्रकार आप उस समस्या से मुक्त

हो जायेंगे।

यदि आप, उदाहरण के लिए, संपत्ति की सच्चाई को, उसकी मनोवैज्ञानिक सार्थकता को जानना चाहते हैं, यदि आप वास्तव में, सीधे तौर पर, अभी इसे समझना चाहते हैं तो आप इसे किस तरह से लेंगे? निश्चय ही आपको उस समस्या के साथ नज़दीकी महसूस करनी होगी, उससे डरना नहीं होगा, अपने और उस समस्या के बीच किसी मत को, किसी उत्तर को नहीं आने देना होगा। केवल तभी, जब आपका उस समस्या से प्रत्यक्ष संबंध होगा, आपको उसका उत्तर मिल पाएगा। यदि आप कोई उत्तर पेश करेंगे, यदि आप मूल्यांकन करेंगे, मानसिक अरुचि पैदा कर लेंगे, तो आप समस्या को आगे के लिए टाल देंगे, आप उसे कल समझने की तैयारी करेंगे, जिसे केवल 'अभी' समझा जा सकता है। अतः आप कभी समझ नहीं सकेंगे। सत्य के बोध के लिए किसी तैयारी की दरकार नहीं होती; तैयारी में समय निहित है और समय सत्य को समझने का साधन नहीं है। समय निरंतरता है और सत्य कालातीत, निरंतरतारहित है। समझ में नैरंतर्य नहीं होता, वह क्षण-प्रतिक्षण होती है, अवशेषरहित होती है।

कहीं ऐसा तो नहीं लग रहा कि मैं इसे बहुत कठिन बनाये दे रहा हूं? लेकिन यह सरल है, समझने में आसान है, अगर आप इसके साथ *प्रयोग* करें, इसका परीक्षण करें। लेकिन यदि आप किसी सपने में खो जायें, इस पर ध्यान साधने लगें, तो यह बड़ा कठिन बन जाता है। जब आपके और मेरे बीच कोई अवरोध नहीं होता, तो मैं आपकी बात समझ जाता हूं। जब मैं आपके प्रति खुला, अवरोधरहित होता हूं, तो आपको सीधे तौर पर समझ पाता हूं--और ऐसा हो पाना समय पर निर्भर नहीं है।

क्या समय मुझे अवरोधरहित बना देगा? क्या किसी पूर्व तैयारी, पद्धति, अनुशासन से मुझमें आपके प्रति खुलापन आ जायेगा? नहीं। जो बात मुझे आपके प्रति अवरोधरहित बनायेगी, वह है समझने की मेरी मंशा। मैं खुला होना चाहता हूं क्योंकि मेरे पास छिपाने के लिए कुछ नहीं है, मैं भयभीत नहीं हूं, इसलिए मुझमें अवरोध नहीं हैं और तब तत्क्षण सहसंवाद, अंतर्मिलन होता है, सत्य की मौजूदगी होती है। सत्य को ग्रहण करने के लिए, उसके सौंदर्य, उसके आनंद को जानने के लिए एक ऐसी तत्क्षण ग्रहणशीलता का होना आवश्यक है जो सिद्धांतों, आशंकाओं और उत्तरों से धुंधली न पड़ी हो।

32. सादगी

प्रश्न : सादगी क्या है? क्या इसका अर्थ है : जो आवश्यक है उसे बड़ी स्पष्टता से देख पाना और बाकी तमाम चीज़ों को एक तरफ कर देना?

कृष्णमूर्ति : पहले हम देखें कि सादगी क्या नहीं है। अब आप यह न कहें, "यह तो निषेध है" या "हमें कुछ विधिपरक बताएं"। ऐसा कहना तो एक अपरिपक्व एवं विचारहीन प्रतिक्रिया होगी। जो लोग कुछ 'विधिपरक' पेश करते हैं, वे शोषक होते हैं। उनके पास आपको देने के लिए ऐसा कुछ होता है जो आप चाहते हैं, और उसके ज़रिये

वे आपका शोषण करते हैं। हम ऐसा कुछ नहीं कर रहे हैं। सादगी क्या है, सरलता क्या है इसके सत्य का पता लगाने की हम कोशिश कर रहे हैं। आपको अपनी धारणाओं का त्याग कर, उन्हें पीछे छोड़कर नये सिरे से अवलोकन करना होगा। जिसके पास बहुत होता है, वही आंतरिक और बाह्य, दोनों स्तरों पर, क्रांति से भयभीत रहता है।

तो हम यह पता लगाएं कि सरलता क्या *नहीं* है। एक जटिल मन सादा-सरल नहीं होता, या होता है? एक चतुर मन सरल नहीं होता; जो मन किसी लक्ष्य को नज़र में रखकर, किसी पारितोषिक की आस में या किसी भय के कारण कार्य कर रहा है, वह मन सरल नहीं है। जो ज्ञान के बोझ से दबा है, वह सरल मन नहीं है; विश्वासों से पंगु हुआ मन सीधा नहीं है। हम सोचते हैं कि पहनने के लिए एक या दो धोती रखना सादगी है; हम सादगी का बाहरी दिखावा चाहते हैं, और उससे बड़ी आसानी से धोखा खा जाते हैं। इसीलिए धनी व्यक्ति उसकी पूजा करता है जिसने सब त्याग दिया है।

सादगी क्या है? क्या सादगी अनावश्यक का त्याग और आवश्यक का अनुशीलन हो सकती है, जिसका अर्थ होगा वरण की, चयन की प्रक्रिया? क्या इसका अर्थ चुनाव नहीं है, यानी जो ज़रूरी है उसे चुन लेना और जो गैरज़रूरी है उसे छोड़ देना? चुनने की यह प्रक्रिया क्या है? चुनाव करने वाली हस्ती कौन है? मन ही न? आप उसे क्या नाम देते हैं, इसका कोई महत्त्व नहीं है। आप कहते हैं, 'मैं इसे चुनूंगा, यह आवश्यक है'। आप कैसे जानते हैं कि आवश्यक क्या है? या तो दूसरे लोगों ने जो कुछ कहा है उसका आपके मन में कोई प्रारूप है, या आपका इस बारे में अपना अनुभव कहता है कि यह है आवश्यक। क्या आप अपने अनुभव पर निर्भर कर सकते हैं? जब आप चुनाव करते हैं तो आपका चुनाव आकांक्षा पर आधारित होता है, है न? जिसे आप 'आवश्यक' कहते हैं, वह वही होता है जो आपको संतुष्टि प्रदान करता है। इसलिए आप पुनः उसी प्रक्रिया में लौट आते हैं, ऐसा ही होता है न? तो क्या एक भ्रांत मन चुन सकता है? और यदि वह चुनता है, तो क्या वह चुनाव भी भ्रांत नहीं होता?

अतः आवश्यक और अनावश्यक के बीच चुनाव सादगी नहीं है। वह तो ढंढ ही है। ढंढ में, विभ्रम में फंसा मन सीधा-सादा कभी नहीं हो सकता। जब आप मन की तमाम झूठी चीज़ों, इसकी चालाकियों का अवलोकन व निरीक्षण करेंगे और इस तरह इन्हें त्याग देंगे, जब आप मन को देखेंगे और इसके प्रति जागरूक होंगे, तब आप स्वयं ही जान लेंगे कि सादगी, सरलता क्या होती है। किसी विश्वास से बंधा मन कभी सरल नहीं हो सकता। ज्ञान द्वारा पंगु हो चुका मन सरल नहीं होता। जो मन ईश्वर में, स्त्रियों में, संगीत में अपना ध्यान बंटा लेता है, सरल मन नहीं है। दफ्तर, कर्मकांड व प्रार्थनाओं की नित्यचर्या से जकड़े मन में सादगी नहीं होती। सादगी तो धारणारहित कर्म है। वह एक बड़ी विरल बात है; उसका अर्थ है सर्जनशीलता। जब तक सृजन नहीं होता, तब तक हम दुष्टता, क्लेश और विनाश के केंद्र बने रहते हैं। सादगी कुछ ऐसा नहीं है जिसका आप अनुशीलन करके अनुभव कर सकते हों। सादगी वैसे ही आती है, जैसे सही वक्त

पर फूल खिलता है जब कोई भी, अस्तित्व और संबंध की समस्त प्रक्रिया को समझ लेता है। हमने उसके बारे में कभी सोचा नहीं है, उसका निरीक्षण नहीं किया है, इसलिए हम उसके प्रति जागरूक नहीं हैं; हम अपरिग्रह के तमाम बाहरी रूपों को मूल्य देते हैं, लेकिन वह सब सादगी नहीं है। सादगी को उपलब्ध नहीं किया जा सकता; वह आवश्यक और अनावश्यक के बीच चुनाव नहीं है। वह तभी अभिव्यक्त होती है, जब स्व का लोप हो जाता है, जब मन अटकलों में, निष्कर्षों में, विश्वासों में, धारणाओं में, परिकल्पनाओं में नहीं फंसा रहता। ऐसा मुक्त मन ही सत्य को पा सकता है। केवल ऐसा मन ही उस अपरिमेय को, उस अनाम को ग्रहण कर सकता है; और यही सादगी है, सरलता है।

33. उथलापन

प्रश्न : कोई उथला, दिखावटी व्यक्ति गंभीर कैसे बने?

कृष्णमूर्ति : सर्वप्रथम हमें इसके प्रति सजग होना होगा कि हम उथले हैं। उथले होने का मतलब क्या है? मूलतः इसका तात्पर्य दूसरे पर निर्भर होना है, है न? किसी उत्तेजना पर, किसी चुनौती पर अवलंबित होना, दूसरे पर निर्भर करना, मानसिक रूप से किन्हीं मूल्यों, किन्हीं अनुभवों, किन्हीं स्मृतियों पर निर्भर होना--क्या यही सब उथलेपन के पीछे नहीं हैं? जब उत्साहित होने के लिए, सहारा पाने के लिए मैं नित्य प्रातः या प्रत्येक सप्ताह गिरजाघर जाने पर निर्भर हूं, तो क्या यह मुझे उथला नहीं बनाता? यदि अपनी ईमानदारी का भाव बरकरार रखने के लिए या खोये हुए एहसास को वापिस लाने के वास्ते मेरे लिए कुछ धार्मिक अनुष्ठान करने ज़रूरी हो जाते हैं, तो क्या यही मुझे उथला नहीं बना देता है? जब मैं अपने को किसी देश के प्रति, किसी व्यवस्था-प्रणाली के प्रति अथवा किसी विशेष राजनीतिक दल के प्रति समर्पित कर देता हूं, तो क्या यह उथलापन नहीं है? निस्संदेह परावलंबन की यह सारी प्रक्रिया स्वयं से पलायन की एक विधि है; अपने से बड़े तत्त्व से इस प्रकार का तादात्म्य, जो मैं हूं उसका निषेध है। लेकिन जो मैं हूं, उसका निषेध मैं नहीं कर सकता; जो भी मैं हूं, मुझे उसे समझना होगा, यह नहीं कि मैं ब्रह्मांड, ईश्वर, किसी विशेष राजनीतिक दल या अमुक से अपना तादात्म्य करने की कोशिशों में लगा रहूं। इस सबसे एक छिछली विचार-क्रिया उपजती है और वह ऐसी गतिविधि का कारण बनती है जो सदा ही खुराफाती होती है, वह खुराफात वैश्विक स्तर पर हो या व्यक्तिगत स्तर पर।

तो, पहली बात यह है कि क्या हमें एहसास है कि हम यह सब कर रहे हैं? नहीं है; हम तो इसे सही ठहराते रहते हैं। हम कहते हैं, ''यदि मैं यह सब न करूं तो मैं करूंगा क्या? मेरी दशा और भी खराब हो जायेगी; मेरा मन विक्षिप्त हो जायेगा। इस समय कम-से-कम मैं किसी बेहतर अवस्था के लिए जूझ तो रहा हूं।'' जितना अधिक हम संघर्ष करते हैं, उतने ही अधिक उथले हम होते जाते हैं। मुझे पहले इसी को समझना है, है न? यही सबसे कठिन बातों में से एक है, यह देखना कि मैं क्या हूं, यह स्वीकार

करना कि मैं मूर्ख हूं, मैं छिछला हूं, मैं संकुचित विचार वाला हूं, मैं ईर्ष्यालु हूं। यदि मैं देख लूं कि मैं क्या हूं, यदि मुझे इसका एहसास हो जाये, तो वहां से मैं आरंभ कर सकता हूं। निस्संदेह छिछला मन वह मन है जो 'जो है' से पलायन करता है; और पलायन न करने के लिए गहरी जांच-पड़ताल, जड़ता के निषेध की दरकार होती है। जिस क्षण मैं जान लेता हूं कि मैं उथला हूं, गहनता की एक प्रक्रिया आरंभ हो चुकी होती है--अगर मैं उस उथलेपन के बारे में कुछ करने नहीं लगता। जब मन कहता है, ''मैं क्षुद्र हूं, और मैं गहराई से इसकी छानबीन करने वाला हूं, मैं इस सारी क्षुद्रता को, संकुचित बना देने वाले इस प्रभाव को समझने वाला हूं'', तब रूपांतरण की संभावना होती है; किंतु एक क्षुद्र मन जो मानता है कि वह क्षुद्र है और अध्ययन के द्वारा, लोगों से मिल कर, यात्रा करके, किसी बंदर की तरह निरंतर क्रियाशील रहकर अपनी क्षुद्रता को दूर करने की कोशिश करता रहता है, ऐसा मन अब भी क्षुद्र मन ही होता है।

देखिए, वास्तविक क्रांति तभी संभव है जब हम इस समस्या का सही ढंग से सामना करें। समस्या का सही ढंग से सामना करने से एक असाधारण आत्मविश्वास आता है जो, मैं आपको भरोसा दिलाता हूं, पर्वतों को हिला देता है--खुद अपने पूर्वाग्रहों, संस्कारबद्धताओं के पर्वतों को। उथले मन का एहसास होने पर, गहन बनने का प्रयास न करें। उथले मन को गहराइयों का कभी पता नहीं चल सकता। इसमें बहुत सारी जानकारी हो सकती है, सूचनाएं हो सकती हैं, यह शब्दों को दोहरा सकता है--आप जानते ही हैं उस सारे गोरखधंधे को जो एक उथला किंतु सक्रिय मन किया करता है। लेकिन यदि आप जानते हैं कि आप उथले हैं, दिखावटी हैं, यदि आप इस उथलेपन के प्रति सजग हैं और इसकी समस्त गतिविधियों का बिना मूल्यांकन किए, बिना निंदा किए अवलोकन करते हैं, तो आप शीघ्र ही देखेंगे कि वह उथली चीज़ बिना उसके साथ कुछ किए ही लुप्त हो गई है। इसके लिए ज़रूरत है धीरज की, सतर्कता की, न कि किसी परिणाम के लिए--उपलब्धि के लिए--आतुर लालसा की। केवल एक उथला मन ही किसी उपलब्धि के लिए, परिणाम के लिए लालायित होता है।

जितने अधिक आप इस समस्त प्रक्रिया के प्रति सजग होंगे, उतना ही अधिक आपको मन की गतिविधियों का पता चलने लगेगा; परंतु उन्हें समाप्त करने की चेष्टा किए बिना ही आपको उनका अवलोकन करना होगा, क्योंकि जैसे ही आप किसी लक्ष्य को तलाशने लगते हैं, आप पुनः 'मैं' और 'मैं नहीं' के द्वैत में फंस जाते हैं--और उसके कारण समस्या जारी रहती है।

34. क्षुद्रता

प्रश्न : मन को किस बात में व्यस्त रखना चाहिए?

कृष्णमूर्ति : द्वंद्व कैसे जन्म लेता है, इसका यह एक अच्छा उदाहरण है--जो *होना चाहिए* और 'जो है' के बीच द्वंद्व। पहले हम जो होना *चाहिए* अर्थात जो आदर्श है, उसे

स्थापित करते हैं, और तब उस प्रारूप के अनुसार जीने का प्रयत्न करते हैं। हम कहते हैं कि मन को श्रेष्ठ बातों में व्यस्त रहना चाहिए--स्वार्थहीनता में, उदारता में, दयालुता में, प्रेम में; और यही है वह आदर्श, वह 'होना *चाहिए*', वह विश्वास, जिसके अनुरूप जीने का हम प्रयत्न करते हैं। इस प्रकार द्वंद्व की शुरूआत होती है--जो होना *चाहिए* और 'जो है' के बीच, और उस द्वंद्व के माध्यम से हम कायापलट की उम्मीद करते हैं। जब तक हम *चाहिए* के लिए संघर्ष करते रहते हैं, हम महसूस करते हैं कि हम सदाचारी हैं, भले हैं, परंतु महत्त्वपूर्ण क्या है--जो होना *चाहिए* या 'जो है'? हमारा मन किस चीज़ में व्यस्त रहता है--सैद्धांतिक रूप से नहीं, वास्तव में? हमारा मन क्षुद्रताओं में व्यस्त रहता है, है न? हमारा मन हम दिखते कैसे हैं इस बात में, महत्त्वाकांक्षा में, लोभ में, ईर्ष्या में, गपशप में, क्रूरता में रत रहता है। मन क्षुद्रताओं के संसार में रहता है और एक क्षुद्र मन जब कोई श्रेष्ठ आदर्श निर्मित कर रहा होता है, तब भी होता वह क्षुद्र मन ही है। प्रश्न यह नहीं है कि मन किसमें व्यस्त रहे; प्रश्न है कि क्षुद्रताओं से मन अपने को कैसे मुक्त करे। यदि हम सचेत हैं, यदि हमने थोड़ा भी अन्वेषण किया है, तो हम अपनी खास क्षुद्रताओं को जान ही जाते हैं : लगातार बातें करते रहना, मन की निरंतर बड़बड़, किसी न किसी प्रकार की चिंता, यह कौतूहल कि लोग क्या कर रहे हैं या क्या नहीं कर रहे, किसी परिणाम को हासिल करने की कोशिश करते रहना, अपनी समृद्धि के लिए टोह लगाना वगैरह। इस सब में ही हम निरंतर लगे रहते हैं और यह हमें भलीभांति मालूम है। क्या इसमें आमूल परिवर्तन किया जा सकता है? समस्या *यही* है, है कि नहीं? अतः मन को किसमें व्यस्त रहना चाहिए, ऐसा पूछना केवल अपरिपक्वता है।

मेरा मन क्षुद्र है और क्षुद्रताओं में उलझा रहता है, इस बात का भान होने पर क्या मन इस अवस्था से स्वयं को मुक्त कर सकता है? क्या मन स्वभाव से ही क्षुद्र नहीं है? स्मृति के परिणाम के अतिरिक्त मन और क्या है? किस बात की स्मृति? यही कि अस्तित्व कैसे बना रहे, केवल शारीरिक दृष्टि से ही नहीं वरन मानसिक दृष्टि से भी--कुछ योग्यताओं का, गुणों का विकास करके, अनुभवों का संग्रह करके, अपनी ही गतिविधियों में स्वयं को दृढ़ करके। क्या यह क्षुद्रता नहीं है? मन स्मृति का, समय का परिणाम है, अतएव अपने आप में ही क्षुद्र है; तो अपनी इस क्षुद्रता से स्वयं को मुक्त करने के लिए वह क्या कर सकता है? क्या वह कुछ कर सकता है? कृपया इसके महत्त्व को देखें। क्या मन, जो कि आत्म-केंद्रित गतिविधि ही है, क्या खुद को उस गतिविधि से मुक्त कर सकता है? ज़ाहिर है कि नहीं कर सकता; यह चाहे जो भी करे, क्षुद्र ही बना रहता है। यह ईश्वर के बारे में अटकलबाजी कर सकता है, राजनीतिक व्यवस्थाएं गढ़ सकता है, विश्वासों का आविष्कार कर सकता है, लेकिन रहता वह समय के क्षेत्र में ही है, इसका परिवर्तन अब भी स्मृति से स्मृति में ही हो रहा होता है, यह अभी भी अपनी सीमा में बंधा होता है। क्या मन उस सीमा को तोड़ सकता है; या फिर, जब मन मौन हो जाता है, क्रियारत नहीं रहता, अपनी क्षुद्रताओं को देख लेता है--भले ही पहले उसने उन्हें कितना

ही महान समझा हो--तब वह सीमा अपने आप टूट जाती है? इन क्षुद्रताओं के समाप्त होने की संभावना केवल तभी होती है, जब मन अपनी इन क्षुद्रताओं को देख कर उनके प्रति पूर्णतया सजग होता है और इस प्रकार वास्तव में मौन हो जाता है। जब तक आप इस खोज में लगे हैं कि मन को किसमें व्यस्त रखा जाये, वह क्षुद्रताओं में लगा रहेगा, चाहे वह गिरजाघर का निर्माण करे और उसमें प्रार्थना करे, या किसी मंदिर में जाये। मन स्वयं क्षुद्र है, लघु है, और इसे क्षुद्र कहने मात्र से इसकी क्षुद्रता का विसर्जन नहीं हो जाता। आपको इसे समझना होता है, मन को स्वयं अपनी गतिविधियों का संज्ञान लेना, उन्हें पहचानना होता है, और पहचानने की इस प्रक्रिया में, उन क्षुद्रताओं के प्रति सजगता में जिन्हें इसने चेतन तथा अचेतन तौर पर निर्मित किया है, मन मौन हो जाता है। मौन की इसी स्थिति में सर्जनात्मक अवस्था फलित होती है, और *यही* वह तत्त्व है जो आमूल परिवर्तन लाता है।

35. मन की निश्चलता

प्रश्न : आप मन के निश्चल होने की बात क्यों करते हैं? और यह निश्चलता है क्या?

कृष्णमूर्ति : यदि हम कुछ भी समझना चाहते हैं, तो क्या मन का शांत होना आवश्यक नहीं है? यदि हमारी कोई समस्या है तो हम उसकी चिंता में डूबे रहते हैं, है न? हम उसकी छान-बीन करते हैं, हम उसका विश्लेषण करते हैं, हम उसकी ऐसी-तैसी कर डालते हैं, और यह सब इस उम्मीद से कि हम उसे समझ पाएंगे। क्या प्रयास, विश्लेषण, तुलना या किसी मानसिक उठापटक के ज़रिये भला हम कुछ समझ पाते हैं? निश्चय ही, समझ तभी आती है, जब मन बिलकुल खामोश होता है। यह कहा जाता है कि जितना अधिक हम भूख के या युद्ध के प्रश्न से, अथवा और किसी भी मानवीय समस्या से जूझेंगे, उतना ही अधिक हम उसे समझ पाएंगे। क्या यह सच है? शताब्दियों से युद्ध हो रहे हैं, व्यक्तियों के बीच एवं समाजों के बीच द्वंद्व बना हुआ है, आंतरिक एवं बाह्य युद्ध निरंतर जारी है। क्या उस युद्ध का, उस द्वंद्व का निपटारा हम और अधिक द्वंद्व अथवा संघर्ष से, किसी चालाकी भरे प्रयत्न से कर सकते हैं? अथवा हम समस्या को केवल तभी समझ पाते हैं जब प्रत्यक्ष रूप से हम उसके सामने होते हैं, जब हम तथ्य का सामना कर रहे होते हैं, और हम किसी तथ्य का सामना तभी कर पाते हैं जब मन एवं तथ्य के बीच बाधा उत्पन्न करने वाला कोई विक्षोभ नहीं होता; अतः यदि हम समझना चाहते हैं तो क्या यह ज़रूरी नहीं है कि मन मौन हो?

आप निश्चय ही यह प्रश्न करेंगे कि मन को कैसे निश्चल किया जा सकता है? आपकी तत्काल प्रतिक्रिया यही होगी, होगी न? आप कहते हैं, "मेरा मन क्षुब्ध है और मैं उसे शांत कैसे रखूं?" क्या कोई पद्धति मन को शांत कर सकती है? क्या कोई सूत्र, कोई अनुशासन मन को निश्चल कर पाता है? ऐसा किया जा सकता है; परंतु जब इस प्रकार मन को शांत *बना दिया* जायेगा तो क्या वह मौन होगा, निश्चलता होगी? या कि

वह मन को किसी विचार में, किसी सूत्र में, किसी शब्दावली में जकड़ लेना होगा? ऐसा मन तो एक मृत मन होगा। अधिकांश व्यक्ति जो कि आध्यात्मिक, तथाकथित आध्यात्मिक होने का प्रयास करते हैं, मृतप्राय होते हैं क्योंकि उन्होंने अपने मन को शांत रहने के लिए प्रशिक्षित किया होता है, उन्होंने शांत रहने के लिये अपने आप को किसी नुस्खे में कैद कर लिया होता है। स्पष्ट है कि ऐसा मन कभी मौन नहीं होता, उसे केवल दमित कर दिया जाता है, दबा दिया जाता है।

मन केवल तभी मौन होता है जब वह इस सत्य को देख लेता है कि समझ तभी संभव है जब मन मौन हो; यानी यदि मैं आपको समझना चाहूं तो मुझे शांत होना होगा, मुझमें आपके विरुद्ध कोई प्रतिक्रिया न हो, मैं पूर्वाग्रहयुक्त न रहूं, मुझे अपने समस्त निष्कर्षों को, अपने अनुभवों को हटाकर आपके समक्ष आना होगा। जब मन संस्कारग्रस्तता से मुक्त होता है, केवल तभी मेरे लिए समझ पाना संभव होता है। जब मैं इस बात के सत्य को देख लेता हूं, तभी मन मौन होता है, और तब यह प्रश्न नहीं उठता कि मन को शांत कैसे *बनाया जाये*। केवल सत्य ही मन को उसकी उद्भावनाओं, कल्पनाओं से मुक्त कर सकता है; सत्य को देख पाने के लिए मन को इस तथ्य का एहसास हो जाना चाहिए कि जब तक वह विक्षोभ की हालत में है, उसके लिए कुछ भी समझ पाना मुमकिन नहीं है। मन की निश्चलता कोई ऐसा लक्षण नहीं है जिसे इच्छा-शक्ति के द्वारा, आकांक्षा की किसी क्रिया के द्वारा पैदा किया जा सके; यदि ऐसा होता भी है तो वह मन जकड़ा हुआ, अलग-थलग व मृतप्राय होता है और इसीलिए उसमें सामंजस्य, नमनीयता, सहज स्फूर्ति नहीं होती। ऐसा मन सर्जनशील नहीं होता।

तो अब हमारा प्रश्न यह नहीं है कि मन को निश्चल कैसे किया जाये, प्रश्न यह है कि कोई भी समस्या सामने आते ही उसके सत्य को कैसे देखा जाये। मन एक सरोवर के समान है जो वायु के स्थिर होते ही शांत हो जाता है। हमारा मन क्षुब्ध है क्योंकि हमारे पास समस्याएं हैं, और समस्याओं से बचने के लिए हम मन को शांत बनाते रहते हैं। परंतु मन ने ही इन समस्याओं का प्रक्षेपण किया है और मन से अलग कोई समस्या नहीं है; और जब तक मन संवेदनशीलता की किसी भी धारणा का प्रक्षेपण करता रहता है, किसी भी प्रकार की निश्चलता का अभ्यास करता रहता है, वह निश्चल कभी नहीं हो पाता। जब मन को यह एहसास हो जाता है कि स्थिर, निश्चल होने से ही समझ संभव है, तब वह नितांत मौन हो जाता है। वह मौन थोपा हुआ नहीं होता, अनुशासनजन्य नहीं होता, वह एक ऐसी शांति होती है जिसे बेचैन मन समझ ही नहीं सकता।

मन की शांति की तलाश में कई लोग सक्रिय जीवन त्याग कर किसी गांव का, किसी आश्रम का या पहाड़ों का रुख करते हैं, या फिर किसी विश्वास में खुद को कैद कर लेते हैं, या अपने को परेशान करने वाले लोगों से बचते रहते हैं। ऐसा अलगाव मन की निश्चलता नहीं है। किसी अवधारणा, किसी विचार में मन को बंद कर लेना या उन लोगों से बचते रहना जो जीवन को और जटिल बना दिया करते हैं, इस सब से मन

की शांति नहीं आ सकती। मन की निश्चलता का आगमन तभी होता है जब अनुभव-संचयन के द्वारा अलगाव की कोई प्रक्रिया नहीं होती, बल्कि जब संबंध की समस्त प्रक्रिया को पूर्णतया समझ लिया जाता है। यह संचयन मन को जीर्ण बना देता है; जब मन ताज़ा होता है, संचयन की प्रक्रिया से मुक्त और नवीन होता है, केवल तभी मन के प्रशांत होने की संभावना होती है। ऐसा मन मृतप्राय नहीं होता, वह अतीव सक्रिय होता है। निश्चल मन सर्वाधिक सक्रिय मन होता है, किंतु यदि आप इसके साथ प्रयोग करेंगे, गहराई से इसकी जांच करेंगे, तो स्पष्टतः देख पाएंगे कि इस निश्चलता में विचार का कोई प्रक्षेपण नहीं है। विचार सभी स्तरों पर स्मृति की प्रतिक्रिया होता है एवं विचार सर्जन की अवस्था में कभी नहीं हो सकता। विचार सर्जनशीलता को अभिव्यक्ति दे सकता है, लेकिन वह स्वतः कभी भी सर्जनशील नहीं हो सकता। जब मौन होता है, मन की वह प्रशांति, जो कि कोई परिणाम नहीं है, तब हम देख पाएंगे कि उस मौन में एक असाधारण गतिविधि है, एक असाधारण क्रियाशीलता है जिसे विचार से क्षुब्ध मन कभी नहीं जान सकता। उस निश्चलता में कोई उधेड़-बुन नहीं होती, कोई विचार नहीं होता, कोई स्मृति नहीं होती; वह निश्चलता सृजन की अवस्था है, जिसकी अनुभूति तभी हो सकती है जब 'मैं' की समस्त प्रक्रिया का पूर्ण बोध हो, पूरी समझ हो; नहीं तो निश्चलता का कोई अर्थ नहीं है। केवल उसी निश्चलता में, उसी शांति में, जो कि कोई परिणाम नहीं है, उस चिरंतन का अन्वेषण हो पाता है जो काल से परे है।

36. जीवन का अर्थ

प्रश्न : हम जी तो रहे हैं, लेकिन हमें यह नहीं पता कि हम क्यों जी रहे हैं। हममें से अधिकांश व्यक्तियों को ऐसा प्रतीत होता है कि जीवन का कोई अर्थ नहीं है। क्या आप हमें बता सकते हैं कि हमारे जीने का क्या अर्थ है, क्या उद्देश्य है?

कृष्णमूर्ति : आप यह प्रश्न क्यों पूछ रहे हैं? जीवन का अर्थ, जीवन का उद्देश्य, आपको बताने के लिए मुझे आप क्यों कह रहे हैं? जीवन से हमारा क्या अभिप्राय है? क्या जीवन का कोई अर्थ, कोई उद्देश्य है? क्या जीवन अपने आप में ही अपना अभिप्राय, अपना उद्देश्य नहीं है? हम उससे और अधिक क्यों चाहते हैं? क्योंकि हम अपने जीवन से इतने असंतुष्ट हैं, हमारा जीवन इतना खोखला, इतना बेढंगा, इतना नीरस है, बार-बार वही कुछ करते रहना--इसलिए अब हमें कुछ और भी चाहिए, जो हम कर रहे हैं उसके परे कुछ और। चूंकि हमारा नित्य-प्रति का जीवन इतना खाली-खाली, अरुचिकर, अर्थहीन तथा उबाऊ है, इतनी असहनीय मूढ़ता से भरा है कि हम कहने लगते हैं कि जीवन की कोई पूर्णतर अर्थवत्ता होनी चाहिए, और इसीलिए आप यह प्रश्न पूछ रहे हैं। निस्संदेह जो समृद्ध जीवन जी रहा है, चीज़ों को ठीक वैसा देख रहा है जैसी कि वे हैं और जो कुछ उसके पास है उससे संतुष्ट है, वह भ्रांत नहीं है, किसी उलझन में नहीं है; वह स्पष्ट है, इसलिए वह नहीं पूछता कि जीवन का उद्देश्य क्या है। उसके लिए जीना ही आरंभ

है और अंत भी। हमारी कठिनाई यह है कि चूंकि हमारा जीवन खोखला है, इसलिए हम जीवन का कोई उद्देश्य ढूंढ़ कर उसके पीछे दौड़ते रहना चाहते हैं। जीवन का ऐसा उद्देश्य वास्तविकता से रहित, केवल किसी का बौद्धिक व्यायाम ही हो सकता है; जब जीवन के उद्देश्य का अनुशीलन किसी मंद एवं मूढ़ मन के द्वारा किया जायेगा, एक रीते हृदय के द्वारा, तो वह उद्देश्य भी रीता, निस्सार ही होगा। अतः हमारा उद्देश्य अपने जीवन को समृद्ध बनाना है, संपत्ति और उसकी सहायक वस्तुओं द्वारा नहीं, बल्कि आंतरिक रूप से। लेकिन इसका यह अर्थ नहीं कि यह समृद्धि कोई गोपनीय तत्त्व है। जब आप कहते हैं कि जीवन का उद्देश्य सुखी होना है अथवा जीवन का उद्देश्य ईश्वर को पाना है, तो निश्चय ही ईश्वर को पाने की यह आकांक्षा जीवन से पलायन ही है, और आपका यह ईश्वर महज़ ऐसा कुछ है जो ज्ञात है। आप केवल उसी लक्ष्य की ओर राह बना सकते हैं जिसे आप जानते हों; यदि आप उस चीज़ तक, जिसे आप ईश्वर कहते हैं, पहुंचने के लिए कोई सीढ़ी बनाते हैं, तो निश्चय ही वह तो ईश्वर नहीं है। जीवन को जीने में ही यथार्थ को समझा जा सकता है, पलायन करके नहीं। जब आप जीवन का कोई उद्देश्य तलाशते हैं, तब वस्तुतः आप पलायन कर रहे होते हैं, जीवन क्या है इसे नहीं समझ रहे होते। जीवन पारस्परिकता है, संबंध है, जीवन संबंधों के बीच हो रहा कर्म है; जब मैं संबंध को नहीं समझ पाता, अथवा जब संबंध भ्रांत, अस्पष्ट होता है, तब मैं किसी पूर्णतर अर्थ की तलाश करने लगता हूं। हमारे जीवन इतने खोखले क्यों हैं? हम इतने अकेले, इतने कुंठाग्रस्त क्यों हैं? क्योंकि हमने कभी अपने भीतर देखा नहीं है, स्वयं को समझा नहीं है। हम कभी अपने समक्ष यह स्वीकार नहीं करते कि हमें जो मालूम है वह यही जीवन तो है, और इसे ही पूर्णता एवं समग्रता से समझा जाना चाहिए। हम अपने आप से भागने को तरज़ीह देते हैं और इसी कारण हम संबंध से कहीं दूर जीवन का कोई उद्देश्य खोजा करते हैं। यदि हम कर्म को यानी कि लोगों के साथ, संपत्ति के साथ, विश्वासों तथा धारणाओं के साथ अपने रिश्ते को समझने लगेंगे, तो हम पाएंगे कि उस रिश्ते में ही उसका पारितोषिक भी अंतर्निहित है। आपको उसे खोजना नहीं पड़ता। वह तो ऐसा होगा जैसे कोई प्रेम को खोजने लगे। क्या आप खोजने से प्रेम को पा सकते हैं? प्रेम का संवर्धन नहीं किया जा सकता, उसे उपजाया-पोसा नहीं जा सकता। आप प्रेम को केवल संबंध में ही पाएंगे, उससे बाहर नहीं; और चूंकि हममें प्रेम नहीं है, हमें जीवन का कोई उद्देश्य चाहिए। जब प्रेम होता है, जो कि स्वयं अपनी चिरंतनता है, तो ईश्वर की कोई तलाश नहीं होती, क्योंकि प्रेम ही ईश्वर है।

हमारे मन परिभाषाओं तथा अंधविश्वासी बड़बड़ाहट से भरे हुए हैं और इसीलिए हमारे जीवन इतने खोखले हैं, और इसी कारण से हम अपने से परे किसी उद्देश्य को तलाशा करते हैं। जीवन के उद्देश्य को समझने के लिए हमें स्वयं अपने ही द्वार से गुज़रना होगा; जान-बूझकर या फिर अनजाने ही, अचेतन स्तर पर हम वस्तुओं का, स्थितियों का उस रूप में सामना करने से बचते रहते हैं जैसी कि वे वास्तव में हैं, और इसीलिए हम

चाहते हैं कि ईश्वर हमारे लिए उस पार जाने का कोई द्वार खोल दे। जीवन के उद्देश्य के बारे में प्रश्न केवल वे ही उठाते हैं जो प्रेम नहीं करते। प्रेम को सिर्फ कर्म में ही पाया जा सकता है, जो कि संबंध है।

37. मन की उलझन

प्रश्न : मैंने आपकी सभी वार्ताओं को सुना है और आपकी सभी पुस्तकों को पढ़ा है। यदि, जैसा कि आप कहते हैं, समस्त विचार का अंत होना ज़रूरी है, समस्त ज्ञान का दमन किया जाना है, समस्त स्मृति को खो ही देना है, तो बड़ी उत्कंठा से मैं आपसे यह पूछ रहा हूं कि मेरे जीवन का प्रयोजन ही क्या है? उस अवस्था का, आपके अनुसार वह चाहे जैसी भी हो, उसका इस संसार से जिसमें हम रह रहे हैं क्या संबंध बनता है? उस प्रकार की अवस्था का हमारे नीरस एवं दुःखमय अस्तित्व से क्या नाता है?

कृष्णमूर्ति : हम जानना चाहते हैं कि यह अवस्था क्या है, जो केवल तभी संभव होती है जब समस्त जानकारी अनुपस्थित होती है, जब पहचानने वाला नहीं होता; हम जानना चाहते हैं कि इस अवस्था का दैनिक गतिविधि के, दैनंदिन व्यापार के हमारे संसार से क्या संबंध है। हमारा जीवन इस समय क्या है, यह हम जानते हैं; हम अच्छी तरह जानते हैं कि हमारा वर्तमान जीवन क्या है--उदास, दुःखमय, भयपूर्ण, जिसमें कुछ भी स्थायी नहीं है; हम यह अच्छी तरह जानते हैं। हम जानना चाहते हैं कि उस अन्य अवस्था का हमारे इस जीवन से क्या रिश्ता है, और यदि हम जानकारी को एक तरफ हटा दें, अपनी स्मृतियों आदि से मुक्त हो जायें, तो हमारे अस्तित्व का क्या प्रयोजन रहता है?

अपने जिस अस्तित्व को इस समय हम जानते हैं उसका क्या प्रयोजन है--सैद्धांतिक रूप से नहीं बल्कि वास्तव में? हमारे नित्य-प्रति के अस्तित्व का क्या प्रयोजन है? क्या उसका प्रयोजन जीवित रहना मात्र नहीं है? सभी कष्टों के साथ, सभी प्रकार के विभ्रम तथा दुःख के साथ, युद्ध और बरबादी के साथ, जिये चले जाना। हम सिद्धांतों का आविष्कार कर सकते हैं और कह सकते हैं, ''ऐसा नहीं होना चाहिए, कुछ और ही होना चाहिए''। लेकिन वे सब परिकल्पनाएं हैं, तथ्य नहीं हैं। जो कुछ हम जानते हैं वह है उलझन, पीड़ा, दुःख और अंतहीन मन-मुटाव। और यदि हम ज़रा भी सजग हैं तो यह भी जानते हैं कि ये सब कैसे उत्पन्न होते हैं। प्रतिक्षण, प्रतिदिन, हमारे जीवन का प्रयोजन ही *यह* बन गया है कि हम एक-दूसरे का नाश करते रहें, एक-दूसरे का शोषण करते रहें, चाहे वह व्यक्तिगत रूप से हो या सामूहिक रूप से। अपने अकेलेपन में, अपने क्लेश में, हम दूसरों का इस्तेमाल करने की कोशिश करते हैं, हम अपने से पलायन करना चाहते हैं--यह पलायन कभी मनोरंजन के, कभी देवताओं के, कभी ज्ञान के व हर तरह के विश्वास एवं तादात्म्य के ज़रिये हुआ करता है। जिस ढंग से अभी हम जी रहे हैं, उसका चेतन या अचेतन प्रयोजन यही है। तो क्या इससे और कोई गहरा, अधिक व्यापक प्रयोजन है, जो भ्रांति से, उपलब्धि से जुड़ा न हो? क्या उस प्रयासरहित अवस्था का हमारे दैनिक जीवन से कोई संबंध है?

निश्चय ही, उसका हमारे जीवन से कोई नाता नहीं है। और हो भी कैसे सकता है? यदि मेरा मन अस्त-व्यस्त है, संत्रस्त है, अकेला है, तो वह एक ऐसे तत्त्व से कैसे संबंधित हो सकता है जो इसका हिस्सा नहीं है? सत्य मिथ्या से, भ्रम से कैसे संबंधित हो सकता है? हम इसे स्वीकार नहीं करना चाहते, क्योंकि हमारी आशा, हमारी भ्रांति हमसे यह विश्वास करवा लेती है कि कोई श्रेष्ठतर, भव्यतर तत्त्व है जो हम से जुड़ा है। अपनी हताशा के चलते हम सत्य को खोजते हैं और यह आशा करते हैं कि उसकी उपलब्धि से हमारी हताशा गायब हो जायेगी।

इस प्रकार हम देख सकते हैं कि एक उलझनभरा मन, व्यथाग्रस्त मन, एक ऐसा मन जिसे अपने रीतेपन का, अपने अकेलेपन का आभास है, वह उसे नहीं पा सकता जो उससे परे है। जो मन से परे है, उसका आविर्भाव तभी होता है जब उलझन के, बदहाली के कारणों को दूर कर दिया जाता है या उन्हें समझ लिया जाता है। जो कुछ मैं कहता रहा हूं, जिसकी बात मैं करता रहा हूं, वह यही है कि हम अपने को कैसे समझें, क्योंकि स्व को समझे बिना वह अन्य भी नहीं है, तब वह अन्य केवल भ्रम है। जबकि स्व के तमाम क्रियाकलाप को यदि हम क्षण-प्रतिक्षण समझ सकें, तो हम देखेंगे कि हमारे अपने विभ्रम के दूर होने पर ही वह अन्य अस्तित्व में आता है। तब उसकी अनुभूति का इसके साथ संबंध होगा। परंतु इसका उस अन्य के साथ कभी कोई संबंध नहीं हो पाएगा। पर्दे के इस ओर, अंधकार में रहते हुए हमें प्रकाश का, मुक्ति का अनुभव कैसे हो सकता है? लेकिन एक बार जब सत्य की अनुभूति हो जाती है, तब हम उसे इस संसार के साथ जोड़ सकते हैं जिसमें कि हम रहते हैं।

यदि हमने यह कभी नहीं जाना कि प्रेम क्या है और निरंतर झगड़ों में, कष्ट में, द्वंद्वों में रत रहे हैं, तो हमें उस प्रेम की अनुभूति कैसे हो सकती है जो इस सब का हिस्सा नहीं है? लेकिन जब एक बार हमें उसकी अनुभूति हो जाये, तब हमें उस संबंध को खोजने की ज़हमत नहीं उठानी होगी। तब प्रेम कार्य करता है, प्रज्ञा कार्य करती है। परंतु उस स्थिति की अनुभूति के लिए समस्त ज्ञान का, सभी संचित स्मृतियों एवं स्व से पहचान जोड़ चुकी गतिविधियों का समाप्त हो जाना ज़रूरी है, जिससे कि मन किसी भी प्रकार के प्रक्षिप्त संवेदनों, अपनी ही गढ़ी उत्तेजनाओं में सक्षम न रहे। तब, उस अनुभूति से इस संसार में कर्म हो पाता है।

निश्चय ही, वही अस्तित्व का प्रयोजन है--मन की स्वकेंद्रित गतिविधि के परे जाना। जब उस अवस्था की अनुभूति हो जाती है जिसका पार मन द्वारा नहीं पाया जा सकता, तो वह अनुभूति ही एक आंतरिक क्रांति ले आती है। यदि प्रेम है, तो कोई सामाजिक समस्या नहीं है। जब प्रेम होता है, तो किसी भी प्रकार की कोई समस्या नहीं होती। हम प्रेम करना नहीं जानते, इसीलिए हमारी सामाजिक समस्याएं हैं और उन समस्याओं से निपटने के लिए दार्शनिक पद्धतियां भी बना ली गई हैं। मेरा कहना है कि इन समस्याओं को किसी भी विचार-पद्धति से कभी हल नहीं किया जा सकता, वे पद्धतियां चाहे वामपंथी

हों, दक्षिणपंथी हों या मध्यपंथी। ये समस्याएं केवल तभी हल हो सकती हैं, तभी हमारी उलझन, हमारे क्लेश, हमारे आत्म-विनाश का समापन किया जा सकता है, जब हमें उस अवस्था की अनुभूति हो, जो आत्म-प्रक्षिप्त नहीं है।

38. आमूल परिवर्तन

प्रश्न : आमूल परिवर्तन से आपका क्या तात्पर्य है?

कृष्णमूर्ति : यह तो स्पष्ट है कि एक मूलभूत क्रांति का होना ज़रूरी है। विश्व का संकट उसकी मांग करता है। हमारा जीवन उसकी मांग करता है। प्रतिदिन की घटनाएं, हमारे व्यवहार, हमारी आशंकाएं उसकी मांग करती हैं। हमारी समस्याएं उसकी मांग करती हैं। एक आधारभूत, आमूल क्रांति आवश्यक है, क्योंकि हमारे चारों ओर सब कुछ ढह चुका है। ऊपर से देखने में हालांकि व्यवस्था प्रतीत होती है, लेकिन वास्तव में धीरे-धीरे क्षय हो रहा हैं, विनाश हो रहा है। विनाश की लहर निरंतर जीवन की लहर पर हावी होती जा रही है।

अतः एक क्रांति आवश्यक है, लेकिन ऐसी क्रांति नहीं जो किसी विचार पर आश्रित हो। विचार पर आश्रित क्रांति का अर्थ उस विचार को बनाये रखना मात्र ही है; वह आमूल परिवर्तन नहीं है। किसी विचार पर आधारित क्रांति रक्तपात, विक्षोभ, अराजकता ही लाती है। उस अराजकता से आप व्यवस्था का निर्माण नहीं कर सकते; आप जान-बूझकर अव्यवस्था पैदा करके उस अव्यवस्था से व्यवस्था उत्पन्न करने की आशा नहीं कर सकते। आप ईश्वर के चुने हुए कोई ऐसे व्यक्ति नहीं हैं जो विभ्रम से व्यवस्था उत्पन्न कर सकें। जो व्यक्ति व्यवस्था को लाने के लिए अधिकाधिक उलझन पैदा करना चाहते हैं, उनका यह सोचने का ढंग ही एकदम गलत है। चूंकि इस समय उनके पास शक्ति है, वे यह मान लेते हैं कि वे व्यवस्था निर्मित करने के सभी तरीकों को जानते हैं। तो इस विध्वंसक स्थिति को देखते हुए--बारंबार होने वाले युद्ध, लोगों में, वर्गों में अंतहीन संघर्ष, भयावह आर्थिक और सामाजिक असमानता, क्षमता और प्रतिभा के लिहाज़ से असमानता, असाधारण रूप से प्रसन्न व अनुद्विग्न, शांत व्यक्तियों तथा घृणा, द्वंद्व और क्लेश में जकड़े हुए व्यक्तियों के बीच की खाई--यह सब देखते हुए एक क्रांति का होना आवश्यक है, पूरी तरह से आमूल परिवर्तन ज़रूरी है, आपको नहीं लगता?

यह परिवर्तन, यह आमूल क्रांति, क्या कोई अंतिम लक्ष्य है, या वह क्षण-प्रतिक्षण है? मुझे मालूम है कि हम इसे अंतिम लक्ष्य के रूप में देखना *चाहेंगे*, क्योंकि किसी दूर की चीज़ के बारे में सोचना बड़ा आसान होता है। अंततः हममें आमूल परिवर्तन होगा, अंततः हम सुखी होंगे, अंततः हम सत्य को उपलब्ध करेंगे; और तब तक हम जैसे हैं, वैसे ही बने रहेंगे। निश्चय ही भविष्य के बारे में सोचते रहने वाला मन वर्तमान में कर्म करने में असमर्थ होता है; अतः ऐसा मन बुनियादी बदलाव नहीं चाहता, वह तो उससे बचता रहता है। तो प्रश्न है कि इस बदलाव से, इस परिवर्तन से हमारा तात्पर्य क्या है?

आमूल परिवर्तन भविष्य में नहीं होता, वह कभी भी भविष्य में नहीं हो सकता। वह केवल *अभी*, क्षण-प्रतिक्षण, हो सकता है। अतः ऐसे परिवर्तन से हमारा क्या तात्पर्य है? निस्संदेह इसका अर्थ बड़ा सीधा-सरल है : मिथ्या को मिथ्या के रूप में और सत्य को सत्य के रूप में देखना; जो मिथ्या है उसके सत्य को देखना और जिसे सत्य स्वीकार किया जाता रहा है उसमें जो मिथ्या है उसको देख पाना। मिथ्या को मिथ्या के रूप में देखना और सत्य को सत्य के रूप में देखना ही आमूल परिवर्तन है, क्योंकि जब आप किसी बात को बड़ी स्पष्टता से सत्य के रूप में देख लेते हैं, वही सत्य आपको मुक्त कर देता है। जब आप देख लेते हैं कि कोई स्थिति मिथ्या है, तब वह मिथ्या स्थिति समाप्त हो जाती है। जब आप देखते हैं कि कर्मकांड व्यर्थ की आवृत्ति मात्र है, जब उसकी असलियत को आप देख लेते हैं और उस सब की तरफदारी नहीं करते, तो एक आमूल परिवर्तन घटित होता है, होता है न? क्योंकि इस प्रकार एक और बंधन समाप्त हुआ। जब आप देख लेते हैं कि वर्गभेद भ्रामक है, वह द्वंद्व, क्लेश, लोगों में फूट पैदा करता है, जब आप उसके सत्य को देख लेते हैं, तो वह सत्य ही आपको उससे मुक्त करता है। उस सत्य का बोध हो जाना ही आमूल परिवर्तन है। चूंकि हम मिथ्या से अत्यधिक घिरे हुए हैं, अतः इस मिथ्यात्व के क्षण-क्षण बोध में ही आमूल परिवर्तन है। सत्य संचयी नहीं होता। वह क्षण-प्रतिक्षण होता है। संचयी और संगृहीत होने वाली तो स्मृति है, समय और स्मृति से आप कभी सत्य को नहीं पा सकते क्योंकि स्मृति समय की होती है और समय है अतीत, वर्तमान और भविष्य। समय निरंतरता है, वह कभी भी शाश्वत को नहीं पा सकता। शाश्वतता निरंतरता नहीं है। जो टिका-बना रहता है, शाश्वत नहीं है। शाश्वतता क्षण में है। वह अभी, इस वर्तमान में है। जो अभी है, वह अतीत का प्रतिबिंब नहीं है, न ही वह वर्तमान के माध्यम से भविष्य की ओर अतीत का जारी रहना है।

भविष्य में आमूल परिवर्तन चाहने वाला या उस परिवर्तन को अंतिम लक्ष्य मानने वाला मन सत्य को नहीं पा सकता, क्योंकि सत्य क्षण-प्रतिक्षण पाया जाता है, हर पल नये सिरे से पाया जाता है; संचित अनुभव से कोई खोज संभव नहीं है। यदि आप पुराने के बोझ से दबे हैं तो आप नये का अन्वेषण कैसे कर सकते हैं? उस बोझ के हट जाने पर ही आप नये को खोज पाते हैं। नवीन को, शाश्वत को वर्तमान में, प्रतिक्षण खोज पाने के लिए यह आवश्यक है कि व्यक्ति का मन असाधारण रूप से सतर्क हो--एक ऐसा मन जो किसी परिणाम की खोज नहीं कर रहा, कुछ भी बनने का प्रयत्न नहीं कर रहा। कुछ बन जाने में लगा हुआ मन परितोष के उल्लास को कभी नहीं जान पाता, आत्ममुग्ध संतुष्टि नहीं, किसी फल की उपलब्धि से होने वाला परितोष नहीं, बल्कि एक ऐसा परितोष जो तभी आता है जब मन 'जो है' के सत्य और 'जो है' के मिथ्यात्व, दोनों को देख लेता है। इस सत्य का बोध क्षण-प्रतिक्षण होता है, यह बोध उस क्षण को शब्दीकृत करने से, उसे शब्दों में ढालने से बाधित हो जाता है।

आमूल परिवर्तन कोई लक्ष्य, कोई परिणाम नहीं है। परिवर्तन परिणाम नहीं है।

परिणाम में अवशेष निहित है, कारण और कार्य निहित है। जहां कारण है, वहां कार्य का, प्रभाव का होना अनिवार्य है। वह प्रभाव आपकी रूपांतरित होने की कामना का परिणाम भर होता है। जब आप रूपांतरित होने की कामना करते हैं, आप कुछ बनने की भाषा में ही सोच रहे होते हैं, और जो कुछ बनने की प्रक्रिया में है, वह उसे नहीं जान सकता जो विद्यमान है। सत्य है क्षण-प्रतिक्षण होना, और जो खुशी जारी रहती है, वह तो खुशी नहीं है। प्रसन्नता, सुख-शांति अस्तित्व की, होने की वह अवस्था है, जो कालातीत है। समय से परे की इस अवस्था का आगमन तभी होता है जब गहन असंतुष्टि होती है--वह असंतुष्टि नहीं जिसने पलायन करने का कोई तरीका, कोई रास्ता खोज रखा हो, अपितु ऐसी असंतुष्टि जिससे कोई निकास, कोई पलायन है ही नहीं, जिसमें किसी तृप्ति-तुष्टि की तलाश रही ही नहीं। केवल तभी, परम असंतुष्टि की उस स्थिति में ही यथार्थ अभिव्यक्त होता है। वह यथार्थ क्रय-विक्रय के लिए नहीं है, दोहराने के लिए नहीं है; उसे पुस्तकों में बांधा नहीं जा सकता। उसे क्षण-प्रतिक्षण पाना होता है, मुस्कुराहट में, आंसू में, सूखे पत्ते में, आवारा विचारों में, प्रेम की परिपूर्णता में।

प्रेम सत्य से भिन्न नहीं है। प्रेम वह अवस्था है, जिसमें विचार की प्रक्रिया का समय के तौर पर पूर्णतया अवसान हो गया है। जहां प्रेम होता है, आधारभूत परिवर्तन हो जाता है। प्रेम के अभाव में क्रांति का कोई अर्थ नहीं है, क्योंकि तब क्रांति का अर्थ केवल विनाश एवं क्षय होगा, एक सतत, उत्तरोत्तर बढ़ रही दुर्दशा। जहां प्रेम है, वहीं क्रांति है, क्योंकि प्रेम है क्षण-क्षण होने वाला रूपांतरण, आमूल परिवर्तन।

□□□

अनुवाद-संदर्भ

अनुवाद में पूरी सावधानी बरतने के बाद भी इसमें कुछ त्रुटियां रह सकती हैं; इसे बेहतर बनाने की गुंजाइश तो हमेशा बनी रहती है। इस संबंध में किसी भी आलोचना या सुझाव का हम स्वागत करेंगे और आगामी संस्करणों में अपेक्षित परिवर्तन किये जा सकेंगे। आपकी बहुमूल्य टिप्पणियों की हमें प्रतीक्षा रहेगी।

पत्र-व्यवहार का पता :

अनुवाद एवम् प्रकाशन प्रकोष्ठ,
कृष्णमूर्ति स्टडी सेंटर, के. एफ. आई.
राजघाट फोर्ट, वाराणसी 221 001
मेल पता : tpcrajghat@gmail.com